国际经济行政法系列丛书

Protection of Plaintiff's Rights and Interests in International Trade Administrative Litigation

国际贸易行政诉讼中的原告权益保障

朱淑娣　罗　佳　著

复旦大学出版社

本书由复旦大学国际经济行政法研究基金支持

国际经济行政法系列丛书

编委会

编委会主任 程天权 朱淑娣
编委会执行主任 谭艺渊 栗春坤 万 玲
编委会副主任 商建刚 连晏杰 宋晓阳 秦 亮 张 翔
编委会成员（以姓氏笔画为序）
万 玲 孙秀丽 朱淑娣 江国强 李冠龙
张 华 张圣翠 张 翔 连晏杰 陈文清
宋晓阳 罗 佳 祝 高 秦 亮 栗春坤
商建刚 程天权 路平新 谭艺渊
学术顾问 周洪钧 张圣翠 潘伟杰
法律政策与实务顾问 王 骞 宋晓阳 邢芝凡 裴长利

总序

应时而生、与时俱进的国际经济行政法学

在经济全球化程度日益加深,中国实施并推进改革开放,加入世界贸易组织的时代背景下,中国国际经济行政法学应时而生。1978年党的十一届三中全会开启了改革开放,以及以经济建设为中心的社会主义现代化建设历史新时期,打开了中国与世界交流对话、交汇融合的大门。1995年1月,世界贸易组织成立。2001年12月,中国正式加入世界贸易组织,这是中国适应和参与经济全球化的重大举措,并给中国法治国际化带来了重要机遇。世界贸易组织改造并创设了比关税及贸易总协定(GATT)更加健全有效的国际经济治理机制,在国际层面发挥着重要的治理作用,并深入影响各成员方政府的涉外经济行政活动。此类公权力运作的社会机制,已经自成体系,孕育出需要专门研究它的学科。基于这样的时代背景,复旦大学法学院朱淑娣教授率先提出国际经济行政法学,并带领团队开展前沿研究。

朱淑娣教授团队在2002年至2008年先后出版专著《运行中的国际经济行政法》《中国经济行政法治与国际化》《国际经济行政法》,以及公开发表《国际经济行政法的理论界定》等建构性论文,系统性地阐释国际经济行政法,为国际经济行政法学这门新兴分支学科在中国的建立作出贡献。2012年至2021年,朱教授团队相继出版《全球化与金融消费者权益行政法保护》《道器兼具:全球化与经济规制行政法前沿研究》《道器兼具:全球化与金融信息披露行政规制研究》《涉华国际贸易行政诉讼案例精析》,以及多篇高质量论文,推动国际经济行政法学研究纵深化发展。

在面对世界百年未有之大变局,中国进一步全面深化改革,推进中国式现代化的新阶段,国际经济行政法学研究与时俱进、奋力作为。当下,国际

体系和国际秩序正面临深刻调整,全球经济的发展形势严峻,其治理格局深刻演变,经济全球化在形式和内容上面临着新的调整。面对纷繁复杂的国际国内形势,2024年党的二十届三中全会对进一步全面深化改革、推进中国式现代化作出部署。其中,在经济建设方面,要求推进高水平对外开放,打造现代化经济体系,建设更高水平开放型经济新体制,积极参与全球经济治理体系改革;在法治建设方面,要求加强涉外法治建设,完善涉外法律法规体系和法治实施体系,深化执法司法国际合作,积极参与国际规则制定。这对国际经济行政法学研究提出了新的更高要求。在党中央战略布局的指引下,国际经济行政法学者们秉持"道器兼修"的学术品格,围绕时代新问题打造新的理论增长点,更加侧重涉外经济行政法、国际经贸规制法改革等方面的研究,并形成"国际经济行政法系列丛书",以新的体系化理论成果回应时代之需。

"国际经济行政法系列丛书"由我和朱淑娣教授共同担任编委会主任,推出三本专著。其中,《涉外经济行政法体系建构与实践展开》由朱淑娣教授、蔡从燕教授、张圣翠教授、谭艺渊博士后研究员、万玲副教授等合著,《金融法域外适用中的行政行为合法性》由朱淑娣教授和谭艺渊博士后研究员合著,《国际贸易行政诉讼中的原告权益保障》由朱淑娣教授和罗佳博士合著。三本专著的研究各有侧重,同时相互融会贯通,呈现出三个方面的共通点。

一是研究站位上,注重中国主体性。在全球化视角下的法律现象观察,既包括空间维度,也包括时间维度,它们的互动演变与具体的时空相勾连。随着时空的演进,在当代全球经济治理格局中,中国已从以往的跟跑者向并行者乃至领跑者转变,更加主动、更加深入地参与全球经济治理。因而,中国在全球经济治理格局中的主体性更加突出。本系列丛书研究所凸显的中国主体性,是立基于中国在涉外经济行政和参与全球经济治理方面的实践,找出法律制度及其施行过程中的问题"靶点",提出彰显中国主体、中国作为的制度改革方案。同时,这种方案并非仅限于在中国的时空中发挥效用,而是尝试为全球经济治理制度体系完善提供助力,促进不同时空下法治体系之间的互动,以法治方式强化中国在全球经济治理格局中的主体作用。

二是理念导向上,追求法治现代性。法治区别于传统社会的人治,是现代人类为实现自我驾驭而发明的制度,彰显了现代人类的理性意识。因而,法治被称为一项现代性事业,法治现代化的过程就是一个不断获得现代性的动态过程。对公权力的控制和规范,对人权的尊重和保护,是法治现代性的根本体现。本系列丛书在经济规制国际化的语境下强调控权和人权保护,防范公权力跨国"作恶",维护具有涉外因素的行政相对人的合法权益。面向复杂的跨国经济行政,主张通过形式与实质相统一的双层法治化架构对其进行约束,促进该行政领域中的良法善治。同时,值得注意的是,法治现代性并非一种单一的现代性,而是多样化的。本系列丛书在开展比较法研究的过程中,在根植于中国制度环境的基础上,对相关域外法进行批判性借鉴,以提升中国涉外经济行政法在国际社会上的可接受性,增强中国在全球经济治理规则建构中的话语权。

　　三是价值取向上,强调利益平衡性。透过"法学的显微镜","每一个法律命令都决定着一种利益冲突"。国际经济行政法是对跨国经济治理、国际经济治理进行调整的法,聚焦于全球化时代政府经济规制法的国际协调,其本身实质上就是一个巨大的利益平衡机制,具有利益平衡的显著功能。通过强化国际协调性,调解跨国利益冲突,促进各元素之间的利益均衡状态,推动形成和谐有序的涉外或国际经济市场秩序。其中,既涉及两国经济市场之间的公共利益平衡,也涉及两国经济行政主体之间的部门利益平衡,还涉及本国经济市场公共利益与涉外私人主体利益之间的平衡。

　　本系列丛书是国际经济行政法学发展过程中所结出的一枚"果实",其背后离不开多元主体长期以来的"栽培"。中国法学会副会长、华东政法大学校长叶青教授,复旦大学上海医学院党委副书记、法学院原党委书记胡华忠研究员,复旦大学文科科研处长顾东辉教授,复旦大学出版社有限公司党委书记、董事长严峰先生,对系列丛书的整体策划、宏观统筹进行深入指导,为横向协同、纵向互动提供有力的支撑。复旦大学法学院打造本土化与国际化相结合的学术生态,为国际经济行政法学落地生根供给良好的土壤。法学院院长杜宇教授、党委书记赵文斌先生及其团队,持续推动国际经济行政法学发展,为跨学科合作、丛书编著提供坚实的组织载体。复旦大学出版社是业界重镇,在原创性学术著作出版方面具有重要的影响力和引领力。出版社社科编辑部刘月主任、张鑫编辑、朱枫编辑及其团队专业高效,对丛书产品的质量进行细致打磨,促进著者们对自身作品的省思和完善,合力提升丛书产品质量。复旦大学对外联络与发展处、复旦大学校友会,整合资源、汇聚力量,推动设立国际经济行政法研究基金,予以长期助力。此外,感谢丁震宇、李洁、林志松、唐志华、王海等校友的支持和帮助。

我相信,在国际经济行政法学者的精耕细作之下,在多元主体无私帮助、大力支持和深度参与之下,应时而生、与时俱进的国际经济行政法学,一定能因势而谋、应势而动、顺势而为,在"专精特新"的道路上阔步前行,为中国在国际经济形势应对、国家经济治理、人权保障等方面提供更加深入的智识支持,为全球经济治理变革贡献更多的理论智慧。

程天权　教授

复旦大学原党委书记

中国人民大学原党委书记

国际经济行政法圆桌论坛理事长

2025年2月于北京

序言

国际经济行政法研究是学界践行习近平法治思想的担当措施,有利于推动构建国内国际两个场域法律协调的通路。自 2000 年开始,复旦大学法学院朱淑娣教授研究团队持续 20 余载,专注国际经济行政法领域的探索性研究,陆续出版了《欧盟经济行政法通论》《中国经济行政法治与国际化》《国际经济行政法》《WTO 与国际贸易行政诉讼》《道器兼具:全球化与经济规制行政法前沿研究》《涉华国际贸易行政诉讼案例精析》等系列专著,发表了《国际经济行政法的理论界定》《法律交融中的国际贸易行政诉讼》《论涉外行政诉讼的显要类型——国际贸易行政诉讼》《国际经济行政法基本原则:平等保护与正当程序》《论 WTO 法国内转化过程中凸显的行政立法新类型——涉外经济行政立法》《多重视角下的国际贸易行政诉讼论》《国际贸易行政诉讼审查标准刍议》等多篇论文。现在呈现在读者面前的这本《国际贸易行政诉讼中的原告权益保障》是朱淑娣教授研究团队"耶鲁—复旦国际合作项目"《WTO 体制下国际(贸易)行政法》、"上海市浦江人才计划项目"《WTO 体制下的国际贸易行政行为审查制度研究》的研究成果,也是团队新推出的"国际经济行政法系列丛书"的力作。这本富有创新精神和知识亮点的学术专著由朱淑娣教授和罗佳博士撰著,当为国际经济行政法学这门亚学科研究在中国的建立和发展作出开创性贡献。

本书选择国际经贸法治和行政法治体系中的原告权益保障难题进行专题研究,提出了具有参考意义的研究结论,积极阐释了中国特色涉外法治理念、主张和实践,为国内国际贸易安全、自由和法治建设提供了学理滋养。具体而言:

其一,采用系统论的视角,将国际贸易行政诉讼领域原告的资格认定、被告的行为审查、法院的法律适用三者融为一体,其研究思维不限于静态、平面,也是动态、立体的呈现,其研究对象不仅有横向的因果关系,更有纵横交错的联结关系。在本书的框架体系中,得以将国际法的国内适用、法律的域外适用效力、涉外行政诉讼规则等带有国际法色彩的话题统摄到行政法论域,清除国际贸易行政诉讼中原告权益保障适用一般国内行政诉讼规则时产生的"方法"与"问题"不适配的障碍,推动原告权益的呈现轮廓由模糊走向清晰的科学求真进程。

其二,提出在国际贸易行政诉讼中,法律对行政的控制遵循"嵌套原理",主要表现在三个层面:一是国际社会层面,国际法对国家行政权力的控制;二是国家间层面,外国法对一国国家行政权力的控制;三是内国层面,国内法对国家行政权力的控制。在一国国内,法律对国家行政权力的控制方式,主要包括立法主体制定法律而规范行政权力、司法主体适用法律而监督行政权力,以及行政主体经过法律授权制定行政法规、规章、规范性文件并适用之而对行政权力进行自我控制。在上述层面中,第三个层面(内国层面)的法律规范对行政的控制是根本性的,因为国内法直接由国家强制力保障来控制行政权力。

其三,提出在国际贸易行政诉讼中,法律对行政的控制遵循"内外控制守恒定律":内部自控增强,外部控制相应减弱;内部自控减弱,外部控制相应增强。从国际视角看,当第三个内国层面的法律对行政的控制发挥强有力的作用时,第一个国际社会层面和第二个国家间层面中法律对行政的控制就会相应减弱,进而减少国际贸易摩擦及"贸易战"。从国内视角看,在第三个层面(内国层面)中,当内在的行政自制增强时,外在的立法和司法控制可以相应减弱;当内在的行政自制较弱时,应当增强外在的立法和司法控制。

其四,提出国际贸易行政诉讼原告权益保障的价值范式。本书提出,国际贸易行政诉讼原告权益保障的价值范式,是指在国际贸易行政诉讼中为实现不同法律价值而采取的调整各种利益关系的公认的模式。国际贸易行政诉讼原告权益保障的价值范式凸显了国际贸易行政诉讼原告权益保障研究的法律价值,揭示了国际贸易行政诉讼原告权益保障所要实现的总体目标,更重要的是,明确的价值范式有利于国际贸易行政案件的主审法官根据价值范式指引处理案件中的利益冲突，以价值范式为基底形成内心确信，从而加强法律适用的逻辑性和正当性，促进司法公正的实现，更好地保障国际贸易行政诉讼原告权益。

鉴于国际贸易行政诉讼这一选题的前沿性和探索性，本书中的若干论点、个别提法和部分问题值得不断做更深入的研究。本书所做案例分析不错，若有更多的样本数量，会更有助于研究的深入。

希望看到从事国际贸易行政诉讼研究的公私法学者更多地关注中国企业在西方发达国家的贸易权利保护问题，以及外国企业、中国本土企业在中国开展进出口贸易活动的权益保障问题，为中国企业参与国际市场的竞争和赢得竞争提供法律专业知识帮助，也为中国国际贸易行政诉讼法学的理论发展作出贡献。

由此展望，期盼学界在国际经济行政法理论研究方面涌现更多佳作。

大著不易，好书共享，真诚推荐，谨以为序。

莫于川
中国人民大学法学院二级教授
中国法学会行政法学研究会顾问
2025年2月于北京世纪城绿园

目 录

导论 ... 001
　一、历史成就与主要问题 ... 002
　二、国内外研究现状的述评 ... 012
　三、研究目标与研究意义 ... 027
　四、研究思路与研究方法 ... 033
　五、主要创新和后续探索 ... 035

第一章　国际贸易行政诉讼原告权益保障的理论基础 ... 042

　第一节　国际贸易行政诉讼原告权益保障的内涵阐释 ... 043
　　一、国际贸易行政诉讼的概念 ... 044
　　二、国际贸易行政诉讼原告权益的内涵 ... 047
　　三、国际贸易行政诉讼原告权益保障的释义 ... 054

　第二节　国际贸易行政诉讼原告权益保障的特殊性 ... 057
　　一、国际性：原告权益的国内国际规范双重保障性 ... 057
　　二、专项性：被告行为的经济专业性和法律针对性 ... 062
　　三、涉外性：法院裁判的对等反制合规和非终局性 ... 065

　第三节　国际贸易行政诉讼原告权益保障的价值范式 ... 068
　　一、人权向度：个体权益与国家利益的协调 ... 069
　　二、效率向度：私权保障与公权行使的协调 ... 072
　　三、公正向度：个案正义与法安定性的协调 ... 075

　本章小结 ... 079

第二章　国际贸易行政诉讼原告权益保障不足的表现 ········· 082

第一节　国际贸易行政诉讼原告维权依据的规范性不足 ········· 083
一、法律体系层次：不可诉行政行为的规定偏离WTO协定 ········· 084
二、法律部门层次：部门法中法律冲突削弱法律融贯程度 ········· 087
三、法律文本层次：国际贸易法律条款规定粗疏或者滞后 ········· 090

第二节　国际贸易行政诉讼被告行政行为的不当性显现 ········· 094
一、执法依据不当：行政规范性文件"缺位"与"越位" ········· 095
二、执法过程不当：事实认定专断或行政程序违反规定 ········· 097
三、执法结果不当：恣意裁量行刑交叉案件性质的转换 ········· 101

第三节　国际贸易行政诉讼法院适用法律的统一性不足 ········· 103
一、诉讼发起阶段：法院受理案件的认定标准模糊 ········· 104
二、诉讼进行阶段：法院审查焦点规避实质性争议 ········· 106
三、诉讼结束阶段：法院裁判结果缺乏说理和论证 ········· 111

本章小结 ········· 114

第三章　国际贸易行政诉讼原告权益保障不足的成因 ········· 118

第一节　国际贸易行政诉讼原告的规则性控制欠缺 ········· 119
一、相关域外法在国内适用中的方式不明确 ········· 119
二、国内法律规范在维权中的冲突化解低效 ········· 126
三、规定原告权利的法律条款存在法律漏洞 ········· 128

第二节　国际贸易行政诉讼被告的自治性控制欠缺 ········· 132
一、国际贸易行政执法依据专业性引发权力集中 ········· 133
二、国际贸易行政执法过程经济性引发权力寻租 ········· 135
三、国际贸易行政执法结果封闭性引发权力滥用 ········· 137

第三节　国际贸易行政诉讼法院的补救性控制欠缺 ········· 140
一、受理阶段：未能扩大解释公法的"私益保护性" ········· 141
二、审理阶段：国际贸易复杂性带来司法尊让过度 ········· 145
三、裁判阶段：法官释法和自由心证的积极性欠缺 ········· 148

本章小结 ········· 152

第四章 人权价值下国际贸易行政诉讼原告维权依据的完善 ... 156

第一节 法律体系间国际贸易法律规范的衔接 ... 158
一、确立直接效应原则协调国际法的国内适用 ... 158
二、确立国际礼让原则协调外国法的国内适用 ... 161
三、确立对等反制原则协调国内法的域外适用 ... 164

第二节 法律部门中国际贸易法律规范的融合 ... 169
一、确立案由规则的法律层级预防法律冲突 ... 169
二、确立行为审查的多重标准回避法律冲突 ... 172
三、确立强制性类案检索制度消除法律冲突 ... 176

第三节 法律文本内国际贸易法律规范的更新 ... 178
一、确立"谁起诉谁受益"原则提升原告的积极性 ... 179
二、确立新型可诉行政行为种类降低被告的高权性 ... 183
三、确立"三定方案"专属管辖突出法院的专业性 ... 187

本章小结 ... 192

第五章 效率价值下国际贸易行政诉讼被告行为审查的完善 ... 197

第一节 国际贸易行政执法依据的规范性文件附带审查 ... 198
一、审查国际贸易行政规范性文件是否有权限 ... 199
二、审查国际贸易行政程序性规定是否够细致 ... 202
三、审查国际贸易行政裁量基准是否及时调整 ... 206

第二节 国际贸易行政执法过程的法律程序正当性审查 ... 209
一、国际贸易行政行为程序违法和程序瑕疵的差异性审查 ... 210
二、作为类国际贸易行政执法程序适用参与决策标准审查 ... 213
三、不作为类国际贸易行政执法程序适用辅助性标准审查 ... 217

第三节 国际贸易行政执法结果的行政职权合法性审查 ... 220
一、职权法定原则下国际贸易行政执法结果的实质审查 ... 221
二、负担性国际贸易行政执法结果的审查适用比例原则 ... 225
三、授益性国际贸易行政执法结果的审查适用信赖保护原则 ... 229

本章小结 ... 234

第六章　公正价值下国际贸易行政诉讼法院司法效果的完善 ... 239

第一节　国际贸易行政案件受理条件放宽的社会效果彰显 ... 241
一、扩大解释认定原告资格的"利害关系"法概念 ... 241
二、灵活解释认定被告资格的"一行为一诉"原则 ... 245
三、限缩解释认定诉讼案由的"一事不再理"原则 ... 247

第二节　国际贸易行政案件审查焦点全面的政治效果彰显 ... 249
一、在事实认定中适用专家辅助人制度 ... 250
二、在法条检索中适用外国法查明方法 ... 252
三、在法律解释中适用一致性解释原则 ... 256

第三节　国际贸易行政案件裁判结果自洽的法律效果彰显 ... 260
一、增加国际贸易行政案件实体性裁判的数量 ... 261
二、提升国际贸易行政案件裁判方式的多样性 ... 266
三、促进国际贸易行政案件裁判结果的类型化 ... 272

本章小结 ... 277

结语 ... 281

附表：中国主要的国际贸易法律规范一览表 ... 298

参考文献 ... 303

导 论

> 商业的基础是各民族之间的良好理解,只能靠公平来维持;它建立在平等基础上;它在和平中繁荣。①
> ——邦雅曼·贡斯当(Benjamin Constant)

权利保障是历久弥新的话题,在法学研究中更是一颗璀璨的明珠。权利是建造法律帝国的基石,法律学说主要是关于权利主张的理论。② 在国内法视阈下,公法与私法的交融日益加深,主观公权利的外延不断拓展,成为行政法的重要保障对象。在国际法视阈下,国际法与国内法的交融日益加深,市场主体同时受到国际国内法律双重规制的情形逐步成为常态。

国家利益是国家作为一种法律主体所具有的最为重要的权利,其在不同时期具有不同的内涵。在贸易自由主义时期,国家利益主要体现为经济利益,为了消除国家间贸易壁垒,促进经济一体化,大量国际条约、协定得以成形,国际法的国内适用问题是各国法律关注的焦点。在贸易保护主义时期,国家利益主要体现为国家安全,国家制定法律、开展外交活动的基点是维护国家安全,一些国家意欲从全球产业链中脱离出来发展国内完整的市场结构,国内法的国际适用问题浮出水面。国内法的国际适用,更进一步说,是国内法的国际协调。各国政府在维护本国国家安全的底层逻辑上制定法律,导致国家间法律冲突概率增加。

本书写作初衷是通过对"国际法的国内适用、国内法的国际协调"双向

---

① 参见[法]邦雅曼·贡斯当:《古代人的自由与现代人的自由》,阎克文、刘满贵、李强译,上海人民出版社 2017 年版,第 283 页。
② 参见[美]劳伦斯·M. 弗里德曼:《法律制度:从社会科学角度观察》,李琼英、林欣译,中国政法大学出版社 1994 年版,第 266 页。

问题的阐释,探察世界百年未有之大变局下中国国际贸易行政诉讼原告权益保障的优化机制。在贸易自由主义时期,中国法院在国际贸易行政诉讼中加强对中国籍和外国籍原告的权益保障,有利于优化营商环境,促进中国民族企业的发展壮大,吸引更多外资参与中国的现代化建设。在贸易保护主义时期,中国法院在国际贸易行政诉讼中加强对中国籍和外国籍原告的权益保障,有利于维持经营基础,守护中国民族企业赖以生存的经济市场的稳定性,减少中国政府与他国政府及企业的贸易摩擦。当然,在国际贸易行政公益诉讼场域下,维护国家利益是诉讼的核心目的。本书的价值导向是站在中国立场,通过加强对国际贸易行政诉讼原告权益的保障,促进中国国际贸易的可持续发展。

一、历史成就与主要问题

2024 年 1 月,习近平总书记在中共中央政治局第十一次集体学习时强调:"要扩大高水平对外开放,为发展新质生产力营造良好国际环境。"2024 年,国务院《政府工作报告》中提出,"主动对接高标准国际经贸规则,稳步扩大制度型开放,增强国内国际两个市场两种资源联动效应"。制度型开放中的"制度",既包括传统国际货物贸易、国际服务贸易、国际投资贸易等方面的规则,也包括数字贸易、国际合作等新领域的规则。在"后疫情时代",全球化范式发生深刻变革,具体表现为由效率主导向兼顾效率、公平、安全导向转变,由世界布局向区域布局转变,由实物模式向数字、智能模式转变。[①] 在此时代背景下,在以 WTO(World Trade Organization,世界贸易组织)规则为基石的国际经贸规则体系中,保障国际贸易市场主体[②]平等权的最惠国待遇原则和国民待遇原则正经受全球化逆流的冲刷,"平等"

[①] 参见唐宜红、张鹏杨:《后疫情时代全球贸易保护主义发展趋势及中国应对策略》,《国际贸易》2020 年第 11 期,第 7—8 页。

[②] "市场主体"是中文法定称谓。"2001 年中国入世议定书"中写明,"市场主体"包括"个人和企业"。中国国务院公布的《市场主体登记管理条例》(2022 年 3 月 1 日实施)中,第二条明确规定,"市场主体"是指在中国境内从事经营活动的自然人、法人、非法人组织。本书将国际贸易领域的经营者统称为"国际贸易市场主体"。相应地,国际贸易领域的行政管理者统称为"国际贸易行政主体"。

成为有条件的、相对的平等。在贸易保护主义逆流时期①,人权被西方国家作为政治、外交手段而对他国进行贸易歧视和经济打压的事由。人权论战背后的表象性收获是意识形态的胜利,实质性收获则是贸易和市场。②

以 WTO 规则为基石的国际经贸规则体系彰显了人权的普遍性价值。人权的普遍性,不仅是指人权普遍地落实为各国的公民权,而且指各国的公民权应尽可能地惠及外国人和无国籍人,普遍化而为人权。③ 当一国政府在本国籍国际贸易市场主体和外国籍国际贸易市场主体之间,或者在不同外国籍国际贸易市场主体之间,实施歧视性国际贸易措施时,常常引发国际贸易行政争端。WTO 要求成员国在国内建立国际贸易争端解决机制(Dispute Settlement Understanding,DSU),中国自 2001 年加入 WTO 后,2002 年即通过最高人民法院的司法解释在国内确立了国际贸易行政诉讼制度,在规范层面为国际贸易行政诉讼原告权益保障确立了制度支撑。在理论层面,国际贸易行政诉讼原告权益保障的理论原点是诉讼功能的研究,国际贸易行政诉讼继承了行政诉讼解决行政争议、保障当事人权益、监督行政执法、促进法律发展等一般性功能,人权保障是行政诉讼的首要价值,故而,在公权力主体和私权利主体的国际贸易行政纠纷中,系统性保障作为原告一方的私权利主体的权益,是国际贸易行政诉讼理论上的核心功能。在实务层面,当国际贸易市场主体权益受到国际贸易行政主体侵害时,国际贸易市场主体可以依法作为国际贸易行政诉讼原告,向法院提起诉讼而寻求权利救济。

(一) 中国国际贸易行政诉讼原告权益保障的历史成就

原告资格认定标准决定国际贸易市场主体能否利用国际贸易行政诉讼

---

① 参见贺平:《贸易与国际关系》,上海人民出版社 2018 年版,第 122—126 页。除了维持贸易平衡乃至保持贸易顺差等传统的观点之外,一国实施贸易保护主义还大致存在着以下理由:(1)维护国家安全;(2)幼稚产业保护论;(3)收入再分配或社会福利;(4)保护工作岗位或工作安全;(5)公平贸易;(6)非经济因素的象征意义。贸易保护主义中的"人权保障"属于"非经济因素的象征意义"理由。
② 参见[英]科斯塔斯·杜兹纳:《人权的终结》,郭春发译,江苏人民出版社 2002 年版,第 134—135 页。
③ 参见侯健:《表达自由的法理》,上海三联书店 2008 年版,第 6 页。

制度维权,原告资格认定标准越宽泛,越有利于加强国际贸易行政诉讼原告权益保障。中国国际贸易行政诉讼原告资格认定标准跟随着《行政诉讼法》①的发展而不断拓宽,主要经历了下列阶段。

第一阶段,1982 年到 1990 年的"法律规定标准"时期。1982 年的《民事诉讼法(试行)》第三条第二款规定,法院审理的行政案件是由法律规定的。这条规定可以理解为行政诉讼制度在新中国得以确立。此后数年间,全国各地法院陆续受理了一批行政诉讼案件,直至 1990 年,我国第一部专门的《行政诉讼法》正式实施。从 1982 年至 1990 年,作为原告资格认定标准的法律依据仅限于狭义的法律层面,法律没有明确规定的情形,当事人就不具有行政诉讼原告资格。

第二阶段,1990 年到 2000 年的"行政相对人权益标准"时期。1990 年的《行政诉讼法》第二条规定,认为自身合法权益受到具体行政行为侵害的公民、法人等当事人可以提起行政诉讼;同时,依据第二十七条的规定,具体行政行为的间接相对人,亦即利害关系人,只能作为第三人而非原告参加诉讼。直至 2000 年 3 月 10 日实施的《最高人民法院关于执行〈中华人民共和国行政诉讼法〉若干问题的解释》(以下简称"2000 年执行行政诉讼法的司法解释"),对原告资格做出了新的规定。1990 年到 2000 年,行政诉讼适格原告可以理解为具体行政行为的直接相对人。

第三阶段,2000 年到 2015 年的"法律上利害关系标准"时期。2000 年 3 月 10 日实施的"2000 年执行行政诉讼法的司法解释"中,依据第十二条的规定,具体行政行为的间接相对人,亦即利害关系人,有权作为原告提起行政诉讼。2015 年实施的《行政诉讼法》,对原告资格又一次做出了新的规定。2000 年到 2015 年,行政诉讼的原告包括具体行政行为的直接相对人和间接相对人。

第四阶段,2015 年到 2017 年的"利害关系标准"时期。2015 年实施的《行政诉讼法》对 1990 年《行政诉讼法》进行了大面积修改,其中,依据第二条和第五十三条的规定,行政主体的被诉行为由"具体行政行为"变为"行政行为",并且加入了"规章以下规范性文件的附带审查"这一抽象行政行为的审

---

① 为了行文简洁,本书中法律文本一般省略"中华人民共和国"前缀。

查方式。同时,依据第二十五条的规定,行政行为的利害关系人可以提起行政诉讼,由此,适格原告的认定标准由"法律上的利害关系"变为"利害关系"。虽然 2017 年《行政诉讼法》再次修改,但是修改内容仅为第二十五条中新增了行政公益诉讼规定,其他条款内容没有变化。2015 年至 2017 年,原告资格认定是围绕"利害关系"这个概念的法律解释展开的。

第五阶段,2017 年至今的"主观诉讼下利害关系标准+客观诉讼下检察院起诉标准"。2017 年 7 月 1 日实施的《行政诉讼法》,依据第二十五条第二款的内容,在"生态环境和资源保护"(例如,进出境动植物检疫)、"食品药品安全"(例如,进出口食品安全管理)、"国有财产保护"(例如,跨境贸易的数据通信设备保护管理)、"国有土地使用权出让"(例如,与国际贸易有关的外商直接投资购买厂房土地使用权的审批)等领域发生的行政主体违法行为,对国家利益和公共利益造成侵害的,检察院有权以相关行政主体为被告,向法院提起行政诉讼。此款规定,实际上确立了行政公益诉讼制度。因而,从 2017 年至今,我国行政诉讼的原告类型,既包括与特定行政行为存在利害关系的私权利主体,也包括对特定领域中行政行为存在监督职权的公权力主体。

当前我国的"利害关系标准"抹去了"法律上"三个字,有学者认为,我国行政诉讼已经进入"事实利益标准"时期,"利害关系"既包括"法律上"的,也包括"事实上"的,还包括"约定上"的,我国利害关系理论已经携带相邻关系诉讼和公平竞争关系诉讼迈向行政协议第三人诉讼①,笔者认为,这种观点是值得商榷的。一方面,2018 年实施的《最高人民法院关于适用〈中华人民共和国行政诉讼法〉的解释》(以下简称"2018 年适用行政诉讼法的司法解释")第十二条明确规定了相邻权、公平竞争权等私法权利的公法保护方式,因而这些私法权利并非公法上的"事实利益"而是"法定权利";另一方面,为了防止行政诉讼原告资格认定标准的混乱适用和无序扩张,实践中,我国法院仍然是按照"法律上利害关系标准"操作的,只保护主观公权利,不保护反射利益。对此,最高人民法院先后在 2017 年"刘广明诉张家港市人民政府行

---

① 参见倪洪涛:《论行政诉讼原告资格的"梯度性"结构》,《法学评论》2022 年第 3 期,第 41 页。

政复议案"、2019年"联立公司诉北京市东城区政府行政复议案"中明确阐释,《行政诉讼法》第二十五条中的"利害关系"是指公法上而非私法上的利害关系。

概言之,中国国际贸易行政诉讼原告资格认定标准经历了"法律上利害关系标准"到"利害关系标准"再到"主观诉讼下利害关系标准＋客观诉讼下检察院起诉标准"三个时期,其范围在不断拓宽,有利于保障更多国际贸易市场主体的起诉权。

(二)存在的问题:中国国际贸易行政诉讼原告权益保障不足

国际贸易行政诉讼作为一项涉外行政诉讼制度,保障原告权益是中国国际贸易行政诉讼的主要任务。国际贸易行政诉讼原告权益保障不同于国内一般行政诉讼,基于"原告"和"被告"的多重身份,理论上,国际贸易行政诉讼原告权益保障有四种运行形态。

其一,在"民告官"形态下,原告是中国籍国际贸易市场主体,被告是中国国际贸易行政主体,依据《对外贸易法》第六十六条规定,中国籍国际贸易市场主体对国际贸易行政主体的行政行为不服可以提起行政诉讼,国际贸易行政诉讼保障中国籍国际贸易市场主体的权益。

其二,在"民告官"形态下,原告是外国籍国际贸易市场主体,被告是中国国际贸易行政主体,依据《对外贸易法》第六十六条和《行政诉讼法》第九十九条规定,外国籍国际贸易市场主体对国际贸易行政主体的行政行为不服可以提起行政诉讼,国际贸易行政诉讼保障外国籍国际贸易市场主体的权益。

其三,在"官告官"形态下,原告是中国检察机关,被告是中国国际贸易行政主体,依据《行政诉讼法》第二十五条第二款内容,在"国有土地使用权出让""食品药品安全""生态环境和资源保护""国有财产保护"等领域①,国际贸易行政主体负有行政管理职责,当国际贸易行政行为损害了国家利益

---

① "国有土地使用权出让""食品药品安全""生态环境和资源保护""国有财产保护"在国际贸易行政监管活动中皆有对应的事项,例如,"国有土地使用权出让"领域中与国际贸易有关的外商直接投资购买厂房土地使用权的审批,"食品药品安全"领域中进出口食品安全管理,"生态环境和资源保护"领域中进出境动植物检疫,"国有财产保护"领域中跨境贸易的数据通信设备保护管理等。

或公共利益时,中国检察机关可以提起行政诉讼,国际贸易行政诉讼维护国家利益。

其四,在"官告民"形态下①,原告是中国检察机关,被告是外国籍或中国籍国际贸易市场主体,依据《数据安全法》第三十六条规定,非经中国主管机关批准,中国境内的外国籍或中国籍国际贸易市场主体不得向外国司法机关或执法机关提供存储于中国境内的数据,依据《个人信息保护法》第七十条规定,外国籍或中国籍国际贸易市场主体违法处理国际贸易中的个人信息,侵害众多个人权益的,中国检察机关可以向法院提起诉讼,国际贸易行政诉讼维护国家利益并保护公共利益。

实践中,中国国际贸易行政诉讼原告权益保障并未按照理论形态有序运行,从属地管辖原则看,中国国际贸易行政诉讼原告权益保障不足,存在不平等保障问题,主要表现为国际贸易行政诉讼原告权益保障力度低于国内一般行政诉讼原告权益保障力度。从属人管辖原则和保护主义原则看,中国国际贸易行政诉讼原告权益保障不足,存在不对等限制问题,主要表现为当外国籍国际贸易市场主体侵犯中国国家利益和公共利益时,较少受到中国司法机关的审查及制裁;相反,中国籍国际贸易市场主体在外国经常受到外国法院的审查和制裁,这对中国籍国际贸易市场主体形成了强大的威慑力。美国法院审理中国籍国际贸易市场主体为原告的案件时受政治因素影响较大,未必能做出对中国籍国际贸易市场主体有利的裁判结果,出口管制、出口限制政策以及以国家安全为理由的贸易争端案件在美国具有极端的政治敏感性。②

本书主要关注"民告官"形态下中国国际贸易行政诉讼原告权益保障不足问题,这是当前最具有现实性、紧迫性的问题,加强国际贸易行政诉讼原

---

① 参见解志勇、闫映全:《反向行政诉讼:全域性控权与实质性解决争议的新思路》,《比较法研究》2018年第3期,第162—163页。虽然当前我国《行政诉讼法》中没有规定"官告民"形态,但是"官告民"形态的行政诉讼在行政法律关系理论和诉权平等理论之上具有存在的正当性,"官告民"同样是为了约束行政权力,使行政主体将与自身行政行为有利害关系的行政争议提交给独立、中立的司法机关解决,而不是由行政主体自行解决行政争议,防止行政主体"既当运动员,又当裁判员"。

② See Chad P. Bown, *Export Controls: America's Other National Security Threat*, 30 Duke Journal of Comparative & International Law 283(2020), p.307.

告权益保障具有必要性。

(三) 解决问题的必要性：中国国际贸易行政诉讼原告权益保障不足的后果

中国国际贸易行政诉讼原告权益保障不足，将引发系列不良后果。具体而言，表现在国际贸易行政诉讼的原告、被告、法院三大诉讼主体方面。

1. 国际贸易行政诉讼的原告方面

外国籍国际贸易市场主体在中国难以通过司法途径寻求权利救济，转而寻求母国政府帮助对抗中国政府，或者到国际组织起诉中国政府，中国的国家利益将遭受损失。由于中国国际贸易行政诉讼中原告权益保障不足，当作为原告的外国籍国际贸易市场主体无法通过司法途径实现权利救济时，外国籍国际贸易市场主体往往选择向母国政府寻求帮助进而对中国政府施加压力，严重时引发国家间的"贸易战"，造成中国国家利益的损失。抑或，外国籍国际贸易市场主体或者其母国政府向国际组织起诉中国政府，对中国政府的声誉造成较大负面影响，中国政府到国外应诉亦耗费大量人力、物力、财力。

2. 国际贸易行政诉讼的被告方面

囿于缺乏有力的司法监督，国际贸易行政主体"该为而不为"，导致中国对外的反倾销措施与他国涉华反倾销措施长期不对等，中国的国家利益将遭受损失。中国国际贸易行政诉讼原告权益保障不足，意味着原告权益得不到法院保障、被告行为未受到法院制约。长期缺乏外部司法监督，国际贸易行政主体的行政自制较弱，行政行为的不当性显现，"该为而不为"的情形较多。以反倾销调查为例，1997 年 12 月 10 日，中国商务部对美国新闻纸反倾销调查案是中国反倾销第一案，从 1997 年至 2022 年这 25 年，中国商务部对他国一共发起的反倾销调查案是 296 件。但是同一时间段内，中国累积被世界上其他国家采取反倾销调查的案件高达 1 485 件。[①] 如果中国出口的商品长期被他国采取反倾销措施，会直接导致中国出口的商品失去该国市场的竞争地位甚至直接退出该国市场，并且会被其他诸多国家跟风采取反倾

---

① 数据来源于中国商务部的中国贸易救济信息网，http://www.cacs.mofcom.gov.cn/cacscms/view/statistics/ckajtj。

销措施。对等发起反倾销报复,才能抑制他国对中国滥用反倾销调查。① 但是,中国商务部对他国发起反倾销调查的频率一直以来都不高,一方面是因为其依职权调查反倾销力度不够,另一方面是因为其并未采取积极措施,鼓励中国籍国际贸易市场主体对外国籍国际贸易市场主体申请反倾销调查。相反地,世界上对他国进行反倾销调查最密集的美国和阿根廷②,均积极采取了实际措施鼓励本国籍市场主体对外国籍市场主体发起反倾销调查申请。以阿根廷为例,其建立了专门的信息咨询机构,负责帮助本国籍反倾销调查申请人获取必要的信息,以启动反倾销调查并协助申请人填写投诉所需的表格,而且,在提出反倾销申请之前,这种协助是强制性步骤,以避免在发起反倾销调查过程中出现不必要的延误,此外,这类专门的信息咨询机构还帮助申请人通过外交、国际贸易和宗教事务部的经济和商业办公室获取有关正常价值的信息。③

3. 国际贸易行政诉讼的法院方面

中国法院缺少严格执行中国国际贸易法律规范的记录,外国法院审理涉华国际贸易案件并适用该国法律域外效力条款时,较少考虑中国的法律规定,中国的国家利益将遭受损失。中国国际贸易行政诉讼原告权益保障不足,意味着法院在司法过程中并未实质性解决行政争议,并未对原告受损权益进行补救。在实践中,法院对于国际贸易行政案件往往裁定驳回起诉,没有严格依据法律规定对国际贸易行政行为进行实质合法性审查,缺少法律被严格执行的记录。这种情形将引发外国法院"不尊重"中国法律,不考虑对中国法律实行国际礼让原则。例如,美国法院在决定是否下令实施信息披露制度、违反外国法律时,通常考虑以下7个因素:(1)信息披露对诉讼的重要性;(2)信息披露请求的特殊程度;(3)信息来源;(4)抗拒信息披露的

---

① 参见李勤昌:《反倾销滥用、报复实证及中国的对策》,《东北财经大学学报》2012年第4期,第56页。
② 参见余萍、魏守道:《基于报复角度的国际反倾销分析》,《国际贸易问题》2012年第8期,第154页。
③ Mercedes De Artaza, *Argentina: A Well-Structured but Unsuccessful Judicial Review System*, in Müslüm Yilmaz, ed., Domestic Judicial Review of Trade Remedies: Experiences of the Most Active WTO Members, Cambridge University Press, 2013, p. 130.

当事人的诚信；(5)是否存在其他方法用以保护信息；(6)违反美国信息披露要求将对美国的重要利益造成多大程度的损害，或者，遵循美国信息披露要求将对外国的重要利益造成多大程度的损害；(7)拒绝信息披露的当事人面临的信息披露困难。其中，第1个至第4个因素是外国政府无法控制的，由每个案件的具体情况而定，第5个至第7个因素是外国政府可控的，外国政府实际执行本国法律的严格程度是国家利益强弱的有力指标。① 由于中国国际贸易行政诉讼原告权益保障不足，中国国际贸易行政诉讼未能强有力地运行，中国国际贸易法律规范在中国法院的执行记录较少。在涉华国际贸易案件中，美国法院较少基于"国际礼让原则"考虑中国国际贸易法律规范的效力。美国法院适用美国的法律域外效力条款，将导致中国的国家利益受损。

（四）解决问题的可行性：民权保障/国家治理/国际应对层面的基础

中国国际贸易行政诉讼原告权益保障不足，应当加强对国际贸易行政诉讼原告权益的保障。应然层面，中国具有加强国际贸易行政诉讼原告权益保障的基础，主要包括民权保障、国家治理、国际应对三个层面的基础。

1. 民权保障层面的基础

国际贸易行政诉讼原告可以将中国国内法和国际法共同作为诉讼的维权依据。国际贸易规则可以分为三大类：一是国际层面以WTO协定为框架的多边贸易制度；二是特定国家间的区域贸易协定（Regional Trade Agreement，简称RTA）；三是一国国内或某个地区对国际贸易活动实行的国家管理制度。② 作为多边贸易协定和区域贸易协定的缔约国，根据"有约必守原则"（pacta sunt servanda），中国有义务履行国际贸易协定中的内容，否则将遭受国际制裁或者他国的单边制裁。中国一直是多边贸易规则的坚定拥护者，在近年来兴起的数字贸易中，中国亦积极参与数字贸易国际规则的议题，例如，共同发起《环境产品协定》，加入"中小微企业之友""电子商务

---

① See M. J. Hoda, *The Aérospatiale Dilemma: Why U. S. Courts Ignore Blocking Statutes and What Foreign States Can Do About It*, 106 California Law Review 231 (2018), p.242 - 246.
② 参见张亚斌、范子杰：《国际贸易格局分化与国际贸易秩序演变》，《世界经济与政治》2015第3期，第31页。

发展之友"等会议组织①,力争推动建立公平的统一贸易规则。故而,国际贸易行政诉讼原告在中国法院提起诉讼时,可以依据中国国内法或者中国参加的国际条约的内容主张权利。

2. 国家治理层面的基础

国际贸易行政诉讼被告的行为受市场化、法治化、国际化三大明确的法定标准的检视。依据中国2020年实施的《优化营商环境条例》第四条的内容,优化营商环境应当坚持的三大原则是市场化、法治化、国际化,由此奠定了政府宏观调控的三大方向。法治化意味着对接通行的国际规则,市场化意味着减少政府的不当干预并增加政府对经济发展的政策保障,国际化意味着增强国家的国际竞争力。② 过去,一般只在行政主体是主观故意的情形下追究违法、不当行政行为的法律责任。如今,在行政主体的主观状态是过失,甚至主观上不存在任何过错的情形下,也可能追究违法、不当行政行为的法律责任。国际贸易行政行为受到市场化、法治化、国际化三大标准的检视,客观上对行政权力形成约束,督促国际贸易行政主体加强行政自制,减少不当行政行为。在国际贸易行政主体的行政自制不足、行政行为不当性明显时,国际贸易市场主体可以将国际贸易行政主体诉至法院。

3. 国际应对层面的基础

国际贸易行政诉讼法院需要运用司法裁判技术灵活应对国际贸易形势。司法裁判技术中主要包含法律解释的方法和法律续造的方法,在法律语言概括性、抽象性、普适性的特征之下,法官可以通过不同的司法裁判技术,在贸易自由主义和贸易保护主义的不同时期较为灵活地审查国际贸易行政案件。以出口管制纠纷为例,一般而言,出口管制的主要目的是保护国家安全,防止核武器和其他武器的扩散,并促进国家的外交政策利益。③ 出口管制措施的正当性依据可以追溯到WTO"安全例外"条款,成员国对于确

---

① 参见沈铭辉:《从多边规则接受者到全球贸易公共品提供者——中国入世20年的回顾与展望》,《中共中央党校学报》2021年第5期,第76页。
② 参见臧姗:《政府经济治理视角下营商环境优化的历程、特点及走向》,《中共四川省委党校学报》2022年第1期,第88页。
③ See Stanley J. Marcuss and Michael B. Zara, *A Better Way through the Export Control Thicket*, 14 Santa Clara Journal International Law 47(2016), p.48.

定什么是本国的基本安全利益、是否有必要采取行动保护相关利益具有一定程度的自由。① 出口管制意味着每个国家都能用对出口管制规定的解释和基于自身需求的规定来应对内部、区域和国际安全的变化。② 在出口管制行政纠纷中,因牵涉国家安全利益,法院客观上需要严谨审理案件,通过不同的法律解释和司法裁判方法,将法律纠纷以法律的方式实质性化解,避免法律纠纷上升为国家间的政治斗争。故而,国际贸易行政诉讼原告有更多的机会通过司法途径维权。

综上,中国国际贸易行政诉讼原告权益保障不足,在"坚持统筹推进国内法治和涉外法治"的时代背景下,加强中国国际贸易行政诉讼原告权益保障既具有必要性,亦具有可行性。本质上,加强国际贸易行政诉讼原告权益保障,有利于发挥司法权对行政权的监督作用,提升作为被告的国际贸易行政主体依法行政的能力。"政府效率低下的问题,基本上源于缺乏约束官僚的规则和制裁。如果政府可以自由剥削公民,以换取自由裁量许可、灵活监管等优惠待遇,他们就会像海盗一样行事。相反,如果要求政府遵循透明的程序,并在被发现违法时受到惩罚,他们将提供有价值的服务。"③加强中国国际贸易行政诉讼原告权益保障,需要进一步从约束国际贸易行政行为的规则和制裁两方面展开研究。

二、国内外研究现状的述评

(一) 国内相关研究的综述

1. 涉外行政诉讼的相关研究

关于涉外行政诉讼中"涉外性"内涵的研究。应松年认为,涉外行政法律关系具有涉外因素,包括 3 种情况:(1)主体一方是外国国籍或中外国籍混

---

① See Kotaro Shiojiri, *Japan's Measures on Export Control to the Republic of Korea: From the Perspective of International Law*, 12 Journal of East Asia and Internatioal Law 337(2019).

② See Hamed Alavi and Tatsiana Khamichonak, *EU and US Export Control Regimes for Dual Use Goods: An Overview of Existing Frameworks*, 17 Romanian Journal of European Affairs 59(2017), p.60.

③ See Sergio G. Lazzarini, *The Right Privatization: Why Private Firms in Public Initiatives Need Capable Governments*, Cambridge University Press, 2022, p.6.

合的组织或个人、从事涉外活动的中国公民或组织等;(2)客体一方是跨越我国国境或者在我国境外发生的活动;(3)导致法律关系发生变化的事实发生在国外。① 胡建淼认为,涉外行政诉讼本质上是行政诉讼的组成部分,是外国人、无国籍人、外国组织作为原告向我国法院提起行政诉讼的活动。② 马怀德将涉外行政案件主要分为三类:(1)涉及跨境货物、服务、技术等领域的国际贸易行政案件;(2)反倾销类行政案件和反补贴类行政案件;(3)外国人缴纳所得税、外国人违反治安管理的行政处罚等其他涉外行政案件。③ 袁勇、朱淑娣认为,涉外要素包括外籍公民和法人,外国法管辖的物和行为,形成法律关系的事实发生在国外等。④

关于涉外行政诉讼法律适用方法的研究。侯连琦提出"公共利益"是涉外经济行政法的重要概念,包括国家利益和社会利益两大主要内容,在适用中国的对外贸易法律规范时,应当注意考量公共利益,完善行政程序制度,有利于促进公共利益的最大化实现。⑤ 刘云甫、朱最新论述了涉外行政诉讼的受案范围和程序性规则,为划定国内层面具有涉外贸易行政管理职权的行政部门范围提供借鉴。⑥ 董皞、葛自丹论述了涉外行政诉讼程序的完善问题。⑦ 吴红霞、胡刚探讨了涉外知识产权行政诉讼中,外国法律适用、查明以及涉外主体原告资格的举证责任问题。⑧ 杨金晶探讨我国涉外行政诉讼法律规定中对等原则的适用现状、发挥实效面临的困境,并提出解决对策。⑨

---

① 参见应松年:《涉外行政法》,中国政法大学出版社 1993 年版,第 3 页、第 11 页。
② 参见胡建淼:《行政诉讼法学》,高等教育出版社 2003 年版,第 309 页。
③ 参见马怀德:《行政诉讼法学》,北京大学出版社 2019 年版,第 307—311 页。
④ 参见袁勇、朱淑娣:《涉外经济行政立法新论》,《兰州学刊》2005 年第 3 期,第 183—185 页。
⑤ 参见侯连琦:《涉外经济行政法中的"公共利益"问题研究》,《经济论坛》2007 第 17 期,第 130—132 页。
⑥ 参见刘云甫、朱最新:《涉外行政法理论与实务》,华南理工大学出版社 2010 年版,第 50 页。
⑦ 参见董皞、葛自丹:《对行政赔偿诉讼与涉外行政诉讼若干问题的思考——以〈中华人民共和国行政诉讼法〉的修改为视角》,《行政法学研究》2012 年第 2 期,第 35—36 页。
⑧ 参见吴红霞、胡刚:《涉外知识产权行政诉讼原告主体资格的判断》,《中国知识产权报》2016 年第 2 期,第 9 页。
⑨ 参见杨金晶:《涉外行政诉讼中被忽视的对等原则——兼论我国行政诉讼法对等原则条款被虚置问题的解决》,《政治与法律》2019 第 4 期,第 141—152 页。

综观之,整理涉外行政诉讼的研究现状,可以得出下列结论。

其一,涉外行政诉讼的"涉外性",既包括狭义层面的"涉外性",即原告或者第三人是外国籍、无国籍主体的情形;也包括广义层面的"涉外性",即包括主体"涉外性"情形和其他因素"涉外性"情形,例如,外国法管辖的物和行为,导致法律关系发生变化的事实发生在国外等涉外情形。因此,确定涉外行政诉讼的"涉外性"标准是多元化的,这样更加符合我国涉外行政案件的司法实务发展现状,也更加符合我国发展国际贸易、优化营商环境的定位。

其二,涉外行政诉讼按照研究对象涉及领域不同,可以分为涉外经济行政诉讼、涉外科技行政诉讼、涉外民政行政诉讼、涉外治安行政诉讼等。其中,涉外经济行政诉讼又可以分为涉外贸易行政诉讼、涉外金融行政诉讼、涉外投资行政诉讼、涉外环境行政诉讼等。涉外贸易行政诉讼按照涉外贸易行政管理职权分布部门不同还可以进一步划分。

2. 国际贸易行政诉讼的相关研究

关于国际贸易行政诉讼原则、规则、概念等基本理论的研究。朱淑娣提出国际经济行政法的主要原则包括"国际经济合作原则""国家经济主权原则""正当程序原则""平等保护原则"等。[①] 袁勇阐述了国际贸易行政诉讼含义、主要特征、制度来源、主要功能等内容。[②] 王晓滨提出,在国际贸易行政案件的司法审查中,要坚持以平等对待为核心原则,综合考虑中国缔结的国际条约、协定等国际法层面的规定和中国本国法律的规定,平等对待诉讼各方当事人,最大程度保障当事人正当权益。[③] 张淑芳认为,国际贸易行政案件是指因中国国际贸易行政主体的行政行为干预了相关国际贸易活动,中国籍或者外国籍的国际贸易市场主体以中国国际贸易行政主体为被告起诉到法院的案件。[④]

关于国际贸易行政案件中司法审查要素和结构的研究。王旭军较早探

---

① 参见朱淑娣:《国际经济行政法》,学林出版社 2008 年版,第 100 页。
② 参见袁勇:《论国际贸易行政诉讼》,《法治论丛》2007 年第 3 期,第 88—91 页。
③ 参见王晓滨:《国际贸易行政案件司法审查的平等对待原则研究》,中国法制出版社 2014 年版,第 89 页。
④ 参见张淑芳:《论国际贸易行政案件审判与 WTO 规则的衔接》,《东方法学》2008 年第 2 期,第 100 页。

讨入世后中国行政诉讼面临的变革,包括受案范围扩大、涉外行政诉讼增多、当事人诉讼权利细化、行政程序审查标准趋于严格等内容。① 向忠诚全面阐释 WTO 与我国行政诉讼受案范围、审判体制、原告资格、审查标准、审判依据、诉讼程序等方面的关系。② 朱淑娣、刘峰从中观的制度层面分析国际贸易行政诉讼的规范依据、审查主体、审查范围、审查标准和审判程序等具象内容。③ 叶必丰等认为,为了适应 WTO 规则,需将与国际贸易有关的抽象行政行为(例如,部门规章)、行政终局裁决行为(例如,国务院的行政裁决行为)等纳入我国国际贸易行政案件的司法审查范围,并改良我国司法裁判方式和裁判文书内容。④

关于司法审查中 WTO 规则在国内适用方法的研究。孔祥俊指出,依据我国司法解释的规定,如果国内法有明确规定且不存在多种合理解释的,即使其与国际条约不一致,国内法院也必须依据国内法律判案。⑤ 朱国华等提出,对 WTO 规则的直接适用或间接适用方式的选择是一国的内政,各成员国自主决定 WTO 规则的适用方式,其出发点一般是最大限度保护本国利益。⑥ 王岩认为,我国不直接适用 WTO 规则,而是通过将 WTO 转化为国内法的方式予以适用。⑦ 彭岳认为,在中国国内法律解释权限的分配现状下,应当将"一致性解释原则"放入司法遵从原则项下考量,从而发挥"一致性解释原则"的整合功能,促进国际法与国内法的互动和融合。⑧

---

① 参见王旭军:《论入世后我国行政诉讼的发展方向》,《法律适用》2002 年第 2 期,第 49—51 页。
② 参见向忠诚:《WTO 与中国行政诉讼制度改革》,湖南人民出版社 2006 年版,第 23 页。
③ 参见朱淑娣、刘峰:《WTO 与国际贸易行政诉讼》,学林出版社 2011 年版,第 52 页。
④ 参见夏金莱、叶必丰:《对 WTO 体制下国际贸易行政诉讼的思考》,《法学评论》2003 年第 3 期,第 68—72 页。
⑤ 参见孔祥俊:《涉及世贸组织规则的国际贸易行政案件的审理》,《法律适用》2002 年第 9 期,第 7—13 页。
⑥ 参见朱国华、姚遥:《试论国际贸易行政案件法律适用问题》,《山西财经大学学报》2004 年第 3 期,第 127—131 页。
⑦ 参见王岩:《WTO 规则不能直接作为法院裁判的依据》,《人民司法》2014 年第 2 期,第 61—64 页。
⑧ 参见彭岳:《一致性解释原则在国际贸易行政案件中的适用》,《法学研究》2019 年第 1 期,第 193—208 页。

关于比较法视阈下国际贸易行政诉讼发展动态的研究。王岩以美国、欧盟、英国、加拿大、澳大利亚、墨西哥等中国的主要贸易伙伴为研究对象，比较研究各国的司法审查制度，并构想国际贸易行政诉讼前瞻式发展路径。① 刘书剑、于侯从美国国际贸易法院（United States Court of International Trade，USCIT）自身机构设置和运行方面，对国际贸易行政诉讼的司法主体展开论述。② 张燕从实务案例研判角度，对国际贸易行政案件的司法审查过程展开论述。③ 彭岳探索在作为新兴贸易形式的数字贸易中，数据跨境自由流动与数据隐私保护之间的冲突如何解决的问题，文中分析强调隐私保护立法的欧盟"权利话语"和强调数据流动自由的美国"市场话语"，并提出适合中国的立法模式。④ 罗佳、张翔分析中国企业在海外开展国际贸易面临的维权困境及成因，并提出国家层面和企业层面积极运用国际贸易行政诉讼制度维权的对策。⑤

就目前检索的与国际贸易行政诉讼研究关联度较高的专著与期刊论文来看，国际贸易行政诉讼研究现状呈现下列特点。

一是基本理论框架研究较为成熟。从现有文献内容来看，国际贸易行政诉讼产生背景、概念、属性、特征、类别、功能、法律原则和法律适用规则等内容都有较为详细的研究。相对来说，国际贸易行政诉讼体系建构层面的研究已然成形，作为研究主干的国际贸易行政诉讼制度初具规模，为后期体系中的分支研究搭建了理论平台。

二是司法审查制度研究比较广泛。当前文献对国际贸易行政案件司法审查内容研究范围广泛，有司法审查主体的设置构想，有司法审查对象的全面阐释，有司法审查范围的特殊性澄清，还有司法审查标准方面较为详细的

---

① 参见王岩：《WTO体制下的我国国际贸易行政诉讼研究》，法律出版社2018年版，第73页。
② 参见刘书剑、于侯：《美国国际贸易法院》，法律出版社1988年版，第21页。
③ 参见张燕：《应战美国反倾销：美国国际贸易法院涉华反倾销案例介评》，法律出版社2004年版，第56页。
④ 参见彭岳：《贸易规制视域下数据隐私保护的冲突与解决》，《比较法研究》2018年第4期，第176—187页。
⑤ 参见罗佳、张翔：《多边贸易体制下中国企业如何境外维权》，《中国外资》2019年第21期，第46—47页。

论述等。可见,国际贸易行政案件司法审查制度研究覆盖面广泛,涉及司法审查要素和结构的不同方面。

3. 国际贸易行政诉讼原告权益保障的相关研究

关于人权司法保障内涵的研究。罗豪才认为,人权是现代社会人的权利和利益的集中体现,处于基础性地位,人权保障从根本上看需要靠制度和法治来实现,既要有效防止侵权行政行为的发生,更要保障公民权利救济的司法路径。① 董茂云等从行政诉讼的发起和动因、过程和性质、结局和目的、改造四个方面分析公民权利、行政权力和司法权力的关系,提出应赋予公民更充分的诉权、提升司法权威、将保障原告合法权益确立为行政诉讼唯一目的,才能真正发挥行政诉讼保障人权的功能。② 江必新认为,人权司法保障包括两层意思:一是指刑事司法过程和刑事诉讼过程的"司法中的人权保障",二是指通过司法程序对人权进行司法救济的"运用司法权保障人权"。③ 韩大元认为,人权保障制度包括立法、行政、司法三个层面的多元保障,"人权侵害主要发生在行政领域",保障人权需要建立国家层面的司法体制。④

关于国际贸易行政诉讼中原告合法权益内涵的研究。孔祥俊认为,行政诉讼中,原告的"合法权益"可以从三个方面解读:其一,原告主张的权益具有法律保护的价值和必要性;其二,相关公法的立法目的旨在保护原告主张权益;其三,原告主张的权益是否确实存在,需要经过法院判决予以确定,原告的起诉权不同于原告的胜诉权。⑤ 莫纪宏提出,"人权概念制度化"的主要形式包括宪法权利、行政法上的主观公权利、诉讼权利等,不同层次的"金字塔形"权利结构形成人权的规范体系。⑥ 徐以祥认为,行政法上的请求权

---

① 参见罗豪才:《推进法治中国建设 完善人权司法保障制度》,《人权》2013年第6期,第2—3页。
② 参见董茂云、唐建强:《论行政诉讼中的人权保障》,《复旦学报》2005年第1期,第93—99页。
③ 参见江必新:《关于完善人权司法保障的若干思考》,《中国法律评论》2014年第2期,第11—14页。
④ 参见韩大元:《完善人权司法保障制度》,《中国检察官》2014年第3期,第19—22页。
⑤ 参见孔祥俊:《行政行为可诉性、原告资格与司法审查》,人民法院出版社2005年版,第139页。
⑥ 参见莫纪宏、李岩:《人权概念的制度分析》,《法学杂志》2005年第1期,第7—12页。

具有多方面的请求权基础,主要包括基于法律法规的规定、基于行政协议或者行政承诺、基于宪法基本权利推导、基于类推适用民法规定等,行政法上的请求权具有两类典型样态:一是基于自由权的"干预防御请求权",二是基于受益权的"给付请求权"。①

关于国际贸易法律制度中自由贸易权的研究。徐莉分析了贸易自由与人权制度产生冲突的原因,如贸易自由带来劳工标准、环境标准、公共卫生标准方面的问题,在世界贸易程度发达的当今时代,应以"人"为核心思考贸易与人权的协调关系。② 李良才提出,贸易自由属于贸易领域的价值取向,GATT(General Agreement on Tariffs and Trade,关税及贸易总协定)范围内的非贸易价值包括人权、国家安全、公共道德和监狱劳动,在多边贸易体制下,以人权为目的采取的贸易制裁措施,需要考虑行为的合理性。③ 时业伟认为,新冠肺炎疫情发生后,多个国家采取了限制人员流动、货物流通、国际贸易等方面的措施,在后疫情时代,人权保障是应对疫情的关键问题,自由贸易则是促进经济发展的必要条件,应强化人权与贸易的互动性,通过制度设计,使人权保障与贸易自由的价值并存且同时发展。④

关于国际贸易法律制度中公平贸易权的研究。郑显华认为,WTO 允许反倾销、反补贴、特定产品的保障措施、出于人身健康或国家安全而实施贸易限制等国际贸易扭曲手段作为公平贸易原则"例外"而合法存在,对我国出口贸易造成诸多不利影响,我国应当制定法律效力高的法律规范依据,设立专门法院审理反倾销、反补贴类行政案件。⑤ 沈桥林、周中瑞认为,WTO 非歧视原则体现保障财产权平等精神,WTO 透明度原则彰显对知情权平等的保障,而建立自由开放的贸易市场和贸易秩序的出发点是保障机会平

---

① 参见徐以祥:《行政法上请求权的理论构造》,《法学研究》2010 年第 6 期,第 32 页。
② 参见徐莉:《论贸易与人权保护制度的协调》,《时代法学》2009 年第 2 期,第 101—108 页。
③ 参加李良才:《人权型贸易制裁的法哲学考察——基于多边贸易体制的理论分析》,《甘肃理论学刊》2009 年第 5 期,第 120—125 页。
④ 参见时业伟:《全球疫情背景下贸易自由与人权保护互动机制的完善》,《法学杂志》2020 年第 7 期,第 94—104 页。
⑤ 参见郑显华:《WTO"公平贸易原则的例外"对我国的影响及对策》,《广西社会科学》2009 年第 2 期,第 61—64 页。

等权。① 何志鹏提出,贸易公平既要看交易过程也要看交易结果,要兼顾考虑现在、历史和未来,公平贸易伦理固化为国家的权利义务需要"法律的良好运行",包括立法层面的专家建议和民主决策方式、执法层面的严格而有力的执行体系、司法层面的权威的国际司法体制。②

整体看来,当前国内关于国际贸易行政诉讼原告权益保障的研究现状主要表现如下。

一是研究主题呈现出国际法和国内法两个不同领域的不同侧重点。在国际法视阈下,研究重点在于探讨人权保障与贸易自由二者之间的关系,目前主要包括三类观点:一是认为人权保障与贸易自由具有"同向性",在实现贸易自由的同时也增加了个体的社会福利待遇;二是认为人权保障与贸易自由具有"反向性",贸易自由加剧了国家间的贫富差距,人权保障难度更高;三是认为贸易自由也是人的一种基本权利,贸易自由涵摄于人权保障主题中。在国内法视阈下,研究重点在于探讨人权司法保障。

二是研究内容聚焦原告权益的类型化。结合当前研究可知,原告权益主要可以从两个方面来解读:一是实体性权利和程序性权利,例如,公平贸易权和贸易自由权属于原告的实体性权利,行政诉权、知情权、参与权属于原告的程序性权利;二是法定权利和受公法保护的特定利益,例如,人身权、财产权属于原告的法定权利,行政法上的主观公权利属于受公法保护的特定利益,相反地,反射利益作为一种事实利益,不属于受公法保护的特定利益。当然,随着中国行政法治建设的发展,人权保护水平不断提升,过去属于反射利益的事实利益,未来也可能成为法律保护的主观公权利。

(二) 国外相关研究综述

1. 国际贸易行政诉讼的相关研究

关于国际贸易行政诉讼司法审查主体的研究。大卫·科恩(David M. Cohen)在《〈1980年海关法院法〉视域下的国际贸易法院剩余管辖权》中,从

---

① 参见沈桥林、周中瑞:《WTO 于平等权实现的意义》,《理论导报》2009 年第 11 期,第 29—30 页。
② 参见何志鹏、孙璐:《贸易公平与国际法治:WTO 多哈回合反思》,《东方法学》2011 第 2 期,第 63—67 页。

多方面论述了《1980年海关法院法》的重要性,其中最关键的是1581(i)条中的剩余管辖权规定。本规定首次尝试建立一个拥有地区法院所有权力的法院,创立了对联邦进口贸易管理法律所产生的民事诉讼进行司法审查的制度,其管辖范围既包括涉关税案件,也包括所有在州和联邦产生的与贸易相关的争端。[1] 爱德华·李(Edward D. Re)在《美国国际贸易法院的司法程序》中提及,在经济全球化背景下,国际贸易问题将影响到社会的每一个部分,《1980年海关法院法》授予国际贸易法院对遭受政府行为侵害的私主体权利进行司法救济的权力,国际贸易行政案件十分复杂,立法规定在每一个有争议的案件结束后都要提交案情摘要,且摘要最好是以书面形式提交。[2] 乔治·卡门(Gregory W. Carman)在《美国国际贸易法院的管辖权:潜在当事人的困境》中谈到,国际贸易行政诉讼当事人需要花不凡的时间和精力以获得司法审查,而这些当事人常常需要穿梭于神秘的司法管辖权问题中,并且无法获知案件进程的相关信息,这些潜在当事人面临的障碍增加了世界市场的交易成本,从而对美国在国际贸易中的竞争产生负面效应,国会应该重新审查28 U.S.C. §1581,第1581(a)-(h)款和1581(i)款之间的关系必须澄清。[3] 约翰·彼得森(John M. Peterson)和约翰·多诺霍(John P. Donohue)在《精简和扩大国际贸易法院的管辖权:一些中肯的建议》中强调,正当程序的宪法价值赋予每一位纳税人机会,在公正的裁决者面前挑战税收和关税评估结果,在《美国法典》第19卷第1592条规定下积累的20年海关诉讼经验证明,国际贸易法院是一个有能力且适合处理海关执法问题的机构,意欲实现真正的"现代化"变革,海关诉讼可能还需要一些立法行动,对国际贸易法院规则和条例的修订程序进行规定。[4]

---

[1] See David M. Cohen, *The Residual Jurisdiction of the Court of International Trade under the Customs Courts Act of 1980*, 26 New York Law School Law Review 1981, p.471.

[2] See Edward D. Re, *Litigation before the United States Court of International Trade*, 26 New York Law School Law Review 437(1981), p.437.

[3] See Gregory W. Carman, *The Jurisdiction of the United States Court of International Trade: A Dilemma for Potential Litigants*, 22 Stetson Law Review 1992, p.157.

[4] See John M. Peterson and John P. Donohue, *Streamlining and Expanding the Court of International Trade's Jurisdiction: Some Modest Proposals*, 18 Journal of Civil Rights and Economic Development 75(2003), p.75.

关于国际贸易行政诉讼司法审查标准的研究。劳伦斯·弗里德曼(Lawrence M. Friedman)和克里斯汀·马丁尼(Christine H. Martinez)在《行政程序法与国际贸易法院海关案件的司法审查》中提及,没有法定的审查标准并不意味着国际贸易法院没有一个分析框架来判决有关案例,法院不应当简单地列出行政程序法的审查标准而又未让其预测法院的判决,在没有法定授权的情况下,如果适用《行政程序法》,法院应当承认"谢弗朗尊重"和"斯基德摩尊重"是有关法律问题的适当的审查标准。① Lawrence M. Friedman 和 Christine H. Martinez 在《国际贸易法院在 2012 年驳回抗议的判例》中提出国际贸易行政诉讼的海关商品分类问题,在很多情况下,商品分类问题归结为法律问题而非事实问题,法院有义务做出正确的结论,在进行问题分析时,法院有广泛的资料来源,包括技术词典、商业文件、专家意见等。②

在美国国际贸易法院相关制度研究之外,还有的学者聚焦行政诉讼中司法权与行政权关系的基础理论展开研究。在《司法审查与行政法遵从》一书中,英国学者西蒙·哈利迪(Simon Halliday)在经验主义基础上,研究司法审查对政府机构的影响,从监管角度探索司法审查进路,通过法规文献反思司法审查改变政府行为的能力。全书结合实证分析和规范分析,阐述了司法审查制度的适用条件,从而最大限度地提升司法审查能力并确保其遵从行政法。③

除了探讨行政诉讼中司法权与行政权的关系问题,还有的学者聚焦行政诉讼中司法权与立法权的关系问题,关注"宪法约束国家权力、保障公民权利"的论题,并阐述司法裁判中的法律依据理论。美国学者道格拉斯·埃德林(Douglas E. Edlin)在《法官与不公正的法律:普通法系中的立宪主义和

---

① See Lawrence M. Friedman and Christine H. Martinez, *Administrative Procedure Act and Judicial Review in Customs Cases at the Court of International Trade*, 28 University of Pennsylvavia Journal of International Economic Law 1(2007), p.1-20.

② See Lawrence M. Friedman and Christine H. Martinez, *The Court of International Trade's Denied Protest Jurisprudence in 2012*, 45 Georgetown Journal International Law 123(2013), p.123.

③ See Simon Halliday, *Judicial Review and Compliance with Administrative Law*, Hart Publishing, 2004.

司法审查基础》中,首先介绍了普通法的正义理论,以及普通法的发端、历史演进、内容和结构,接着讨论司法审查关于适用法律和发展法律的本源性争议及概念性争议,最后阐释两个普通法系国家(英国和美国)的司法审查情形。①

2. 国际贸易行政诉讼原告权益保障的相关研究

德国法学家格奥格·耶利内克(Georg Jellinek)在《主观公法权利体系》中提出,以拉班德、奥托·迈耶为代表的国家法学派,从根本上否定国家服从者的公法权利,坚持对个体的公法权利的完全限制主义,由此,德国的实证主义法学不可能萌生公法权利思想。耶利内克从自然法学派的权利观中摸索公法权利理论,认为主观公权利是先于国家存在的自然权利,具有原初性。自然法学派首先在法律领域建构现代国家理论,个人对国家的主观权利认定则是其中最重要的内容。② 耶利内克倡导的主观公权利理论涵摄于旧保护规范理论中。

另一位德国法学家施密特·阿斯曼(Schmidt-Asman)结合法律解释方法理论提出了新保护规范理论。施密特·阿斯曼认为,公法的"私人利益保护指向"并不仅仅从立法目的中体现,而是可以结合法律解释的不同方法,将法条置于整个法律体系中进行解读,察探客观法规范是否具有保护私益的目的性,至此,探寻公法是否具有私益保护性,不仅局限于立法解释,而是可以综合运用体系解释、历史解释等方法,最大限度地保护私主体的公法权益。③

日本法学家原田尚彦所著《诉的利益》论及抗告诉讼中的处分权和行政行为的关系、公权与诉的利益关系等内容。原田尚彦认为,可以从三个方面判断原告是否存在诉的利益:一是诉讼对象方面,即原告的诉讼请求是否可以作为法院的审判对象;二是当事人资格方面,即当事人对诉讼请求是否存

---

① See Douglas E. Edlin, *Judges and Unjust Laws: Common Law Constitutionalism and the Foundations of Judicial Review*, The University of Michigan Press, 2010.
② 参见[德]格奥格·耶利内克:《主观公法权利体系》,曾韬、赵天书译,中国政法大学出版社2012年版,第38页。
③ 参见[德]施密特·阿斯曼:《秩序理念下的行政法体系建构》,林明锵等译,北京大学出版社2012年版,第89页。

在正当权益;三是诉的必要性方面,即原告是否存在具体的、实际的利益,从而使法院能够对原告诉讼请求做出判断。①

匈牙利学者基拉里·利拉(Kiraly Lilla)在《诉权理论在法律实践中的运用》中,探讨法律理论对法律实践的影响,求证是否能通过法律理论论证指导法院判决的问题。Kiraly Lilla 同时阐述了原告提起诉讼有关的诉权理论,尝试回答原告可以向法院提出什么权利的问题。②

此外,有的学者从宪法中人权的重要地位出发,探寻司法审查中宪法对第三人的效力,以及宪法的人权保障目的对司法审查的辐射效力。

美国学者裘德·马修(Jud Mathews)在《国家行为理论和宪法遏制逻辑》中,分别阐述了美国、德国的基本权利横向效力理论。其中,美国主要是国家行为理论(state action doctrine),该理论产生于 19 世纪末期,初期的理论观点认为美国宪法只能限制政府行为而无法限制私行为,从 20 世纪 40 年代开始,联邦最高法院通过系列案例扩大"政府行为"范围,将部分私行为统摄于政府行为之中,进而受到宪法约束。德国主要是第三人效力理论,关注宪法基本权利对私法主体的权利内容的影响,宪法基本权利确立了价值体系,私法主体的行为受到宪法中价值体系的约束。"直接第三人效力说"是指私法主体的行为直接受到宪法规制,宪法的规定具有直接效力;"间接第三人效力说"是指宪法的规定不能直接对私法主体的行为产生效力,只能通过宪法转换为一般法律的方式,由一般法律规制私法主体的行为。③ 可见,同样是基本权利横向效力理论,美国的国家行为理论主要是通过"纳入"的方式,将更多私行为纳入政府行为范围,从而使私行为受到宪法约束;德国的第三人效力理论主要是宪法直接对私行为发生效力,或者宪法通过"转化"为一般法律的方式间接对私行为发生效力。

英国学者理查德·乔治(Richard Gordon QC)和蒂姆·沃德(Tim

---

① 参见[日]原田尚彦:《诉的利益》,石龙潭译,中国政法大学出版社 2014 年版,第 76 页。
② See Kiraly Lilla, *The Theoretical Approaches to the Right of Action — the Implementation of Right of Action Theories in Legal Practice*, 150 Studia Iuridica Auctoritate Universitatis Pecs Publicata 2012, p.97.
③ See Jud Mathews, *State Action Doctrine and the Logic of Constitutional Containment*, 2017 Universtiy of Illinois Law Review 655(2017), p.655.

Ward)在《司法审查和人权法案》中,试图探讨《1998年人权法案》对公法实践和司法审查自身性质带来的深刻变化,书中开篇阐释《1998年人权法案》的条款内容,并对其在实践中的作用予以考察,接着论述将受到这部法案影响的机构范围以及斯特拉斯堡欧洲理事会机构所使用的演绎和分析工具,对公约中包含的实质性权利进行简要说明,并指出在某些情况下,现行形式的司法审查无法实现公约第6条意义上的公正审判,而《1998年人权法案》提供了公约权利遭受侵害后的可行的救济途径,最后探讨了欧盟公约和成员国法律的关系。① 书中对实质性权利内容的阐述值得借鉴。

荷兰学者格尔拉茨(J. H. Gerards)在《平等对待案例中的司法审查》中,在总论部分阐述一般决策模型(General Decision Model)的必要性,然后论述司法决策中有关平等原则的理论模型,论及欧洲人权法院对《欧洲人权公约》第14条的判定意见、欧洲人权法院对公正的评判与平等原则相左、最高法院背离平等保护条款的判定等问题,同时论述了荷兰国内背离平等原则的司法裁判内容,最后提出如何建立普遍性的、一般意义的评判模式的对策。② 书中对平等保护原则的阐述深入、具体,探讨了司法审查中平等保护原则的法律适用方法。

美国学者艾米丽·帕尔默(Ellie Palmer)在《司法审查、社会经济权利以及人权法案》中提出,保护社会经济权利的法律机制一直从属于公民权利和政治权利的保护范畴。在国际社会、欧盟区域和成员国中,关于宪法的正当性和效力的研究方兴未艾。Ellie Palmer意欲探索在《1998年人权法案》之后,司法机关可以采用的国际基本人权标准从而划定保护弱势公民的经济福利的范围。③

有的学者关注到国际贸易行政诉讼对出口商维护其在进口国权益的重大效用,并以实证研究方法展开论述。

---

① See Richard Gordon QC and Tim Ward, *Judicial Review and the Human Rights Act*, Cavendish Publishing Limited, 2000.
② See J. H. Gerards, *Judicial Review in Equal Treatment Cases*, Koninklijke Brill NV, 2005.
③ See Ellie Palmer, *Judicial Review, Socio-Economic Rights and the Human Rights Act*, Hart Publishing, 2007.

土耳其学者伊尔马兹·穆斯卢姆(Yilmaz Müslüm)在《贸易救济的国内司法审查路径》中,论及贸易救济措施有效阻止了一个时期内进口国市场面对的来自外部环境的竞争。针对这些贸易救济措施,出口商可以说服他们的母国政府在 WTO 中起诉进口国政府,也可以利用进口国的司法审查机制维护自己的权益。Yilmaz Müslüm 认识到 WTO 框架下的各成员国国内司法审查制度对解决国际贸易行政争端存在重要价值,以实证研究方式,对 WTO 成员国中最常使用贸易救济措施的 21 个成员国的国内司法审查制度发挥效力的过程,以及可以借鉴的经验进行了全面分析。[①]

总体而言,域外学者对司法审查中的原告权益保障问题探讨面广,理论丰富,为开展中国国际贸易行政诉讼原告权益保障研究提供了充实的素材和借鉴的路径。从现有文献检索情况来看,德国的保护规范理论、主观公权利理论、第三者效力理论,日本的诉的利益理论,美国的司法审查理论、司法尊让理论、国家行为理论,英国的横向效应理论、越权无效理论等内容,都是依据公法规范对私法主体的合法权益施加法律保护的理论研究成果。此外,美国、加拿大、欧盟等国家和地区的专门性司法主体关于国际贸易行政案件的司法裁判经验,为研究中国国际贸易行政诉讼原告权益保障提供了大量可参考的思路和方法。

(三) 当前研究存在的问题

当前我国国际贸易行政诉讼原告权益保障的研究,主要存在下列问题。

一是忽视了国际贸易行政诉讼的特殊之处。相对于一般国内行政诉讼而言,国际贸易行政诉讼具有特殊的法律原则、法律规则、法律适用方法等,例如,同等原则、对等原则、国际条约的国内适用方法等。审理国际贸易行政案件时,基于涉外的特殊属性,需要顾及与他国法律冲突、司法协助等方面的问题,故而,既要重视实体性内容审查,如国际贸易行政行为的合法性审查,也要兼顾程序性内容审查,如起诉期限、期间起算、送达和执行方式等。当前的研究主要集中在国际贸易行政诉讼中个别原则的适用方法上,对国际贸易行政诉讼特殊性的阐述不够全面、清晰。

---

① See Yilmaz, Müslüm, ed., *Domestic Judicial Review of Trade Remedies: Experiences of the most Active WTO Members*, Cambridge University Press, 2013.

二是国际贸易行政诉讼具体的细节性研究仍然存在不足。譬如,最高人民法院在司法解释中确立的"一致性解释原则",是指在国内直接适用国际法呢? 还是指在国内间接适用国际法呢? 目前没有定论,需要进一步探讨其适用方法。又如,2015 年实施的《行政诉讼法》,对 1990 年实施的《行政诉讼法》进行了大面积修改,在新的法律规定下,国际贸易行政诉讼原告适格情形包括哪些,目前没有具体研究。同时,2018 年国家机构改革后国际贸易行政诉讼被告具体包括哪些行政主体,当前未见文献专门研究。

三是国际贸易行政诉讼原告权益保障本体论研究的缺乏。当前研究只进展到陈述国际贸易行政诉讼具有国内一般行政诉讼常见的诉讼功能层面,向下一级具体探讨每个功能如何运行的文献鲜见。例如,国际贸易行政诉讼如何发挥保障原告权益的功能? 在国际贸易行政案件的司法审查中,受法律保护的原告权益具体包括哪些内容? 当前,法律虽然规定由中级法院审理海关为被告的一审国际贸易行政案件,但是,法院在审判过程中仍然存在专业性不足的问题,导致法院难以对案件争议开展实质性审查,该如何解决? 这些问题都有待进一步研究。

四是对新兴数字贸易领域的行政诉讼原告权益保障的研究零散。数字经济领域开展的贸易活动,形成了有别于传统货物贸易、服务贸易等贸易形式的新国际贸易类型,即数字贸易。数字贸易不受国境约束,可以在全球范围内快速、广泛开展,如何保护数字贸易活动中的权利主体不受政府干预行为非法侵害,成为信息时代国际贸易行政诉讼研究必须回应的话题。中国于 2021 年年底先后实施了《数据安全法》和《个人信息保护法》,这两部法律都规定了行政公益诉讼的相关内容,如何以新的法律规定推进新的贸易模式的良性运转,是需要深入进行理论探讨的。

五是对国际贸易行政案件中原告权益的理论研究需要加强体系性。国际贸易行政诉讼原告权益保障研究需要结合国际法与国内法交融、公法与私法交融的法律发展背景来进行,从局部到整体,从静态到动态,从具体到抽象,从一般性到特殊性,从实践经验、法律制度到系统理论,从国际贸易行政诉讼中的原告、被告和法院三方面着手分析问题。关注"国际法的国内适用"和"国内法的国际协调"两个方面内容,厘清国际贸易行政诉讼中系统、环境、功能、结构、要素等不同层次、不同概念项下的具体内容,从而提升本领域中理论研究的体系性和深入程度。

中国和其他国家的国情和宪制不同,不能简单套用外国的理论研究和实务经验,需要通过对中国国际贸易行政诉讼实况的研究,形成适合中国国情和宪制的国际贸易行政诉讼原告权益保障理论。目前,由于缺乏可操作的理论指导,我国国际贸易行政诉讼原告权益保障不足问题一直没有得到妥善解决,需要深入研究个中缘由,探寻化解症结的途径,加强我国国际贸易行政诉讼原告权益保障。

三、研究目标与研究意义

(一) 研究目标

"研究论证的目的是回答读者可能提出的问题。"[①]国际贸易行政诉讼原告权益保障研究,关涉的三个核心问题是:(1)什么是国际贸易行政诉讼原告权益保障? (2)为什么要保障国际贸易行政诉讼原告权益? (3)怎样保障国际贸易行政诉讼原告权益? 通过本书的研究,将详细阐述这三个问题。本书论证的一个核心观点是,中国国际贸易行政诉讼原告权益保障不足,应当加强中国国际贸易行政诉讼原告权益的系统性保障。此观点的证成,在理论方面,旨在充实国际贸易领域的人权司法保障理论,拓展认知边界;提升国际贸易行政诉讼制度的体系性,助力跨学科研究的发展;厘清国际贸易行政诉讼原告权益的真切内涵,推动原告权益的轮廓由模糊走向清晰的科学求真进程。在实践层面,旨在推动我国国际贸易行政诉讼相关法律规范的更新,推动我国法院加强对国际贸易行政诉讼被告行为的实质合法性审查,推动我国建立专门的国际贸易法院,从而用更加专业的行政审判、更好地保障国际贸易行政诉讼原告权益。在实现中国国际贸易可持续性发展的基点上,国际贸易行政诉讼原告权益保障不足,国家利益将遭受损失,进一步说,在国际贸易领域,中国国家利益是否得以维护,与国际贸易行政诉讼原告权益是否得到有力保障具有正相关性。

---

① 参见[美]韦恩·C.布斯、格雷戈里·G.卡洛姆、约瑟夫·M.威廉姆斯等:《研究是一门艺术》,何卫宁译,新华出版社2022年版,第105页。

(二) 研究意义

"读者最关心的是观点的意义,意义这个属性的度量是观点能在多大程度上改变读者的思想。"①本书提出,应当加强中国国际贸易行政诉讼原告权益的系统性保障。本书不仅提出了"系统性保障"理论,区别于以往或单独讨论原告资格认定标准,或单独讨论司法审查强度,或单独讨论法院类案类判方法等话题的思路,而且阐述了国际贸易行政诉讼原告权益保障系统性工程中的功能、结构、要素等系统组成部分的内核。

解释并发展法律,整合法律资料,是法学的主要任务。② 理论上,本书解释了国际贸易行政诉讼原告权益保障的概念,提出了系统性保障国际贸易行政诉讼原告权益的路径。同时,通过对中国 200 余个国际贸易行政案件的统计分析,并对比美国 200 余个涉华国际贸易行政案件的裁判过程和结果,提炼出中国国际贸易行政诉讼原告权益保障不足的具体表现和根本原因,整合了国际贸易行政诉讼的实践资料。下文分而述之。

1. 理论意义

"学术作品的价值不在于认识那些永远不能确定其内容的真理,而在于推动科学的认识过程。使学术作品获得学术地位的,与其说是久经考验的结论,毋宁说是学术作品释放的对科学认知的推动力。"③本书在撰写的过程中,对国际贸易行政诉讼原告权益保障主题项下的若干知识板块的内容进行填补,并明确界定了国际贸易行政诉讼原告权益保障的相关概念,理论意义主要体现在下列方面。

一是在宪法学理论方面,探讨国际贸易行政诉讼原告所具有的宪法基本权利种类和内涵。宪法基本权利中的自由权是古典自由主义强调的人与生俱来的权利,宪法基本权利中的社会权是福利国家发展后政府行为干预私人活动背景下私人享有的权利。宪法在我国的适用,是其作为根本法,将

---

① 参见[美]韦恩·C. 布斯、格雷戈里·G. 卡洛姆、约瑟夫·M. 威廉姆斯等:《研究是一门艺术》,何卫宁译,新华出版社 2022 年版,第 125 页。
② 参见[德]卡尔·拉伦茨:《论作为科学的法学的不可或缺性》,赵阳译,商务印书馆 2021 年版,第 16 页。
③ 参见[德]格奥格·耶利内克:《主观公法权利体系》,曾韬、赵天书译,中国政法大学出版社 2012 年版,第 7 页。

价值和效力通过具体的部门法的规定体现出来。具体而言,在国际贸易行政诉讼中,在自由权方面,原告享有贸易自由权,在社会权方面,原告享有公平贸易权,从更高一个层次说,原告享有经济自由权和平等权。从国际贸易行政诉讼全过程来看,国际贸易行政诉讼原告最基本的三个权利是诉权、经济自由权和平等权。诉权是原告提起国际贸易行政诉讼的前提,经济自由权是与原告的切身经济利益关联度最高的权利,平等权则是原告提起国际贸易行政诉讼获得公正结果的手段。

对于诉权,本书认为,行政诉讼的诉权需要与行政诉讼的起诉权、行政诉讼权利进行区辨来认识。行政诉讼的起诉权,是指与行政行为有利害关系的个体享有诉诸司法,请求有管辖权的法院给予司法救济的基本权利。行政诉讼权利是指诉讼参加人或诉讼参与人在诉讼过程中享有的权利,如申请回避权、陈述权、举证权等。行政诉权贯穿行政诉讼全过程始终,既包括起诉权,也包括实体裁判权和胜诉权等内容。

对于经济自由权,本书认为,从市场主体的视角看,经济自由权是其依法享有的免受行政主体过度干预(消极自由)、参与跟自身利益相关的行政决策过程(积极自由)的权利;从行政主体的视角看,市场主体的经济自由权对应着行政主体的"禁止越权"的消极不作为义务,以及"依法履职"的积极作为义务,行政主体要自行约束"该为而不为""不该为而为之"的情形,增强依法行政意识,提升行政自制能力。

对于平等权,本书认为,平等权是以平等内容为核心的权利。在立法视角下,平等权是公民的基本权利。在执法视角下,平等权意指行政主体平等对待行政相对人,包括同等情况同等对待、不同情况不同对待、类似情况比例对待三种方式。在司法视角下,平等权是原告受到司法主体平等保护的权利,包括对原告与被告的平等保护,也包括对不同原告的平等保护。

二是在行政法学理论方面,将行政过程论、行政自制理论、行政法的控权论、行政行为分类理论作为国际贸易行政诉讼原告权益保障中行政行为合法性的理论分析工具,阐释国际贸易行政诉讼中原告权益保障面临的行政行为不当性显现的客观问题。

其一,将行政过程论的行政执法依据、行政执法过程、行政执法结果框架用于分析国际贸易行政诉讼被告行政行为不当性显现的情况,归纳出被告行政行为不当性主要表现为行政规范性文件"缺位"与"越位"、事实认定专断且违反行政程序、行刑交叉案件属性转换恣意三个方面。

其二,运用行政自制理论分析国际贸易行政诉讼被告行政行为不当的成因,主要在于国际贸易行政执法的专业性、经济性、封闭性导致权力集中、权力寻租、权力滥用。

其三,利用行政法的控权论分析加强对国际贸易行政行为进行司法监督的正当性。在国际贸易行政诉讼中,法律对行政的控制遵循"嵌套原理",表现在国际层面的国际法对国家行政权力的控制、国家间层面的外国法对一国国家行政权力的控制、内国层面的国内法对国家行政权力的控制三个方面。从国内视角看,在第三个内国层面中,立法主体制定法律而规范行政权力、司法主体适用法律而监督行政权力都属于外力控制,行政主体经过法律授权制定行政法规、规章、规范性文件等并适用之而对行政权力进行自我控制属于内力自控。当内在的行政自制增强时,外在的立法和司法控制可以相应减弱。当内在的行政自制较弱时,应当增强外在的立法和司法控制。

其四,基于授益性行政行为和负担性行政行为的不同分类阐述法院对不同国际贸易行政行为的审查方式。梳理两类行政行为在国际贸易行政诉讼中具体包含的类别和内容。这样区分的意义在于,授益性国际贸易行政行为和负担性国际贸易行政行为的司法审查强度不同,对负担性国际贸易行政行为的审查强度高于对授益性国际贸易行政行为的审查强度。此外,对负担性国际贸易行政行为应适用比例原则进行审查,重点审查是否存在超越职权行为;对授益性国际贸易行政行为应适用信赖保护原则进行审查,重点审查是否存在滥用职权行为。

三是在诉讼法学理论方面,运用多种诉讼法学视角分析国际贸易行政诉讼原告权益保障的框架性问题,探讨诉权平等理论在国际贸易行政诉讼原告权益保障中的适用。(1)运用原告、被告、法院的诉讼主体"正三角结构"分析国际贸易行政诉讼原告权益保障的不足之处,并且以每一诉讼主体最受诉讼所关照的行为作为分析对象,原告对应的是起诉行为,被告对应的是行政行为,法院对应的是审判行为;(2)以诉讼全过程的案件受理阶段、审查阶段、裁判阶段为理路分析法院在国际贸易行政诉讼原告权益保障中司法能动性不足的表现,并且每一阶段分别关联诉讼活动最为密切的因素,受理阶段关联案件受理条件,审查阶段关联案件审查焦点,裁判阶段关联案件裁判结果;(3)在诉权平等理论中,现代行政法以"行政法律关系"为核心概念取代传统行政法中"行政行为"的核心概念地位,行政法是行政主体和行政行为对象之间的法律关系规范而非仅仅是行政行为合法性的评价标尺。在行政法律关系中,行政主体与行政行为对象的关系由"平等不对等"转变为"平等又对等"。① 简言之,行政主体的公权力被弱化,行政行为对象的公法权利被强化。诉权平等理论为"官告民"形态下国际贸易行政诉讼的发展铺垫了理论基础,"官告民"形态下国际贸易行政诉讼同样约束行政权力,在行政权力高度集中的国际贸易领域,"官告民"意味着不允许国际贸易行政主体直接行使权力,而是将国际贸易行政争议提交给独立、中立的法院来解决。

  四是在国际法学理论方面,聚焦国际法的国内适用理论、法律域外适用效力理论、阻断法的阻断效力理论。(1)国际法的国内适用需要解决两大问题,一是用宪法或法律明确规定国际法在国内的适用方式,二是在国内法中确定国际法的法律位阶。国际法的国内适用场景同样面临着法律体系中常见的问题,如法律滞后、法律漏洞、法律冲突等。其中,形式法律冲突可以用"新法优于旧法""特别法优于一般法""上位法优于下位法"(以下简称"三大规则")来化解,实质法律冲突只能提请有权机关决定法律适用结果。再者,法律漏洞包括规范漏洞、法条漏洞、法漏洞,是不可避免的,应当秉持"有法律规则用法律规则,无法律规则用法律原则"的一贯方法将法律漏洞的影响降低。至于法律滞后,主要以持续更新的方式来解决。(2)以中国为原点,法律域外适用效力与阻断法的阻断效力是"一个内在问题的两种外在表现"。"一个内在问题"是指,中国法律有规定并且和他国法律发生冲突,或者中国法律没有规定同时他国法律对中国产生不利影响时,中国如何应对。"两种外在表现"是指,中国法律有规定的,基于"国际礼让原则"考量是否要发挥中国法律的域外适用效力;而中国法律没有规定的,要及时阻断他国法律对中国产生不利影响。

---

① 参见解志勇、闫映全:《反向行政诉讼:全域性控权与实质性解决争议的新思路》,《比较法研究》2018 年第 3 期,第 162—163 页。

五是在学科建设理论方面,本研究系统阐释国际贸易行政诉讼制度的内涵、要素、结构、功能等基础性理论内容,有助于实质性推进国际经济行政法这一分支学科的发展。国际经济行政法研究是行政法与国际法的交叉学科研究,是全球化时代国内法与国际法交融、公法与私法交融的新产物。中国国际经济行政法研究践行"为推动全球发展贡献更多中国智慧、中国方案、中国力量"的战略部署要求,在高水平对外开放的发展背景下,从理论和实践两个向度研究解决国际经济规制领域的问题,努力构建我国经济规制领域的学科体系、学术体系和话语体系,在规则、规制、管理、标准等诸多方面尝试阐释制度创新内容。本研究正是对经年蒙尘而又亟待适用的国际贸易行政诉讼制度进行深入、系统的剖析,在国际经济行政法的学科框架下,专注于在国际贸易规制领域为国际应对、国家治理、民权保障提供智识支持。

2. 现实意义

"法律是一种不断完善的实践"①,不同于抽象的法律的一般理论,实践是具体的和个别的。因而,在现实意义上,法律规范是越明确越好、越细致越好。本书通过提炼的方法归纳了国际贸易行政诉讼原告权益保障系统的要素内容,具有较高的实用性。

一是在立法层面,明确我国不同位阶国际贸易法律规范作为国际贸易行政诉讼原告维权依据的范围。按照宪法、法律、行政法规、部门规章、司法解释的法律位阶降序排列,梳理原告可以据以维权的国际贸易法律规范文本,为原告维权提供更明确的法律支撑。例如,按照将"物"作为中心规制对象的法律、将"人"作为中心规制对象的法律、普遍适用于国际贸易行政行为的一般性法律、专门的与国际贸易有关的知识产权法律、国际贸易领域新兴的数字贸易及其关涉的个人信息保护法律、出口管制法律和阻断法律等标准总结不同法律层级的国际贸易法律规范文本。

二是在行政层面,明确不同国际贸易行政行为的合法边界,为国际贸易行政主体提供行为合法指南,从而减少对国际贸易市场主体权益的侵害。

---

① 参见[美]罗纳德·德沃金:《法律帝国》,李常青译、徐宗英校,中国大百科全书出版社出版发行1996年版,第40页。

在国际贸易活动的监管过程中,以海关总署、国家税务总局、国家商务部、国家发改委、国家财政部等为代表的国际贸易行政主体属于强势一方,需要借由司法审查来约束强势方行使行政权力,保护中外国际贸易行政主体权益。此外,本书专门对海关的行政执法权和刑事司法权的权力特殊性进行分析,使海关权力行使的特殊性更加清晰,借此引起行政主管部门和立法部门的重视,对海关行使权力的全过程进行更为周密的法治顶层设计。

三是在司法层面,响应最高人民法院屡次号召的统一法律适用事宜,为加强国际贸易行政诉讼原告权益保障的稳定性提供可行性方案。最高人民法院近几年接连发布了《关于统一法律适用加强类案检索的指导意见(试行)》《关于完善统一法律适用标准工作机制的意见》《〈关于推进案例指导工作高质量发展的若干意见〉的通知》等文件,强调适用类案检索制度和案例指导制度的必要性,其核心在于"类案类判",实现司法裁判的公平正义。本书提出法院在国际贸易行政案件的裁判中提升法律适用统一性的具体方法,在这一点上,并非要求裁判结果绝对相同,而是指法院的裁判路径具有协调性、规律性和预判性,从而发挥司法裁判对国际贸易行政诉讼原告权益保障的指引、评价、预测等社会作用。

四、研究思路与研究方法

(一) 研究思路

本书的研究思路循着渐进式"是什么—为什么—怎么做"的方式展开。首先,阐释"国际贸易行政诉讼原告权益保障"的理论基础。其次,分析我国国际贸易行政诉讼原告权益保障不足的现状。再次,分析我国国际贸易行政诉讼原告权益保障不足的成因。最后,对症下药,提出加强我国国际贸易行政诉讼原告权益系统性保障的对策。本书的核心观点是,我国国际贸易行政诉讼原告权益保障不足,应当加强我国国际贸易行政诉讼原告权益的系统性保障。系统性保障理论的论证遵循"要素—结构—功能—系统"的路径,分别阐释了国际贸易行政诉讼原告权益保障的"要素""结构""功能"和"系统"的具体内涵。"要素"是指国际贸易行政诉讼原告维权依据、国际贸易行政诉讼被告行为审查、国际贸易行政诉讼法院司法效果。"结构"是指原告、被告、法院的诉讼结构。"功能"是指保障个体人权、提升行政效率、促进司法公正的诉讼功能。"系统"则是由静态的结构和动态的功能共同组成的。

(二) 研究方法

1. 文献研究方法

以行政诉讼、涉外行政诉讼、国际贸易行政诉讼、行政诉讼功能、国际贸易行政诉讼功能、行政诉权、行政诉讼权利、保护规范理论、主观公权利等词汇为关键词搜索文献,阅读各主题项下高关联度的学术著作、期刊论文及报刊时评,明晰当前国际贸易行政诉讼原告权益保障研究达致的程度和现有的成果,总结文献中提出的各种问题并进行分类归纳,以求对国际贸易行政诉讼原告权益保障研究的未尽之处了然于心,希冀通过本书的研究,解决其中部分问题。

2. 规范分析方法

与国际贸易行政诉讼原告权益保障相关的法律、法规、规章、其他规范性文件等法律文本较多,这些法律文本可以作为规范层面的论据。例如,《最高人民法院关于审理国际贸易行政案件若干问题的规定》(以下简称"2002年审理国际贸易行政案件的司法解释")、《最高人民法院关于审理反倾销行政案件应用法律若干问题的规定》(以下简称"2003年审理反倾销行政案件的司法解释")、《最高人民法院关于审理反补贴行政案件应用法律若干问题的规定》(以下简称"2003年审理反补贴行政案件的司法解释")等法律规范,都是保障国际贸易行政诉讼原告权益的法律支撑。

3. 实证分析方法

国际贸易行政诉讼原告权益保障研究具有实用性,存在的相关问题既复杂多样,又相对突出。国际贸易行政案件存在不同分类,以贸易活动内容为分类依据,主要包括国际货物贸易领域的行政案件、国际服务贸易领域的行政案件、国际知识产权领域的行政案件,外商直接投资领域的行政案件等;以贸易监管主体为分类依据,主要包括海关为被告的国际贸易行政案件,商务部为被告的国际贸易行政案件,其他贸易监管主体为被告的国际贸易行政案件(例如,被告为税务机构、财政机构等)。因此,需要对相关国际贸易行政案件进行检索搜集,通过统计分析,直观了解类型化问题所在,针对不同问题探寻可行的解决方法。

4. 比较研究方法

中国国际贸易行政诉讼原告权益保障研究需要借鉴法、德、英、美等国的法学理论和实践经验,发展中国特色国际贸易行政诉讼体系,使中国法院在国际贸易行政案件中的裁判结果更加公正,并获得外国政府和外国籍国际贸易市场主体的认可和信任,使与国际贸易行政行为有利害关系的中国籍和外国籍国际贸易市场主体的权益得到有力的司法保障。

5. 价值分析方法

国际贸易行政诉讼原告权益保障,遵循利益衡量和价值导向方法,其总基调是贸易自由主义时期"国家权力服务于原告权益的保障"、贸易保护主义时期"原告权益服从于国家权力的规制"。故而,在国际贸易行政诉讼中,法院对本国公共利益和国家利益的解释要掌握灵活性原则,处理好短期利益(保障国际贸易行政诉讼原告权益)和长期利益(国家的国际贸易得以可持续发展)的关系。在中国行政权过于强大的现实情况下,应当更强调司法的能动性而非司法权对行政权的尊让。国际贸易行政诉讼原告权益保障研究要运用价值分析方法,阐释个体权益和国家利益、私权利保障与公权力行使、个案正义与法安定性的协调关系。

五、主要创新和后续探索

(一) 主要创新

"研究中使用的方法和推理方式一般都无须创新。读者想看到新研究问题、新观点、新证据。"①本书的创新性主要表现在研究的主题新、研究的结论新、研究的素材新三个方面。

1. 研究的主题新

目前,中国国内对国际贸易行政诉讼原告权益保障的研究主要表现为单一研究国际贸易行政诉讼原告资格、研究国际贸易行政行为的司法审查、研究国际贸易法院的专项设置等主题,且多以期刊论文、篇幅较短的形式单独探讨国际贸易行政诉讼原告权益保障中的某一个或几个问题,细致性有

---

① 参见[美]韦恩·C. 布斯、格雷戈里·G. 卡洛姆、约瑟夫·M. 威廉姆斯等:《研究是一门艺术》,何卫宁译,新华出版社2022年版,第91页。

余而全面性不足。

本书提出对国际贸易行政诉讼原告权益的保障应当是系统性的。在系统之中,蕴含的诉讼功能包括保障个体人权、提升行政效率、促进司法公正。这三大功能的实现,需要平衡三对辩证统一的概念,即在人权价值下协调个体权益与国家利益,在效率价值下协调私权利保障与公权力行使,在公正价值下协调个案正义与法安定性,这是国际贸易行政诉讼原告权益保障的价值范式。诉讼功能的表现依托诉讼结构的主体,即国际贸易行政诉讼的原告、被告、法院。这三大诉讼主体(结构)对应着三大诉讼目标(功能),即原告提起诉讼的目标主要是保障个体人权,被告参加诉讼的目标主要是提升行政效率,法院主导诉讼的目标主要是促进司法公正。原告通过"维权依据"、被告通过"行为审查"、法院通过"司法效果",分别与国际贸易行政诉讼系统产生连结点。在原告维权依据、被告行为审查、法院司法效果之下,分别囊括若干要素,具体而言,原告维权依据包括法律体系衔接、法律部门融合、法律文本更新的要素;被告行为审查包括执法依据规范性、执法过程正当性、执法结果合法性的要素;法院司法效果包括受理阶段的社会效果、审查阶段的政治效果、裁判阶段的法律效果的要素。在国际贸易行政诉讼中,原告、被告、法院的结构统摄要素、支撑功能,静态的结构和动态的功能共同组成系统。这是本书研究的国际贸易行政诉讼原告权益保障系统论的不同之处。

2. 研究的结论新

其一,本书具体阐释了国际贸易行政诉讼原告权益保障的概念,使"国际贸易行政诉讼原告权益保障"的内涵、外延更加清晰。本书提出,国际贸易行政诉讼原告权益保障是指在国际贸易行政诉讼中,以保障个体人权、提升行政效率、促进司法公正为价值导向,基于原告、被告、法院的"正三角"诉讼结构,从规范原告维权依据、深入被告行为审查、彰显法院司法效果三个方面对原告权益进行系统性保障。

其二,本书结合行政法的"控权论"理论,提出了国际贸易行政诉讼原告权益保障不足的成因在于法律对行政的控制不够。在国际贸易行政诉讼中,法律对行政的控制遵循"嵌套原理",表现在三个层面:第一,国际层面,国际法对国家行政权力的控制;第二,国家间层面,外国法对一国国家行政权力的控制;第三,内国层面,国内法对国家行政权力的控制。同时,在国际贸易行政诉讼中,法律对行政的控制遵循"内外控制守恒定律"①:内部自控增强,外部控制相应减弱;内部自控减弱,外部控制相应增强。

从国际视角看,当内国层面的法律对行政的控制发挥强有力的作用时,国际层面和国家间层面中法律对行政的控制就会相应减弱,进而减少国际贸易摩擦;而当内国层面的法律对行政的控制不足时,国际层面和国家间层面中法律对行政的控制就会增强,国家间相互制定有针对性的国际贸易管制制度,国际贸易摩擦频发无可避免。从国内视角看,在内国层面中,立法主体制定法律而规范行政权力、司法主体适用法律而监督行政权力都属于外力控制,行政主体经过法律授权制定行政法规、规章、规章以下行政规范性文件并适用之而对行政权力进行自我控制属于内力自控。当内在的行政自制增强时,外在的立法和司法控制可以相应减弱。当内在的行政自制较弱时,应当增强外在的立法和司法控制。就中国国情而言,一方面,国际贸易领域的行政权力过度膨胀、行政行为不当性显现、行政自制较弱;另一方面,我国法律赋予国际贸易行政主体较大的行政裁量权,司法又未能对国际贸易行政权力形成有力的外部约束。进而,基于我国法律对行政的控制不足,导致我国国际贸易行政诉讼原告权益保障不足,中国政府频繁被诉至WTO或者其他国际组织,抑或外国直接与中国开展"贸易战"。

其三,本书在国际法和行政法跨学科研究的基础上,提出了国际贸易行政诉讼中亟待解决的三大问题——国际法的国内适用、外国法的国内适用、国内法的域外适用的法学方法。国际法的国内适用可以确立直接效应原则,外国法的国内适用可以确立国际礼让原则,国内法的域外适用可以确立对等反制原则。通过法律制定的形式,在法条中明确法院对不同情形进行审查的不同方法,对法官进行明确授权,使法官能够更从容地审理国际贸易行政案件。

其四,本书提出了适用"谁起诉谁受益"原则,鼓励国际贸易市场主体积极向国际贸易行政主体提出"两反一保"调查申请,并在国际贸易行政主体

---

① "内外控制守恒定律":基于"能量守恒定律",内部控制力和外部控制力是不同的能量形式,能量不会凭空产生或者消失,只会从某种形式转化为其他形式或者从某个物体转移到其他物体,能量总值保持不变。

存在不当行政行为时,积极向法院提起国际贸易行政诉讼,从而增加国际贸易行政诉讼原告数量,增加法院受理的"两反一保"国际贸易行政案件数量。以实践需求推动理论发展,进而再由理论指导实践。本书提出,"谁起诉谁受益"里的"诉",既包括国际贸易市场主体向我国商务部积极申请"两反一保"调查,也包括国际贸易市场主体向我国法院依法起诉商务部的不当行政行为。"谁起诉谁受益"里的"益",在我国国际贸易市场主体向我国商务部提起"两反一保"调查申请的情形,可以是不违反贸易自由和公平贸易的某种形式的行政奖励;在国际贸易市场主体向我国法院依法起诉商务部的不当行政行为的情形,"益"指代"起诉可以获益但不得加害"准则,主要包括两方面内容:一是国际贸易行政诉讼原告胜诉时,有权获得因国际贸易行政主体违法行为引发其经济损失而产生的行政赔偿;二是国际贸易行政诉讼原告败诉时,有权免受国际贸易行政主体因被诉至法院而对其采取的行政处罚、行政强制等措施。

其五,本书以"概括式+列举式"的方法对我国国际贸易行政诉讼适格被告的身份进行界定,使国际贸易行政诉讼被告范围更加明确。我国国际贸易行政诉讼被告是哪些行政机关,此前的理论研究中没有系统的具体界定,只是概括地将国际贸易行政诉讼被告界定为"具有国际贸易行政监管职权的行政主体"。本书通过查阅官方资料,将我国国际贸易行政诉讼被告及其职权一一对应,从而使国际贸易行政诉讼原告起诉时,能尽快找准被告,满足《行政诉讼法》规定的"有明确的被告"的起诉条件。在我国,享有国际贸易行政监管职权的行政主体,可以分为中央和地方两个层面,中央层面的国际贸易行政主体负责制定国际贸易相关政策,地方层面的国际贸易行政主体负责落实执行国际贸易相关法律政策。

其六,本书依据最高人民法院设置六大巡回法庭所采取的"集中管辖原则",以及我国铁路运输法院、森林法院等专门法院所采取的"就近管辖案源原则",参考"三定方案"中定机构、定职能、定编制的构思,详细架构了我国三级国际贸易法院组织体系设想。

一是定机构,确立国际贸易法院的级别设置。即最高级的最高人民法院内设的国际贸易法庭、中间级的中国国际贸易法院、最低级的中国国际贸易法院第一、第二、第三、第四、第五、第六、第七分院。其中,国际贸易法院的分院数量设置参照最高人民法院六大巡回法庭设置,再加上巡回法庭从行政区划上没有覆盖的北京、天津、河北、内蒙古、山东五省市的一个分院设置。

二是定职能,确立国际贸易法院的管辖范围。在地理位置和行政区划方面,最高人民法院内设的国际贸易法庭自然设立在北京市;中间级的中国国际贸易法院主要受理具有国际贸易行政管理职权的国务院部门作为被告的行政案件,国务院部门所在地一般都在北京市,因而也设立在北京市。最低级的中国国际贸易法院第一、第二、第三、第四、第五、第六、第七分院对42个直属海关及其隶属海关的管辖,参照最高人民法院巡回法庭的地域管辖权设置。在案件性质和被告身份方面,中国国际贸易法院的七大分院管辖以辖区内直属海关及其隶属海关为被告、辖区内负责出口退税业务的税务机关为被告的一审国际贸易行政案件。中国国际贸易法院为各分院一审案件的上诉法院,同时,受理反倾销、反补贴、外汇管理、对外贸易政策等事项涉及的国务院部门为被告的一审国际贸易行政案件。最高人民法院内设的国际贸易法庭作为中国国际贸易法院一审案件的上诉法院,同时,负责统筹指导我国国际贸易法院体系的各项事宜。

三是定编制,确立国际贸易法院的法官选任方式。国际贸易法院的法官应当具有国际贸易(经济学)、国际法/经济法/行政法(法学)、国际关系(政治学)等相关专业知识的学习背景。

3. 研究的素材新

一方面,本书是基于近几年中国新发布的国际贸易相关法律文本内容开展的规范分析和理论研究。从2016年国际社会的贸易风向开始转向贸易保护主义基调起,中国国际贸易领域相关法律文本就持续在修改更新。一是首次公布了系列法律文本,例如,《外商投资法》(2019年公布)、《出口管制法》(2020年公布)、《反外国制裁法》(2021年公布)、《数据安全法》(2021年公布)、《个人信息保护法》(2021年公布)、《关税法》(2024年公布)。二是频率较高地修改国际贸易高相关的法律文本,例如,《进出口商品检验法》在2018年、2021年进行了两次修改,《海关法》在2016年、2017年、2021年进行了三次修改,《对外贸易法》在2016年、2022年进行了两次修改。法律修改是为了适应社会变化发展的需求,国际贸易领域相关法律文本的频繁修改更新，表明国际贸易领域发生了诸多动态变化和新情况，亦表明国际贸易法律规制正成为时下热点。本书的理论研究和规范分析正是建立在新的国际贸易环境之下，以新的国际贸易法律规范为支撑展开的，具有新颖性。

另一方面，本书是基于近几年国内、国外真实发生的国际贸易行政诉讼案例开展的实证研究。书中进行实证分析而选取的案例包括：2019年1月1日至2020年9月30日中国全国范围内的202个海关行政诉讼案件[①]、2001年12月至2021年12月的20年中国政府在WTO作为原告或被告的69个案件[②]、2016年1月1日至2020年12月31日原告为中国（注册）企业的207个美国国际贸易法院案件[③]、2014年俄罗斯钢铁公司诉中国商务部反倾销行政案件、2016年德国海乐公司与中国政府国际贸易行政纠纷案件、2018年韩国钢铁公司株式会社POSCO诉中国商务部反倾销行政案件、2019年法国克里斯蒂昂迪奥尔香料公司（Christian Dior）诉国家市场监督管理总局知识产权案件等。通过对案例进行数据统计和理论分析得出本书的观点之一，即中国的国际贸易行政诉讼制度不完善，关联影响中国政府被他国政府诉至WTO争端解决机构（Dispute Settlement Body，DSB）和其他国际组织的概率。中国政府到国际组织去应诉是耗时间、耗资金、耗精力的艰巨任务，与其中国政府被动去国际组织应诉，不如主动修复完善中国本土的国际贸易行政诉讼制度，在保障国际贸易市场主体权益、优化营商环境的同时，还能将国际贸易行政诉讼制度作为我国维护国家安全利益、阻断他国不当法律域外适用效力、实施贸易对等反制措施的工具。本书基于最新的国际贸易行政案件素材进行实证分析，具有新颖性。

（二）后续探索

国际贸易行政诉讼原告权益保障研究的后续探索重点之一是国际贸易行政公益诉讼。国际贸易行政公益诉讼是立基于中国当前已有的行政公益诉讼制度，由中国检察机关作为原告提起诉讼，将为了遵守域外他国法律规

---

① 从中国裁判文书网和北大法宝网搜索后整理而得。
② 从WTO官网统计而得，网址为 https://www.wto.org/english/tratop_e/dispu_e/dispu_status_e.htm。
③ 从美国国际贸易官网翻译并统计而得，网址为 https://www.cit.uscourts.gov/slip-opinions-year。

范而违反中国阻断法和强行法规定的中国籍和外国籍国际贸易市场主体作为被告，向中国的专门国际贸易法院提起诉讼，进而由专门的国际贸易法院依据中国国际贸易法律规范做出裁判的活动。在国际贸易行政公益诉讼中，原告是代表国家利益的检察机关，国际贸易行政诉讼原告权益保障的核心命题转化为如何利用国际贸易行政诉讼制度保障国家利益。

国际贸易行政公益诉讼，既是为了反击当前贸易保护主义逆流时期他国对我国的单边制裁措施，也是为了应对今后贸易自由主义浪潮回归时，他国法律域外适用对我国造成不利影响而确立的制度。国际贸易行政公益诉讼制度的原理，是尽可能利用法律手段解决夹杂政治因素的法律问题，以法治方式保障国际贸易市场的贸易自由和公平贸易，让"市场的归市场，政府的归政府"。

国际贸易行政诉讼原告权益保障是"一体两面"的话题，在原告为国际贸易市场主体之时，国际贸易行政诉讼原告权益保障是"民告官"关系下的主观公权利保障模式，以保障国际贸易市场主体权益为诉讼目的。在原告为国家检察机关，亦即国家公权力主体之时，国际贸易行政诉讼原告权益保障是"官告民"关系下的客观法秩序保障模式，以维护国际贸易活动中的国家利益为诉讼目的。国际贸易行政诉讼原告权益保障，不是片面地考虑维护哪一方的利益，而是需要全面权衡履行国际法定义务、维护国家利益、保护公共利益、保障个体权益之间的关系，需要确立贸易自由主义时期"国家权力服务于原告权益的保障"、贸易保护主义时期"原告权益服从于国家权力的规制"的总基调。未来对于国际贸易行政诉讼原告权益保障的研究，有待更多宪法学、行政法学、国际法学、诉讼法学等领域的研究者加入。

第一章

国际贸易行政诉讼原告权益保障的理论基础

> 在全球化浪潮和数字经济迅猛发展的当代社会，中西方人权观的交融是大势所趋，应当建立一种文明相容（inter-civilization）的人权观，这样的人权观具有多元性、低限性、包容性特点，并以人权保障制度化作为其从理论转化为现实的依托。①
>
> ——大沼保昭

一般而言，WTO框架下成员国②的国际贸易行政诉讼，在静态层面是一国涉外法治中的司法制度，在动态层面是一国法院通过对被告行政行为的审查进而保障原告权益的司法活动。国际贸易行政诉讼原告权益保障研究是人权司法保障理论的组成部分。

从字面意义看，国际贸易行政诉讼可以理解为国际贸易领域的行政诉讼，类似的表述还有军事行政诉讼、民政行政诉讼、公安行政诉讼、教育行政诉讼、卫生行政诉讼等。③ 在国际法层面和中国国内法层面的法律制度中，国际贸易行政诉讼都是一个特定的名词，具有特定的含义。在国际法层面，

---

① 参见［日］大沼保昭：《人权、国家与文明》，王志安译，生活·读书·新知三联书店2003年版，第3页。
② WTO成员方包含非主权国家，例如，中国在WTO是一国四席，包括中国内地、香港、澳门、台湾。本书主要在国家而非关税区为基本单位的视域下进行研究，故而，本书主要使用"WTO成员国"而非"WTO成员方"的表述。
③ 参见王珉灿、张尚鷟：《行政法概要》，法律出版社1983年版，第5—7页。

《WTO关于争端解决规则与程序的谅解》第3条第2款明确规定了WTO层面国际贸易行政诉讼的作用。在中国国内法层面,"2002年审理国际贸易行政案件的司法解释"第十条规定,在国际贸易行政诉讼中,外国籍国际贸易市场主体与中国籍国际贸易市场主体具有同等的诉讼权利和义务。

"法律制度的客观性取决于它是什么(what)、如何(how)和为什么(why)"①,国际贸易行政诉讼作为客观存在的法律制度,其与一般行政诉讼的区别为何?国际贸易行政诉讼原告权益保障的内涵是什么?为什么要特别关注国际贸易行政诉讼原告权益保障?本章将在学理层面阐释这些问题,搭建国际贸易行政诉讼原告权益保障的理论框架。

需要明确的是,国际贸易行政诉讼原告权益保障研究不同于原告资格认定、受案范围甄别的研究。一方面,原告资格认定、受案范围甄别的研究已经较为丰厚,本书无意赘述;另一方面,原告资格认定、受案范围甄别仅是国际贸易行政诉讼发起时的阶段性内容,而国际贸易行政诉讼原告权益保障贯穿整个国际贸易行政诉讼始终。故此,国际贸易行政诉讼原告权益保障研究包括但不限于原告资格认定、受案范围甄别的内容。

第一节 国际贸易行政诉讼原告权益保障的内涵阐释

现代意义的行政法是从19世纪开始自成体系的年轻的法律部门②,行

---

① See Tara Smith, *Judicial Review in an Objective Legal System*, Cambridge University Press, 2015, p.49.
② 参见[英]卡罗尔·哈洛、理查德·罗林斯:《法律与行政》,杨伟东、李凌波、石红心等译,商务印书馆2004年版,第78页。卡罗尔·哈洛(Carol Harlow)和理查德·罗林斯(Richard Rawlings)提出,"行政法于19世纪开始成为一门独立的学科"。现代行政法是在法治国基础上产生的,法治国的核心要义是法律限制公权力,同时,法律保护公民权利。公民权利概念在法国资产阶级革命时期才被"天赋人权"理论确认,因而,现代行政法的产生时间不早于19世纪。作为"行政法母国"的法国,1799年建立国家参事院(le Conseil d'état),该机构是法国最高行政法院的前身,至19世纪中后期才完全成为现代意义的行政法院,推动行政法理论发展。此外,德国学者奥托·迈耶(Otto Mayer)在《德国行政法》中论及,"行政法是一个年轻的法律部门,是上一个世(转下页)

政法是调整公共当局行使权力和履行职责的一般原则和规则的总称。① 在国际贸易行政活动中,行政法关涉一国政府对国际贸易事宜的行政组织设置、对国际贸易市场主体实施行政监管、为国际贸易市场主体提供权利救济等方面的法律规定。其中,国际贸易行政诉讼作为一国涉外行政法的重要组成部分,是国际贸易市场主体维护自身权益的法律利器。在国际贸易行政诉讼中作为原告的国际贸易市场主体,主要分为本国籍和外国籍两种情形。② 相较于母国对本国籍国际贸易市场主体的保护力度而言,外国籍国际贸易市场主体在东道国的权益保障处于不稳定状态,正如伯尔曼所言,外国人在东道国国内的法律下往往不享有特定权利,难以得到东道国统治者的保护。③ 本国籍和外国籍国际贸易市场主体的权益保障不平等状况,是本书关于国际贸易行政诉讼原告权益保障研究的现实起点。

"凡造论,先当分别解说论中所用名目,故曰界说。"④"国际贸易行政诉讼原告权益保障"由"国际贸易行政诉讼"和"原告权益"两个核心名词构成,以下分别进行阐释。

一、国际贸易行政诉讼的概念

(一) 国际贸易行政诉讼的界定

国内学界中,对国际贸易行政诉讼的含义进行界定,主要是从两个方面进行:一方面,立足于 WTO 层面界定国际贸易行政诉讼;另一方面,立足于一国涉外行政诉讼层面界定国际贸易行政诉讼。实质上,还存在以区域贸易和投资协定为基础的国际贸易行政诉讼,例如,《北美自由贸易协

(接上页)纪才形成的,法学才渐渐地完全意识到这个新的部门法的存在"。参见[德]奥托·迈耶:《德国行政法》,刘飞译,[德]何意志校,商务印书馆 2016 年版,第 20 页。

① H. W. R. Wade, *Administrative Law*, Clarendon Press, 1989, p. 4 - 5.
② 国籍状态的四种情形是本国国籍、外国国籍、双重国籍、无国籍。"无国籍"状态主要由国别歧视、国家间意识形态差异等引起的,此外,有的国家并不承认"双重国籍"。故而,本书研究对象主要为国籍状态清晰的"本国籍"和"外国籍"国际贸易市场主体。
③ 参见[美]哈罗德·J. 伯尔曼:《法律与革命(第一卷):西方法律传统的形成》,贺卫方、高鸿钧、张志铭等译,法律出版社 2008 年版,第 336 页。
④ 参见[古希腊]欧几里得:《几何原本》,兰纪正、朱恩宽译,陕西科学技术出版社 2003 年版,第 11 页。

定》(North American Free Trade Agreement,简称 NAFTA)规定了 NAFTA 专家组对缔约方政府贸易救济措施的准司法审查,这也是一种广泛意义的国际贸易行政诉讼。故此,可以从下列三个方面来界定国际贸易行政诉讼。

1. 国际贸易行政诉讼的法律渊源包括三个层次

一是加入 WTO 的各成员国需共同遵守的 WTO 协定,二是缔结区域经济合作关系的各成员国需恪守的区域贸易和投资协定,三是各国国内与市场主体从事国际贸易活动、行政主体监管国际贸易活动、司法主体审理国际贸易行政纠纷相关的国际贸易法律规范。本书研究的国际贸易行政诉讼,是 WTO 框架下成员国中的国际贸易行政诉讼,法律渊源主要包括 WTO 协定和成员国国内的国际贸易法律规范。

2. 国际贸易行政诉讼的本质是一种制度或者活动

国际贸易行政诉讼作为一种涉外行政诉讼,包括两副面相:静态地看,国际贸易行政诉讼属于一种涉外行政法律制度,是在国际法和国内法、公法和私法的交融中产生的诉讼类别,是由行政诉讼的不同要素构成的有机体;动态地看,在"民告官"形态下,国际贸易行政诉讼属于一种涉外司法活动,由原告、被告、法院三大诉讼主体构成,是原告用以维护自身权益的司法途径。

3. 国际贸易行政诉讼的属性具有多重性

其一,国际性兼本土性。国际贸易行政诉讼需要解决国际法在国内的适用问题,国际法在国内是直接适用还是转化适用,甚至不予适用,取决于主权国家的选择。其二,经济性兼市场性。相较于监控国内贸易而言,各国政府更重视国际进出口贸易的监控,监控措施会更加严格、更加周密[1],在国际贸易行政诉讼中取得胜诉,意味着经济利益得以实现,市场竞争力得到提升。其三,法律性兼政治性。国际法律规制与国家间政治关系的纠葛由来已久,无法清晰割裂开来[2],法院审理国际贸易行政案件时尤其要关注案件

---

[1] 参见[英]苏珊·斯特兰奇:《国家与市场》,杨宇光等译,上海人民出版社 2006 年版,第 176 页。
[2] 关于国际法律规制中的政治因素考量,参见 Martti Koskenniemi, *The Politics of International Law*, 1 European Journal of International Law 4(1990), p.4-32.

背后的政治影响。

(二) 国际贸易行政诉讼的功能

国际贸易行政诉讼作为一种显要的涉外行政诉讼类型,既具有一般行政诉讼解决行政争议、保障当事人权益、监督行政职权等功能,又具有自身特殊的履行国际法定义务的功能。

1. 国际贸易行政诉讼具有解决国际贸易行政争议的功能

国际贸易市场主体作为原告,以国际贸易行政主体为被告提起诉讼,属于"民告官"形态的国际贸易行政诉讼,这是普遍意义的国际贸易行政诉讼形态。此外,国际贸易行政主体为原告,以国际贸易市场主体为被告提起诉讼,属于"官告民"形态的国际贸易行政诉讼,这种形态多发于英美法系国家,国际贸易行政主体代表的是公共利益,当国际贸易市场主体的行为对公共利益造成重大影响时,国际贸易行政主体将会对国际贸易市场主体提起诉讼。还有一种"官告官"形态的国际贸易行政诉讼,原告和被告双方都是国际贸易行政主体,"官告官"的诉讼因行政机关之间的管理行为争议、管辖权限争议、财产争议等而起①,例如,在日本,存在机关诉讼这一行政诉讼类别,机关诉讼是基于国家、公共团体的机关之间的管辖权是否存在、如何行使管辖权等产生争议的行政诉讼。②

2. 国际贸易行政诉讼具有保障国际贸易当事人权益、控制国际贸易行政权力的功能

"在一个客观的法律体系中,所有法律都必须以个人权利为基础,并以保护个人权利为目标,一个国家的法律所规定的实质性要求必须与其总体使命的履行完全一致"③,国际贸易行政诉讼是"为权利而斗争"的法律体系,以保障国际贸易当事人权益为主要目标,并围绕此目标形成系列的规则。同时,基于三权分立、相互制衡理念,司法权对行政权具有制约作用,正如学者所言,"有能力的国家不仅有一个监管机构,还拥有多种监督和解决冲突

---

① 参见何海波:《行政诉讼法》,法律出版社2016年版,第156页。
② 参见[日]南博方:《行政法》(第六版),杨建顺译,中国人民大学出版社2009年版,第190页。
③ See Tara Smith, *Judicial Review in an Objective Legal System*, Cambridge University Press, 2015, p.50-52.

的机制,并建立了制衡体系:一个机构的自由裁量权受到其他国家权力的制约"①。国际贸易行政诉讼作为一种诉讼制度,依托制度设计的周密性、司法裁判的专业性对国际贸易行政权力施加约束。

3. 国际贸易行政诉讼具有履行国际条约、协定等国际法规定的义务的功能

在WTO层面,《马拉喀什建立世界贸易组织协定》(以下简称"1994年马拉喀什协定")规定了WTO各成员国的法定义务,使成员国内法符合WTO协定,例如,"1994年马拉喀什协定"第14条第2款规定,在本协定于1994年4月15日发布并生效后而加入本协定的成员,应当执行本协定中的减让和义务;"1994年马拉喀什协定"第16条第4款规定,WTO协定的成员国应当确保国内的法律法规和法律程序,符合WTO协定所规定的义务。当WTO成员国违反国际法定义务时,将产生国际贸易行政争端。这类争端,既可以在WTO争端解决机制层面寻求解决,也可以在WTO成员国的国内司法制度下寻求解决。WTO框架下成员国国际贸易行政诉讼是解决国际贸易行政争端的司法路径,具有约束WTO成员国政府行为并使其履行国际法定义务的功能。

二、国际贸易行政诉讼原告权益的内涵

(一) 国际贸易行政诉讼原告权益的结构

从字面含义看,权益包括权利和利益。汉语"权利"一词,对应的拉丁语为"jus",英语为"right",德语为"Recht",法语为"droit"。美国学者霍菲尔德(Hohfeld)认为,权利被定义为有依据的请求,是法律承认或保障的请求。② 英国学者米尔恩(Milne)认为,权利概念的核心要义是资格。③ 在德语中,

---

① See Sergio G. Lazzarini, *The Right Privatization: Why Private Firms in Public Initiatives Need Capable Governments*, Cambridge University Press, 2022, p.84.
② 参见[美]霍菲尔德:《基本法律概念》,张书友编译,中国法制出版社2009年版,第32页。
③ 参见[英]A. J. M. 米尔恩:《人的权利与人的多样性》,夏勇、张志铭译,中国大百科全书出版社1995年版,第111页。

"法律"和"权利"均由"Recht"表示。① 相较于权利概念界定的多种方式而言,利益的概念界定比较单一。德国学者卢曼(Luhmann)基于系统论法学的原理,利用"二分法"将利益分为受法律保护的利益以及不受法律保护的利益。② 在日本,"受法律保护的利益"理论上包括"法律所保护的利益"以及"值得裁判保护的利益"两种。"法律所保护的利益"意指做出行政行为所依据的法律具有保护特定利益的立法目的,或者根据该法律可以解释出保护特定利益的立法目的,则原告的特定利益受到法律保护。"值得裁判保护的利益"意指法律文本不存在保护某种特定利益的立法目的,或者无法从法律文本中解释出保护某种特定利益的立法目的,但是原告权益事实上受到行政行为侵害且有必要得到法律保护的事实利益,这种事实利益既可以是现存利益,也可以是未来的可期待利益。③

我国国际贸易行政诉讼原告权益的结构由"法定权利"和"法律保护的利益"两部分组成。"法定权利"是法律所规定的权利,公民的法定权利只是人权的一部分,另一些尚未转化为法定权利的人权(非法定权利)是人类所具备的应有权利。④"法律保护的利益"在国内通说看来是指"主观公权利",不包括反射利益。"主观公权利"是判断当事人与行政行为是否存在"法律上利害关系"的基准,"法律上的利害关系"是法律对法定权利之外实际受到行政行为侵害的原告利益进行保护而设定的。

在我国日常用语中,常用的权益概念包括合法权益和正当权益两种。规范层面,《宪法》⑤中使用的表述是保护华侨的"正当权益",保护归侨及侨眷的"合法权益"。《行政诉讼法》中第一条规定的是保护原告的"合法权益"。2021 年,党中央印发的《法治中国建设规划(2020—2025 年)》第二十五项规定,强化涉外法律服务,要维护我国市场主体在海外以及外国市场主

---

① 德语中用"Recht"表示"法律"和"权利",为了区分二者,主观的"Recht"叫作"权利",客观的"Recht"叫作"法律"。
② 参见陆宇峰:《"自创生"系统论法学:一种理解现代法律的新思路》,《政法论坛》2014 年第 4 期,第 168 页。
③ 参见[日]原田尚彦:《行政法要论》(全订第六版),学阳书房 2005 年版,第 383 页。
④ 参见周佑勇:《行政法基本原则研究》(第二版),法律出版社 2019 年版,第 142 页。
⑤ 若无特殊说明,本书所引用的法律文本一般为现行的版本,法律文本统计截止日期为 2024 年 12 月。

体在我国的"正当权益"。我国学界对"合法权益"的界定众说纷纭,有的学者认为合法权益包括法律规范予以明文规定的权利,以及经由法律的立法目的解释而产生的隐含性的权利。① 有的学者认为合法权益是包括法律规范予以明文规定的权利在内的所有值得法律保护的利益。② 有的学者认为合法权益由两个要件构成,一个要件是"存在一项特定的权利",另一个要件是"该项特定的权利属于原告的主观权利"。③ 对于"正当权益"的界定,则主要集中在"正当"二字的解读上,认为"正当"是"针对任何不可接受之恶划出的一条不可突破的底线"④,近似符合情理的道德底线的寓意,正当权益的概念倾向于"道德权利"范畴。笔者认为,合法权益不一定是正当权益,例如,第二次世界大战时期,德国纳粹法规定了很多违背道德伦理的法律制度,虽然当事人依法享有合法权益,但未必是符合道德要求的正当权益。同样地,正当权益不一定是合法权益,例如,依据自然正义原则,通常所言的听证权利,属于正当权益范畴,但是,如果一国行政程序法并未规定听证程序,则当事人不享有听证的权利,即正当权益并不属于合法权益。

(二) 国际贸易行政诉讼原告权益的类别

国际贸易行政诉讼保障的原告权益类别,可以从多个方面解读,以权利发生的先后顺序及权利之间的派生关系为分类标准,原告的权利包括"原生性"和"救济性"两种类型。以权利的属性为分类标准,原告的权利包括实体性权利和程序性权利。此外,还有学者认为,从请求权角度看,原告基于自由权、平等权、受益权、程序权利等权利类型而享有不同的请求权。⑤

在宪法基本权利中,自由权是古典自由主义强调的人与生俱来的权利,社会权是福利国家发展后政府行为干预私人活动背景下私人享有的权利。⑥

---

① 参见章剑生:《现代行政法基本理论》(第二版),法律出版社 2014 年版,第 796—799 页。
② 参见黄学贤:《行政诉讼原告资格若干问题探讨》,《法学》2006 年第 8 期,第 5—13 页。
③ 参见黄锴:《行政诉讼中举报人原告资格的审查路径——基于指导案例 77 号的分析》,《政治与法律》2017 年第 10 期,第 145 页。
④ 参见刘清平:《论正当、权益和人权的关联》,《学术界》2013 年第 9 期,第 168 页。
⑤ 参见方世荣:《对当代行政法主体双方地位平等的认知——从行政相对人的视角》,《法商研究》2002 年第 6 期,第 73 页。
⑥ 参见郑贤君:《基本权利原理》,法律出版社 2010 年版,第 147—148 页。

具体到国际贸易行政诉讼中,在自由权方面,原告享有贸易自由权,贸易自由权属于基本权利中的经济自由权。在社会权方面,原告享有公平贸易权,公平贸易权属于基本权利中的平等权。整体地看,国际贸易行政诉讼原告主要涉及的三种基本权利分别是诉权、经济自由权和平等权。① 其中,诉权是原告提起国际贸易行政诉讼的前提条件,经济自由权是与原告的切身经济利益关联度最高的权利,平等权则是原告提起国际贸易行政诉讼获得公正结果的手段。

1. 诉权

在罗马法诉讼程序中,"诉"居于核心地位,"诉"是复合型概念,包括三个方面的内容:一是诉讼程序,二是程序法上的诉权,三是实体法上的主观权。② 在《优士丁尼法学阶梯》中,诉即诉权,是指"向法院主张自己应得之物的权利"。③ 苏联代表性学者顾尔维奇在其主张的"社会主义诉权理论"中,将诉权主要分为三类:一是程序层面的诉权,即起诉权;二是实体层面的诉权,即胜诉权;三是认定诉讼资格层面的诉权,用于加速解决纠纷。④ 日本学者原田尚彦认为,诉是发动审判权的本质前提,要获得实体审判,不仅要求诉具备法定形式并符合程序,而且要求当事人的请求具有利用国家审判制度加以解决的必要性(实体诉讼要件)。⑤

我国学者关于行政诉权的界定存在差异。有的认为,行政诉权是权利主体请求法院对行政争议进行公正裁判的程序性权利。⑥ 有的认为,行政诉权具体包括案件受理阶段的起诉权、案件审判阶段的获得实体裁判权和公正裁判权。⑦ 有的认为,行政诉权的宪法保障内容主要包括得到法院中立、独立、公正地进行审判的权利,具体关涉当事人制度、诉的利益、证据制度、

---

① 参见王晓滨:《国际贸易行政案件司法审查的平等对待原则研究》,中国法制出版社2014年版,第51—59页。
② 参见巢志雄:《诉权概念史》,厦门大学出版社2021年版,第92页。
③ 参见王福华:《民事诉讼的基本结构》,中国检察出版社2002年版,第15—16页。
④ 参见[苏联]M. A. 顾尔维奇:《诉权》,康宝田、沈其昌译,李光谟校,中国人民大学出版社1958年版,第224页。
⑤ 参见[日]原田尚彦:《诉的利益》,石龙潭译,中国政法大学出版社2014年版,第1页。
⑥ 参见薛刚凌:《行政诉权研究》,华文出版社1999年版,第16页。
⑦ 参见梁君瑜:《行政诉权研究》,中国社会科学出版社2019年版,第42页。

举证责任制度等行政诉讼制度。① 有的认为,行政诉权是公民享有的一项基本权利,其本身属于抽象权利,需要通过具体的诉讼程序提供制度保障。② 有的认为,行政诉权是指行政诉讼中的诉讼权利,是诉讼全过程所囊括的程序性权利的统称。③

笔者认为,可以结合行政诉讼的起诉权、行政诉讼权利两个概念对行政诉权加以认识和理解,从而区辨各自的清晰边界。行政诉讼的起诉权本质上是行政诉讼的起诉资格,是指与行政行为有利害关系的个体享有诉诸司法、请求有管辖权的法院给予司法救济的基本权利。行政诉讼权利是指诉讼参加人或诉讼参与人在诉讼过程中享有的权利,如申请回避权、陈述权、举证权等。一般来说,在行政诉权、起诉权和行政诉讼权利三者中,起诉权存在于行政诉讼发起阶段,行政诉讼权利则存在于行政诉讼活动的过程当中,而行政诉权则贯穿行政诉讼整个过程的始终。

2. 经济自由权

在国际贸易活动中,国际贸易行政主体与国际贸易市场主体是不对等的监督与被监督的关系,国际贸易行政主体会采取不同行政行为干预国际贸易市场主体的经济活动。国际贸易市场主体的经济自由权是其依法享有的免受行政主体过度干预(消极自由)、参与跟自身利益相关的行政决策过程(积极自由)的权利。④ 换言之,国际贸易市场主体的经济自由权是"免受行政行为过度干预"的消极权利和"参与行政决策过程"的积极权利,对应着国际贸易行政主体"禁止越权"的消极不作为义务和"依法履职"的积极作为义务。

经济自由权中"自由"的内涵并非一成不变,"自由贸易"内涵是跟随时代发展和政治、文化的变化同步改变的,且与国际贸易秩序的变化密切相

---

① 参见方颉琳:《行政诉讼制度的解释学发展进路——以行政诉权为视角》,中国政法大学出版社2017年版,第16—17页。
② 参见马立群:《论行政诉权的构成要件与审查规则——行政诉权保障的路径及发展趋势》,《南京大学法律评论》2013年第1期,第40页。
③ 参见赵正群:《行政诉权在中国大陆的生成及其面临的挑战》,《诉讼法论丛》2001年第0期,第773页。
④ 参见罗佳:《贸易自由权司法救济困境及对策》,《中国外资》2021年第17期,第82页。

关①,经济自由权的保护程度受制于社会时事和地理空间乃至国家间的政治交易。② 例如,WTO协定中为了兼顾"非贸易价值",规定了违背自由贸易精神的例外条款,GATT第21条规定了基于国家安全先因而允许成员国采取贸易限制措施的安全例外条款。故此,一国法院审查国际贸易行政主体对国际贸易活动的行政干预行为时,审查强度是跟随"自由贸易"在所处时代背景下的内涵而改变的,需要法官进行司法裁量。

其一,当世界范围内的贸易环境宽松、国家贸易制度和措施以开放性为主基调时,"自由贸易"涵盖的范围较广,对"自由贸易"的保护程度亦较高。国际贸易市场主体向法院提起国际贸易行政诉讼时,法官对国际贸易行政行为应当采取严格的审查标准,在法律解释中对违法干预自由贸易的国际贸易行政行为采取扩大解释,加强对国际贸易行政行为违法性的认定,从而更好地保护国际贸易行政诉讼原告的经济自由权。

其二,当世界范围内的贸易保护主义盛行、国家贸易制度和措施以保守性为风向时,"自由贸易"涵盖的范围将会依法缩减,尤其是对出口管制法限制的贸易活动将无法再主张贸易自由,"自由贸易"的保护程度将同步降低。国际贸易市场主体向法院提起国际贸易行政诉讼时,法官对国际贸易行政行为应当采取宽松的审查标准,在法律解释中对违法干预自由贸易的国际贸易行政行为采取缩小解释,一般不轻易认定国际贸易行政行为违法性的成立,从而使司法裁判结果匹配国家法律政策导向。

3. 平等权

平等权的核心要义是"平等"。在立法视角下,平等权是公民的基本权利。在执法视角下,平等权是行政相对人受到行政主体平等对待的权利,包括同等情况同等对待、不同情况不同对待、类似情况比例对待三种方式。在司法视角下,平等权是原告受到司法主体平等保护的权利,包括对原告与被告的平等保护,也包括对不同原告的平等保护。

---

① See Andrew T. F. Lang, *Reflecting on "Linkage": Cognitive and Institutional Change in the International Trading System*, 70 Modern Law Review 523(2007), p. 526.
② 参见李春林:《彼德斯曼与阿尔斯通贸易与人权论战评析》,《北京航空航天大学学报》2014年第5期,第59页。

实质上，每一项法律都有所不同，正如不能期望每个人都以完全相同的方式对待所有其他人一样，完全平等甚至是不可取的，因为这样的话，每个人的愿望、能力和需要就没有差别了。① 在行政法律关系中，主要存在两种不同的"不平等"情形，即客观性质的合理"不平等"和主观性质的失衡"不平等"。

（1）客观性质的合理"不平等"，即合理的差别待遇，意指平等对待中"不同情况不同对待"情形，是实质平等的表现。但是，合理的差别待遇不能被恣意适用，否则将构成公权力主体滥用权力的由头，各国在认定是否构成合理的差别待遇时，设定了不同的标准。譬如，在德国的法律理性主义传统中，"合理差别待遇"需要符合若干要求才能实施，例如，立法者做出了理智的决定、禁止行政裁量恣意、禁止违反比例原则、符合正义理念等。在美国的法律经验主义传统中，"合理差别待遇"在不同的案件中具有不同的实施要求，例如，在社会经济权利案件中，"合理差别待遇"要求手段和目的具有合理性，这属于基础性要求；在涉及身份、性别区分的案件中，"合理差别待遇"要求手段和目的之间具有实质性的关联关系，这属于中等程度的要求；在关涉公民权利、政治权利的案件中，"合理差别待遇"要求手段是必须采取的、目的是十分紧迫的，这属于最严格的要求。②

（2）主观性质的失衡"不平等"，即行政相对人权利保护的不平衡状态，主要包括下列情形：其一，"身份性"权利保护不平衡，行政主体根据行政相对人的不同社会地位提供不同的保护水平；其二，"财产性"权利保护不平衡，行政主体根据行政相对人财富的多寡提供不同的保护水平；其三，"权利性"权利保护不平衡，行政主体断定不同权利具有不同的轻重缓急程度从而采取不同保护方式；其四，"权力性"权利保护不平衡，行政主体针对权力上的隶属关系采取地方保护主义、部门保护主义手段。③ 在实践中，"财产性"权利保护不平衡比较明显，例如，在法国，2015年以前的30年中，最富有的

---

① See J. H. Gerards, *Judicial Review in Equal Treatment Cases*, Koninklijke Brill NV, 2005, p.1.
② 参见邢益精：《论合理的差别待遇——宪法平等权的一个课题》，《政治与法律》2005 第 4 期，第 27—28 页。
③ 参见关保英：《论行政相对人权利的平等保护》，《中国法学》2002 年第 3 期，第 17—18 页。

1％的人的平均收入增长了100％（高于通货膨胀），最富有的0.1％的人的平均收入增长了150％，而其他人口的平均收入仅增长了25％（每年不到1％）；即使在像德国这样更平等的国家，社会转移明显加大，收入不平等也明显加剧。财富差异意味着行政相对人的权利受到不同程度的法律保护。①

三、国际贸易行政诉讼原告权益保障的释义

（一）原告权益保障与原告资格认定、受案范围甄别的关系

国际贸易行政诉讼原告资格是指国际贸易行政诉讼原告的起诉资格，是寻求司法救济的权利，具体来说，原告资格是指人们享有诉诸司法，请求有管辖权的法院给予司法救济的基本权利。② 原告资格认定号称行政法理论中的"哥德巴赫猜想"，因为原告资格认定从未呈现出某种一般性标准，任何单一标准似乎都难以在司法资源有限的现实和监督依法行政的需求间找到完美的平衡点。③ 受案范围是不同于原告资格的法律概念，原告资格意指"何人"（who）可以提起行政诉讼，受案范围意指"何事"（what）能够纳入行政诉讼。倘若说原告资格是原告作为私权利主体与行政诉讼的连结点，则受案范围是被告作为公权力主体与行政诉讼的连结点。虽然受案范围不同于原告资格，但是二者关系密切，受案范围是前提，因为只有被诉行政行为具有可诉性，属于行政诉讼受案范围，才有必要进一步判断起诉人是否为行政行为的侵害对象，是否有资格寻求司法救济。④

受案范围甄别和原告资格认定是开启国际贸易行政诉讼的关键环节，但是，二者仅仅是国际贸易行政诉讼原告权益保障的阶段性内容。国际贸易行政诉讼原告权益保障是一个系统性工程，不仅包括原告依法起诉时的原告资格认定和受案范围甄别，还包括行政行为的合法性审查、法院适用法律的统一性等内容，需要依托司法权对行政权的深入审查进而通过司法裁

---

① See Gregory Shaffer, *Retooling Trade Agreements for Social Inclusion*, 2019 University of Illinois Law Review 1(2019), p.9.
② 参见胡亚球、章建生：《起诉权论》，厦门大学出版社2012年版，第10页。
③ 参见陈鹏：《行政诉讼原告资格的多层次构造》，《中外法学》2017年第5期，第1231页。
④ 参见孔祥俊：《行政行为可诉性、原告资格与司法审查》，人民法院出版社2005年版，第137页。

判来确认原告权益的救济方式。

(二) 国际贸易行政诉讼原告权益保障的系统性

"系统"一词源于希腊文,是指具备特定功能、由相互关联和作用的诸要素共同组成的整体。通常而言,系统当中包含环境、功能、结构、要素这四个基本要件。① 在人类社会发展进程中,很早就出现了系统性思想。古希腊哲学家德谟克利特在《宇宙大系统》中阐发了朴素的系统性思想。虽然系统性思想发端于早期社会,但是真正形成体系化的系统论,直至20世纪30—40年代才得以实现。1932年,奥地利学者路德维希·冯·贝塔朗菲(Ludwing Von Bertalanffy)先后提出"抗体系统论"和"一般系统论原理"。帕森斯(Parsons)将社会行动看作一个庞大的系统,在这个系统之下包括若干子系统。

控制论创始人诺伯特·维纳(Norbert Wiener)首次把系统论方法运用在法律领域,维纳将诉讼中原告、被告、法官等诉讼主体构成的法律关系视为博弈关系,法律是以伸张正义、解决纠纷为目的而调节不同主体的不同行为耦合过程的工具。② 德国著名社会学家尼克拉斯·卢曼在系统论的基础上对法学理论进行整体研究,具有开创性,他认为,在法律系统中,不同事件都以合法/非法的二值代码③为基础而彼此连接。如果某一事件能够以"合法/非法"的形式存在,则该事件隶属于法律系统,反之,则不属于法律系统。④

我国法学领域的系统论研究肇始于20世纪70—80年代。1979年,著名科学家钱学森支持用系统科学的方法开展法学研究。⑤ 1985年,全国首

---

① 参见霍绍周:《系统论》,科学技术文献出版社1988年版,第1页、第43页。
② 参见[美]诺伯特·维纳:《人有人的用处——控制论与社会》,陈步译,北京大学出版社2010年版,第93页。
③ 二值代码类似计算机运算的二进制符号0和1,0和1是代表状态与概念是否存在的符号,蕴意相反的逻辑,二值代码则是一组对称的价值。社会系统中不同类型子系统存在不同的二值代码,例如,政治系统的二值代码是有权/无权,教育系统的二值代码是成绩好/成绩差,经济系统的二值代码是支付/不支付等。
④ See Niklas Luhmann, *Operational Closure and Structural Couple: The Differentiation of the Legal System*, 13 Cardozo Law Review 1992, p.1428.
⑤ 参见李德恩:《诉讼程序中的系统观》,《系统科学学报》2012年第20期,第39页。

届法制系统科学讨论会在北京市召开,标志着系统法学在我国初步确立。随着互联网信息技术发展、社会分工愈发细化、经济发展模式不断推陈出新,对法律结构的内在统一性和法律功能的外在有效性提出更高要求,系统论法学以其逻辑严密性和对法律运作方式规律性的探查,成为法学研究的关注对象。

国际贸易行政诉讼原告权益保障系统立基于原告、被告、法院的"正三角"结构之上,这种"正三角"结构是国际贸易行政诉讼活动的基本框架。① 国际贸易行政诉讼原告权益保障系统,寓意在具备合理的制度性结构基础上,促进国际贸易行政诉讼原告权益保障活动有序运行,发挥可预测的法律效果,避免"特洛伊马理论"②中所描述的因缺乏系统性而产生的意想不到的结果。

本书中,国际贸易行政诉讼原告权益保障是指在国际贸易行政诉讼中,以保障个体人权、提升行政效率、促进司法公正为价值导向,基于原告、被告、法院的"正三角"诉讼结构,从规范原告维权依据、深入被告行为审查、彰显法院司法效果三个方面对原告权益进行系统性保障。国际贸易行政诉讼作为一种行政法律制度,其实质是"司法权力对行政权力进行控制从而保护公民权利"。③ 当前,中国国际贸易行政诉讼原告权益保障不足,其根本原因在于法律对行政的控制不足。基于法律的规范性、制度化、强制性特点④,法律对行政的控制不足主要包括:(1)国际贸易行政诉讼原告的规则性控制欠缺——原告通过诉讼抗辩行政行为的维权法律依据规范性不足,设定原告权利的规则欠缺体系性和技术性;(2)国际贸易行政诉讼被告的自治性控制欠缺——被告实质性违法或恣意执法的行政裁量基准制度化不足,被告行政权力过于强势而缺少行政自制,自行管理的自治能力欠缺;(3)国际贸易行政诉讼法院的补救性控制欠缺——法院"形式与实质并重"审查的司法能动要求强制性不足,法院在审理国际贸易行政案件过程中对行政权的司法

---

① 参见谭宗泽:《行政诉讼结构研究——以相对人权益保障为中心》,法律出版社2009年版,第61—62页。
② See Michael Hill, *The State, Administration and the Individual,* Rowman and Littlefield, 1976, p.27.
③ 参见孙笑侠:《法律对行政的控制》,光明日报出版社2018年版,第4页、第18页。
④ 参见[英]约瑟夫·拉兹:《法律体系的概念》,吴玉章译,中国法制出版社2003年版,第4页。

尊让过度,未能发挥司法能动性弥补原告权益损失。由此,引发了国际贸易行政诉讼原告维权依据的规范性不足、国际贸易行政诉讼被告行政行为的不当性显现、国际贸易行政诉讼法院适用法律的统一性不足的后果,应当从规范国际贸易行政诉讼原告维权依据、深入国际贸易行政诉讼被告行为审查、彰显国际贸易行政诉讼法院司法效果三个方面加强对国际贸易行政诉讼原告权益的保障。

第二节 国际贸易行政诉讼原告权益保障的特殊性

国际贸易行政诉讼具有国际性、专项性和涉外性[①],国际贸易市场主体利用国际贸易行政诉讼制度维护自身权益时,也具有相应的国际性、专项性、涉外性三个方面的特殊表现。

一、国际性:原告权益的国内国际规范双重保障性

国际贸易行政诉讼原告可以分为三种类型:一般原告(Plaintiff)、共同原告(Consolidated Plaintiff)和原告型第三人(Plaintiff-Intervenor)。一般原告是单独的、个体的原告,例如,某一个进出口贸易公司。共同原告是多个联合的原告共同起诉,例如,受到反倾销措施影响的多个进出口贸易公司。原告型第三人是与被诉国际贸易行政行为有利害关系的市场主体,以第三人的身份加入国际贸易行政诉讼中,例如,虽然某一反倾销调查未直接对行业内的某些企业做出,但是经过调查,一旦高水平反倾销税率确立,行业内的所有企业可能都要被征收高额反倾销税,一些进出口贸易公司以第三人身份加入国际贸易行政诉讼,积极参与案件审判进程。

国际贸易行政诉讼原告权益保障的国际性,主要表现为国际贸易行政诉讼中原告权益受到国内法和国际法的双重保障。

---

① 参见朱淑娣:《法律交融中的国际贸易行政诉讼》,《现代法学》2008年第2期,第118—125页。

(一) 国际贸易行政诉讼原告权益由一国国内经济行政法保障

在中国,将经济领域中的政府管理行为作为法学系统性研究对象的情况始于 20 世纪 80 年代,彼时,由王珉灿、张尚鹜主编的早期行政法学教材《行政法概要》专门讨论了国民经济的行政管理内容。同一时期,在罗豪才主编的十余种部门行政法教材中,有五部著作是关于工商、税务等部门经济行政法。在域外,德国最早注意到社会活动中的经济行政法,并对其进行了较为系统的研究。在法国,经济行政法的观点受到理论与实践的广泛支持和肯定,奥地利、瑞士等国对经济行政法的研究亦十分重视。

何谓经济行政法?我国学者郑毅认为,经济行政法是调整经济关系的行政法,宏观层面,经济行政法的本质在于政府通过行政手段对经济进行引导或控制;中观层面,经济行政法关注政府在正当边界内依据何种法律部门干预经济的问题;微观层面,经济行政法是指在特定法律部门中,政府采用何种法律手段进行经济干预的具体操作。① 德国学者乌茨·施利斯基(Utz Schliesky)认为,经济行政法是关于国家机构调整、监督经济活动的规范,以及关于这类国家机构的组织规范的所有法律规范的总和。② 德国的代表性学者罗尔夫·施托贝尔(Rolf Stober)提出,经济行政法是调整具有规划、监督、引导经济运行职能的行政机关、机构的建立与活动的规范、措施的总称。③ 简言之,经济行政法是调整经济行政关系、监督经济行政关系的法律原则、规范、措施的总称。

经济行政法的形成发端于国家干预市场的行为。我国学者贺乐民认为,经济行政法是人类社会发展到一定历史阶段的产物,统治阶级为了促进社会经济的发展,维护自己的统治,总是把对生产、分配和交换活动管理的共同规则上升为法律,并以国家强制力作为保障使人们在经济活动中遵守和执行。④ 德国学者拉德布鲁赫(Radbruch)认为,经济行政法的产生基础是

---

① 参见郑毅:《经济行政法的外部理论谱系》,《国家检察官学院学报》2014 年第 4 期,第 93 页。
② 参见[德]乌茨·施利斯基:《经济公法》,喻文光译,法律出版社 2006 年版,第 7—8 页。
③ 参见[德]罗尔夫·施托贝尔:《经济宪法与经济行政法》,谢立斌译,商务印书馆 2008 年版,第 27 页。
④ 参见贺乐民:《经济行政法概论》,陕西人民出版社 1991 年版,第 34 页。

对自由竞争活动的私法保护减弱、公法规制加强。① 总体看来,经济行政法的发展历经了两个主要阶段:第一个阶段是经济行政法产生的萌芽阶段,国家作为"守夜人"消极干预经济活动;第二个阶段是经济行政法的快速发展阶段,从福利国时期开始,政府行政裁量权不断膨胀,积极干预经济领域事务。

经济行政法运用经济领域的"成本/产出/效益"理性思维和行政法学基本原则为支撑调整经济行政法律关系。政府干预经济的手段,主要包括行政征收、政府采购、行政补偿、行政协议、行政指导和经济管制等。② 政府干预经济的行为适用比例原则、信赖保护原则等基本原则,并受到行政法治要求的约束。③ 政府干预经济的活动具有专业性,通过经济分析制定决定行政政策的实体性规则,有利于实现经济领域中产品和服务的产出最大化的行政管理目标。④ 政府运用政治权力及由此派生的法律手段,对私主体从事的经济活动施加影响,而私主体则努力捍卫经济自由,经济行政法为私主体提供维权依据。⑤ 可见,经济行政法结合了经济和法律的不同领域优势,既能运用经济领域专业的"成本/产出/效益"分析方法实现行政效率目的,又兼备行政法原则、规范作为行政行为的法律指南从而降低经济活动中市场主体权益受违法行政行为侵害的概率。

在国际贸易领域,一国经济行政法体系中,以海关为法律执行主体的经济行政法是国际贸易行政诉讼原告维权的主要法律依据,例如,商品分类制度、海关估价制度、反倾销和反补贴制度、保障措施制度等。世界范围内的多边贸易谈判导致关税大幅降低,因此,在整个国际贸易行政诉讼中,商品分类和估价制度的重要性逐渐降低,取而代之的是其他措施,如反倾销税和

---

① 参见[德]拉德布鲁赫:《法学导论》,米健、朱林译,中国人百科全书出版社1997年版,第77页。
② 参见王克稳:《经济行政法基本论》,北京大学出版社2004年版,第122页。
③ 参见宋功德:《论经济行政法的制度结构:交易费用的视角》,北京大学出版社2003年版,第64页。
④ 参见[美]理查德·B. 斯图尔特:《美国行政法的重构》,沈岿译,商务印书馆2016年版,第52页。
⑤ 参见[法]莫里斯·奥里乌:《法源:权力、秩序和自由》,鲁仁译,商务印书馆2019年版,第55页。

反补贴税法律规定,具有更大的重要性。① 国际贸易行政诉讼原告权益由一国经济行政法保障,包含两层意思:其一,国际贸易市场主体在母国的国际贸易活动受到母国国际贸易行政主体的行政行为影响,国际贸易市场主体作为原告,以母国的经济行政法作为诉讼依据在母国法院提起诉讼寻求权利救济;其二,国际贸易市场主体在东道国的国际贸易活动受到东道国国际贸易行政主体的行政行为影响,国际贸易市场主体作为原告,以东道国的经济行政法作为诉讼依据在东道国法院提起诉讼寻求权利救济。涉外领域的经济行政法由于所调整的是一国政府与具有涉外因素的国际贸易市场主体之间的经济行政管理关系,由此体现了"跨国"的国际性。

(二) 国际贸易行政诉讼原告权益由 WTO 规则保障

对外国籍国际贸易市场主体而言,与国内诉讼提供唯一可用的司法救济办法的其他经济纠纷不同,在贸易救济案件中,外国籍国际贸易市场主体有另一种诉诸司法的途径,即 WTO 争端解决机制。② 外国籍国际贸易市场主体可以申请母国政府以东道国政府为被告,向 WTO 提起国际贸易行政诉讼,WTO 争端解决机制间接为外国籍国际贸易市场主体提供了维权途径。

WTO 的三大法律机制包括多边贸易谈判机制(Multilateral Trade Negotiation Mechanism)、贸易政策审议机制(Trade Policy Review Mechanism)和贸易争端解决机制。多边贸易谈判机制的价值导向是协商性、民主性,其主要内容是确立和修改 WTO 规则。贸易政策审议机制的价值导向是公开性、透明性,其主要内容是审议 WTO 成员国的国际贸易政策和措施是否符合 WTO 规则,从而推动 WTO 规则在各成员国得以执行。贸易争端解决机制的价值导向是公正性、普适性,其主要内容是依据 WTO 规则审理成员国提交的国际贸易争端。

WTO 争端解决机制为全球范围内的国际贸易市场主体权益保障提供了有力支撑,主要体现在四个方面。

---

① See John M. Peterson and John P. Donohue, *Streamlining and Expanding the Court of International Trade's Jurisdiction: Some Modest Proposals*, 18 Journal of Civil Rights and Economic Development 75(2003), p.76.

② See Henry Gao, *Judicial Review of Trade Remedy Determinations in China: An Untested Theoretical Possibility?* Oxford University Press, 2011, p.190.

一是国际贸易争端解决机制的中立性。WTO 的争端解决机制以司法为核心,具有中立性,这种中立性保障了 DSU 在处理国际贸易行政争端时的相对独立性和公正性。DSU 适用规则导向而非权力导向,其追求的是争端的有效解决而非明确 WTO 成员国的胜诉或败诉,通过对案件的审理恢复 WTO 成员国执行 WTO 协定中的权利义务内容的状态。

二是国际贸易争端解决机构的常设性。WTO 与世界银行、国际货币基金组织是公认的世界三大经济组织,WTO 作为国际影响力巨大的常设国际组织,其内部常设国际贸易争端解决机构,可以成立专家组和上诉机构来审理国际贸易行政案件,长期为 WTO 成员国间的国际贸易行政争端提供国际平台路径化解纠纷。

三是国际贸易争端解决规则的完整性。WTO 内设的 DSB 具有司法性质,在审理政府间的国际贸易行政案件时,遵循较为完备的案件审理规则。DSB 不仅可以适用现行的国际条约、协定等成文法内容,还可以适用有约必守原则、善意原则、国际责任原则等国际法一般原则,以及多边原则、协商解决争端原则、授权救济原则、司法经济原则等 WTO 特有的法律原则。通过"磋商—专家组—上诉机构—执行—报复"的完整司法程序,可以有力保障国际贸易市场主体权益。

四是国际贸易争端解决报告的外压性。WTO 的专家组或上诉机构审理国际贸易行政案件将出具审理报告,WTO 成员国当事方应当执行专家组或上诉机构的建议、裁决,否则 WTO 可以授权争端关联成员国中止关税减让及其他义务,这对 WTO 成员国当事方形成政治性外压,迫使成员国变更政策。外压是 WTO 层面国际贸易行政诉讼的国际化表现,"国际化"反映了 WTO 成员国的国内政策受到国际因素影响的现实[1],从而约束国际贸易领域一国政府单方面、恣意决策的行为。

故此,不同于一般国内行政诉讼中原告仅凭借国内法律规范作为诉讼依据的情形,在国际贸易行政诉讼中存在从国内层面到国际层面的双重法律规范,作为国际贸易行政诉讼原告维权的法律依据。

---

[1] 参见贺平:《贸易与国际关系》,上海人民出版社 2018 年版,第 418—419 页。

二、专项性：被告行为的经济专业性和法律针对性

国际贸易行政诉讼原告权益保障的专项性，主要表现在侵犯原告权益的被告行为方面，国际贸易行政诉讼被告行为具有经济专业性和法律针对性。其中，国际贸易行政诉讼被告行为的经济专业性是指国际贸易行政行为的内容是监管国际经济活动，国际经济活动具有高度专业性，因而，国际贸易行政行为相应地具有专业性。同时，国际贸易行政诉讼被告行为的法律针对性是指国际贸易行政行为相关的法律规定具有特殊性，区别于一般国内行政行为。

（一）国际贸易行政诉讼被告行为的经济专业性

当前，对外贸易已经发展成为国际经济关系中管理程度最密集的领域，并且是由国内国际法律、政治与经济等方面复杂的相互作用而决定的。[1] 作为国际贸易行政诉讼被告的国际贸易行政主体是对外贸易领域国际经济活动的监管者，其管理依据主要是一国对外贸易法律制度，国际贸易行政主体的行政行为相应具有经济性、专业性。

1. 国际贸易行政诉讼被告行为具有经济性

一国政府采取的经济政策可以笼统地划分为三大政策：经济制度政策、经济结构政策和经济运行政策。经济制度政策是为政府对国民经济进行宏观调控设立的特定标准。经济结构政策是在实现总体性或者部门性经济目标的过程中针对经济结构施行的特定措施。经济运行政策可以分为两类：一类是总体性经济政策，包括金融政策和货币政策；另一类是经济增长政策。[2] 经济政策连接经济活动中的行政管理者与被管理者，国际经济关系是在跨国经济活动中形成的相关主体之间的利益关系，具有突出的经济性。

2. 国际贸易行政诉讼被告行为具有专业性

WTO成立的初衷是扩大贸易自由程度，抑制贸易保护主义发展。各国

---

[1] 参见[德]E.-U.彼德斯曼：《国际经济法的宪法功能与宪法问题》，何志鹏、孙璐、王彦志译，高等教育出版社2004年版，第1页。

[2] 参见[德]乌茨·施利斯基：《经济公法》，喻文光译，法律出版社2006年版，第116—118页。

政府为了本国国家利益,常常采取各式各样的贸易保护主义政策和措施,这些政策和措施往往具有高度专业性。一国政府实施的贸易保护主义政策和措施主要包括关税和非关税壁垒两大类。关税包括进口关税和出口关税,是一国政府对通过国境的商品征收的赋税。非关税壁垒包括多种措施,例如,进出口管制、自主进出口限制、商品配额、许可证制度、补贴、歧视性政府采购政策、产品的本地成分要求及技术标准要求、商品包装和标签、动植物卫生检验检疫等方面的规定要求等。① 此外,针对外国企业倾销、外国政府补贴的行为,一国政府常常实施反倾销、反补贴等贸易救济措施。无论是贸易保护主义政策和措施中的国际贸易行政行为,还是贸易救济措施中的国际贸易行政行为,都具有高度专业性。

同时,在国际贸易行政诉讼被告行使行政管理职权的国际贸易领域,存在大量的专业知识。例如,有形货物贸易需要统一适用《国际贸易术语解释通则》,又如,在海关履行国际贸易货物进出境监管职能过程中存在大量专业术语,如价格承诺(price undertaking)、替代国价格(analogue country system)②、从价关税(ad volorem duty/ad volorem tariff)和从量关税(specific duty/specific tariff)③、转移定价(transfer pricing)、完税价格(duty-paying values)、原产地规则(rules of origin)、正常价值(normal value)、经认证的经营者(authorized economic operator,AEO)等。国际贸易行政诉讼被告恰恰是在运用这些专业术语的过程中与国际贸易行政诉讼原告产生了行政纠纷,客观上,国际贸易活动的专业性决定了国际贸易行政诉讼被告行为的专业性。

(二) 国际贸易行政诉讼被告行为的法律针对性

这一特征既体现在国际法层面,也体现在国别法层面和国内法层面。

---

① 参见贺平:《贸易与国际关系》,上海人民出版社2018年版,第127页。
② 关于"价格承诺"的概念解释、"替代国价格"的确定方法,可参见杨晨:《决不妥协:中国企业国际经贸摩擦案件纪实》,中信出版社2022年版,第62页。
③ 从征税方式来看,关税可以分为从价关税(Ad Valorem Duty/Tariff)和从量关税(Specific Duty/Tariff)。从价关税是指按商品价值的一个固定比率征税(例如,对进口汽车征收其价值10%的关税);从量关税是指根据商品的实物单位征收固定税额(例如,对每辆进口汽车征收1000美元)。参见贺平:《贸易与国际关系》,上海人民出版社2018年版,第127页。

1. 国际法层面

在 WTO 框架下,依据"1994 年马拉喀什协定"的规定,一国国际贸易行政诉讼被告的行为由法律明确限定了范围,主要集中在国际货物、国际服务、国际技术等贸易领域。此外,其他区域组织在形成经贸合作关系之时,也会划定专门的经贸合作领域,明确受区域贸易投资协定约束的政府行为的范围。

2. 国别法层面

世界范围内主要的国际贸易大国都规定了专门的审查主体对国际贸易行政诉讼被告行为进行审查。在美国,存在专门的国际贸易法院,其职责是审查贸易救济措施的合法性和合理性。在加拿大,存在国际贸易法庭,它根据非审判型听证和非严格证据规则进行的听证中的信息,对各种商品分类、海关估价和其他海关行政诉讼做出裁决。在荷兰,海关行政诉讼以前是向关税委员会提出的,该委员会是一个专门的税务法院,不要求当事方在陈述其案件时遵守严格的证据规则,虽然关税委员会后来并入阿姆斯特丹高等法院(海关分庭),但该法院仍采用相对非正式的程序审查海关事务。在英国,海关行政诉讼首先向增值税和关税上诉法庭提出上诉,该法庭在做出决定之前进行准司法调查。① 在泰国,反倾销和反补贴税的行政裁定由特别法庭审查,而保障措施的行政裁定则由普通法庭审查。巴基斯坦和印度的独特之处在于,两国都有双重的国内司法审查制度,在这两个国家都有一个特别法庭,负责审查最终的反倾销和反补贴行政裁定。在印度尼西亚,有两类法庭对贸易救济决定进行司法审查:国家行政法院和最高法院。在新西兰,除了法院的审查外,还可能由监察员进行审查,这构成仲裁或行政程序。②

3. 国内法层面

在中国,不仅有最高人民法院出台的专门司法解释来审查反倾销、反补贴以及其他国际贸易行政案件中的国际贸易行政行为,而且,不同部门法有

---

① See John M. Peterson and John P. Donohue, *Streamlining and Expanding the Court of International Trade's Jurisdiction: Some Modest Proposals*, 18 Journal of Civil Rights and Economic Development 75(2003), p. 95.

② See Yilmaz, Müslüm, ed., *Domestic Judicial Review of Trade Remedies: Experiences of the most Active WTO Members*, Cambridge University Press, 2013, p. 424.

针对海关、税务机关等国际贸易行政主体的行政行为做出的专门规定。例如,《立法法》第十一条规定,海关、外贸等领域相关的基本制度只能制定法律;《行政诉讼法》第十五条规定,海关为被告的行政案件的一审管辖权属于中级法院。故此,国际贸易行政诉讼被告的行为具有不同于一般国内行政行为的专项性,这种专项性既包括国际贸易行政行为自身内容的经济性和高度专业性,也包括不同法律针对国际贸易行政行为做出的诸多专门规定。

三、涉外性:法院裁判的对等反制合规和非终局性

贸易摩擦(trade friction)从强到弱主要可以分为贸易战(trade war)、贸易制裁(trade sanction)、贸易胁迫(trade coercion)、贸易冲突(trade conflict)、贸易纷争(trade dispute)等类型。[1] 近年来,全球性国际贸易摩擦愈演愈烈。2020年初暴发的全球性新冠肺炎疫情与全球化逆流下的各种国际贸易摩擦掺杂在一起,致使国家主权概念回归国际贸易活动的核心地位。各国加强对外国籍国际贸易市场主体的管理及其母国国际贸易政策的回应,在国家主权原则之下,外国人受国家属地主权管辖而不是属人主权限制。[2] 虽然全球性新冠肺炎疫情逐渐成为过去时,但后疫情时代的世界经济发展风向和国际贸易关系格局已经悄然发生变化。世界主要贸易大国纷纷颁布出口管制类法律制度,并以国家安全为由采取贸易限制措施,主要表现为保护本国弱势产业、在全球供应链中去除某些国家的产品生产环节、对部分军民两用产品采取特殊措施等。[3] 在全球化逆流的发展背景下,一国国际贸易行政案件的主审法院可以适用特定规则使本国法律产生域外效力,掌握反制他国贸易政策的主动权,保护本国国际贸易市场主体的合法权益,用尽当地救济原则是常用的司法规则之一。但是,一国法院仅仅出于狭隘地维护国家利益目的而做出的司法裁判,亦会因为国内层面国际贸易行政诉讼受制于国际层面WTO协定约束而具有司法非终局性。

---

[1] See John A. C. Conybeare, *Trade Wars: The Theory and Practice of International Commercial Rivalry*, Columbia University Press, 1987, p.3.
[2] 参见[德]汉斯·J.沃尔夫、奥托·巴霍夫、罗尔夫·施托贝尔:《行政法》(第一卷),高家伟译,商务印书馆2002年版,第427页。
[3] 参见梁咏:《论国际贸易体制中的安全例外再平衡》,《法学》2020年第2期,第153页。

(一) 国际贸易行政案件主审法院可灵活适用"用尽当地救济原则"

"用尽当地救济原则"在不同的场域有不同的内涵。在国际法视角下,"用尽当地救济原则"是指"用尽国内救济原则",东道国政府对领土内的外国籍国际贸易市场主体的行政行为违反国际义务,但该外国籍国际贸易市场主体可以通过东道国国内救济手段维权时,外国籍国际贸易市场主体的母国不得对其行使外交保护权,除非该外国籍国际贸易市场主体已经穷尽东道国可利用的救济方法。① 在行政法视角下,相对于国内行政权和司法权的配置而言,"用尽当地救济原则"是指"用尽行政救济原则",一国私权利主体以该国公权力主体为被告提起国际贸易行政诉讼寻求司法救济时,应当先穷尽该国行政救济途径,在行政救济没有效果时才能转向司法途径维权。就国际贸易行政诉讼原告权益保障的特殊性来说,国际贸易行政案件的主审法院可以依据本国制定法设置的"用尽当地救济原则"行使案件管辖权,避免国际贸易行政纠纷直接进入 WTO 层面进行审查。

一国是否可以通过制定法设置"用尽当地救济原则"从而赋予本国法院司法管辖权,将国内司法审查作为国际贸易行政案件进入 WTO 层面审查的前置程序或抗辩理由呢？这个问题的核心是厘清"用尽当地救济原则"和 WTO 争端解决机制的关系。事实上,WTO 的有关协议并没有明确规定是否适用"用尽当地救济原则",只规定了 WTO 成员国应当设置行政或司法程序来审查成员国措施是否符合 WTO 规则,例如,WTO 的《反倾销协定》第 13 条、《反补贴协定》第 23 条都规定了缔约方要在国内设置行政或司法程序审查本国措施是否违反协议规定。在一国国内的国际贸易行政诉讼中,通过国家立法,将"用尽当地救济原则"作为国际贸易行政案件诉至 WTO 的前置条件,并不违反 WTO 现有规定。WTO 合规性（WTO compliance）是 WTO 成员国实施的贸易限制措施与 WTO 规则是否相符（consistency）、是否构成其对 WTO 义务的违反（violation）的问题②,国家关于"用尽当地救济原则"的制定法内容依托国家主权而成立,是关于司法管辖权的措施而非贸

---

① 参见程卫东、雷京:《一项国际习惯法规则——国际贸易争端解决中的用尽当地救济规则》,《国际贸易》1998 年第 5 期,第 48 页。
② 参见龚红柳:《论中美贸易战中实施"反制"的 WTO 合规性——以中国应对美国"301 措施"为例》,《经贸法律评论》2019 年第 1 期,第 42 页。

易限制措施,并未涉及一国贸易措施的 WTO 合规风险。通过立法明确"用尽当地救济原则"条款,进而在一国的国际贸易行政诉讼中加以适用,可以使国家掌握国际贸易行政案件司法管辖的主动权,不至于被直接诉至 WTO 而猝不及防,陷入被动局面。

(二)国际贸易行政案件主审法院的司法裁判面临司法非终局性

当前,国际贸易遭遇全球化逆流,国家主权、安全和发展利益超越国际组织主张的"主权让渡",成为各国处理国际贸易行政争端的出发点。

时下的国际关系中,美国基于其国内复杂的法律体系基础拉开了一场法律战(legal warfare),利用法律手段,将制裁目标的行为定性为违反美国法律的行为,再利用法律域外适用效力迫使被制裁方服从,以达到美国政治、经济等方面目的,严重破坏国际市场自由贸易秩序,侵害他国国家利益。面对美国的"长臂管辖"、次级制裁等打着法律幌子对他国实施政治、经济打压的行为,其他国家采用反制措施对抗美国的制裁。反制效力是由反制发动国与被反制国的国家综合实力决定的①,例如,2018 年 6 月 4 日,俄罗斯出台了《针对美国和其他国家不友好行为的措施(反措施)的法律》,从国家立法层面对美国的单边经济制裁行径予以反制,取得了良好的效果。②

法院作为国家机器的重要组成部分,在国家实施"法律战"反制行动中,发挥着"急先锋"的作用。在国际贸易行政诉讼中,司法裁判结果具有不确定性,通过司法程序可能得出什么样的判决,没有任何确定化答案③,这也为法院通过司法程序,发挥司法裁量权,对他国的贸易限制措施实施反制留足了司法空间。法官的角色是在各种相互冲突的利益关系中权衡利弊并判断轻重缓急④,法官在审理国际贸易行政案件时应当关注国际贸易局势,不能盲目为维护国家利益做出不公正的司法裁判而引发国际贸易摩擦,最终导

---

① 参见沈伟:《中美贸易摩擦中的法律战——从不可靠实体清单制度到阻断办法》,《比较法研究》2021 年第 1 期,第 193 页。
② 参见杜涛、周美华:《应对美国单边经济制裁的域外经验与中国方案——从〈阻断办法〉到〈反外国制裁法〉》,《武大国际法评论》2021 年第 4 期,第 12 页。
③ 参见熊继宁:《系统法学导论》,知识产权出版社 2006 年版,第 91 页。
④ 参见[英]丹宁勋爵:《法律的正当程序》,李克强、杨百揆、刘庸安译,法律出版社 2015 年版,第 31 页。

致国家利益受损更加严重。

　　理论上,国际贸易行政案件主审法院可能面临的司法裁判非终局性问题,对于一般国内行政案件而言几乎是不会发生的,国内行政案件的司法终局性原则意味着法院做出生效裁判后,行政纠纷应得以最终化解或平息。在国际贸易领域,一国国内法院做出的司法裁决如果导致外国籍国际贸易市场主体损失惨重,外国籍国际贸易市场主体很可能会在国际组织层面寻求法律救济。即使国内的司法程序终结,外国籍国际贸易市场主体可以依托 WTO 争端解决机制推翻 WTO 成员国国内法院的司法裁判结果,从客观效果上看,相当于 WTO 成员国国内法院的终审结果被撤销了。这是由国际贸易行政案件的涉外性引发的特殊情形。

　　概言之,国际贸易行政诉讼具有国际性、专项性、涉外性特征,国际贸易行政诉讼原告权益保障的特殊性立基于国际性、专项性、涉外性之上,主要表现在三个方面:就国际性而言,国际贸易行政诉讼原告权益受到国内层面和国际层面经济行政法的双重保障;就专项性而言,侵害国际贸易行政诉讼原告权益的被告行为具有经济性和高度专业性,并且受到针对性、专门性的国际贸易法律规范的规制;就涉外性而言,在 WTO 框架下,一国法院得以灵活适用"用尽当地救济原则",发挥本国法律的域外适用效力反制他国的贸易歧视措施,维护国家利益。与此同时,一国国内的法院应当谨慎审理国际贸易行政案件,避免未能平衡国家利益和国际法定义务的关系而盲目维护国家利益,导致 WTO 争端解决机制间接推翻国内法院的司法裁决结果,产生一国国内法院的司法非终局性后果。

第三节　国际贸易行政诉讼原告权益 保障的价值范式

　　范式(Paradigm),意指公认的模型或模式(Pattern),是一种在新的或更严谨的条件下需要进一步澄清并明确的对象。[①] 同时,法律是为实现不同社

---

① 参见[美]托马斯·库恩:《科学革命的结构》,金吾伦、胡新和译,北京大学出版社 2019 年版,第 19 页。

会目的而调整各种利益关系的工具。① 法律价值是指在人与法的关系中显现的法律作用。② 因而,在法律场域,价值范式是指为实现不同法律价值而采取的调整各种利益关系的公认的模式。

国际贸易行政诉讼原告权益保障的价值范式,是指在国际贸易行政诉讼中为实现不同法律价值而采取的调整各种利益关系的公认的模式。国际贸易行政诉讼原告权益保障的价值范式凸显了国际贸易行政诉讼原告权益保障研究的法律价值,揭示了国际贸易行政诉讼原告权益保障所要实现的总体目标,更重要的是,明确的价值范式有利于国际贸易行政案件的主审法官根据价值范式指引处理案件中的利益冲突,以价值范式为基底形成内心确信,从而加强法律适用的逻辑性和正当性,促进司法公正的实现,更好地保障国际贸易行政诉讼原告权益。至此,需要讨论的问题是,国际贸易行政诉讼原告权益保障的价值范式包括哪些? 笔者认为,在诸多的法律价值中,基于国际贸易行政诉讼原告、被告、法院的"正三角"结构,从对应角度看,人权、效率、公正是国际贸易行政诉讼原告权益保障的三大法律价值。其中,人权向度存在协调个体权益和国家利益的价值范式,效率向度存在协调私权利保障与公权力行使的价值范式,公正向度存在协调个案正义与法安定性的价值范式。

一、人权向度:个体权益与国家利益的协调

人权,是人与生俱来的权利,是在一切时间、一切场合都属于全社会人类的权利,是不区分国籍、财富、职业、性别等差异而为人们普遍享有的低限度的道德标准。③ 古代社会中政治生活是众人的集体关切,个体权利既未被重视,亦无生存的土壤;现代社会的公民则是原子化的个体,独立于社会权利而享有个人权利,包括人身自由、财产受到保护、不受专横、恣意的权力的侵害等。④ 正是因为个人权利有了存续空间,个别诉求才逐步在现实社会受

---

① 参见孙笑侠:《法理学》,浙江大学出版社 2011 年版,第 11 页。
② 参见张文显:《法哲学范畴研究》,中国政法大学出版社 2003 年版,第 192 页。
③ 参见[英]A. J. M. 米尔恩:《人的权利与人的多样性》,夏勇、张志铭译,中国大百科全书出版社 1995 年版,第 10 页。
④ 参见[法]邦雅曼·贡斯当:《古代人的自由与现代人的自由》,闫克文、刘满贵、李强译,上海人民出版社 2017 年版,第 205 页。

到法律保护,并随着诉讼制度的不断改革而逐步扩大个体权益受法律保护的范围。

在国际贸易行政诉讼原告权益保障的主题项下,蕴含的第一个法律价值即人权,是对国际贸易行政诉讼原告的权益保障,凸显了个体权益与国家利益的关系。在国际贸易行政案件中,处理个体权益与国家利益的关系,本质是处理短期利益和长期利益的关系,在实现国际贸易的可持续发展的基点上,个人权益与国家利益得以协调。

(一) 人权价值下的个体权益与国家利益关系

人权基本内容的发展,大致经历了三大阶段:一是18世纪的公民权利,二是19世纪的政治权利,三是20世纪的社会权利。[①] 从公民权利到社会权利的演变,反映了人权价值关注的对象从个体层面转移到个体所依存的社会层面。

然而,个体层面的人权与社会层面的人权未必具有同一性。譬如,个人的发展权受国家政策的影响,国家为了保障边境安全的环境权实行贸易限制政策,国际贸易市场主体无法进入他国境内获得发展机会。此外,国家为了实现社会经济利益而采取贸易自由政策亦并非绝对与个体权益具有同一性。一方面,贸易自由政策为个体权益保障提供了条件。国际贸易协定创造了能够提高生活水平的规则,因为贸易自由化能够更有效地利用国内和全球资源,但是,贸易自由化本身并不是目的而是一种手段。[②] 对于占据资本和技术优势的大型国际贸易市场主体而言,通过贸易自由化不断巩固其财富基础;对于普通的中小型国际贸易市场主体而言,通过贸易自由化能提升国际贸易效益。国际贸易行政主体通过对国际贸易市场主体征税,增加国家财政收入,能更好地改善进出口贸易公共设施,提升海关通关便利性。另一方面,贸易自由政策加剧了人权保障的难度。在过去几十年中,依托信息技术的发展,经济全球化和贸易自由化使参与全球产业结构链条中的一些国际贸易市场主体获得巨额财富,实现资本的高度集中,然而,资本的膨胀

[①] 参见张文显:《法哲学范畴研究》,中国政法大学出版社2003年版,第402页。
[②] See Gregory Shaffer, *Retooling Trade Agreements for Social Inclusion*, 2019 University of Illinois Law Review 1(2019), p.6.

使一些国际贸易市场主体对国际贸易市场形成垄断,甚至影响国际贸易行政主体的决策。结构性力量(Structural Forces)使资本对抗劳动力的同时又使资本对抗政府,资本杠杆的增加可能会削弱政府为社会保障、教育和就业政策提供资金的能力,同时也会削弱劳动力集体讨价还价的能力,其结果是世界各国内部的不平等加剧,如果各国政府无法协调解决集体行动问题并进行社会和发展政策试验,那么进一步的贸易自由化将加剧贸易治理合法性的危机。① 概言之,人权价值下的个体权益和国家利益既有同向性,又有反向性。

(二) 协调短期利益和长期利益的基点:国际贸易的可持续发展

法律是国家为保护社会生活秩序而使用的强制手段的总和②,这揭示了法律场域中国家、社会和个体三者之间的关系。罗斯科·庞德(Roscoe Pound)将利益划分为社会利益、公共利益和个体利益三种类型,他认为,在特定的不同时期应当优先考虑不同的利益,尽可能维持这些不同的利益之间的平衡或者协调关系。③ 在国际贸易领域,多元化交织的利益主要展现为个体权益和国家利益,二者围绕贸易自由政策形成或对立或统一的关系。

现代行政国家的发展和公共权力行使方式的扩散,需要更细致和复杂的司法监督,司法审查的增加往往与对基本权利的更加关注和人权保护文化的发展相联系。④ 不同国家的人权保护文化不同,在一个包含非常不同的法律文化的"共同司法空间"中,包括各国对法律解释方法和法官司法的不同态度,必须以一种谨慎的方式理解和处理这些差异。⑤ 例如,西方国家普遍以司法导向为主,而中国以行政导向为主。在中国,如果法官只知道盲目地通过司法裁判维护国家利益,未能通过公正裁判保障外国籍国际贸易市

---

① See Gregory Shaffer, *Retooling Trade Agreements for Social Inclusion*, 2019 University of Illinois Law Review 1(2019), p.3.
② Jhering, *The English Philosophers from Bacon to Mill*, E. A. Burtt, ed., The Modern Library, 1939, p.380.
③ Roscoe Pound, *Introduction to the Philosophy of Law* (Revised Edition), New Haven, 1954, p.46.
④ See Dean R. Knight, *Vigilance and Restraint in the Common Law of Judicial Review*, Cambridge University Press, 2018, p.246-247.
⑤ See Christine Landfried, *Judicial Power: How Constitutional Courts Affect Political Transformations*, Cambridge University Press, 2019, p.236.

场主体权益,则外国籍国际贸易市场主体可以选择"用脚投票",离开中国市场,更有甚者会游说母国政府与中国政府开展贸易战。同样地,如果法官只想着迫使中国籍国际贸易市场的个人权益为国家利益让步,结果不利于我国市场经济的良性循环和健康发展。

在中国法院审理的国际贸易行政案件中,当法官需要在保障人权的前提下处理个体权益和国家利益的关系时,可以借助国际贸易的可持续发展这一理念作为裁判出发点来审理案件。"可持续发展"的本意是既满足当代人发展的需求,又不对后代人满足自身发展的条件构成危害。国际贸易的可持续发展,意味着国际市场的持续开放和源源不断的外商投资,既符合个体实现利益的需求,又满足国家发展经济的需求。在中国国际贸易行政诉讼的语境下,个体权益代表着即时利益、短期利益,国家利益代表着预期利益、长期利益。法官审理国际贸易行政案件时,不能为了个人的短期利益径直牺牲国家的长期利益,也不能为了国家的长期利益"一刀切"牺牲个人的短期利益。可以确定的是,对于个体权益和国家利益而言,二者在国际贸易可持续发展的基点上是同向而行的,研究表明,在其他因素不变的情况下,一个国家的透明度和公正性指数提高10%,其进口规模就能增长5%。[①] 个体权益得到较好保障才能促进国家利益得以稳定实现。

二、效率向度:私权保障与公权行使的协调

在行政职能迅速膨胀的行政国时代,效率是行政权的生命线,是政府能力的体现。政府能力(State Capacity)是指不同政府在实施触发和维持经济发展的价值创造程序和政策方面的能力差异,主要包括六大维度的衡量标准:一是公共和私人资源的调动;二是管理执行;三是公共问责;四是决策能力;五是对规则的承诺;六是互补公共单位之间的协作。[②] 在国际贸易领域,政府能力低下表现为无法调动公私资源对新事物和新问题做出及时反应、

[①] See James E. Anderson and Douglas Marcouiller, *Insecurity and the Pattern of Trade: An Empirical Investigation*, 84 The Review of Economics and Statistics 343 (2002), p.342-352.

[②] See Sergio G. Lazzarini, *The Right Privatization: Why Private Firms in Public Initiatives Need Capable Governments*, Cambridge University Press, 2022, p.76-77.

管理执行效率低、缺乏公共问责机制、公共行政机构缺乏协作等。这些政府"低能"的表现,违反了行政效率原则。

在国际贸易行政诉讼原告权益保障的主题项下,蕴含的第二个法律价值是效率,是从被告维度探讨国际贸易行政诉讼的法律价值,凸显了私权利保障和公权力行使的关系。在国际贸易行政案件中,处理私权利保障和公权力行使的关系,本质是处理个体自由与行政干预的关系,在降低国际贸易领域的交易费用的基点上,私权利保障和公权力行使得以协调。

(一) 效率价值下的私权利保障和公权力行使

行政效率原则是行政法的重要内容,效率原则包含两层意思,一是产生效果,二是提高效益①,前者是指行政执法和行政程序产生预期的应有效果,后者是指提高产出的社会效益与投入成本间的比例,即尽可能减少成本同时尽可能提高产出效益。行政效率原则是法治社会的必然要求。一个法治发展成熟的国家一般包括人民主体、社会自治、法律之治、有限政府、程序中立五个方面的要素。② 在这五个方面中,政府作为法治的主要实施者,其行为内容的核心是什么?显而易见,是有限政府。并且,以"有限政府"为中心,可以统摄其他四个方面的内容:有限政府意味着政府的行政干预应当保持适当性,不能过度干预,应当依法执政(法律之治),为民执政(人民主体),在政府无权干预或不应当干预的社会领域实行社会自治,同时,为了控制行政权力的无限泛滥而运用正当程序加以约束。在有限政府的理念下,现代行政国家冗杂繁多的行政事务,客观要求政府提高行政效率,行政效率是政府行使公权力的主要价值指引,在有限的时间、有限的权力之内,创造更多的社会福祉。

然而,政府不合理追求行政效率,将产生行政干预过度的问题,而过度干预的受损法益则是行政相对人的自由权。英国历史法学派代表学者梅因认为,进步的社会运动,其本质是从身份到契约的活动。③ 契约寓意当事人

---

① 参见王潇漪:《行政程序的效率原则解析及其制度体现》,《山东青年政治学院学报》2013年第4期,第84页。
② 参见张文显:《法哲学范畴研究》,中国政法大学出版社2003年版,第151—160页。
③ Henry Maine, *Ancient Law* (London, 1861) (New Edition), with notes by Frederick Pollock(London, 1930), p.182.

意思自治,具有独立、自由的决定权,这对市场经济而言尤为重要,市场资源的优化配置正是靠个人的自由意志做出决定而实现的。从根本上说,限制自由的缘故只能是为了实现自由。① 个人接受行政行为的管理而使个人自由权受限制,是为了拥有稳定、安全、有序而自由的生活环境。法治赋予个人稳定、可预测和有序的社会,它为个人提供免受国家任意采取行为的保护。② 当行政主体不当行使公权力干预个人自由时,通过行政相对人对公权力的抗辩,保持公权力与私权利的平衡,在不过度干预个人权利的前提下提升行政目标完成度,进而增进行政效率。③

(二) 协调个体自由与行政干预的基点:降低国际贸易领域的交易费用

国际贸易行政法律规范的疏漏性现状与国际贸易行政活动实务的高效性要求形成强烈反差。在我国国际贸易领域中,行政法的实体性规范常见的法律漏洞、法律冲突等问题引发的"政出无门"或者"政出多门"现象,是导致行政效率低下的重要原因;行政法的程序性规范中告知制度、非正式程序制度、时效制度等提升行政效率的方式常常面临着形同虚设或者执行不力的情形,导致高水平的行政效率难以实现。与此同时,国际贸易活动具有交易成本和时间周期,客观要求国际贸易行政行为具有高效性,在进出口商品的海关税则号分类、税率分配、海关估价、通关放行手续办理等国际贸易行政监管环节提高行政效率,从而使国际贸易市场主体能更早将商品投入市场,更快实现营利目的。在一味追求行政效率的过程中,行政主体倾向于简化行政程序步骤,减少时间成本,但是,对行政程序的忽视,潜藏着对个体实体性自由选择权和程序性听证权利等个体权利造成侵害的风险。

在国际贸易行政活动中,即使是为了实现行政效率,国际贸易行政主体仍然应当遵循的前提是,私权利保障和公权力行使同等重要。在经济领域,交易费用指生产活动以外的所有费用,包括时间费用,执行费用,制裁违法

---

① 参见[美]约翰·罗尔斯:《正义论》(修订版),何怀宏、何包钢、廖申白译,中国社会科学出版社 2019 年版,第 237 页。
② See Paul Daly, *A Theory of Deference in Administrative Law: Basis, Application, and Scope*, Cambridge University Press, 2012, p.280.
③ 参见孙笑侠:《法律对行政的控制》,光明日报出版社 2018 年版,第 123 页。

行为的费用、风险费用等经济制度的运行费用。法律资源是具有社会意义的价值物,权利和权力是法律资源中最重要的两个范畴,妥当地安排这二者的关系能够降低交易费用,提高交易效率。与此同时,权利与权力受制于社会经济结构、物质文明和精神文明的发展水平,因而二者都是稀缺物。① 故而,私权利保障和公权力行使需要平衡,不能顾此失彼。

中国法院审理国际贸易行政案件时,需要以是否降低国际贸易领域的交易费用为基点,审查国际贸易行政诉讼被告是否过度干预国际贸易行政诉讼原告的经济活动。在国际贸易行政活动中,降低交易费用意味着减少监督费用、减少制裁费用等,让国际贸易市场主体拥有更多交易自由,提升进出口贸易通关效率,这一方面是保障国际贸易市场主体的经济自由权,另一方面在没有损害国际贸易市场主体权益的前提下,为国际贸易行政主体的监管工作减负,减少公权力滥用的机会,提升行政效率。如何判断是否降低国际贸易领域的交易费用?可以从通关要求烦琐、通关规则过于细致、无必要的通关检查时长等方面核查支出的交易费用。法院通过对国际贸易行政行为合法性的审查,反向促进国际贸易行政主体的行政自制,减少国际贸易行政纠纷,从而提升行政效率。

三、公正向度:个案正义与法安定性的协调

公平、公开和公正是法律语言中关联度和近似性较高的三个词汇。公平侧重于对等角色的关系描述,属于内在实体范畴。公开侧重于活动程序的状态描述,属于外在形式范畴。公正具有两层含义:一是"公共的正义",是建立在"公共性"之上的空间维度群体认同的公序良俗,用以调整社会关系并指引社会个体成员的善得以发展②;二是"公平的正义",是建立在"公平性"之上的时间维度前后一致的稳定预期,用以维持社会秩序并增加社会成员的自我认同感和安全感。

在国际贸易行政诉讼原告权益保障的主题项下,蕴含的第三个法律价值是公正,是法官通过审理国际贸易行政案件意欲达到的终极目标,凸显了

---

① 参见张文显:《法哲学范畴研究》,中国政法大学出版社2003年版,第217—223页。
② 参见[美]约翰·罗尔斯:《正义论》(修订版),何怀宏、何包钢、廖申白译,中国社会科学出版社2019年版,第358页。

个案正义与法安定性的关系。在国际贸易行政案件中,处理个案正义与法安定性的关系,本质是处理个体正义和社会正义的关系,在对国际贸易行政案件的实质合法性审查的基点上,个案正义与法安定性得以协调。

(一) 公正价值下的个案正义与法安定性

正义的内涵为何？中外传统理论对此做出了不同的解释。在中国,传统儒学历来关注社会共同体接受制度规范调整后形成的社会秩序,将其谓之"礼",即行为正义,最早由孔子提出,而与"justice"对应的"正义"概念,则由荀子将其率先形成系统理论,即是传统儒学中的"义",包含行为正义和制度正义。① 在西方,苏格拉底认为,正义是一种平衡或者和谐,正义在国家层面比在个人层面更容易实现。② 柏拉图认为,正义可以分为两类:一类是城邦正义,另一类是个体正义。城邦正义是由统治者、护卫者和普通劳动者组成的制度有机体,个体正义则是强调不同等级应当对照自身不同的德性而各守本分,各司其职,做其能力使其所处的生活地位中的工作,统治者有智慧的德性(良好地治理国家),护卫者有勇敢的德性(保卫国家),普通劳动者有节制的德性(控制自身欲望)。③ 综观之,正义被赋予多重含义,例如,正义指代"各得其所"的状态;正义是一种德行;正义寓意对等的回报;正义是形式平等;正义是指法治;正义是一种公正的制度等。④

罗尔斯(Rawls)在《正义论》里区分了两种正义,即个体正义和社会正义。在罗尔斯之前的法学理论主要集中论证了个体正义的内涵和实现方式,罗尔斯重点关注了社会正义的指向。罗尔斯假设了"无知之幕"(veil of ignorance),各方不知道自己所处的社会地位和经济状况,不知道自己所处的社会环境,不知道社会所达到的文明水平,诸如此类会影响个人判断的利益关联因素都处于个人"不知道"的状态,从而排除争议性、偏见性、偶然性

---

① 参见黄玉顺:《论"行为正义"与"制度正义"——儒家"正义"概念辨析》,《东岳论丛》2021年第4期,第172—173页。
② Plato, Jowett, *Dialogues of Plato (Apology · Crito · Phaedo · Symposium · Republic)*, U.S.A, First Pocket Books printing, May 1951, p.217、220.
③ See Ernest Barker, *Greek Political Theory: Plato and His Predecessors* (4th Edition), London, 1951, p.149.
④ 参见张文显:《法哲学范畴研究》,中国政法大学出版社2003年版,第202页。

的因素。① 在"无知之幕"的情形下,才能形成社会的正义原则。正义的原则是指,关心自己利益的理性人群,在谁也不知道自己所处的社会立场和自然状况的平等情形下都会支持的原则。② 可见,社会正义是公共的正义,其对象是普罗大众而不是原子化的个人;同时,社会正义也是公平的正义,是不受地位、财富、学识、个人特质等因素影响而对每个人平等存在的,是"法律面前人人平等"。

在司法过程中,个体正义指向的个案正义的裁判结果,社会正义指向的则是法安定性的实现。理论上,个案正义与法安定性存在着一定紧张关系。个案正义要求具体情况具体分析,不同的行政法律纠纷存在不同的法律情节需要考量。个案正义意味着每个案件的案情不同,法律依据和裁判理由不同,最终的法律适用结果也可能不同。法安定性则要求法律适用在时间上是前后一致的,在对象上是众生平等的,法安定性受到法官个人因素和主观因素的影响,包括法官的见解、情绪、直觉、偏见和其他非理性因素等。③ 尤其在复杂的国际贸易行政案件中,受案件政治性影响,不同的法官可能做出不同的裁判结果,这种情况下,个体正义能否实现尚且存疑,社会正义将受到前后不一的司法裁判的打击。

(二) 协调个体正义与社会正义的基点:实质合法性审查标准

正义的核心意蕴是制度规范,有了规范基础,对人们行为的肯定或否定评价才有参照物,社会秩序的运转才有支撑的框架。完善的制度可以通过立法来限制不受约束的行政干预,依靠运行良好的监管机构来制定和执行明确的规则,以及独立的司法系统来允许市场主体在行政主体违法并侵害其权益时寻求适当的赔偿。④ 在制度正义范畴内,行政诉讼制度的确立和施

---

① 参见[美]约翰·罗尔斯:《正义论》(修订版),何怀宏、何包钢、廖申白译,中国社会科学出版社2019年版,第106页。
② 参见[美]约翰·罗尔斯:《正义论》(修订版),何怀宏、何包钢、廖申白译,中国社会科学出版社2019年版,第15页。
③ See Jerome Frank, *Are Judges Human? Part One: The Effect on Legal Thinking of the Assumption that Judges Behave like Human Beings*, 80 University of Pennsylvania Law Review 17(1931), p.23.
④ See Sergio G. Lazzarini, *The Right Privatization: Why Private Firms in Public Initiatives Need Capable Governments*, Cambridge University Press, 2022, p.75.

行,依托一国根据政治、历史、文化和社会需求等不同方面的情况,建立匹配本国国情的行政纠纷解决机制。① 在某些国家中,公民对不良治理的接受程度较低,公民利用法院进行更深入、更频繁的审查;相反地,某些国家的制度强调集体利益和个体利益的协商,依靠达成共识解决争端,例如,在新加坡,法院传统上不愿意进行强有力的司法审查。② 国际贸易行政诉讼是一种消费国家资源(支付成本)的形式,司法裁判作为国家管理的结果而被视为一种收益,作为国家资源拥有者的每个社会个体,都有权利要求在国家资源被消耗的同时获得公正且合理的收益,若国际贸易行政诉讼不能导向公正的司法裁判,则国家资源成本的付出就没有对等的收益,既损害了国家利益,也损害了每位社会个体的利益。③

在国际贸易行政诉讼制度中,适用实质合法性审查标准,可以促进实现个体正义和社会正义,兼顾个案正义和法安定性价值。正义、权宜(expediency)、法律确定性三种因素各自在一定程度上对建构法律制度发挥着作用。④ 法律规则的适用具有普遍性以及"全有或全无"的刚性,当个别案件无法适用某个一般性的法律规则时,法官需要用衡平原则来解决问题。⑤ 衡平原则的基点则是实质合法性审查标准,审查过程分三步走:第一步,确定按照先例应当适用哪一法律条款;第二步,适用此条法律条款是否符合法律适用一致性要求,即是否符合法安定性价值要求;第三步,适用此条法律条款是否根据具体情况做了合理性、正当性分析,在极其不合理的情况下,需要质疑法律条款的"合法性",以实现个案正义为导向,因为法律条款的"合法性"已经基于其适用于个案的极大不合理性而失去了正当性。如拉德布鲁赫所言,当规则对正义的违背程度达到了无法容忍的程度以至于事实

---

① 参见胡建淼:《世界行政法院制度研究》,中国法制出版社 2013 年版,第 124 页。
② See Swatl Jhaverl, Michael Ramsden, *Judicial Review of Administrative Action across the Common Law World*, Cambridge University Press, 2021, p.16.
③ 参见张小燕、齐树洁:《程序输入的新渠道——"法庭之友"制度及其借鉴意义》,《厦门大学法律评论》2006 年第 6 期,第 64 页。
④ Gustav Radbruch, *Legal Philosophy*, in The Legal Philosophies of Lask, Radbruch and Dabin, K. Wilk, trans., Cambridge, Mass., 1950, p.108.
⑤ Aristotle, *Nicomachean Ethics*, H. Rackham, trans., Loeb Classical Library ed., 1934. Bk. V. x. 4–6.

上规则已经成为"非法的法律"时,规则必须向正义让步。①

总之,国际贸易行政诉讼原告权益保障的法律价值主要是人权、效率和公正,而国际贸易行政诉讼原告权益保障的总体目标则是加强人权保障,提升行政效率,促进司法公正。人权向度下协调个体权益和国家利益的价值范式、效率向度下协调私权利保障与公权力行使的价值范式、公正向度下协调个案正义与法安定性的价值范式,是法官在审理国际贸易行政案件时的法律适用指南,助力法官正面解决不同国际贸易行政案件中的不同利益冲突问题,对国际贸易行政案件进行实质性审查,做出具有逻辑性、正当性的司法裁判结果,从而促进司法公正得以实现,加强对国际贸易行政诉讼原告权益的保障。

本章小结

国际贸易行政诉讼的法律渊源包含三个层次:一是国际层面的WTO协定,二是国别层面的区域贸易投资协定,三是内国层面的各国国际贸易法律规范。在内国层面,国际贸易行政诉讼是涉外行政诉讼的一种显要类型,兼具静态的司法制度和动态的司法活动双重属性。同时,国际贸易行政诉讼具有国际性兼本土性、经济性兼市场性、法律性兼政治性,不同于一般国内行政诉讼。国际贸易行政诉讼原告权益包括法定权利和法律保护的利益两大部分,当中,以诉权、经济自由权、平等权三大基本权利为最基本的权利内容。诉权主要包括起诉权、获得实体裁判权和获得公正裁判权。经济自由权是市场主体依法享有的免受行政行为过度干预(消极自由)、参与跟自身利益相关的行政决策过程(积极自由)的权利。平等权包括客观性质的合理差别待遇,以及主观性质的权利保护失衡情形。

国际贸易行政诉讼原告权益保障是指在国际贸易行政诉讼中,以保障个体人权、提升行政效率、促进司法公正为价值导向,基于原告、被告、法院

---

① See James E. Herget, *Contemporary German Legal Philosophy*, University of Pennsylvania Press, 1996, p.4.

的"正三角"诉讼结构,从规范原告维权依据、深入被告行为审查、彰显法院司法效果三个方面对原告权益进行系统性保障。当前,中国国际贸易行政诉讼中存在国际贸易行政诉讼原告权益保障不足的问题,其根本原因在于法律对行政的控制不足,主要包括:(1)国际贸易行政诉讼原告的规则性控制欠缺——原告通过诉讼抗辩行政行为的维权法律依据规范性不足,设定原告权利的规则欠缺体系性和技术性;(2)国际贸易行政诉讼被告的自治性控制欠缺——被告实质性违法或恣意执法的行政裁量基准制度化不足,被告行政权力过于强势而缺少行政自制,自行管理的自治能力欠缺;(3)国际贸易行政诉讼法院的补救性控制欠缺——法院"形式与实质并重"审查的司法能动要求强制性不足,法院在审理国际贸易行政案件过程中对行政权的司法尊让过度,未能发挥司法能动性弥补原告权益损失。由此,引发了原告维权依据的规范性不足、被告行政行为的不当性显现、法院适用法律的统一性不足的后果,应当从规范国际贸易行政诉讼原告维权依据、深入国际贸易行政诉讼被告行为审查、彰显国际贸易行政诉讼法院司法效果三个方面加强对国际贸易行政诉讼原告权益的保障。

国际贸易行政诉讼原告权益保障具特殊性:一是具有国际性,主要表现为国际贸易行政诉讼中原告权益受到国内法和国际法的双重保障,各国政府签署的国际条约、协定以及公法属性的国际惯例、一国国内的经济行政法等法律规范都可以给原告维权提供法律支撑。二是具有专项性,主要表现在侵犯原告权益的被告行为方面,国际贸易行政诉讼被告行为具有"经济专业性"和"法律针对性",其中,前者是指国际经济活动具有高度专业性从而使负责监管的国际贸易行政行为亦具有专业性,后者是指国际贸易行政行为相关的法律规定具有特殊性。三是具有涉外性,法院可灵活适用"用尽当地救济原则"避免国内的国际贸易行政纠纷直接进入 WTO 层面进行审查,同时,法院面临司法裁判非终局性问题,国内法院做出的司法裁决如果导致外国籍国际贸易市场主体损失惨重,外国籍国际贸易市场主体很可能会在国际组织层面寻求法律救济,推翻国内法院的裁判结果。

国际贸易行政诉讼原告权益保障的价值范式,是指在国际贸易行政诉讼中为实现不同法律价值而采取的调整各种利益关系的公认的模式,具体内容包括人权向度存在协调个体权益和国家利益的价值范式,效率向度存在协调私权利保障与公权力行使的价值范式，公正向度存在协调个案正义与法安定性的价值范式。其中，人权是人与生俱来的权利，人权价值下处理个体权益与国家利益的关系，本质是处理短期利益和长期利益的关系，在实现国际贸易的可持续发展的基点上，个人权益与国家利益得以协调。效率是指产生预期效果并在降低或维持成本的情况下提高效益，效率价值下处理私权利保障和公权力行使的关系，本质是处理个体自由与行政干预的关系，在降低国际贸易交易费用的基点上，私权利保障和公权力行使得以协调。公正包括"公共的正义"和"公平的正义"两层含义，公正价值下处理个案正义与法安定性的关系，本质是处理个体正义和社会正义的关系，在对国际贸易行政行为实质合法性审查的基点上，个案正义与法安定性得以协调。

第二章

国际贸易行政诉讼原告权益保障不足的表现

> 一个自由国家的政府不在于人,而在于法律。①
>
> ——潘恩(Paine)

在中国,国际贸易行政诉讼原告主要是中国籍国际贸易市场主体,国际贸易行政诉讼被告主要是海关。2018年国务院机构改革后,原来隶属于质检部门的出入境检验检疫管理职责并入海关,致使海关的行政职权范围进一步扩大。海关行政案件是中国国际贸易行政诉讼的主要类别,除此之外,国际贸易相关的知识产权行政案件也是中国国际贸易行政诉讼的重要组成部分,典型的反倾销、反补贴类国际贸易行政案件较少。当前,外国籍国际贸易市场主体很少选择中国的国际贸易行政诉讼作为权利救济的法律途径。外国籍国际贸易市场主体对中国政府的国际贸易行政行为不服,一般会向母国政府请求帮助,这可能引发他国与中国之间的国际贸易摩擦,还有的外国籍国际贸易市场主体或其母国政府向国际组织起诉中国政府,这将导致中国政府被动到国际组织参加应诉。

据统计②,自中国2001年12月11日加入WTO以来,截至2024年6月10日的近24年,中国政府作为WTO争端解决机制被告的案件为49件,WTO争端解决机制总共受理案件为391件,中国政府为被告的案件

---

① 参见[英]托马斯·潘恩:《潘恩选集》,马青槐等译,商务印书馆1981年版,第251页。
② 参见WTO官网 https://www.wto.org/english/tratop_e/dispu_e/dispu_status_e.htm。

占比约为13%。中国政府在WTO被高频率起诉的情况,跟中国国际贸易行政诉讼未能有力保障原告权益不无关系。从2003年我国确立反倾销、反补贴贸易救济措施的司法审查制度以来,虽然我国商务部做出的反倾销行政行为日益增加,但是商务部因反倾销行为被诉至法院的情形几乎没有,这并非意味着商务部所做的反倾销行为都是完全没有争议的,相反,这意味着我国现行的国际贸易行政诉讼制度并未获得国际贸易市场主体的认同和信任。①

外国籍国际贸易市场主体不愿意选择中国国际贸易行政诉讼作为维权途径,其原因主要有两个:一方面,由于贸易救济措施是高度技术性的问题,外国籍国际贸易市场主体质疑中国法院是否有足够的专业知识来处理这些复杂问题;另一方面,由于中国行政机关与中国法院的关系非常密切,外国籍国际贸易市场主体担心中国法院可能不完全独立。② 这侧面反映了中国国际贸易行政诉讼原告权益保障不足的现实。笔者对2019年1月至2020年9月中国国内200余个海关行政案件进行统计分析,结果显示,原告胜诉率不足3%,远低于一般国内行政案件中原告的胜诉率,反映了国际贸易行政诉讼原告权益保障不足的问题,主要表现为原告层面的维权依据规范性不足、被告层面的行政行为不当性显现、法院层面的适用法律统一性不足。本章将采取"案情梳理+法律分析"的方式,对国际贸易行政诉讼原告权益保障不足的表现进行阐释。

第一节 国际贸易行政诉讼原告维权依据的规范性不足

行政相对人对行政行为不服可以向法院提起诉讼,是法律保障人权的具体形式,亦是行政法之"动态宪法"特质的彰显。国际贸易法律规范是一

---

① 参见蔡岱松:《世贸组织框架下中国反倾销司法审查制度研究》,湖南大学博士学位论文,2014年,第98页。
② See Henry Gao, *Judicial Review of Trade Remedy Determinations in China: An Untested Theoretical Possibility?* Oxford University Press, 2011, p.189-190.

个整体性的规范体系,由不同属性、不同层级的法律文本构成,是原告在国际贸易行政诉讼的整个过程中进行维权的法律依据。当前,中国国际贸易行政诉讼原告维权依据的规范性不足,在法律体系、法律部门、法律文本三个层次均有体现。

一、法律体系层次:不可诉行政行为的规定偏离 WTO 协定

(一)案情梳理:浙江金华威远进出口有限公司诉宁波海关案①

2017年5月10日,浙江金华威远进出口有限公司(以下简称"威远公司")向北仑海关申报出口1999只钢瓶,北仑海关查验后,认为威远公司申报不实,不予放行。其后,威远公司与北仑海关发生商品归类争议,威远公司依据往年经验向北仑海关申报钢瓶出口的申报商品编码是73110090,北仑海关认为威远公司出口的钢瓶中装有氪气,应合并归类到商品税则号28042900项下。威远公司多次要求北仑海关隶属的宁波海关提供归类结论,但宁波海关均未提供。在国家税务总局金华市税务局稽查部门进行稽查后,威远公司拿到了宁波海关出具的商品《归类指导意见书》,但《归类指导意见书》与北仑海关提供给威远公司的《海关进出口商品认定书》的商品描述内容不一致,威远公司诉称宁波海关的错误认定行为侵害了自身权益,请求法院确认宁波海关出具的《归类指导意见书》违法。但是,法院依据"2018 年适用行政诉讼法的司法解释"第一条第二款第五项的规定,认为宁波海关的《归类指导意见书》属于内部行政行为,没有对外发生法律效力,不具有可诉性,因而不属于行政诉讼受案范围,最终裁定原告败诉。

本案中反映的问题是,我国国际贸易法律规范规定的内部行政行为不可诉偏离了国际法层面 WTO 协定要求的司法终局性原则,减少了国际贸易市场主体通过行政诉讼维权的机会。我国行政法律规范规定了诸多不可诉行政行为类型,受不可诉行政行为影响自身权益的国际贸易市场主体无法通过起诉行政行为而获得司法救济。此外,我国国际贸易法律规范中存在的一些行政规范性文件,被视为行政机关内部文件而不公开,亦偏离了 WTO 协定的透明度原则。

---

① 参见浙江省宁波市中级人民法院一审行政裁定书,(2020)浙02行初121号。

（二）法律分析：内部行政行为不可诉偏离 WTO 协定的司法终局性原则

司法终局性原则是 WTO 协定的内在要求，也是 WTO 贸易争端解决机制所倡导和实施的。GATT1994 第 10 条"贸易条例的公布和实施"第 3 款规定，WTO 成员国应当维持或建立司法的、行政的、仲裁的法律或者程序，从而迅速检查并纠正海关的违法行政行为。GATT1994 的该条规定并没有区分行政行为的类别，意指海关的所有行政行为都应当属于审查范围。GATS(General Agreement on Trade in Services，服务贸易总协定)第 6 条"国内规章"第 2 款与 GATT1994 第 10 条第 3 款作了相类似的规定。在 TRIPS(Agreement on Trade-Related Aspects of Intellectual Property Rights，与贸易有关的知识产权协议)中也有多处关于司法终局性原则的规定。

中国在入世时的文件中已经承诺，对行政行为进行无区别的司法审查。《中国加入工作组报告书》（以下简称"2001 年中国入世报告书"）第 76 条、第 77 条的内容规定了建立司法审查机构（独立审查庭）、明确司法审查范围（须经审查的任何行政行为）等内容。《中华人民共和国加入议定书——世界贸易组织》（以下简称"2001 年中国入世议定书"）第 2 条(D)项"司法审查"一节中同样规定了建立"独立的审查庭"并审查"须经审查的任何行政行为"的内容。但是，我国《行政诉讼法》第十三条明确规定了国家行为、内部行政行为、大部分抽象行政行为、行政终局裁决行为等不可诉，"2018 年适用行政诉讼法的司法解释"第一条又规定行政调解行为、行政指导行为等不可诉，这些法律规范偏离了 WTO 协定的司法终局性原则。

（三）法律分析：内部性行政"红头文件"偏离 WTO 协定的透明度原则

作为 WTO 三大法律机制之一的贸易政策审议机制专门作为"透明度"审议工具而存在。整个贸易政策审议机制都是围绕"如何提升成员国贸易政策和措施透明度"运转，贸易政策审议会议的参与者间相互监督和问责，防止贸易保护主义抬头。不同于 WTO 贸易争端解决机制的强制性，贸易政策审议机制为了避免侵蚀成员国主权而使用了较为柔性的表达方式，在贸易政策和措施的透明度方面，以成员国自愿遵守为主而非采取法律措施进行强制,并兼顾了成员国的法律和政治体制。

WTO 协定的重要原则之一是透明度原则。GATT1994 第 10 条第 1 款、第 2 款规定,WTO 成员国关于进出口贸易相关事项的法律规定和司法判例等一般都应当迅速公布。GATS 第 3 条"透明化"的第 1 款至第 5 款规定,WTO 成员国一般应将本国与服务贸易协定运作有关的措施以及本国缔结的其他相关国际协议公布,并通知服务贸易理事会。TRIPS 第 63 条"透明度"的第 1 款规定,成员国制定的与贸易有关的知识产权主题的相关法律、法规、司法终局裁决、行政裁定应当以本国语言公布,如果不可以公布,也要能够通过公开途径获得。WTO 协定的透明度原则包括三个方面的法律要求:其一,与贸易政策和措施相关的法律、法规可以通过公开途径获得;其二,行政程序公平,行政决定符合程序规则,具有相对稳定性和公开性;其三,成员国对行政决定建立了独立、公正的审查体系。[1]

中国在"2001 年中国入世报告书"第 7 节的"其他问题"、在"2001 年中国入世议定书"第 2 条(C)项承诺了实施"透明度"相关制度。中国政府于 2007 年首次发布了《政府信息公开条例》,并于 2019 年对该条例的部分内容进行修订,规定了政府信息应当以"公开为原则,以不公开为例外",极大提升了中国行政系统工作的透明度要求。需要明确的是,透明度原则并不等同于信息公开,信息公开更多是中立性的信息披露,信息公开并不意味着信息得到理解和接受,因此,透明度原则和信息公开存在区别,透明度原则要求贸易政策和措施的表达要被成员国易于理解,如果发布的相关信息晦涩难懂,致使其他成员国在理解贸易政策时产生偏差,将会影响透明度的效果。[2] 此外,在中国行政立法的"透明度"表现上,《行政法规制定程序条例》以及《规章制定程序条例》分别约束着行政法规以及规章的制定流程,提升了行政法规和规章的制定程序透明度。但是,在行政法规和规章之外游离的内部性行政"红头文件"成了"阳光难以穿透的迷雾"。

行政"红头文件"属性是"行政规范性文件",是各级行政机关进行行政

---

[1] See Sarah Biddulph, *Through a Glass Darkly: China, Transparency and the WTO*, 3 Australian Journal of Asian Law 2001, p.59.
[2] 参见张辉、张耀元:《WTO 贸易政策审议机制透明度功能的实现困境与提升路径》,《国际贸易》2021 年第 3 期,第 84 页。

管理的基本方式,也是数量最多、使用范围最广的法律规范。① 行政"红头文件"具有自身特点:(1)软法性,行政"红头文件"属于法律规范的一种,具有可以反复适用的法律效力;(2)低阶性,行政"红头文件"的法律效力一般较低,法律位阶在规章之下;(3)执行性,行政"红头文件"一般以现实性、可操作性的执行内容为主,因其具体、细致而在行政系统内部具有较强的统摄力。行政"红头文件"与一般法律、法规、规章的最大区别在于它具有较强的内部性,大多数行政"红头文件"不对外公布,是行政系统工作的内部参考或准则,一般人难以得知其具体内容,而行政"红头文件"往往直接关系到行政决策内容。故此,在国际贸易领域,内部性行政"红头文件"的大量存在,与WTO协定要求的透明度原则不相符,亦使行政相对人难以通过国际贸易行政诉讼维权。

二、法律部门层次:部门法中法律冲突削弱法律融贯程度

(一) 案情梳理:深圳市合元科技有限公司诉深圳宝安国际机场海关案②

2015年1月1日至2016年5月12日,深圳市合元科技有限公司(以下简称"合元公司")经深圳宝安国际机场海关申报出口烟油等货物29票(133项),申报商品编号为24039900.90,出口退税率为15%。深圳宝安国际机场海关依据"海关总署公告2014年第93号"《海关总署关于公布、废止部分世界海关组织商品归类决定的公告》对涉案报关单进行统计,认为在本次申报的货物中有27票(130项)依据"海关总署归类决定 D-1-0000-2015-0012",应当归入商品编码38249099.90(出口退税率为5%)。深圳宝安国际机场海关认定合元公司涉嫌影响国家出口退税累计46.7563万元人民币,依据《海关法》及《海关行政处罚实施条例》相关规定,对合元公司罚款15万元。合元公司诉称,其申报出口的货物是烟油,并非电子烟芯体(烟弹),在法律上,烟油与电子烟芯体(烟弹)不能被认定为同一种商品,即使海关认为

---

① 参见曹鎏:《管好"红头文件" 建设法治政府——对推进行政规范性文件法治化的思考》,《紫光阁》2018年第11期,第90页。
② 参见广东省深圳市中级人民法院一审行政裁定书,(2020)粤03行初128号之一。

电子烟芯体(烟弹)中含有甘油、香草、丙二醇、芳樟醇、薄荷醇、烟草挥发性油等物质而将电子烟芯体(烟弹)认定为烟油,整个电子烟行业申报出口烟油都是以 24039900.90 商品编码申报的,"海关总署公告 2014 年第 93 号"归类决定编号 xxx-358 和"海关总署归类决定 D-1-0000-2015-0012",与《海关进出口税则》第六类第三十八章的规定是相冲突的。最终,法院支持了被告的事实认定内容,裁定原告败诉。

本案的实质性争议有两个,其一,国际贸易市场主体申报出口的电子烟芯体(烟弹)跟烟油是否为同一物质;其二,电子烟芯体(烟弹)应当按照 24039900.90 商品编码申报出口,还是按照 38249099.90 商品编码申报出口。按照前一个商品编码的出口退税率是 15%,按照后一个商品编码的出口退税率是 5%,在退税款额上差别巨大。争议背后反映的本质问题是,在国际贸易领域,国内部门法中不同法律文本之间的法律冲突削弱国际贸易法律规范融贯性。

(二) 法律分析:不同国内法的法律冲突削弱国际贸易法律规范融贯性

法律的融贯性理论(Theory of Coherence)是晚近兴起的法学研究主题。美国耶鲁大学巴尔金(J. M. Balkin)教授认为,融贯性既是法律的一种属性,也是主体思考的结果。[①] 西班牙法学家莱昂诺·莫瑞尔·索里亚诺(Leonor Moral Soriano)认为,法律的融贯理论主要包括两种:一种是法律体系的融贯理论(coherence in the legal system),关注体系中各个部分相融贯而具有的整体性,以整体价值和原则诠释法律的内涵,为司法裁判提供支持;另一种是法律推理或法律论证的融贯理论(coherence in legal reasoning),是一种裁判的融贯(coherence of adjudication),关注论证过程中多元价值的交互印证,形成具有融贯性的理由进而得出合理的结论。[②] 本书所说的国际贸易法律规范融贯性,属于法律体系的融贯理论范畴,是指在国际贸易法律规范体系中,不同法律文本之间的国际贸易法律规范内容具有融贯性。

---

① See J. M. Balkin, *Understanding Legal Understanding: The Legal Subject and the Problem of Legal Coherence*, 103 Yale Law Journal 105(1993).

② See Leonor Moral Soriano, *A Modest Notion of Coherence in Legal Reasoning: A Model for the European Court of Justice*, 16 Ratio Juris 296(2003), p.296-323.

如何衡量我国的国际贸易法律规范融贯性？有的学者认为，倘若某一法律能够得到一致的原则或政策支持，这样的法律就是融贯的。① 有的学者认为，融贯性表现为法律规范间的逻辑一致性、法律制度及运行机制间的融贯性。② 有的学者认为，法律规范的融贯性要求各命题间协调一致并指向同一结论。③ 有的学者认为，融贯性要求法律规范间尽可能不相冲突而处于彼此支持关系，当规范间发生冲突时存在一定的解决方法，使法律规范有序形成先后适用关系。④ 综合来说，法律规范融贯性具有程度上的区别，在一个整体的法律规范体系下，某一法律规范本体以逻辑自恰为价值导向，法律规范之间以一致性为原则并处于最大程度的相互支持和最小程度的相互冲突状态，在无法避免法律冲突的情况下，能够遵循统一的方法解决冲突，这样的法律规范体系可谓具有融贯性。⑤

我国国际贸易法律规范中存在诸多法律冲突，导致整个法律规范体系的融贯性较差。例如，依据《行政诉讼法》的规定，一般国内行政案件不区分事实问题与法律问题的不同审查标准，一律适用全面审查原则，但是"2003年审理反倾销行政案件的司法解释"第七条确立了"案卷排他原则"，要求法院仅根据行政机关的案卷记录审查行政行为的合法性，这意味着行政案卷之外的事实材料不能作为法院审理案件的依据，这与《行政诉讼法》中"以事实为根据，以法律为准绳"的"全面审查原则"是相冲突的。再如，《反倾销条例》第二十一条确立了国际贸易行政主体进行事实认定时适用的"可得证据规则"，这与《行政诉讼法》中"证据确凿"的严格审查标准是相冲突的。基于我国法院对国际贸易行政主体的事实认定保持司法尊让的惯例，法院一般

---

① 参见侯学勇：《主体立场上的法律融贯与理性重构》，《浙江社会科学》2019年第1期，第23页。
② 参见陈金钊：《体系思维的姿态及体系解释方法的运用》，《山东大学学报》2018年第2期，第73页。
③ 参见孙光宁：《法律规范的意义边缘及其解释方法——以指导性案例6号为例》，《法制与社会发展》2013年第4期，第61页。
④ 参见雷磊：《融贯性与法律体系的建构——兼论当代中国法律体系的融贯化》，《法学家》2012年第2期，第3—4页。
⑤ 参见李晓安、张文斐：《涉海部门规章与地方性法规冲突解决的路径分析》，《北京行政学院学报》2021年第3期，第87页。

仅是形式性审查证据和判断证据的证明力,即使法院的调查可以获得更多证据并可能得出与国际贸易行政主体的事实认定结果相反的结论,也不会取代国际贸易行政主体的事实认定结果①,这种做法不利于保障国际贸易行政诉讼原告的权益。

三、法律文本层次:国际贸易法律条款规定粗疏或者滞后

(一) 案情梳理:安徽省兰飞化纤织造有限公司诉阜阳海关、合肥海关案②

2015年10月30日,安徽省兰飞化纤织造有限公司(以下简称"兰飞公司")向阜阳海关申报进口减免税设备片梭织机16台。同年11月9日,阜阳海关放行货物,上述货物取得合肥海关《进出口货物征免税证明》,按照海关监管年限规定,16台片梭织机的监管年限为3年,在监管期间内兰飞公司未经海关许可,不得擅自处分减免税进口的片梭织机。2017年8月,兰飞公司未向阜阳海关办理减免税设备抵押备案手续,直接与安徽利辛农村银行签订抵押合同,以上述片梭织机为抵押物获得贷款500万元。2017年12月4日,阜阳海关在稽查过程中发现兰飞公司违法擅自处分尚在海关监管年限内的上述货物,2017年12月6日,阜阳海关立案予以调查。2018年1月16日,阜阳海关做出《行政处罚告知单》,2019年2月13日,阜阳海关做出《行政处罚决定书》。兰飞公司申请行政复议,2019年6月3日,合肥海关做出《行政复议决定书》。兰飞公司不服,诉至法院,称阜阳海关从立案调查到做出《行政处罚决定书》,中间历时几近2年,行政处罚过程违法。阜阳海关辩称,其依据兰飞公司申请组织了两次听证,符合法律规定。一审和二审法院均认为,法律法规没有具体规定海关办理行政处罚案件的期限,阜阳海关根据案情查明事实后做出行政决定,程序不违法,进而判决原告败诉。

本案中,海关行政处罚时限没有明文规定,海关可以自行决定做出行政

---

① 参见于安:《中国对反倾销措施的司法审查》,《中国社会科学》2003年第2期,第42页。
② 参见安徽省合肥市中级人民法院一审行政判决书,(2019)皖01行初195号;参见安徽省高级人民法院二审行政判决书,(2020)皖行终181号。

处罚的时间,这无疑使国际贸易市场主体的权益处于不稳定状态,涉案货物无法得到正常使用,国际贸易市场主体的经济利益处于持续受损状态。本案反映的问题是,法律漏洞明显的国际贸易法律规范未能有力保障国际贸易市场主体权益。法律漏洞与法律冲突的概念相对,法律冲突体现了法律规范的积极性,法律漏洞则体现了法律规范的消极性。一般而言,法律漏洞主要包括空间上的法律规范粗疏和时间上的法律规范滞后。

(二)法律分析:国际贸易法律文本中法律条款规定粗疏而缺乏细节性

在我国,与国际贸易行政诉讼制度直接、高度相关的主要法律文本和法律条款数量情形如下:(1)法律层面,1989年《行政诉讼法》共有75条法律条款,其中,"涉外行政诉讼"一章有4条规定。2014年大幅度修改的《行政诉讼法》共有103条法律条款,而"涉外行政诉讼"一章只有3条规定。这种情况延续到2017年修正的《行政诉讼法》中;(2)法规层面,《反倾销条例》有59条规定,《反补贴条例》有58条规定,《保障措施条例》有34条规定;(3)规章层面,《反倾销调查信息披露暂行规则》有13条规定,《反补贴调查实地核查暂行规则》有25条规定,《保障措施调查立案暂行规则》有36条规定;(4)司法解释层面,"2002年审理国际贸易行政案件的司法解释""2003年审理反倾销行政案件的司法解释""2003年审理反补贴行政案件的司法解释"三者都是12条规定。从法律条款的内容看,大多是行政诉讼的普遍性、框架性规定,没有突显出国际贸易行政诉讼制度的特殊性;即使在反倾销、反补贴的相关规定中存在关于国际贸易行政诉讼制度适用的特别规定,也是浮于表面,没有陈述如何具体操作。例如,《反倾销条例》第二十一条和《反补贴条例》第二十一条都规定了"可得事实规则","2003年审理反倾销行政案件的司法解释"第七条和"2003年审理反补贴行政案件的司法解释"第七条均规定了"案卷排他原则",但都是一笔带过,内容较为宽泛。

我国国际贸易法律规范粗疏而缺乏细节性,主要表现为某一领域"完全没有规定"和"有规定但规定不全面"两种情形。法律规范粗疏不仅体现在与国际贸易行政诉讼制度直接相关的法律规范中,在关联的经贸领域法律规范中,因为规范内容主要为指导式、框架式的粗泛规定,遂产生法律漏洞,给予国际贸易行政主体较大的行政裁量空间。当国际贸易市场主体向法院起诉国际贸易行政主体的行为侵权时,法院难以对国际贸易行政主体的行政裁量行为展开细致性审查,进而难以保障国际贸易行政诉讼原告权益。例如,关于税收强制的程序缺乏细节性规定,对于"扣押、查封、拍卖、变卖"等措施的执行时限,法律层面的《税收征收管理法》、法规层面的《税收征收管理法实施细则》、规章层面的《抵税财物拍卖、变卖试行办法》等都未明确规定,导致税务稽查执行人员面对此类执法活动时没有用以遵照执行的依据,遂产生执法标准不一、行政裁量权过大等诸多问题。①

(三)法律分析:国际贸易法律文本中法律条款规定滞后而缺乏即时性和前瞻性

1. 国内向度:我国国际贸易法律规范缺乏即时性

我国国际贸易法律规范不匹配当前我国经济发展水平,一些法律规范较为陈旧,未能依法进行更新,欠缺即时性。例如,《海关行政处罚实施条例》(2004年发布)第十五条第(一)项和第(二)项中规定,对违反海关监管规定的行为施行的罚款数额分为"1 000元以上1万元以下""1 000元以上3万元以下"。至2022年《海关行政处罚实施条例》修订,第十五条的罚款数额规定未曾改变。"1 000元以上1万元以下""1 000元以上3万元以下"这样的罚款区间是针对2004年的中国居民消费水平,2004年中国的GDP约为13.7万亿元,2022年中国的GDP约为121万亿元,几乎翻了9倍。对2022年的中国居民消费水平而言,"1 000元以上1万元以下""1 000元以上3万元以下"这般罚款区间的罚款数额显然过低,而低水平的罚款意味着低水平的违法成本,不能对违法者起到威慑、惩戒的作用。违法者得不到应有惩罚,对守法者而言是一种变相的利益侵害。

此外,在海关法领域存在诸多年限已久、未及时根据上位法的修改进行同步修改的法律规范,例如,2014年实施的《海关行政复议办法》没有根据2023年修订、2024年1月1日实施的《行政复议法》进行相应修改;最高人民法院出台的三大国际贸易行政案件相关司法解释均发布于2002年,距今近20年,《行政诉讼法》已经修改了两次,而三个司法解释并未紧跟《行政诉讼

---

① 参见刘玉艳、郭德祥:《当前税务稽查执行环节存在的问题及应对思考》,《时代金融》2021年第12期,第80—81期。

法》的修改步伐,呈现出明显的滞后性。

2. 国际向度:我国国际贸易法律规范缺乏前瞻性

我国国际贸易法律规范无法有效应对欧美国家对我国的经济"围猎",欠缺前瞻性。当前国际经贸局势复杂,欧美国家忌惮中国经济的崛起,抱团围攻中国。自2013年起,美国、欧盟、澳大利亚等国家和组织联合组成"服务业挚友"(Real Good Friends of Services,RGF),集结20多个WTO成员国、50多个国家,在WTO多边贸易规则之外进行《服务贸易协定》(Trade in Services Agreement,TISA)谈判,并于2016年年底基本完成了TISA文本谈判。① TISA的规定中专门针对国有企业(state-owned enterprise)提出限制,要求国有企业符合商业化运作、透明化经营、公开性采购并申明所获政府补贴等,并且必须保证竞争中立。②

"竞争中立原则"是指政府主导的商业活动不得因政府的公权力主体地位而享有私营企业竞争者无法享有的竞争优势。③ 在美国,政府支持的经营活动较少牵涉商业性质,政府支持的企业与私营企业间没有明显竞争关系,实行"竞争中立原则"对美国本土市场的负面影响甚微。在中国,国有经济在市场中占主导地位,国有企业享有政府提供的各种政策红利,综合实力雄厚的国有企业在他国的贸易投资并购活动日益频繁。④ 美国政府在国际社会和美国本土推行"竞争中立原则",一方面可以保护美国企业的国际竞争力,另一方面对中国的国有企业产生强劲打压,例如,美国商务部要求,在美国市场开展贸易活动的中国企业,必须证明其不受中国政府控制,具有完全独立性,否则企业在反倾销新出口商复审中将被分配税率较高的"中国统一税率"(PRC-wide rate)。美国对中国"国有企业"的认定一直进行扩大解释,从国有控股企业,逐步过渡到国有参股企业、国有参股企业的若干级参股企

---

① 参见石静霞:《国际服务贸易规则的重构与我国服务贸易的发展》,《中国法律评论》2018年第5期,第51页。
② 参见余淼杰、王吉明:《全球服务贸易发展与中国面临的机遇和挑战》,《长安大学学报》2021第3期,第24页。
③ 参见张琳、东艳:《主要发达经济体推进"竞争中立"原则的实践与比较》,《上海对外经贸大学学报》2015年第4期,第26页。
④ 参见熊月圆:《"竞争中立"视阈下的TPP国企规则评析》,《金融发展研究》2016年第9期,第75页。

业,并进一步发展到有人大代表、政协委员、中共党员甚至和高校合作的企业,都受到"泛国有企业化"对待。① 这是对中国国有企业的"反向歧视"行为。此外,2020 年生效的《美墨加协定》(United States-Mexico-Canada Agreement,USMCA)专门针对非市场经济国家设定了"毒丸条款",而在欧美国家的蓄意否认下,中国至今仍是非市场经济国家。②

显而易见,在国际贸易领域,欧美国家正通过制定各种法律向中国发动围攻行为,这严重损害了中国的国家利益和中国籍国际贸易市场主体的正当利益。但是,当前我国国际贸易法律规范并未对域外他国的经济围攻行为做出及时、积极、可行的回应,未能给国际贸易行政诉讼原告提供充足的维权依据。

第二节　国际贸易行政诉讼被告行政行为的不当性显现

"关务以税为重"③,进出口贸易关键的一环是关税的征收和管理。在我国,从《国务院办公厅关于调整国务院关税税则委员会的通知》(国办发〔2018〕105 号)来看,与关税监管相关的中央行政机关主要包括财政部、国家发展和改革委员会、工业和信息化部、司法部、农业农村部、商务部、海关总署、国家税务总局。依据我国《海关法》第二条规定,在全国范围内,直接负责进出关境监管活动的行政机关是海关,包括海关总署及其直属海关、隶属海关。当前我国国际贸易领域发生的行政纠纷主要集中在海关实务活动中,海关因行政行为不当被国际贸易市场主体诉至法院,海关行政诉讼成为国际贸易行政诉讼的显要类型。

---

① 参见杨晨:《决不妥协:中国企业国际经贸摩擦案件纪实》,中信出版社 2022 年版,第 213 页。
② 根据"2001 年中国入世议定书",WTO 成员国依据本国的国内法认定中国是否为市场经济国家。
③ 参见朱淑娣:《清代海关的"政治关税"特点、成因及其教训》,《法商研究》2000 年第 4 期,第 118 页。

行政行为"不当"的内涵为何？学界对此存在不同观点：部分学者认为，不当行政行为中的"不当"本质是不合法性①；部分学者认为，不当行政行为中的"不当"是指具有合法性但不具有合理性②；还有学者认为，不当行政行为中的"不当"包含两种情形：一是违法性的"明显不当"，二是具有合法性但不具有合理性。③ 实质上，合法性与合理性之间并非绝缘关系，而是呈现出光谱的渐变，随着社会法治发展水平的不断提升，不合理的行政行为会更多地被法律纳入不合法的行政行为范畴。据此，不当行政行为一般是指不合理、不恰当的行政行为；在行政行为具有不当程度严重性、明显不合理性时，突破法律底线，不当行政行为特指不合法的行政行为。一般不当关涉合理性范畴，明显不当关涉合法性范畴。海关行政执法不当是我国国际贸易行政诉讼的主要案由，依循行政过程论的思路，海关行政执法不当表现在执法依据不当、执法过程不当、执法结果不当三个方面。

一、执法依据不当：行政规范性文件"缺位"与"越位"

（一）案情梳理：丹东全美贸易有限公司诉长兴岛海关案④

2017年4月29日和5月6日，丹东全美贸易有限公司（以下简称"全美公司"）分两批从朝鲜进口土状石墨2800吨和1800吨。长兴岛海关对该进口石墨进行抽样检查，并将样品移送大连海关检验中心进行化验。2017年6月6日，大连海关化验中心出具了两份《进出口货物化验鉴定书》。鉴定书的结论是全美公司进口的货物不是石墨，而是无烟煤。长兴岛海关遂认定全美公司违反海关监管规定，做出《海关扣留（封存）决定书》，对涉案货物予以扣留。2017年6月26日，全美公司向长兴岛海关提交重新抽样复验的申请，长兴岛海关既未按全美公司申请重新进行复验，也未回复全美公司的申

---

① 参见汪燕：《行政合理性原则与失当行政行为》，《法学评论》2014年第5期，第64页。
② 参见林莉红：《现代申诉专员制度与失当行政行为救济》，载罗豪才主编：《行政法论丛》（第5卷），法律出版社2002年，第511页。
③ 参见张峰振：《论不当行政行为的司法救济——从我国〈行政诉讼法〉中的"明显不当行政行为"谈起》，《政治与法律》2016年第1期，第10页。
④ 参见辽宁省瓦房店市人民法院一审行政裁定书，(2018)辽0281行初9号；辽宁省高级人民法院二审行政裁定书，(2018)辽行终1567号。

请。全美公司遂向辽宁省瓦房店市人民法院起诉长兴岛海关,全美公司诉称长兴岛海关剥夺了自身申请复验的权利,并且长兴岛海关在货物抽样检查程序上存在严重瑕疵。瓦房店市人民法院认为本案依法应当由中级人民法院管辖,裁定驳回原告起诉。全美公司上诉到辽宁省高级人民法院,法院认为,依据《海关化验管理办法》第十五条规定,海关化验中心作为鉴定机构,应当将鉴定结果公开,将鉴定书的信息在海关的门户网站或者其他公开场合对外公布,本案中,海关门户网站查询系统没有鉴定书的具体内容,仅显示"样品状态已签发"信息,全美公司无法通过网站查询鉴定结果。最终,辽宁省高级人民法院裁定长兴岛海关败诉。

本案中的问题是海关行政规范性文件关于行政程序的规定存在诸多不明确之处,海关行政执法程序操作细则存在"缺位"情况。本案所涉《海关化验管理办法》只规定了公布义务,并没有提及海关化验中心的送达义务,无法确保当事人对鉴定书内容知情。此外,《海关化验管理办法》规定,对鉴定结论持有异议的,可以在15日内申请海关复验,从公布鉴定结论之日起算时限;但是,法条中并未明确规定申请复验的方式是书面申请还是口头申请。可见,国际贸易行政程序规定的细节性仍然不够。

(二) 法律分析:行政规范性文件的"缺位"——规定不够细致

行政规范性文件一般是指法律、法规、规章等立法性质之外的其他非立法性、有法律效力的文件。实务中,行政规范性文件的制作程序较为灵活,具有便利性,但是,作为国际贸易行政主体执法依据的行政规范性文件,因为规定的内容不够细致而导致国际贸易行政行为常常存在不规范问题。例如,海关出具的《涉嫌走私的货物、物品偷逃税款海关核定证明书》是核定涉案货物的计税价格和应缴纳税款的文件,牵涉国际贸易市场主体的切身经济利益,但是,目前并没有明确规定是否应当向涉案国际贸易市场主体送达该文件,因而,海关未送达《涉嫌走私的货物、物品偷逃税款海关核定证明书》难以认定是行政程序违法。[①]

公法学者的责任是对行政的机构、程序和制度做出批评性评论,并向公

---

① 相关案例可参见瑞适影音科技(上海)有限公司诉上海浦东国际机场海关、上海海关案,上海市高级人民法院二审行政判决书,(2018)沪行终710号。

众揭示其所基于的价值。① 我国行政法"重实体、轻程序"的传统随着正当程序原则运用范例增多,逐步演进为"实体与程序并举"的新局面,从权利类型角度看,程序性权利与实体性权利都是国际贸易市场主体的重要权利内容,海关行政程序法则不够细致,对国际贸易市场主体在国际贸易行政诉讼中主张程序性权利的保障产生负面影响。

(三) 法律分析:行政规范性文件的"越位"——规定无上位法授权

行政规范性文件作为国际贸易行政行为的行政执法依据,除了存在行政程序法则不够细致、应当具体规定而未具体规定的"缺位"问题,还存在"越位"问题,即法无授权而作为。

海关总署是制定部门规章的合法主体。实践中,海关行政处罚的法律依据往往达不到部门规章的法律层级,只是一些非立法性行政规范性文件,并没有设定"自由罚""资格罚""财产罚"(罚款等)"声誉罚"(警告、通报批评等)等行政处罚类型的权限。但是,这些非立法性行政规范性文件常常在没有上位法授权的情形下,超越权限规定行政处罚内容。例如,《关于严格查禁非法运输、储存、买卖成品油的通知》(以下简称《通知》)设定了"没收"这种"财产罚"类型的行政处罚。然而,该《通知》的法律属性仅是部门规范性文件,不能设定行政处罚,更毋提设定"没收"这种行政处罚类型,海关依据《通知》做出"没收"的行政处罚决定,其行政执法依据具有不当性。

二、执法过程不当:事实认定专断或行政程序违反规定

(一) 案情梳理:来富集团香港有限公司诉日照海关、青岛海关案②

2017年3月30日,厦门象屿速传供应链发展股份有限公司(以下简称"象屿公司")委托山东日照外轮代理有限公司(以下简称"外轮代理公司")向日照出入境检验检疫局报检一批入境进口阿联酋已烧结铁矿砂,货物总重44 000吨,货值约300万美元。厦门象屿公司为收货人,来富集团香港有限公司(以下简称"来富集团")为发货人。2017年4月26日,日照出入境检

---

① 参见[英]卡罗尔·哈洛、理查德·罗林斯:《法律与行政》,杨伟东、李凌波、石红心等译,商务印书馆2004年版,第77页。
② 参见山东省青岛市中级人民法院一审行政判决书,(2018)鲁02行初269号。

验检疫局向日照海关做出《关于对一批进口阿联酋铁矿实施退运的函》,内容载明"2017 年 3 月 30 日,我局受理了一批厦门象屿公司委托外轮代理公司代理报检的进口阿联酋已烧结铁矿砂……经青岛检验检疫技术发展中心鉴定……判定这批已烧结铁矿砂属于固体废物……依法出具《检验检疫处理通知书》告知企业。特此函告"。2018 年 4 月 16 日,来富集团向青岛海关申请复议,请求撤销原日照出入境检验检疫局(现在的日照海关)所作的《检验检疫处理通知书》,并赔偿来富集团的损失,包括滞箱费、鉴定费、货物市场价值减损等。青岛海关回复称原日照出入境检验检疫局所作的《检验检疫处理通知书》合法,仅存在两处瑕疵,未对原告权利义务产生实质性影响,故维持原《检验检疫处理通知书》的内容。来富公司对行政复议结果不服,遂提起行政诉讼。来富公司诉称,日照出入境检验检疫局存在多处违反正当程序原则的做法。最终,法院认定被告不存在违法行为,判决原告败诉。

本案中争议的主要问题,一方面是日照出入境检验检疫局认定的"固体废物"结论是否正确;另一方面是日照出入境检验检疫局作出行政处罚的过程是否符合正当程序原则。这也是国际贸易行政主体在行政执法过程中经常面临的侵犯国际贸易市场主体权益的两个"雷区",即对国际贸易商品编码的事实认定是否准确,以及在调查、取证、作出行政决定等行政执法过程的各个环节是否遵守正当程序原则。

(二)法律分析:国际贸易行政主体对商品编码的事实认定专断

海关商品归类以及海关纳税争议,是海关行政执法权力最集中的两大领域。海关主导着商品税则号分类的认定以及进出境物品是否属于纳税范围的认定,一旦海关发现申报进出境商品的编码和纳税范围与海关自身认定的结果不一致,海关常常会径行决定国际贸易市场主体的行为属于"申报不实"而非国际贸易市场主体所称的"归类错误"。

"申报不实"与"归类错误"是两个不同的国际贸易法律概念,具有根本性区别,"申报不实"具有主观过错、可苛责性并且应当受到处罚;"归类错误"不存在主观过错,性质上属于非违法行为,不能进行处罚。[①] 海关不举行

---

① 参见刘才源、熊晶:《海关商品归类的几个法律问题》,《海关法评论》2017 年第 7 期,第 169 页。

听证而直接根据自身的事实认定结果做出行政处罚决定,是专断的行政执法方式,背离了行政法治原则,减损了国际贸易市场主体建立在海关通关惯例上的可期待利益。

(三)法律分析:国际贸易行政主体的行政执法程序违反审慎义务

海关当局倾向于强调行政效率,而不是申请人的合法期望和程序权利。例如,海关商品分类预裁定制度在提升海关执法方式的可预见性方面存在局限性,主要体现在约束效力范围、法律预期范围和程序性权利保护水平三个方面。①

目前,我国尚未出台专门的《行政程序法》,但是《行政处罚法》第四十四条、《行政许可法》第七条、《重大行政决策程序暂行条例》第二节"公众参与"等行政法一般领域的法律文本皆规定了保障当事人陈述权、申辩权等程序性权利的内容。在海关行政执法领域,2021年7月15日《海关办理行政处罚案件程序规定》正式实施,第三节"告知、复核和听证"中规定,海关做出是否行政处罚的决定前,应当告知当事人相关的事实、理由、依据,充分保障当事人的陈述权、申辩权等程序性权利。

即便如此,囿于海关行政执法的复杂性,在实践中,常发生行政执法程序错乱的问题,海关行政执法过程中需要更加谨慎地适用行政执法方式。例如,在知识产权海关执法中,存在"依申请保护"知识产权和"依职权保护"知识产权两种方式。"依申请保护"知识产权又称为"被动保护模式",是海关根据国际贸易市场主体的申请保护其知识产权;"依职权保护"知识产权又称为"主动保护模式",是指海关依据自身职权主动保护国际贸易市场主体的知识产权。二者在行政执法过程中的适用存在不同。

1. 适用条件不同

(1)"依申请保护"知识产权的适用条件是国际贸易市场主体未在海关总署备案其相关知识产权;(2)"依职权保护"知识产权的适用条件是国际贸易市场主体在海关总署提前备案其相关知识产权,且备案仍然处于有效期内。

---

① See Jisoo Yi, *Preventing Disputes under Free Trade Agreements with Advance Ruling System*, 29 Journal of Arbitration Studies 23(2019), p.29.

2. 适用方式不同

(1)在"依申请保护"知识产权模式中,因为国际贸易市场主体没有在海关总署备案,所以只能在发现其他涉嫌侵权的货物将要进出口时,临时地向海关申请知识产权保护措施。国际贸易市场主体应当向海关提交书面申请,请求海关扣留侵权产品,同时,国际贸易市场主体应当在法定期限内提供相当于货物总价值的担保,这笔担保金数额一般较大。(2)在"依职权保护"知识产权模式中,因为国际贸易市场主体在海关总署有备案且备案在有效期内,海关在行政执法过程中,一旦发现疑似侵犯知识产权的货物,海关会依职权主动中止涉嫌侵权货物的通关程序,并及时通知被侵权的国际贸易市场主体。国际贸易市场主体不需要向海关再提交扣留侵权产品的书面申请,并且,依据《海关关于〈中华人民共和国知识产权海关保护条例〉的实施办法》第二十三条的规定①,知识产权权利人最高只需要提供 10 万元的担保金。

在知识产权海关执法中,海关容易出现的不当行为是:国际贸易市场主体没有在海关处备案知识产权,或者备案有效期已经过了,海关仍然使用"依职权保护"知识产权的主动执法模式,引发程序违法问题。没有备案或备案有效期届满的国际贸易市场主体仅需提供最高 10 万元的担保金,就能使价值超过 20 万元甚至几百万元、几千万元的货物被扣留,一旦知识产权侵权认定未成立,10 万元甚至不到 10 万元的担保金远远不能赔偿被扣留货物的所有权人的经济损失,致使被扣留货物的所有权人的权益遭受侵害。②

---

① 依据《海关关于〈中华人民共和国知识产权海关保护条例〉的实施办法》第二十三条的规定,知识产权权利人根据本办法第二十二条第一款第(一)项的规定请求海关扣留侵权嫌疑货物的,如果货物总价值不超过 2 万元,就提供与货物总价值同等金额的担保;如果货物总价值在 2 万元~20 万元之间,就提供货物总价值 50% 的同等金额的担保,并且,担保金额不少于 2 万元;如果货物总价值高于 20 万元,就提供 10 万元作为担保金额。因此,在"依职权保护"知识产权模式中,知识产权权利人最高只需要提供 10 万元的担保金。

② 相关案例参见浙江方爵进出口有限公司诉镇江海关案,最高人民法院再审审查与审判监督行政裁定书,(2019)最高法行申 925 号。

三、执法结果不当：恣意裁量行刑交叉案件性质的转换

（一）案情梳理：宁夏天嘉电线电缆有限公司诉银川海关案①

2013年4月10日，宁夏银川天嘉电线电缆有限公司（以下简称"天嘉公司"）被银川海关以涉嫌低报价格、违反海关监督管理规定为由而扣留相关单据资料，扣留期限为180天。2013年6月4日，银川海关依照《海关行政处罚实施条例》第四条规定，将天嘉公司的案件移送银川海关缉私局办理，此前扣留的材料等证据随案移交。2013年6月5日，银川海关缉私局立案侦查，其后由检察院提起公诉，银川市中级人民法院做出一审刑事判决，宁夏回族自治区高级人民法院做出二审刑事判决。天嘉公司诉称，银川海关在扣留天嘉公司的材料时做出的《银川海关扣留决定书》明确指出，扣留事由为天嘉公司涉嫌低报价格、违反海关监管规定，亦即，扣留决定属于银川海关所做的具体行政行为，不属于刑事侦查性质，因此，天嘉公司可以对扣留决定提起行政诉讼，银川海关缉私局是银川海关的重要组成部门，其与银川海关交接的天嘉公司被扣留材料，属于海关内部工作环节的对象，现在天嘉公司涉嫌走私罪的案件已经审结，银川海关应当在扣留期届满后将被扣留材料返还给天嘉公司。银川海关辩称，银川海关缉私局与银川海关是两个独立的部门，2013年3月29日，银川海关对天嘉公司进口线缆的活动进行行政案件立案调查，并扣留相关材料，因发现天嘉公司涉嫌走私罪，将案件移交银川海关缉私局，银川海关缉私局进行刑事案件立案侦查，故而，案件性质由行政案件转变为刑事案件，案件经办主体由银川海关转变为银川海关缉私局，银川海关缉私局如何利用被扣留的材料进行侦查，银川海关无权干涉，不是行政诉讼的适格被告，本案已转为刑事案件，不属于行政诉讼受案范围。最终，法院支持被告的主张，裁定原告败诉。

本案涉及的关键问题是海关具有行政执法权和刑事司法权双重权力，海关将行政案件转为刑事案件，关涉行政程序和刑事程序的衔接问题，两种不同程序何时转换、如何转换，由海关自主决定，海关具有较高的行政裁量

---

① 参见最高人民法院再审审查与审判监督行政裁定书，(2019)最高法行申2751号。

权,容易对国际贸易市场主体权益造成侵害。即使国际贸易市场主体将海关诉至法院,法院往往尊重海关行政裁量权。国际贸易市场主体将海关诉至法院时,难以达到维权目的。

(二)法律分析:国际贸易行政主体恣意转换行刑交叉案件性质的行为不当

现行《海关法》第二条规定,海关是国家进出境监管机关,具有监管、征税、缉私、统计四大职能。《海关法》第四条规定,海关内设侦查走私犯罪公安机构,具有侦查、拘留、执行逮捕、预审等职权。可见,海关既具有行政执法权,又具有刑事司法权。

依据 2021 年《海关办理行政处罚案件程序规定》第二十二条规定,以及 2022 年《海关行政处罚实施条例》第四条规定,海关享有的行政执法权和刑事司法权是可以流转的,譬如,查封场所或设施、扣押财物等行为,既有可能是海关做出的行政强制措施,也有可能是海关做出的刑事侦查行为,二者属性为何,几乎由海关自行决定,海关行政执法权和刑事司法权的职权流转机制为何,外界无从知晓。现阶段海关领域的法律规定并没有清晰划定哪些行为属于行政行为、哪些行为属于刑事行为而不具有可诉性,主要依靠海关行使裁量权来认定。国际贸易市场主体无法得知海关如何将案件从行政性质转为刑事性质,或者将案件从刑事性质转为行政性质。

常见的不当情况是,海关启动行政程序,对国际贸易市场主体展开调查,在调查过程中忽视了对国际贸易市场主体程序性权利的保障,例如,事关国际贸易市场主体切身利益的行政决定没有给予国际贸易市场主体陈述、申辩的权利。当海关通过行政调查认为案件可能涉嫌刑事犯罪时,将案件材料移交给海关缉私局,行政案件转为刑事案件,则海关在行政程序中发生的侵犯国际贸易市场主体权益的违法行为或将无法受到司法审查。海关具有较高的自主决定权和裁量权,可以自行决定行政程序向刑事程序的转化,一旦转入刑事程序,国际贸易市场主体将因为案件属于刑事性质而无法通过国际贸易行政诉讼寻求权利救济。

第三节　国际贸易行政诉讼法院适用法律的统一性不足

在客观的法律制度中，司法审查的具体作用是确保社会秩序通过法律得以维护。当某项法律的恰当适用出现争议时，法院需要准确地辨别该项法律的含义，以便人们能够真正地遵守法律。① 在国际贸易行政案件中，法院是负责法律解释的主体，肩负着个体权益与国家利益协调、私权利保障与公权力行使协调、个案正义与法安定性协调的三重责任。但是，国际贸易行政诉讼的国际性、专项性和涉外性，使国际贸易行政案件的审判工作相较于一般国内行政案件而言更加具有复杂性。跨国法律秩序和国家法律秩序之间以及必须管理这些法律秩序的法院之间的关系特别微妙，因为这些法律秩序之间以及相应的各法院之间的关系的等级性质不那么明确。国际贸易行政案件主审法院必然要面对国际法的国内适用难题，不同法官在多元性和有关国家法律制度的相应知识和经验的广度方面始终存在差距。② 受制于法官自身能力和国家体制，很多法官在审理国际贸易行政案件时并未对案件的实质性争议进行深入审查，而是主要审查案件的诉讼要件是否具备，不同法官对诉讼要件的认定方法存在差异。即使是对于进入实体审查的国际贸易行政案件，法官适用法律得出的裁判结果亦显得缺乏可预测性。总体而言，在系统性保障国际贸易行政诉讼原告权益方面，国际贸易行政诉讼中法院适用法律的统一性欠佳。

---

① See Tara Smith, *Judicial Review in an Objective Legal System*, Cambridge University Press, 2015, p.275.
② See Christine Landfried, *Judicial Power: How Constitutional Courts Affect Political Transformations*, Cambridge University Press, 2019, p.235.

一、诉讼发起阶段:法院受理案件的认定标准模糊

(一)案情梳理:连云港同舸国际贸易公司诉连云港海关、南京海关案①

连云港同舸国际贸易公司(以下简称"同舸公司")从境外进口一批小林洗眼液,在连云港海关通关时,连云港海关未对同舸公司进口的小林洗眼液的商品税则号进行实质性审查,未能核查出商品税则号归类错误。之后,同舸公司被杭州市萧山区人民法院认定为非法经营罪的刑事责任主体,并处罚金10万元,同舸公司的实际控制人韩某被以非法经营罪判处有期徒刑四年三个月,并处罚金5万元。2019年4月,同舸公司向南京海关申请行政复议,2019年7月9日,南京海关依据《行政复议法实施条例》的规定驳回同舸公司的行政复议申请。同舸公司将连云港海关、南京海关作为共同被告诉至法院。一审法院认为,连云港海关是做出商品税则号归类的事实认定行为的行政主体,南京海关是做出行政复议决定的行政主体,但南京海关的行政复议决定的内容是驳回复议申请,不是维持原行政行为,同舸公司将连云港海关和南京海关列为共同被告的行为不当,应予纠正,同时起诉连云港海关的行政行为和南京海关作为行政复议机关的不作为,会违反"一事不再理原则";再者,如果法院评判了原行政行为的合法性,复议机关又重新对原行政行为做出评判,容易造成相互矛盾的处理结果,违反"司法最终原则"。一审法院最终裁定驳回原告起诉。二审法院并没有分析"一事不再理原则""司法最终原则"等法律原则对本案的法律指引作用,更未将法律原则作为判定原告提起诉讼是否符合案件受理条件的依据,而是直接以《行政诉讼法》及其司法解释的法条规定作为受理案件的判断基准,认为原告不符合起诉条件,裁定原告败诉。

本案映射出的问题是,国际贸易行政案件受理条件的判断基准如何确定,并未形成统一方法。有的法院会以法律明文规定的案件受理条件来判定是否受理案件,有的法院会以法律原则为依据来判定是否受理案件。前

---

① 参见江苏省连云港市中级人民法院一审行政裁定书,(2019)苏07行初38号;江苏省高级人民法院二审行政裁定书,(2020)苏行终388号。

者是以法律规则为案件受理条件的判断基准,没有争议,后者以法律原则作为受理条件的判断基准,需要进一步分析。

(二)法律分析:成文法规定的法律原则能够作为受案依据

法律原则是用以证立、说明具体规则与法律适用活动的一般性规范。① 法律规范中的法律规则具有可诉性不言而喻,然而,法律规范中的法律原则是否具有可诉性?这个问题关涉两个基本点:其一,法律原则是否可以作为行政诉讼的法律依据;其二,在前一个问题的回答为肯定的情况下,法律原则如何作为行政诉讼的法律依据?

对于第一个问题,从学理上说,法的创制是国家机关对规范性文件进行立、改、废或者认可规范的活动。② 法的创制包括法律规则的创制和法律原则的创制,对法律原则而言,当法院通过案例阐释确立了法律原则的裁判理由地位,法律原则便具有了法律可诉性。③ 相较于法律规则而言,法律原则具有灵活性、法律漏洞填补性等特质,因而,当法律规则的滞后性、僵化性导致原告无法引用其为诉讼依据或法院无法引用其为审判依据时,法律原则能恰如其分地发挥"替补"作用,因而,法律原则理论上应当可以作为行政诉讼的法律依据。

对于第二个问题,不同学者对法律原则在行政诉讼中如何适用的看法不同,有的学者认为,在行政诉讼中作为生效裁判法律依据的是成文法,应当严格限制法律原则的司法适用,法律原则不能为司法裁判直接引用,只能作为法律规则的价值内涵被阐释而出现。④ 有的学者认为,法律原则在行政诉讼个案中的适用以"不存在可以适用的法律规则"或者"适用现有的法律规则将产生严重不公结果"为条件。此外,法律原则涵摄的首要任务是发现大前提,在寻找大前提时,法院应当同时参考政治、经济、文化等因素,斟酌

---

① See David M. Walker, *The Oxford Companion to Law*, Clarendon Press, 1980, p. 739.
② 参见孙国华、朱景文:《法理学》,中国人民大学出版社 2010 年版,第 212 页。
③ 参见潘登:《创制型案例:概念、标准、类别与价值》,《东方法学》2014 年第 6 版,第 86 页。
④ 参见王飞:《论法律原则在行政诉讼中的适用——以"北雁云依"案为例》,《哈尔滨工业大学学报》2019 年第 3 期,第 44 页。

类似案件中法律规则的价值考量,接着,法院再由法律原则指引向个案应适用的法律规则,最终完成法律原则的涵摄。① 不难看出,学界对于法律原则是否可以作为行政诉讼法律依据持谨慎态度。

本质上,法律原则的适用应当以法律条文的形式进行明确规定,才能具有强制力。在我国,一些法律原则已经被吸收进专门的行政法律规范中,成为具有强制力的规范内容。例如,《行政许可法》第八条规定,个体依法取得的行政许可受到法律保护,这是"信赖保护原则"的体现;《行政处罚法》第五条第一款规定了行政处罚应当坚持"公正原则"和"公开原则",这是在法律条款中直接明确了法律原则的适用。

二、诉讼进行阶段:法院审查焦点规避实质性争议

(一)案情梳理:大连开发区善美汽车配件有限公司诉金普海关案②

大连开发区善美汽车配件有限公司(以下简称"善美公司")与金普海关的行政纠纷横跨近20年。1999年7月13日,善美公司持大连经济技术开发区海关出具的"同意办理加工手册"验厂报告、审批手续到海关窗口申办加工手册,被海关拒绝。2000年5月11日,海关向善美公司答复称"不予办理加工手册的决定是经研究并请示上级主管部门"做出的。2002年3月9日、2002年10月25日,大连市中级人民法院和辽宁省高级人民法院分别做出判决,撤销海关做出的"不予办理加工手册"的决定,但是,这两级法院均未要求海关对善美公司申办加工手册的事重新处理。从2002年11月6日起,善美公司另行向海关申办加工手册,海关既不给善美公司办理,也不回复善美公司,致使善美公司进口的总值60多万元的加工材料一直被扣押着。本案于2019年6月21日再次由大连市中级人民法院一审,于2020年5月20日再次由辽宁省高级人民法院二审。两级法院都未提及实质性行政争议的解决方式,而是以"诉讼标的已为生效判决所羁束,故显属重复起诉""本案已超过法定起诉期限,且无不可归责于其自身的正当理由"为由裁定驳回

---

① 参见徐雨衡:《法律原则适用的涵摄模式:基础、方法与难题》,《甘肃社会科学》2020年第2期,第21页。
② 参见辽宁省大连市中级人民法院一审行政裁定书,(2018)辽02行初313号;辽宁省高级人民法院二审行政裁定书,(2019)辽行终1353号。

本案起诉，原告败诉。

本案中的问题是，法院并未审查行政纠纷的实质性内容，而是为裁定驳回起诉寻找"正当化"理由。无论是一审法院还是二审法院，都将审理重心放在案件受理条件的解读上。行政诉讼的受理条件设置初衷，并不是作为法院将行政纠纷拒之门外的挡箭牌，而是为了平衡保障个体权益、提升行政效率、维护社会秩序三者之间的关系而规定的。行政诉讼不同于民事诉讼，不能任由当事人自由发挥意思自治起诉，那样将导致行政工作因频繁被诉至法院而举步维艰、无法开展，进而造成社会秩序紊乱。简言之，行政诉讼受理条件的存在意义是为了防止当事人滥诉。与此同时，行政诉讼的首要目的是保障人权，在行政相对人确实因行政行为遭受权益损害的情形中，法院应尽可能赋予行政相对人通过司法程序寻求权利救济的机会，而不是对行政诉讼受理条件展开"地毯式"审查，最终否定行政相对人的起诉资格，关闭行政相对人成为行政诉讼原告的权利救济通道。

（二）法律分析：司法审查有限原则下法院"重形式、轻实质"地审理案件

司法审查有限原则，从字面理解，意指"司法对行政行为的审查是受限制的，并不完整"。行政决定原本是认定事实和适用法律的过程，行政诉讼以行政决定为审查对象，具有"二次审理"的特点。在英美法系国家，法院将行政主体的判断结论视为初审，而法院的审查被称为司法复审，旨在监督行政主体的裁决结果。[①] 我国现行《行政诉讼法》第十二条正面列举的行政诉讼受案范围、第十三条反面排除的不予受理的行政行为种类、第四十九条规定的起诉条件、"2018年适用行政诉讼法的司法解释"第一条列举的不属于行政诉讼受案范围的情形等，表明司法审查有限性的客观存在。

本质上，司法审查有限原则具有其存在的法律价值。

其一，划定司法权与行政权的边界。司法审查有限原则是明确同为公权力性质的司法权力与行政权力各自疆土范围的界碑，司法权在监督、约束膨胀的行政权的同时，不能过于妨碍行政效率目的的实现，把握司法权干预行政权的"度"至关重要。因而，法律创设了司法审查有限原则，作为测试司

---

① 参见江必新：《司法审查强度问题研究》，《法治研究》2012年第10期，第4页。

法审查广度和深度的工具。

其二,表明行政诉讼与解决行政争议之间并非充分且必要的一一对应关系。"并非所有国家都有行政诉讼制度,在有行政诉讼制度的国家中也并非所有法律事务均由行政法院管辖"①,故而,因行政行为引发的行政争议,并非总能进入行政诉讼中寻求争议解决路径。反之,行政争议在行政诉讼中流转于一审、二审甚至再审程序的情形表明,行政诉讼或许并非最合适的解决行政争议的方式,行政复议、行政调解、和解甚至信访等多元化纠纷解决机制(Alterative dispute resolution,简称 ADR)的兴起,是对这一结论的真实映照,间接表明司法审查的局限。

其三,揭示法院参与现代国家治理的方式。法治是现代国家的标志,现代国家治理依循"科学立法、严格执法、公正司法、全民守法"路径,法院作为国家司法主体,是通过对行政权的监督、对行政行为的合法性审查来完成本职的治理任务,而国家治理是通过多个治理主体共同合作才能达致的目标。② 法院的合法性审查,是对行政行为的全面审查,既要审查行政主体的事实认定结论,也要审查行政主体是否具有法定职权、是否正确适用法律、是否遵守法定程序等。

然而,在国际贸易行政诉讼中,各地法院对以海关为被告的行政案件保持着高度的默契态度——"重形式、轻实质"地进行司法审查,主要表现如下。

1. 重诉讼要件审查,轻行政争议审查

在国际贸易行政诉讼中,当前存在的问题,并非像一般国内行政争议(尤其在行政诉讼较频繁的工伤认定、社会保险、土地征收、治安行政处罚等领域)的司法审查那样,因司法权过度干预行政权造成对"司法审查有限原则"的僭越,而是在"司法审查有限原则"的桎梏下,司法权被行政权的高权性压制得无法喘息。国际贸易行政主体在行使职权过程中的强势地位、国际贸易行政管理活动的专业性和涉外性,让审理国际贸易行政案件的法官

---

① 参见[德]格奥格·耶利内克:《主观公法权利体系》,曾韬、赵天书译,中国政法大学出版社 2012 年版,第 318 页。
② 参见章剑生:《行政诉讼"解决行政争议"的限定及其规则——基于〈行政诉讼法〉第 1 条展开的分析》,《华东政法大学学报》2020 年第 4 期,第 101 页。

望而生怯,无法全面地审理国际贸易行政争议的实质性内容,而是游走在行政诉讼受理条件审查的边缘,通过惯常的原告资格审、被告职权审、受案范围审、起诉条件审等诉讼要件的"流水线式"审查,直接将一半以上的国际贸易行政案件阻截在行政争议实质性审理的大门之外,"裁定驳回起诉"成为国际贸易行政案件中法官的"条件反射式"结案手段。相较而言,诉讼要件审查属于司法审查的形式范畴,行政争议审查属于司法审查的实质范畴。当前,我国国际贸易行政案件的主审法官偏重诉讼要件审查而规避行政争议审查,这种做法降低了国际贸易行政诉讼原告通过司法途径实质性解决行政纠纷的概率。

2. 重行政程序争议审查,轻行为实体争议审查

行政程序问题按照严重程度可分为违法、不合理、其他瑕疵三种。违法是指行政程序违反法律明确规定的程序要求。不合理是指行政程序的裁量结果不符合平等原则、比例原则等行政法基本原则,这是一般程度的不合理情形,当出现严重不合理情形,即行政程序明显不当时,则属于程序违法范畴。其他瑕疵是指违法、不合理之外的程序瑕疵样态,如法律文书拼写错误、计算错误等技术性错误。[①] 行政诉讼中对行政行为的行政程序进行审查,是仅审查行政主体实施行政行为的过程(how),并不包括行政行为实体内容(what)。对行政行为的实体内容进行审查,则要审查行为的内容合法性、合理性,是更深一层的审查标准。譬如,在国际贸易行政诉讼中,面对海关行政行为中涉及的商品归类方法、原产地认证、税率计算等专业性极高的实体内容,法官因缺乏进出口贸易专业知识而对涉及海关行为实体争议的审查抱以规避的态度,转而将司法审查的重心放在法官更为熟稔的行政程序合法性审查之上。概言之,行政程序争议审查仅属于行政争议的形式审查范畴,行政行为实体争议审查属于真正意义上对行政主体与行政相对人之间的行政纠纷内容的实质审查范畴。当前,我国国际贸易行政案件的主审法官较少触及行政行为实体争议审查,更多地从行政程序争议审查着手解决案件涉及的行政纠纷,这种司法裁判路径虽然能在一定程度上保障国际贸易行政诉讼原告的程序性权利,但是对于解决原告所关切的实质性利

---

① 参见杨登峰:《行政行为程序瑕疵的指正》,《法学研究》2017年第1期,第38页。

益损害问题而言无济于事。

行文至此,需要厘清几组近似的概念,才能更好地理解我国国际贸易行政诉讼中"重形式、轻实质"的司法审查异象。

第一,诉讼要件审查和行政争议审查。此组概念,是以行政诉讼为基点进行区分的。对行政诉讼的原告资格、被告资格、受案范围、起诉条件、法定时限等诉讼要素的司法审查,称为行政诉讼的诉讼要件审查。在日本,对应诉讼要件的审查专门存在"不予审理的判决"方法,即在欠缺进行本案判决所应当具备的要件(诉讼要件)因而诉讼不合法的情况下,不予进行本案审理的判决。①

相对地,以行政诉讼中行政争议的行政行为内容和行政程序为对象的司法审查,称为行政诉讼的行政争议审查。

第二,行政程序争议审查和行为实体争议审查。此组概念,是以行政诉讼的审查对象——行政行为作基点进行区分的。当法院审查行政诉讼中的行政争议时,对行政争议中行政行为的行政程序进行审查,称为行政程序争议审查。相对地,对行政争议中行政行为的实体内容进行司法审查,称为行为实体争议审查。例如,反倾销行政案件的行为实体争议审查包括为确定正常价值而考虑的证据的有效性、对正常价值所做的调整、计算倾销幅度所选择的方法,或在确定损害和因果关系时考虑的因素等。② 相较而言,反倾销行政案件的行政程序争议审查则包括在做出反倾销调查和决定的过程中,国际贸易行政主体是否充分告知国际贸易市场主体相关信息,对于涉及国际贸易市场主体切身利益的行政决策是否举行听证程序等。

形式与实质、程序与实体是两组对应的概念。形式意指"表面性",实质意指"本质性",形式与实质二者具有相对性。程序意指"过程性",实体意指"内核性",程序与实体具有绝对性。例如,行政程序争议审查相对于行政案

---

① 参见[日]南博方:《行政法》(第六版),杨建顺译,中国人民大学出版社2009年版,第205页。
② Mercedes De Artaza, *Argentina: A Well-Structured but Unsuccessful Judicial Review System*, in Müslüm Yilmaz, ed., Domestic Judicial Review of Trade Remedies: Experiences of the Most Active WTO Members, Cambridge University Press, 2013, p.149.

件诉讼要件审查而言更为接近行政争议内核,因而,行政程序争议审查属于实质范畴,而行政案件诉讼要件审查属于形式范畴。但是,行政程序争议审查相对于行政行为实体争议审查而言,距离行政争议内核较远,行政行为实体争议审查直达行政争议内核——原告是否因行政行为遭受利益损失,此时,行政程序争议审查属于形式范畴,而行政行为实体争议审查属于实质范畴。

总之,行政案件的诉讼要件审查、行政程序争议审查、行政行为实体争议审查是行政诉讼审查路径的三种样态。诉讼要件审查属于"完全形式审查",并未涉及行政纠纷实质性内容。行政程序争议审查属于"半形式、半实质审查",虽然涉及行政纠纷实质性内容,但是仅关注行政行为的程序争议方面。行政行为实体争议审查属于"完全实质审查",不仅涉及行政纠纷实质性内容,而且关注行政行为的实体争议方面——行政行为是否给行政相对人造成利益损害。概言之,从形式正义到实质正义,从程序正义到实体正义和程序正义兼顾,这已成为英美法系和大陆法系行政法基本原则的共同发展趋势。①

当前,我国国际贸易行政案件进入审理阶段后,一般分为三条进路:一是"初级的"案件诉讼要件(如原告适格、被告适格、诉讼期限等)审查;二是"中级的"案件所涉行政程序的合法性审查;三是"高级的"案件所涉行政行为实体争议的合法性审查。多数情况下,国际贸易行政案件的审理止步于案件诉讼要件审查或者所涉行政程序的合法性审查,对于案件所涉行政行为实体争议的合法性审查较少,这意味着对国际贸易行政诉讼原告权益的实质性保障不足,原告最为关切的行政行为侵权问题无法彻底解决。

三、诉讼结束阶段:法院裁判结果缺乏说理和论证

(一) 案情梳理:江苏泰来进出口有限公司诉洋山海关案②

2014年3月31日,江苏泰来进出口有限公司(以下简称"泰来公司")委

---

① 参见周佑勇:《行政法基本原则研究》(第二版),法律出版社2019年版,第91页。
② 参见上海市第一中级人民法院一审行政判决书,(2018)沪01行初152号;上海市高级人民法院二审行政判决书,(2019)沪行终76号。

托上海某公司向洋山海关申报进口一般贸易项下的50万吨巴基斯坦碎米。2014年4月1日,泰来公司再次委托同一上海公司向洋山海关申报进口一般贸易项下的50万吨巴基斯坦碎米。2014年4月4日,上海海关缉私局因泰来公司涉嫌走私进口大米,对泰来公司进行刑事立案侦查。2018年3月27日,上海海关缉私局对泰来公司涉嫌走私进口大米做出撤案决定,于同日将案件移送给洋山海关做出行政处理。洋山海关于同日进行立案,并做出行政扣留决定和扣留清单,当场送达泰来公司。泰来公司将洋山海关诉至法院。本案一审法院在行政判决书中写道"原告(泰来公司)是否确实存在违反海关法律规定的违法事实(申报不实),将由被告(洋山海关)对此做出进一步的调查和处理,并非本案审查范围,对于原告的上述意见本院不予评判"。同时,一审法院在认定洋山海关的行政行为时,仅用"认定事实清楚、适用法律正确、程序合法"几句表述就认定洋山海关的行政扣留行为合法。二审法院也在行政判决书中写道"对于上诉人(泰来公司)违反海关监管规定违法行为(申报不实)的最终认定,需由被上诉人(洋山海关)进一步调查处理,并不属于本案审查范围",最终,一审、二审法院均判决原告败诉。

本案中,法院在做出国际贸易行政案件的裁判结果时缺乏推理和论证,具体表现在两个方面:一是对国际贸易行政案件的实质性行政纠纷,譬如商品税则号归类、申报不实的认定、原产地规则的适用等问题,没有展开具体审查,而是直接绕过此类行政实体争议而对其不予审查,相关裁判文书内容一笔带过,没有推理论证过程;二是对国际贸易行政主体的行政行为合法性认定没有具体阐述理由和论证过程,仅用格式化的"事实认定清楚、法律适用正确、执法程序合法"等表述就完成了裁判文书的说理环节,导致裁判结果缺乏推理和论证,难以令人信服,更无法从解决行政实体争议的立场出发保障原告权益。

(二)法律分析:司法裁判结果缺乏说理和论证导致"类案类判"难以实现

司法裁判的推理和论证是相辅相成的,推理是说明理由,是方法范畴;论证是证成主张,是目的范畴。推理是由某个命题得出其他命题的思维过程或方法,包括形式推理和实质推理两种类型。其中,形式推理是指按照形式逻辑方法进行推理,包括三种方法,即演绎推理、归纳推理、类比推理。实质推理是指在相互矛盾却都有一定程度道理的陈述中,结合事实分析、政策考量、价值判断等方法对陈述内容进行比较,选择其中一种陈述内容的推理。① 论证一词源自拉丁语 arguere,本意为"弄清楚",具体而言,是指举出理由以支持某种主张。②

"类案类判",即类似案件类似裁判,不同案件不同裁判。通过"类案类判"能实现司法裁判结果的连贯性、安定性、可预期性。而"类案类判"的实现,除了依托细致、完备的法律规则,在无规则可用时,还需要依托各类一般性法律原则。无论是法律规则的适用还是法律原则的适用,不同的法官针对不同的国际贸易行政案件会有不同的裁判思路。正如卡多佐所说,法官应当对自身具备的哲学、历史、逻辑、习惯、法权感等成分进行平衡,在这里加一点或者在那里减一点,从而尽可能理性地明确哪些因素具有决定性。③ 法官的裁判思路受不同因素的影响,如何保障"类案类判"的长效性机制形成? 关键在于法官在裁判文书中写明推理论证的详细内容。客观审查的本质在于法官严格按照法律和逻辑进行推理,一个法律制度要受客观性制约从而发挥其作用并相应地保护个人权利,推理过程是必不可少的。④ 我国现行的审判机制对司法裁判文书要求不高,裁判理由部分较为缺乏学理性和说服力,即使是通过法院筛选而编写的权威判例,也主要是案情梗概、证据罗列、法律依据和相当简略的理由分析⑤,未能在判例中形成一般性原则以供此后的行政案件借鉴。

实践中,国际贸易行政案件的承办法官囿于对国际贸易活动的专业知识不了解、不熟悉,常常无法在裁判理由部分对案件所涉实体争议进行详细、专业的阐述,导致案件的裁判思路不清晰,做出的裁判结果难以为其他法官所理解和借鉴,甚至一些法官对于实体争议中的合法性问题是模棱两可的,导致其在司法裁判文书中像"橡皮图章"一样照搬照抄海关的答辩状

---

① 参见孙笑侠:《法律对行政的控制》,光明日报出版社 2018 年版,第 142 页。
② 参见颜厥安:《法与实践理性》,中国政法大学出版社 2003 年版,第 88 页。
③ 参见[美]本杰明·卡多佐:《司法过程的性质》,苏力译,商务印书馆 2002 年版,第 91 页。
④ See Tara Smith, *Judicial Review in an Objective Legal System*, Cambridge University Press, 2015, p.276.
⑤ 参见孙笑侠:《法律对行政的控制》,光明日报出版社 2018 年版,第 106 页。

说辞,最终,国际贸易行政案件的司法裁判结果没有可借鉴意义,难以形成"类案类判"的基础。

法官并非"法律的自动贩卖机",尤其在国际贸易行政案件中,因诉讼往往牵涉两国进出口贸易政策,法官在审理案件时必须重视本类诉讼的特殊性,国际贸易形势和国家间贸易往来关系同样会影响案件的司法裁判结果,导致司法裁判方式不一致。法官要特别兼顾外部环境和政策性因素,一方面,要使国际贸易行政案件的司法审查尽可能按照纯粹法律方式[1]开展,从而最大限度保障司法裁判的连贯性、安定性、可预期性;另一方面,在国际贸易行政诉讼中,外界因素(如国家利益考量)对司法裁判的影响是客观存在的,只能合理区分情形、尽量减少这种影响,而无法完全杜绝,法院有责任实现法律创制者在法律规范中所表达的国家意志。[2] 在意识到国际贸易行政案件的特殊性基础上,法官应当加强国际贸易知识的学习,关注国际贸易局势和国家贸易政策风向,否则,法官做出的司法裁判结果只能是"空心"的,无法触及国际贸易行政纠纷的专业性内核,无法切实保障原告权益。

本章小结

中国国际贸易行政诉讼制度是在 WTO 框架下确立的一种涉外行政诉讼制度。但是,中国的这一制度当前并未发挥应有的保障国际贸易市场主体权益的功能,尤其是对外国籍国际贸易市场主体而言,因为无法有效利用中国国际贸易行政诉讼制度维护自身权益,外国籍国际贸易市场主体往往不愿意在权益受到中国政府行为负面影响时向中国法院提起国际贸易行政诉讼,而是申请母国政府将中国政府诉至 WTO,或者向其他国际组织寻求法律救济。对中国籍国际贸易市场主体而言,国际贸易行政诉讼制度同样

---

[1] 参见[奥]凯尔森:《法与国家的一般理论》,沈宗灵译,商务印书馆 2017 年版,第 179 页。凯尔森主张"纯粹法理论",以分析实证的方法研究法的结构、规范效力、法的秩序等问题,而非与法律相关的经济、政治、道德等非法学因素,从而提升法律适用的统一性和法律裁判的稳定性。

[2] 参见刘书剑、于傧:《美国国际贸易法院》,法律出版社 1988 年版,第 22 页。

有名无实，并未有力保障中国籍国际贸易市场主体的权益。

中国国际贸易行政诉讼原告权益保障不足，主要表现在原告、被告、法院三大诉讼主体的不同方面。

第一，国际贸易行政诉讼原告在诉讼全过程中据以维权的法律依据的规范性不足。

在法律体系层次，我国国际贸易法律规范中的内部行政行为不可诉偏离了 WTO 协定的司法终局性原则，内部性行政"红头文件"则偏离了 WTO 协定的透明度原则。这些仅仅是我国国际贸易法律规范与 WTO 协定不一致的缩影。因为国际贸易行政诉讼的特殊性在我国未得到重视，国际贸易行政案件一直隐于一般国内行政诉讼的框架下进行审理，国际贸易行政案件的审理规则存在若干与 WTO 协定不一致的内容。

在法律部门层次，一般性的上位法与特殊性的下位法之间存在各种法律冲突，例如《行政诉讼法》与"2003 年审理反倾销行政案件的司法解释"、《反倾销条例》关于事实认定标准的规定存在法律冲突，依据"上位法优于下位法"的原则，应当适用上位法，但是国际贸易领域的行政纠纷具有特殊性，上位法笼统的、抽象的、框架性的规定，难以适用于具体国际贸易行政案件之中，导致出现"特殊性的下位法由于法律位阶低而不可用、一般性的上位法由于缺乏针对性而用不了"的两难局面。

在法律文本层次，我国国际贸易法律规范存在粗疏而缺乏细节性的问题，主要表现为某一领域"完全没有规定"和"有规定但规定不全面"两种情形；同时，我国国际贸易法律规范还存在缺乏即时性和前瞻性的问题，面对欧美国家以"竞争中立原则""反向歧视国有企业""毒丸条款"等法律工具围攻我国经济发展的行为，我国国际贸易法律规范并未进行及时或者未雨绸缪的回击。我国国际贸易法律规范存在的种种法律冲突、法律漏洞情形，导致国际贸易行政诉讼原告难以依据这些规范获得有力的司法救济。

第二，国际贸易行政诉讼被告的行政行为缺少行政自制，行政行为不当性显现。

国家商务部、国家税务总局、海关总署等对国际贸易事务负有行政管理职权的中央行政机关，以及地方各级海关、税务机构等，是国际贸易行政诉讼被告的主要类型。可以看出，无论是中央层面还是地方层面，掌管对内对外贸事务、财政税收事务、进出境通关事务等国际贸易事宜的行政机关都是手握行政强权的国际贸易行政主体,这些国际贸易行政主体不仅有垄断性的行政权力,还掌握行政相对人的经济利益决定权。同时,法律赋予了这些国际贸易行政主体较大的行政裁量权,以便于国际贸易行政主体能以更高的行政效率完成复杂的国际贸易行政管理事务。

但是,国际贸易行政主体并未跳出"权力导致腐败,绝对权力导致绝对腐败"的规律,高度集中的行政权力与较低水平的行政自制存在鲜明对比,国际贸易行政行为的不当性具体分散在行政执法的各个环节:在行政执法依据方面,存在行政规范性文件"缺位"(行政程序性规定缺失)或"越位"(下位法未经授权行使行政处罚权)的不当行为;在行政执法过程方面,存在国际贸易领域的事实认定专断和恣意、行政程序违反正当性要求的不当行为;在行政执法结果方面,存在国际贸易行政主体利用自身兼具的行政执法权和刑事司法权恣意裁量行刑交叉案件性质,从而规避司法审查的不当行为。国际贸易行政主体的强势地位和权力削弱了法院对其进行司法监督的有效性,国际贸易行政主体低水平的行政自制力导致国际贸易行政行为的行政裁量基准较少,这提升了国际贸易行政行为违法性的证明难度。

第三,国际贸易行政诉讼的主审法院适用法律的统一性不足,法院审理国际贸易行政案件的司法能动性较低。

在国际贸易行政案件中,司法能动意味着法官在审理案件时,主动利用自身知识、经验等条件深入审理案件,在法官与国际贸易行政主体对事实认定和法律适用的意见不一致时,法官可能会以自身的观点取代国际贸易行政主体的结论。与此相反,司法谦抑意味着法官在审理案件时,保持克制、谨慎的态度,对国际贸易行政主体的事实认定和法律适用结果给予充分的司法尊重,只要国际贸易行政行为具有某种程度的合理性,法院不会干预行政行为。

国际贸易行政案件情形各异,中国东部、中部、西部各省因为国际贸易繁荣程度不同、地方政府对当地国际贸易法治建设的规划不同,各地法院对国际贸易行政案件的审理态度亦不同。有的法院能敏感觉察到国际贸易行政案件的特殊性,较多地发挥司法能动性,对案件进行较为细致、深入的审查。有的法院将国际贸易行政案件视同于一般国内行政诉讼,习惯性地保持司法谦抑,习惯性地采取"裁定驳回式"裁判方法。除了地域上的差异造成同类国际贸易行政案件的不同审理情况,法官自身知识结构、社会经验、价值观念等个人特质因素亦会影响国际贸易行政案件的审理情况。

总体而言,国际贸易行政诉讼的法律适用统一性不足,存在共性之处。

其一,法院受理案件的认定标准模糊,尤其是如何认定原告适格、如何认定被告适格、是否可以将法律原则作为诉讼依据等问题,可谓"一千个法官有一千个标准"。

其二,法院审查焦点规避实质性争议,在司法审查有限原则下法院"重形式、轻实质"地审理案件,包括"重诉讼要件审查,轻行政争议审查"和"重行政程序争议审查,轻行为实体争议审查"两个方面。其中,诉讼要件审查是指对行政诉讼的原告资格、被告资格、受案范围、起诉条件、法定时限等诉讼要素的司法审查。相对地,以行政诉讼中行政争议的行政行为内容和行政程序为对象的司法审查,称为行政诉讼的行政争议审查。更进一步,对行政争议中行政行为的行政程序进行审查,称为行政程序争议审查;对行政争议中行政行为的实体内容进行司法审查,称为行为实体争议审查。当前,我国国际贸易行政案件进入审理阶段后,一般分为三条进路:一是"初级的"案件诉讼要件(如原告适格、被告适格、诉讼期限等)审查;二是"中级的"案件所涉行政程序的合法性审查;三是"高级的"案件所涉行政行为实体争议的合法性审查。在多数情况下,国际贸易行政案件的审理止步于案件诉讼要件审查或者所涉行政程序的合法性审查,对于案件所涉行政行为实体争议的合法性审查较少。

其三,法院裁判结果缺乏推理和论证。目前,我国法院的行政诉讼裁判文书主要由"案情梗概+证据罗列+法律依据+简要理由+裁判结果"组成,裁判理由部分缺乏推理演绎和论证分析,导致裁判结果较为缺乏逻辑性和说服力,未能形成可供此后案件借鉴的一般性原则,影响"类案类判"法律适用统一性目标的实现。追本溯源,国际贸易行政案件的承办法官缺乏国际贸易相关专业知识,导致其裁判思路不清晰,做出的裁判结果无法为其他法官所理解和参考。由于我国并没有专门的国际贸易行政案件审理法院,法官缺乏高度专业的国际贸易知识,意欲强行推进国际贸易行政诉讼的实质正义,增加国际贸易行政诉讼原告权益保障力度,任重而道远。

第三章

国际贸易行政诉讼原告权益保障不足的成因

> 公平的观点所依赖的主要力量是前瞻的,而不是后顾的。①
> ——德沃金

法律规范的创制、实施、完善是一个周而复始的过程,需要基于不断变化的社会环境对法律规范进行调整。在行政诉讼中,原告、被告、法院的"正三角结构"受社会环境的影响会变形为"偏正结构",在这种"偏正结构"里,个案裁判逻辑时常被片面的利益权衡所替代,产生明显的负面社会效果。②国际贸易行政诉讼原告权益保障在不同的社会时期呈现出不同规律性,即贸易保护主义时期"原告权益服从于国家权力的规制",贸易自由主义时期"国家权力服务于原告权益的保障"。本质上,国际贸易行政诉讼原告权益保障不能片面地考虑维护哪一方的利益,需要兼顾个体权益与国家利益的协调、私权利保障与公权力行使的协调、个案正义与法安定性的协调。

当前,我国国际贸易行政诉讼原告权益保障存在"公权力错位行使而私权利保障不足"的问题,这是由多层面、多维度的原因造成的。从外部社会法治环境的视角看,主要包括国际贸易立法主体对国际贸易法律规范的更新未予跟进、国际贸易行政主体权力过于强势而难以约束、国际贸易司法主体的司法

---

① 参见[美]罗纳德·德沃金:《认真对待权利》,信春鹰、吴玉章译,中国大百科全书出版社1998年版,第157页。
② 参见章剑生:《再论对违反法定程序的司法审查——基于最高人民法院公布的判例(2009—2018)》,《中外法学》2019年第3期,第625页。

谦抑过度而司法能动不足等法律制定、法律执行、法律裁判三个方面的原因。从内部司法权制衡行政权的视角看,主要包括国际贸易行政诉讼原告的规则性控制欠缺、国际贸易行政诉讼被告的自治性控制欠缺、国际贸易行政诉讼法院的补救性控制欠缺三个方面的原因。本章将从原告、被告、法院三大诉讼主体的不同维度阐释我国国际贸易行政诉讼原告权益保障不足的缘由。

第一节 国际贸易行政诉讼原告的规则性控制欠缺

国际贸易行政诉讼原告的规则性控制欠缺,是指原告通过诉讼抗辩行政行为的维权依据规范性不足,设定原告权利的规则欠缺体系性和技术性。原告通过国际贸易行政诉讼维权时,要么发生"维权无门"的窘境,要么产生原告滥诉的困境。法律制定的缺陷往往存在三种情形:"法律不完备""法律条文相互冲突""法条晦涩艰深,语义含混"。① 在国际贸易法律规范中,涉及国际贸易行政诉讼原告权利救济的规则同样存在法律漏洞、法律冲突、法律用语模糊的现象,具体表现为关涉国际贸易行政诉讼原告权益的国际法和外国法在中国国内适用方式不明确、原告据以维权的国内法律规范发生法律冲突时化解方法效率低、规定原告权利救济内容的国内法律条款中法律漏洞常态性存在而未及时填补等方面。由于设定原告权利的规则欠缺体系性,致使原告维权依据的规范性不足。简言之,国际贸易行政诉讼原告的规则性控制欠缺,是国际贸易行政诉讼原告权益保障不足的源头性诱因。

一、相关域外法在国内适用中的方式不明确

古罗马法学家盖尤斯(Gaius)在其《法学阶梯》中提出了"市民法"(jus civile)和"万民法"(jus gentium)的概念,"市民法"是某一民族制定的在本国适用的法律,"万民法"是指全人类共同遵守的在万国得以适用的法律。② 这

---

① 参见杨仁寿:《法学方法论》,中国政法大学出版社1999年版,第54页。
② 参见[美]E.博登海默:《法理学:法律哲学与法律方法》,邓正来译,中国政法大学出版社2019年版,第22页。

是国内法与国际法分类的早期形态。国际法又可分为国际公法和国际私法两大类。国际私法的国内适用,存在诸多明确且通行的国际准则,例如,法概念范畴的"冲突规范"(涉外民商事活动的法律适用规范)和"准据法"(由冲突规范指引确定的实体法),方法论范畴的"识别""反致和转致""公共秩序保留""法律规避"等。国际公法的国内适用,在不同国家存在较大差异,国际公法规范关涉国家主权且与国家利益直接相关,不同国家对国际公法适用方式的规定不同。此外,外国公法规范代表外国政府的国家意志和国家主权,当外国公法规范牵涉一国国家、社会和个体利益时,如何处理外国公法规范在国内的适用问题,不同国家也存在不同规定。

国际贸易行政诉讼原告权益保障既牵涉国际公法的国内适用规定,又关联外国公法在一国国内适用的规定。目前,中国并未在根本法层面规定国际公法的国内适用方式,亦未在法律层面明确规定如何化解外国公法与中国公法的法律冲突,有待进一步研究。

(一) 国际层面:WTO 协定在中国法律体系中的适用方式不明确

国际法区别于国内法的特点在于:其一,国际法具有自助性。国际法缺乏一个负责对具体情况适用法律规范的特殊机关,是一种原始的法律①;其二,国际法具有概括性。国际条约中表达的是目的和意图,规定的是总原则,缺乏精确性,在遣词造句中往往未下定义。②

WTO 协定属于国际法,其在中国法律体系中的适用关涉两大问题:一是 WTO 协定在中国是作为中国法律体系的组成部分而直接适用,还是需要经过中国立法机关将 WTO 协定"转化"为国内法而间接适用;二是在直接适用的情形下,WTO 协定在中国法律体系中的法律位阶如何认定,主要争议点在于 WTO 协定的法律效力与宪法、法律的效力高低如何排序。③ 更进一步,在国际贸易行政诉讼原告权益保障视域下,WTO 协定在国内司法审查

---

① 参见[奥]凯尔森:《法与国家的一般理论》,沈宗灵译,商务印书馆 2017 年版,第 473 页。
② 参见[英]丹宁勋爵:《法律的正当程序》,李克强、杨百揆、刘庸安译,法律出版社 2015 年版,第 23 页。
③ WTO 协定"转化"为国内法而间接适用的情况下,可以依据转化而来的国内法的法律位阶,适用常见的形式冲突化解方法来化解法律冲突。

中的适用关涉两个主要的问题:一是 WTO 协定与中国《行政诉讼法》关于司法审查要素的规定不同该如何解决;二是 WTO 争端解决机制的判例能否作为中国法院的司法审查依据。这些问题尚未见国内法的明确规定。

1. WTO 协定在国内法律体系中的适用方式:直接适用抑或间接适用

国际法在一国国内的适用方式主要存在一元论下的"纳入"式直接适用方式,以及二元论下的"转化"式间接适用方式。① 实践中,德国、法国、芬兰、波兰、俄罗斯、瑞士、韩国等国是适用"一元论"的典型国家,英国、澳大利亚等英联邦国家是适用"二元论"的典型国家,美国是兼采"一元论"与"二元论"的国家。② 有学者统计了世界 135 个主要国家的宪法或宪法性法律的规定,结果显示,在宪法或宪法性法律中明文规定国际条约在国内的适用方式的国家有 73 个,其中,49 个国家是采用"纳入"的直接适用方式,24 个国家是采用"转化"的间接适用方式。③ 一般而言,国际法的国内适用涉及一国立法、行政、司法三大公权力机关的权力分配关系,由各国宪法规定较为适宜。例如,法国 1958 年宪法第 54 条、第 55 条规定,法国正式批准在全国生效的国际条约,其法律效力高于国会法律。荷兰宪法第 91 条第 3 款规定,国家最高立法机关多数通过的国际条约的法律效力高于宪法。美国 1787 年宪法第 6 条第 2 款规定,美国加入的国际条约,其效力与国会依据宪法制定的法律的效力相同,是最高的法律。④ 韩国宪法第 6 条第 1 款规定,国际条约与韩国国内法规的层级相同,低于宪法。⑤

中国加入 WTO 之初,中国政府在"2001 年中国入世报告书"第 68 条承诺,将及时废止、修改与 WTO 协定不一致的国内行政法规、部门规章。全国

---

① 参见曾令良:《WTO 协议在我国的适用及我国法制建设的革命》,《中国法学》2000 年第 6 期,第 41 页。
② 参见罗国强:《论国际条约的国内适用问题》,《兰州学刊》2010 年第 6 期,第 124 页。
③ 参见王勇:《世界主要国家关于条约国内执行制度的比较研究》,九州出版社 2013 年版,第 237—238 页。
④ 参见张乃根:《人类命运共同体入宪的若干国际法问题》,《甘肃社会科学》2018 年第 6 期,第 81—82 页。
⑤ Jaemin Lee, *Korea: Increasing Attention and New Challenges*, in Müslüm Yilmaz, ed, Domestic Judicial Review of Trade Remedies: Experiences of the Most Active WTO Members, Cambridge University Press, 2013, p.351-352.

人大常委会和国务院在中国加入WTO后清理了超过2 300件全国性的法律文本。同时,地方人大常委会和地方政府清理了超过19万件地方性的法律文本,涵盖国际货物贸易、国际服务贸易、国际技术贸易等多个领域。① WTO协定本质上是规制各国政府行为的国际条约,是各成员国之间利益交织和妥协的产物,其内容必然有不符合中国利益之处,WTO协定在中国如何适用,目前没有明确答案。在宪法层面,中国宪法并未规定国际法的国内适用方式。在法律层面,我国1989年《行政诉讼法》第七十二条曾规定"国际条约优先适用的一般性原则",但是,2015年实施的《行政诉讼法》删除了原第七十二条的内容。在司法解释层面,从"2002年审理国际贸易行政案件的司法解释"第七条内容来看,国际贸易行政案件的审查依据应当是中国法律,故而,WTO协定只有转化为中国法律才能作为国际贸易行政案件的法律依据,在应然层面属于间接适用的方式。但是,从整体上看,WTO协定在我国间接适用的方式并未明文规定,WTO协定是否体现、如何体现在中国国内法中,国际贸易市场主体无从得知,更无法援引WTO协定作为自身向国内法院提起国际贸易行政诉讼的维权依据。

2. WTO协定在国内司法审查中适用的主要问题:审查要素与判例作用

一国国内司法审查与WTO争端解决机制之间的第一个,或许也是最重要的区别在于原告地位(Standing),即哪些情形下的国际贸易市场主体可以起诉。一国国内法院的权力更大,与WTO专家组和上诉机构不同,国内法院的权力一般不仅仅是宣布受质疑的行政措施不符合规定,通常,国内法院还有权撤销他们认为不合法的行政决定。② 在WTO争端解决机制中,所有影响国际贸易市场主体权益的行政行为都属于审查范围,意味着与这些行政行为有利害关系的国际贸易市场主体都是适格原告。在中国国内法中,行政指导行为、行政终局裁决行为、内部行政行为等皆不属于审查范围,受到

---

① See M. J. Hoda, *The Aérospatiale Dilemma: Why U. S. Courts Ignore Blocking Statutes and What Foreign States Can Do About It*, 106 California Law Review 231 (2018), p.74.
② See Yilmaz, Müslüm, ed, *Domestic Judicial Review of Trade Remedies: Experiences of the Most Active WTO Members*, Cambridge University Press, 2013, p.6.

这些行政行为影响的国际贸易市场主体无法成为国际贸易行政诉讼原告。中国行政法律规范与WTO协定关于原告资格、受案范围等审查要素的规定存在分歧,而WTO协定无法作为国际贸易市场主体向中国国内法院起诉的依据,削弱了中国国际贸易行政诉讼原告在国内法院接受司法保护的力度。

此外,WTO争端解决机制的判例是否可以作为国内法院的审查依据,这是WTO协定的国内适用需关注的另一个问题。一些国家的法院在司法审查中引用了WTO争端解决机制的判例,但是没有对其给予决定性的权重。[1] 例如,在泰国,WTO争端解决机制的判例在理论上没有约束力,但是泰国法院偶尔会提及WTO争端解决机制的判例,以表明其司法裁判与WTO的判例并不矛盾。[2] 理论上WTO争端解决机制的判例没有羁束中国法院的先例效力,在实践中,存在国际贸易行政诉讼原告以WTO争端解决机制的判例作为诉讼维权依据的情形。[3] 囿于中国法律并未明文规定WTO争端解决机制的判例在中国国内的适用方式,并且,判例在一般国内行政诉讼中仅发挥参考作用,中国法院往往会否定WTO争端解决机制的判例在国内的适用,导致国际贸易行政诉讼原告维权依据的法律渊源范围受到削减。

(二)国别层面:外国公法规范在中国法律体系中的适用方式不明确

外国公法规范在一国国内法律体系中的适用问题,属于他国法律的域外适用效力范畴。不同国家间的公法规范难免存在法律冲突,有的国家通过司法经验确立了此类法律冲突的化解方法,并经由判例法的方式发挥法律效力。例如,美国《对外关系法重述(第三次)》第442(1)(C)条规定,当美国的强制信息披露制度与他国禁止信息披露制度相冲突时,有条件地适用国际礼让原则。[4]

---

[1] See Yilmaz, Müslüm, ed., *Domestic Judicial Review of Trade Remedies: Experiences of the Most Active WTO Members*, Cambridge University Press, 2013, p.426 - 427.

[2] Apisith John Sutham, *Pattanan Kalawantavanich and Sakkapol Vachatimanont*, in Yilmaz, Müslüm, ed., Domestic Judicial Review of Trade Remedies: Experiences of the Most Active WTO Members, Cambridge University Press, 2013, p.416.

[3] 具体案例参见浙江国贸进出口有限公司诉上海外高桥港区海关行政征收案,一审案号:(2012)沪二中行初字第24号,二审案号:(2013)沪高行终字第4号。

[4] 参见龚柏华:《新近中美经贸法律纠纷案例评析》,上海人民出版社2017年版,第232页。

在中国法律体系中,当外国公法规范与中国法律发生冲突时应当如何处理,目前中国法律没有明文规定,由此造成中国国内的国际贸易市场主体权益受损。

1. 中美两国公法规范冲突示例:古驰、蒂凡尼诉中国电商案

2011年,意大利开云集团(Kering Group)服装品牌古驰(Gucci)在美国法院对几家中国电商公司提起诉讼①,指控这些公司生产和销售侵犯古驰商标的仿冒品。根据美国的信息披露制度,古驰申请从包括中国银行在内的几家中国的银行获取中国电商公司的账户记录,这些银行曾与被指控的侵权人有过业务往来,中国银行拒绝了信息披露请求,声称中国法律禁止将关涉中国电商公司账户信息的材料转移到美国,中国银行提供信息给美国将受到中国法律制裁。但是,美国法院以"不存在中国金融机构因遵守外国法院指示提供文件的命令而受到中国惩罚的具体案例"为由,强行要求中国银行提供中国电商公司的账户信息,其后,中国银监会直接向美国法院的案件承办法官发出声明,表明相关的版权侵权案件正在中国法院的审理中,但是无济于事。最终,中国银行遵守了美国法律而违反中国法律,向美国法院提供了中国电商公司的账户信息。

在本案之后,类似案例再次发生,美国蒂凡尼珠宝有限公司(Tiffany & co.)在美国法院起诉中国某电商公司侵犯其知识产权,中国银行被美国法院要求提供该中国电商公司的账户信息,中国银行仍以中国银行保密法禁止提供信息为由拒绝提供信息,美国法院再次不顾中国银行保密法的规定下令中国银行披露信息,因为美国法官认为中国银行保密法没有得到中国银行监管机构和中国法院的积极执行,中国的银行因提供客户信息而受到中国实际惩罚的可能性"充其量只是猜测",不能成为中国银行拒绝提供信息的理由。②

从上述两个案例可见,外国公法在中国的适用方式规定不明确:是应当直接拒绝在中国国内适用外国公法规范?是基于国际礼让原则在中国国内适用外国公法规范?还是基于对等原则判断是否在中国国内适用外国公法

---

① See Gucci Am., Inc. v. Weixing Li, 135 F. Supp. 3d 87 (S.D.N.Y. 2015).
② See M. J. Hoda, *The Aérospatiale Dilemma: Why U. S. Courts Ignore Blocking Statutes and What Foreign States Can Do About It*, 106 California Law Review 231 (2018), p. 248 - 249.

规范？更进一步，因为中国阻断外国公法效力的法律规定不明确，中国籍国际贸易市场主体因遵守外国公法规范而违反中国法律，应当怎么处理？谁来监督这些处理的措施规定是否真切落实执行了？这一系列的问题都是需要思考的。

2. 外国公法规范在中国法律体系中适用规定不明确的负面影响

虽然 2021 年中国商务部出台了《阻断外国法律与措施不当域外适用办法》（简称"2021 年商务部的阻断办法"），但是这一法律文本的适用前提是他国法律措施产生不当的域外适用效力，不当禁止或限制中国的市场主体与第三方国家或地区的市场主体进行正常经贸活动时，才能适用"2021 年商务部的阻断办法"。2021 年全国人大常委会发布的《反外国制裁法》同样也是针对其他国家违反国际法规定和国际关系准则，对我国市场主体采取"歧视性限制措施"的情形。这两部法律规范是我国当前主要的关于外国公法在我国国内适用方式的法律文本，但是，其仅针对外国法律的不当域外适用（面向其他所有国家）对我国造成影响，或者外国法律针对我国（只面向我国）采取歧视性限制措施的情形。

对于外国法律正当域外适用、非歧视性的规定，如何在我国国内法律体系中适用？我国法律对此没有明确规定，但是，这一问题与国际贸易行政诉讼原告权益保障有直接关系。倘若外国籍国际贸易市场主体在我国提起国际贸易行政诉讼，或者中国籍国际贸易市场主体在国内提起的国际贸易行政诉讼涉及外国籍国际贸易市场主体作为第三人，依据中国法律要求外国籍国际贸易市场主体提交的相关证据材料是外国籍国际贸易市场主体的母国明令禁止提供的材料，中国法院如何应对？有学者研究了美国法院排除外国政府阻断法令效力的若干案例后得出结论，外国政府实际执行本国阻断法的程度是国家利益强弱的有力指标，如果外国政府法律规定明确且严格执行本国法律，在阻断美国信息披露制度或其他法律域外适用效力方面表现出严肃、强硬的态度，美国法院会考虑承认外国阻断法的效力。[1]

故而，可以确定的是，在国际贸易领域，只有明确规定中国法律域外适

---

[1] See M. J. Hoda, *The Aérospatiale Dilemma: Why U. S. Courts Ignore Blocking Statutes and What Foreign States Can Do About It*, 106 California Law Review 231 (2018), p.242 - 246.

用方式、规定中国法律与外国公法的法律冲突化解方法、建立中国自身的阻断法体系并且严格执行法律规定,才能有效降低外国法律域外适用对中国造成的不利影响,加强对中国籍国际贸易市场主体权益的保障。

二、国内法律规范在维权中的冲突化解低效

(一)法律规范冲突的概念界定

中外学者对法律规范冲突的概念界定不同。例如,有外国学者认为,规范冲突(normative conflict)是一个属概念,将规范冲突分为三类,即规范矛盾(normative contradiction)、规范抵触(normative collision)和规范竞争(normative competition)。① 我国学者认为,法律之间的冲突包括同位法不一致、异位法相抵触、法律冲突。其中,法律冲突包括单行法之间、单行法与其他法律规范的冲突,还包括单行法功能、部门法的法律目的等之间的冲突。②

本质上,法律规范冲突是针对同一事实存在两个法条规定彼此相互排斥的法律效果的情形。③ 法律规范冲突以法律位阶为依据可以分为两大类:一是法律位阶不同的法律规范间的冲突;二是法律位阶相同的法律规范间的冲突,又可分为法律位阶相同且法律属性相同的法律规范间的冲突,以及法律位阶相同而法律属性不同的法律规范间的冲突。

(二)中国国内法律规范冲突化解方法效率低

1. 部门法中法律规范冲突的由来

2015年《立法法》修改后,我国立法主体变化较大,依据其第七十二条、第八十二条的规定,我国地方立法主体的数量大幅度增加,从49个增至322个,包括289个设区的市、30个自治州、3个不设区的地级市。④ 但是,该《立法法》并未细化立法主体扩容后法律规范冲突的解决机制,造成央地立法容

---

① See H. Hamner Hill, *A Functional Taxonomy of Normative Conflict*, 6 Law and Philosophy 227(1987), p.227.
② 参见袁勇:《法律规范冲突研究》,中国社会科学出版社2016年版,第37—38页。
③ 参见[德]卡尔·拉伦茨:《法学方法论》,陈爱娥译,商务印书馆2003年版,第194页。
④ 参见闫然:《立法法修改五周年设区的市地方立法实施情况回顾与展望》,《中国法律评论》2020年第6期,第170页。

易产生法律规范冲突,这种情形在2023年修改并实施的《立法法》中并未进一步规制处理方式。行政法领域的立法主体和立法种类多、法规及规章的制定程序相对简单,致使行政诉讼中发生法律规范冲突的概率比其他领域更高。[①]

在国际贸易行政诉讼中,法律规范冲突颇多,但是目前没有法律明确规定如何化解法律规范冲突。例如,"2002年审理国际贸易行政案件的司法解释"中第一条第(三)款、第七条、第八条规定,知识产权类国际贸易行政案件的国内法律依据是法律、法规、规章,不能直接适用国际条约进行裁判。然而,我国《专利法》第十七条、《商标法》第十七条、《著作权法》第二条均规定,中国参加的国际条约规定了外国人享有的权利,则相关权利受到本法保护,可见,国际条约在此是可以直接适用的,因而产生了"与国际贸易有关的知识产权行政案件是否可以直接适用国际条约"的法律规范冲突问题。又如,1995年实施并且现行有效的《关于处理涉外案件若干问题的规定》中,第一条"总则"第(三)款规定,处理涉外民商、刑事、行政案件,遵循对等互惠前提和条约优先原则,但是,我国当前的《行政诉讼法》并没有规定优先适用国际条约原则。

2. 实质法律冲突的化解方法低效

理论上,化解法律规范冲突一般有三种方法:一是"上位法优于下位法",二是"特别法优于一般法",三是"新法优于旧法"(以下简称"三大规则")。依据"三大规则"得以化解的法律规范冲突,可称为形式法律冲突;还有的法律规范冲突无法用"三大规则"化解,可称为实质法律冲突。

从2023年修改的《立法法》规定来看,实质法律规范冲突主要存在于两种情形中:其一,省级的地方性法规与部门规章二者间发生的法律冲突;其二,地市级的地方性法规与省级的地方政府规章之间发生的法律冲突。在这两种情形中,法律效力高低如何认定?这两种情形的共同特点是,制定法律规范的两个立法主体之间本身并没有直接的隶属关系,因而,两个立法主体的权力层级不存在高低之分。同时,《立法法》亦没有规定这两种情形中

[①] 参见曹磊:《行政法律规范冲突化解之司法方法论》,《法律适用》2019年第16期,第27页。

的法律效力位阶高低,仅仅规定了发生法律规范冲突时的解决方式——提请有权机关进行裁决。从应然层面看,提请有权机关对实质法律冲突进行裁决是可行的。但是,在实践中,由于享有立法权的主体众多,实质性法律冲突发生的概率较大,提请有权机关处理法律冲突的效率较低,一些行政主体在执法过程中自己选择适用实质法律冲突中的一种法律规范,这种方式的后果是执法结果缺乏合法性、稳定性,容易对行政相对人的权益造成侵害。

面对国际贸易行政案件中存在的实质法律冲突,法官如何做出裁判?当前主要存在两种做法:一是法官以行政机关未处理法律冲突而做出行政决定为由,推定行政机关适用法律错误,径行撤销行政行为,并责令行政机关重作,将法律冲突问题"退回"行政机关,由行政机关自行解决;二是法官中止审理,逐级上报最高院送有权机关处理。例如,依据《最高人民法院关于裁判文书引用法律、法规等规范性文件的规定》中第七条的规定,法院制作裁判文书时,倘若需要引用的法律规范之间存在冲突,根据现有法律位阶规则未能解决法律冲突时,法院应当提请有权机关做出裁决,不能自行认定法律效力而予以适用。

法律规范冲突对法律秩序的影响在于冲突规范适用的不确定性,有权做出法律冲突裁决的权力主体得出的结论有所不同,法官将权力主体的裁决结论作为司法审查依据而做出的司法裁判结果亦不同,对国际贸易行政诉讼原告权益的保障欠缺稳定性。

三、规定原告权利的法律条款存在法律漏洞

法的创制必然会产生缺漏,法律模糊和规范矛盾并非一直可以避免。① 法律漏洞是伴随立法活动存在的,就像立法活动本身的持续性一样,法律漏洞的填补也是一个持续性的过程。拉伦茨(Larenz)将法律漏洞称为"一种法律违反计划的不圆满性",并将法律漏洞分为宏观的法漏洞、中观的法条漏洞、微观的规范漏洞三类。② 其中,宏观的法漏洞即常说的"法律空白",是指

---

① 参见[德]拉德布鲁赫:《法教义学的逻辑》,白斌译,《清华法学》2016年第4期,第201页。
② 参见[德]卡尔·拉伦茨:《法学方法论》,陈爱娥译,商务印书馆2003年版,第249—251页。

法律对某一社会领域完全没有进行规制，但是该领域又是社会现实需求和法律共同体所期待进行法律规制的。中观的法条漏洞是指，从法律目的和法律评价作用来说，具体某一部法律应对某一问题予以规范但是实际上欠缺必要的规定。微观的规范漏洞是指，法律规范在假定条件、行为模式、法律后果三要素结构上存在欠缺，例如，法律规范没有假定条件，仅有行为模式和法律后果。

当前，在我国国际贸易行政诉讼中，原告权益保障相关的制度规范存在诸多漏洞且长期未得以填补，导致原告据以维权的法律依据不足，主要表现为国际贸易法律规范难以匹配中国经济发展水平，国际贸易行政案件中司法审查范围的相关规定长期存在遗漏，国际贸易行政案件司法管辖权的规定比较缺乏专项性。

（一）国际贸易法律规范难以匹配中国经济发展水平

涉外经济法律关系包括横向关系和纵向关系，横向关系由私法调整并以"自愿、等价、有偿"为特征，纵向关系由国家颁布的公法性质的外贸管制法调整并以"强制、干预、隶属"为特征。① 在我国对外贸易管理制度的立法活动中，比较常见的问题是法律规范较为抽象而实用性不足，难以匹配快速发展变化的经济模式，且整体而言，法律规范的制定数量无法满足市场发展对法治的需求。以与贸易相关的外商投资领域立法为例，一方面，国家的对外开放程度越高，外商投资立法的需求就越大；另一方面，国内市场经济立法越完善，其国内立法成为外资立法的法律替代的可能性越大，专门针对外商投资立法的需求就会越小。在市场经济发达的英、美、法、德等国，少有专门调整外资经营的法律，而是对外资的管理同样适用国内法律。就中国而言，对外开放的基本国策决定我国外资立法的需求体量巨大，但是，我国国内市场经济的法律制度完善程度与发达国家相比仍有较大差距，主要的国内立法无法直接适用于外资领域，需要制定专门的法律来调整外资相关事宜。简言之，当前，中国国际贸易法律规范完备性难以匹配中国在世界贸易中的贸易大国地位。

---

① 参见余敏友、王追林：《改革开放 30 年来我国对外贸易法制的建设与发展》，《国际贸易》2008 年第 11 期，第 10 页。

(二)国际贸易行政案件司法审查范围的规定长期存在遗漏

在司法审查范围方面,针对国际贸易行政案件,我国除了在一般法层面规定了大部分抽象行政行为、内部行政行为、行政终局裁决行为、行政指导、行政调解等行为不属于司法审查范围,还在特别法层面的反倾销、反补贴行政案件司法解释中规定了十分有限的司法审查范围。

相较而言,世界其他贸易大国对国际贸易行政案件的司法审查范围作了较为宽泛的规定。例如,美国《1980年海关法院法》明确国际贸易法院管辖权,包括传统领域管辖权(对海关行政争议、反倾销和反补贴行政争议等的管辖权)以及新领域的管辖权(对美国政府为原告提起的诉讼,以及停止、吊销报关经纪人执照的行政裁决的管辖权等)。① 在墨西哥国际贸易行政案件的司法审查范围规定中,否定性初步和最终裁定、最终措施的肯定性裁定可接受审查,有关年度审查、日落审查和反规避程序的最终裁定也属于审查范围。② 在巴西,反倾销、反补贴、保障措施的任何一种决定都可接受司法审查,此外,出于公共利益的原因,关于是否发起调查、征收临时关税、接受或拒绝价格承诺以及在没有采取措施的情况下终止调查的决定,也属于司法审查范围。③ 在阿根廷,反倾销和反补贴税调查中的以下决定可以进行司法审查:(1)实施临时或确定措施;(2)拒绝实施临时或确定措施;(3)拒绝发起调查;(4)在没有采取措施的情况下终止调查;(5)价格承诺的接受。④

---

① 参见刘书剑、于侯:《美国国际贸易法院》,法律出版社1988年版,第8页。
② Jorge Miranda and Juan Carlos Partida, *Mexico: quasi-judicial review of trade remedy measures by NAFTA panels*, in Müslüm Yilmaz, ed., Domestic Judicial Review of Trade Remedies: Experiences of the Most Active WTO Members, Cambridge University Press, 2013, p.59.
③ Rabih A. Nasser and Luciana B. Costa, *Brazil: The Need for Enhanced Effectiveness*, in Müslüm Yilmaz, ed., Domestic Judicial Review of Trade Remedies: Experiences of the Most Active WTO Members, Cambridge University Press, 2013, p.116.
④ Mercedes De Artaza, *Argentina: A Well-Structured but Unsuccessful Judicial Review System*, in Müslüm Yilmaz, ed., Domestic Judicial Review of Trade Remedies: Experiences of the Most Active WTO Members, Cambridge University Press, 2013, p.141.

(三) 国际贸易行政案件司法管辖权的规定比较缺乏专项性

在国际贸易行政诉讼中，案件的实质争议审理需要法官掌握国际贸易相关的诸多专业知识和丰富的行政审判经验。故此，对国际贸易行政案件法院管辖权进行专项性规定十分必要。我国《行政诉讼法》第十五条规定，中级人民法院管辖以海关为被告的第一审行政案件，这体现了我国法律对国际贸易行政案件的特殊规定。但是，相较于世界其他贸易大国而言，同样作为世界贸易大国的中国在国际贸易行政案件法院管辖权的专项规定上是不够的，世界其他贸易大国在国内设置了专门的司法机构来审理国际贸易行政案件，例如，加拿大有国际贸易法庭（Canadian International Trade Tribunal），美国有国际贸易法院（United States Court of International Trade），墨西哥有联邦税务和行政事务法庭（Federal Tribunal on Tax and Administrative Matters），南非有位于行政首都豪登省比勒陀利亚市的高等法院（the High Court）管辖全国贸易救济行政案件，印度有中央消费税和服务税上诉法庭（Central Excise and Service Tax Appellate Tribunal），印度尼西亚有税务法院（the Tax Court），泰国有中央知识产权和国际贸易法院（Central Intellectual Property and International Trade Court）。由于国际贸易行政案件具有复杂性和特殊性，通过法律设立专门的司法审查主体，是加强国际贸易行政诉讼原告权益保障的必然要求。

综上，审视我国国际贸易行政诉讼原告权益保障不足的现状，其源头性诱因在于国际贸易行政诉讼原告的规则性控制欠缺。在法律体系层面，国际法在中国法律体系中的适用方式、外国法在中国法律体系中的适用方式均不明确，导致国际贸易行政诉讼原告无法依据国际法或外国法的法律规定向中国法院主张权利，不具备请求权基础。在法律部门层面，中国的不同法律文本之间，法律冲突无法得以高效解决，甚至长期处于悬而未决的状态，致使国际贸易行政诉讼原告权益无法得到稳定性保障。在法律文本层面，中国各类国际贸易法律条款中的法律漏洞常态性存在且并未得到及时填补，国际贸易法律制度的完备性不匹配中国作为世界贸易大国的经济地位，国际贸易行政案件司法审查范围的规定明显窄于其他贸易大国，国际贸易行政案件法院管辖权的规定亦未像其他贸易大国那样进行专门性规定。国际贸易行政诉讼中原告权益相关的法律规范的缺失和错位，致使国际贸易行政诉讼原告维权依据的规范性不足,从源头上引发原告权益保障不足。

第二节 国际贸易行政诉讼被告的自治性控制欠缺

国际贸易行政诉讼被告的自治性控制欠缺,是指被告实质性违法或恣意执法的行政裁量基准制度化不足,被告行政权力过于强势而缺少行政自制,自行管理的自治能力欠缺。被告的强势行为一方面压制了司法审查的能动性,另一方面使被告更易于落入违法境地。理论上,行政机关保障公民权利的实质是发动行政机关内部固有监督机制,通过行政机关自身抵制公权力滥用的一种制度。[①] 在实践中,行政机关自治性控制欠缺伴生不当行政行为,例如,行政机关制定的规章违反处于上位法层级的法律和法规、规章无授权而给行政机关自身设定行政职权或者给行政相对人设定行政处罚等。在部门利益或者地方利益的驱使下,行政机关往往会通过规章给行政相对人增加法外义务,同时为自身谋取法外权力。

在国际贸易领域,如果相关国家因为容忍或不处罚业已发生的违法行政行为而应对触及内国秩序的行为以及这一行为的损害后果负责,那么这种违反内国法的行政行为就可能引起一个违反国际法的行为。[②] 国际贸易行政主体的自治性控制欠缺,从宏观方面看,其结果是国家为本国行政机关违反国际法的行为负责,国家在违反国际法的法定义务方面的可归责性不断叠加,国家的国际声誉和国家利益受损;从微观方面看,其结果是国际贸易行政行为失去国际法、国内法的双重合规性,频繁的不当行政行为不断侵蚀国际贸易市场主体权益。即使国际贸易市场主体到法院起诉国际贸易行政主体,被强势行政权力压制的法院难以有力保障国际贸易行政诉讼原告的权益。概言之,国际贸易行政诉讼被告的自治性控制欠缺,是国际贸易行政诉讼原告权益保障不足的关键性诱因。

[①] 参见郑贤君:《基本权利原理》,法律出版社2010年版,第270页。
[②] 参见[德]格奥格·耶利内克:《主观公法权利体系》,曾韬、赵天书译,中国政法大学出版社2012年版,第288页。

在中国,直接负责监管进出口贸易活动的国际贸易行政主体主要是海关,商务部是反倾销、反补贴、保障措施等典型的贸易救济措施的主要国际贸易行政主体。当前,我国法院受理的反倾销、反补贴类国际贸易行政案件十分有限,国际贸易行政诉讼的类型主要是海关行政诉讼。海关行政执法行为是国际贸易行政诉讼的审查对象。当海关在行政执法过程中缺少行政自制、行政权力过于强势而侵犯国际贸易市场主体权益时,即使国际贸易市场主体向法院提起诉讼,法院因海关行政权力过于强势而展现出司法权对行政权的过度尊让,国际贸易行政诉讼原告仍然难以通过司法途径寻求权利救济。海关的自治性控制欠缺主要表现在行政执法依据专业性引发权力集中、行政执法过程经济性引发权力寻租、行政执法结果封闭性引发权力滥用三个方面。下文以海关为典型的国际贸易行政诉讼被告进行分析,阐释国际贸易行政诉讼原告权益保障不足的主要原因之一,是海关行政权过于强势而欠缺行政自制造成的。

一、国际贸易行政执法依据专业性引发权力集中

(一) 国际贸易行政执法依据具有专业性

在海关的一线执法工作中,以征税为主要内容,而商品税则号归类则是其中非常专业的事项。财政部关税司司长(国务院关税税则委员会办公室主任)王伟曾说,"税号是每个商品的国际身份证,这几个数字的认定绝对是科学性和技术性非常强的工作"。[①]

世界海关组织(World Customs Organization,WCO)每隔4—6年要根据国际贸易发展情况对《商品名称及编码协调制度》进行修订,增补新的商品子目税则号,合并或者删除国际贸易成交额低的商品税则号,WCO 以解释性说明和分类意见的形式提供集中指导,有助于促进 HS(Harmonized System,海关编码)解释的一致性。[②] 我国的《进出口税则》需要根据《商品名称及编码协调制度》进行持续性修订,海关关务人员要对成千上万的商品种

---

① 参见王伟:《亲历中国关税改革二三事》,《中国财政》2008 年第 23 期,第 74 页。
② See Maureen Irish, *Canadian Tariff Classification of Parts and Entities: Statutory Interpretation and Persuasive Authority*, 16 Asper Review 45(2016), p.95.

类和税号进行整理，复杂程度不言而喻，在此基础上，一线执法关员要精准认定企业的商品申报税号是否正确，具有高度专业性。此外，我国海关业务还要遵守《京都公约》《海关商品估价公约》《贸易便利化协定》等国际条约的规定，国际层面上原产地规则、电子数据单证的通行等约定俗成的做法都是海关实务中要按部就班的①，这些工作内容促使海关行政权力具有高度专业性。

（二）国际贸易行政执法依据的专业性导向权力集中态势

我国海关依法享有监管进出境运输工具/货物/物品、征税、缉私、编制统计等不同职权。从海关监管对象看，海关既监管"物"，也监管"人"，海关在处理纵向的行政管理关系时，也要考虑横向的涉外贸易合同关系可能受到的影响。从海关管理体系看，海关总署负责制定政策和宏观指导，直属海关要执行海关总署的决策和管理隶属海关，隶属海关负责纯粹执行工作。多方面、多领域的行政职权，自上而下的行政组织体系使海关权力不断集中，而海关行政执法依据的专业性又使海关的事实认定和法律解释行为具有权威性和一定程度的"排他性"，立法机关给予海关的行政立法空间大于普通国内行政领域，司法机关认定海关的行政裁量范围大于普通国内行政领域，海关行政权力朝集中态势发展，从而立法权、行政权、司法权的运转呈现"两头小中间大"的形态。②（见图3-1）

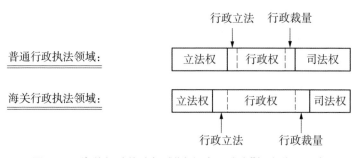

图3-1 海关行政执法领域"中间大两头小"权力分配形态

---

① 参见于申：《海关权力的法律思考——兼论〈海关法〉的修改与完善》，《政治与法律》2000年第3期，第26页。
② 参见朱淑娣、罗佳：《海关行政执法"不当"的界定、溯因与规制》，《云南行政学院学报》2022年第2期，第106页。

海关管理部门既要促进合法贸易,又要保护边境,但是,海关当局往往难以在这两种职能之间取得平衡,这两种职能往往会相互削弱,当政治或经济情况的变化要求海关当局立即优先考虑进口安全或贸易便利化时,情况尤其如此。① 在不同时期,海关需要考虑到底侧重进口安全,还是侧重贸易便利化,行政裁量权的空间较大,海关作为国际贸易行政主体,难免做出专断的行政行为,行政自制减弱,而为了实现行政效率的考核目标,一些应当听取民意或者保障国际贸易市场主体参与权的环节很可能被海关径直省略,产生的结果是海关行政权的盲目、缺乏民主、难以接受监督、错误行为做出后难以及时纠正等,最终损害国际贸易市场主体权益。②

二、国际贸易行政执法过程经济性引发权力寻租

(一) 国际贸易行政执法过程具有经济性

国际规则中通常以降低国家的关税为国际社会谈判和协商矢志不渝的方向。但是,这并不妨碍各国在海关行政执法的制度中彰显执法活动的经济性,例如,我国《海关进出口货物征税管理办法》第一条规定的立法目的包括"确保依法征税,保障国家税收"。海关行政执法过程具有经济性,主要表现在两个方面。

1. 海关行政执法过程的行政效率关涉商品流通过程的经济效益

国家权力出现后,社会分工不断细化,持续推动社会生产力的发展,商品交换开始由国内市场慢慢渗入国外市场,当对外贸易发展到一定程度时,国家权力开始介入进行管理并逐步分化出海关权力,由最初的对内征收税务事宜转向同时兼顾进出口贸易管理。一方面政府的财政支出在不断扩大,另一方面对外贸易活动需要行政管理维护秩序,这两方面是产生海关行政权力的直接动因。③ 没有社会分工,没有商品经济,就不会产生市场,也不会产生海关行政权力。历史发展进入现代社会,供应链的全球化、准时制

---

① See Joann Peterson, *An Overview of Customs Reforms to Facilitate Trade*, 2017 Jounal of International Commerce and Economics 1(2017), p.3.
② 参见崔卓兰、刘福元:《行政自制理念的实践机制:行政内部分权》,《法商研究》2009年第3期,第50页。
③ 参见陈少华:《试论海关权力的产生》,《理论月刊》2007年第3期,第101—104页。

(just-in-time)制造意味着中间部件必须在紧迫的期限内到达全球价值链的下一个点①,制造业的扩张和电子商务的发展使海关行政执法过程的行政效率高低牵动着企业经济效益的高低。

2. 海关在行政执法过程中采取贸易便利化措施提升经济效益

例如,修订后的《京都公约》的核心原则之一是促进海关程序的透明度、简化、标准化和统一,采取的措施包括在网上公开海关的规章制度、利用网络平台办理通关手续、简化海关文书处理工作、采用风险管理工具对不同风险的货物分开检查等。对企业而言,这些海关工作变革的好处转化为数据需求的减少、清关时间的加快、低风险货物的"绿色通道"以及货物放行时间的可预测等好处,这反过来可能产生更高的进口和关税收入、更多的外国直接投资、更低的贸易成本和更高的 GDP。②

(二)国际贸易行政执法过程的经济性提供权力寻租条件

海关行政执法过程具有经济性,法律对海关行政执法过程的规定却是赋权的实体性规范较多而权力行使的程序性约束较少。以《海关法》为例,在其"法律责任"章节规定了行政相对人走私、违规的行为认定标准和处罚措施,但并未明确行政处罚的操作方式和时限等约束海关权力行使的事项,使海关在行政执法过程中有很大的自由裁量空间。同时,海关的权力配置不平衡,"一把手"负责人享有的权力极大,海关权力集行政管理垄断权与行政裁量自主权于一体,在缺乏责任制度和监管机制的环境下,非常易于催生腐败。③

海关是"手中有权,权中有钱"的典型,海关在行政执法过程中时常出现"部门权力利益化、部门利益法治化"的现象。④ 海关行政执法效率对企业的经济利益影响较大,进而为权力寻租提供条件。权力寻租的出现、存在、发

---

① See Joann Peterson, *An Overview of Customs Reforms to Facilitate Trade*, 2017 Journal of International Commerce and Economics 1(2017), p.3.
② See Joann Peterson, *An Overview of Customs Reforms to Facilitate Trade*, 2017 Journal of International Commerce and Economics 1(2017), p.5.
③ 参见袁子期:《海关行政执法监督问题与对策研究》,大连理工大学硕士学位论文,2003年,第4页。
④ 参见王旭:《当代中国海关行政权力制约与监督研究》,吉林大学博士学位论文,2007年,第61页。

展的缘由,本质上归因于公权力与私权利之间存在不平衡的法律关系。① 在海关行政执法过程中,企业的经济利益是否能够得以实现,很大程度上由海关行政执法效率决定,企业在通关过程中很难对海关行政执法"不当"形成有效抗衡。根本上来说,企业的创新能力是国家竞争力的源泉,国家要重视企业内外部的发展环境匹配企业需求。② 如果企业一直内耗于海关的"权力游戏",将无法为行业科技创新投入更多的财力和精力,企业自身的发展将遭受重创。

三、国际贸易行政执法结果封闭性引发权力滥用

(一) 国际贸易行政执法结果具有封闭性

海关行政权力的封闭性,是指海关的行政管理体制、海关权力的运行模式和监督机制受外界因素的干预度低,呈现出几近闭合的状态。基于海关权力的封闭性,海关进行事实认定和法律解释的行政执法结果同样较少受到外界干预而具有封闭性,具体表现在下列方面。

一是海关的行政管理体制具有不透明性。2003年第九届全国人大常委会通过《海关关衔条例》,标志着我国海关系统开始实行关衔制度,海关属于准军事化纪律部队,海关组织建设要参照军队正规化管理模式实行内部规范化管理,执行统一标准。此外,海关权力主体的决策结果虽然贯彻民主集中制,但是存在"集中"可以不经过"民主",但"民主"必须服从于"集中"的普遍现象。高度统一、集中的行政管理体制使海关行政执法结果具有封闭性。

二是海关权力的运行模式具有抗干预性。海关总署是国务院直属机构,不受地方行政区划限制,实行垂直管理。海关总署对全国海关系统进行人事任免、财务装备、业务执法等各个方面的统一调配,地方政府在人、财、物等方面对海关没有横向管辖权。《海关法》第十二条规定,海关执行公务时,有关单位和个体都要配合海关工作,并且,任何单位和个体不能阻挠海关执行公务。因此,地方行政机关不但不能干预海关行政执法活动,还需要

---

① 参见王春云:《权力寻租的生态学分析》,《北方法学》2015年第4期,第19页。
② See C. K. Prahalad and G. Hamel, *The Core Competences of the Firm*, Harvard Business Review 66(1990), p.79-91.

积极配合海关工作,增强海关行政执法结果的抗干预性。

三是海关权力的监督机制具有内部性。在海关权力行使的监督方面,海关系统内部设立的自我监督机构——海关总署督察内审司和各地海关督察内审部门,隶属于海关行政体系,受辖于行政首长负责制,监督部门的利益与作为被监督对象的海关融为一体,难免产生部门保护主义,使监督功能无法有效发挥。海关行政执法活动缺乏有力的内部约束机制,具有较强的封闭性。

(二)国际贸易行政执法结果的封闭性潜藏权力滥用空间

"权力导致腐败,绝对权力导致绝对腐败"①,海关行政执法结果的封闭性为权力滥用提供了"温床",以海关特殊监管区域为典型。海关特殊监管区域存在于中国境内,是由国务院批准设立并配套特定政策的特殊区域,具有保税物流、保税加工、保税服务等基本功能,海关在这种特殊区域内实行封闭监管。② 海关特殊监管区域内的税收政策主要包括进口环节和出口环节的税收政策、保税政策(对进口货物暂时不征税但保留征税权)、出口退税政策和出口免税政策、国内税收政策等。海关在执行各类税收政策时,具有较大的行政裁量权,容易做出滥用权力行为,具体表现包括海关追求一己之私、偏向特定当事人利益、超越海关权限行使职权、违背法律宗旨行使职权等,滥用职权的标志在于"自由裁量行为+实现了法律禁止的目的"。③

对于国际贸易市场主体而言,在各类税收政策中,出口退税政策是最受关注的税收政策之一。出口退税是一种常见的征税原则,是指对于已经报关出口的商品,国家税务机关将这些商品在国内的各个生产、流通环节中的增值税、消费税退还给出口企业。④ 虽然出口退税政策主要由国家税务机关实施,但商品要实际出口后企业才能申请出口退税,商品的出口活动仍然由

---

① 参见[英]约翰·阿克顿:《自由与权力》,侯健、范亚峰译,译林出版社2011年版,第294页。
② 参见钟昌元、毛道根:《我国海关特殊监管区域的税收问题研究》,《上海海关学院学报》2013年第4期,第102页。
③ 参见[日]田村悦一:《自由裁量及其界限》,李哲范译,中国政法大学出版社2016年版,第30—31页。
④ 参见陈剑霞:《出口企业顺利退税的核心要点探讨》,《海峡科学》2010年第3期,第52页。

海关进行监管。在外贸经济下行时期,一些企业为了减少库存、周转资金,采用外贸转内销的方式去库存,而出口数量减少将影响企业申报的出口退税金额,于是有的企业采取出口骗税措施,虚报出口商品价格、乱用海关商品代码、以空壳公司骗取出口退税等。①

海关是出口退税监管活动中唯一接触实际商品的国际贸易行政主体,且具有较大行政裁量权。一方面,实际出口的商品需要由海关签发"出口退税专用报关单",企业要以"出口退税专用报关单"作为凭证才能向税务机关申请出口退税。但是,由于海关行政执法结果的封闭性,外力难以干预海关内部执法活动,海关在出口退税活动的监管过程中恣意执法,不签发或拖延签发"出口退税专用报关单"、与出口企业串通实施出口骗税活动的情形亦有发生。另一方面,针对出口退税申报不实的三种情形,即未办理出口退税、已办理出口退税、已骗取出口退税款,海关在实务中具有不同的处理方式,可以由海关直接对企业做出行政处罚,可以将案件移交税务部门进行行政处罚,可以移送当地公安部门追究刑事责任②,具体适用哪一种方式,由海关自行决定,凸显出海关行政执法结果的高度封闭性,暗含滥用权力的较大空间。

总体来看,我国国际贸易行政诉讼原告权益保障不足的现状,其关键性诱因在于国际贸易行政诉讼被告的自治性控制欠缺。作为被告的国际贸易行政主体具有强势的行政权力而缺乏足够的自我管理意识和有效的自我约束机制。其中,海关作为进出口贸易监管一线的国际贸易行政主体,其国际贸易行政行为的自治性控制缺陷尤为明显。在国际贸易行政执法依据方面,复杂的国际条约内容和定期变化的国际商品编码规则具有高度专业性,结合海关对人、对事的综合行政管理权以及海关自上而下的垂直管理体系,使海关执法领域的权力集中趋势明显。在国际贸易行政执法过程方面,海关行政执法效率关涉商品流通过程的经济效益,海关行政执法过程中的贸易便利化措施能有效提升企业经济效益,海关执法权以商品通关为中介与

---

① 参见傅丽萍:《外贸企业出口退税的管理策略探讨》,《科技广场》2016年第6期,第99页。
② 参见曹艳华:《论申报不实影响出口退税管理之法律责任设定》,《上海海关学院学报》2012年第4期,第79页。

企业效益产生密切关系,这种客观联系为海关的权力寻租行为提供有利条件。在国际贸易行政执法结果方面,海关行政管理体制的不透明性、海关权力运行模式的抗干预性、海关权力监督机制的内部性造就了海关行政执法结果的封闭性,外力难以改变海关行政执法结果,这种权力的封闭样貌在海关特殊监管区域和出口退税监管活动中尤为明显,为海关滥用权力恣意执法提供了自由空间。海关恣意执法的行为将给国际贸易市场主体造成不同程度的经济损失,即使国际贸易市场主体将海关诉至法院,作为被告的海关将以强势的行政权力压制法院保障国际贸易行政诉讼原告权益的积极性。即使海关存在各类不当行政行为,在行政主导而缺乏行政自制的社会环境下,国际贸易行政诉讼原告权益得到司法有力保障的概率仍然有限。

第三节 国际贸易行政诉讼法院的补救性控制欠缺

国际贸易行政诉讼法院的补救性控制欠缺,是指法院"形式与实质并重"审查的司法能动要求强制性不足,法院在审理国际贸易行政案件过程中对行政权的司法尊让过度,未能发挥司法能动性弥补原告权益损失。司法是否能动、司法能动的强弱直接决定法院对法律依据的审查、解释、适用的强度。[①] 从近几年我国法院对国际贸易行政案件的审理情况来看,法院并没有发挥司法能动性来积极行使司法裁量权,多数情况下,法院的裁判结果只是对国际贸易行政主体的事实认定和法律适用结果进行司法确认的"橡皮图章"。我国法院存在不同程度的"懒政"行为,对国际贸易行政行为的司法审查存在三个层级的限缩,使国际贸易行政诉讼原告权益难以得到有力保障。

第一层级,为了规避"国际条约的国内适用"问题,将落入 WTO 规则适用范围的国际贸易行政争议拘束在本国法律适用范围内,寻找各种裁判理由规避 WTO 规则的适用。例如,在 2012 年浙江国贸进出口有限公司诉上

[①] 参见刘行:《行政审判依据研究》,中国政法大学博士学位论文,2009 年,第 25 页。

海外高桥港区海关案中①,法院的裁判理由是我国法律未明确规定可以直接适用 WTO 规则,原告亦不能拿出 WTO 裁定的证据证明我国按 25% 的税率征收汽车零部件关税的做法违反 WTO 规则②,最终判决原告败诉。

第二层级,为了规避"行刑交叉"问题、国际贸易行政争议的政治性问题,将落入我国《行政诉讼法》受案范围的被诉国际贸易行政行为以刑事司法行为、国家行为不可诉等为由而排斥在受案范围之外,法官并未明确阐释认定被诉行为是刑事司法行为或国家行为的裁判理由,仅是通过对国际贸易行政行为的高度尊让,简单地复述被告答辩理由而认定原告败诉。

第三层级,为了规避对国际贸易行政主体的行政裁量"判断余地"的判断,法官仅审查国际贸易行政案件中原告起诉的诉讼要件问题和行政争议的程序性问题,对行政争议的实体性问题,尤其是涉及不确定法律概念的行政争议,基本上对国际贸易行政主体的事实认定和法律适用持认同态度,不会深入审查行政裁量的合理性。

国际贸易行政诉讼法院的司法谦抑态度,导致其无法深入审查国际贸易行政案件的实质性争议,更无法弥补国际贸易行政诉讼原告因不当行政行为侵害而遭受的损失。国际贸易行政诉讼法院的补救性控制欠缺,主要表现为受理案件时法官未能扩大解释公法的"私益保护性"、审查案件时国际贸易复杂性导致法官司法尊让过度、裁判案件时法官对自由心证和法官释法持消极态度。整体地看,国际贸易行政诉讼法院的补救性控制欠缺,是国际贸易行政诉讼原告权益保障不足的根本性诱因。

一、受理阶段:未能扩大解释公法的"私益保护性"

(一) 应然层面:公法的"私益保护性"应当不断扩大

司法审查的重心经历了三个时期的演变:一是前期关注行政行为的实体结果(what),即传统意义上对行政行为内容的实体性审查;二是中期关注

---

① 一审案号:(2012)沪二中行初字第 24 号,二审案号:(2013)沪高行终字第 4 号。
② 实际上,WTO 争端解决机构确实审理了中国的汽车零部件案,并判决中国败诉,具体情况见 WTO 争端解决机构案号 DS339,DS340,DS342,参见 WTO 官网 https://www.wto.org/english/tratop_e/dispu_e/dispu_status_e.htm。

行政行为的程序方式(how),即对行政行为的步骤、时限等因素进行程序性审查;三是后期关注行政行为的实施理由(why),即对行政主体做出行政行为的推理论证进行整体性审查。司法审查的发展路径是从形式合法性审查向实质合法性审查不断推进,是从绝对、单一的合法性审查转向相对、多元的合理性审查,行政权力外延愈是扩张,司法审查内涵愈是充实,司法介入行政的深度愈是增强。司法裁量意欲对行政裁量形成有力约束,既要摒弃毫无生机的司法克制,亦要杜绝毫无凭据的司法能动,保持司法的平衡性,对个案中的价值、利益等不同因素进行综合考量。① 唯有保持匹配现实需求的、适度的司法裁量,才能维持稳定的行政权和司法权的制衡关系,保护私权利主体的权益。

  法律对公民个体权利的保护与人权保障的发展进程息息相关,公民的个体权利随着行政行为内涵的不断充实、行政权的不断膨胀而受到法律更大范围的保护,受法律保护的权利主体类别也在增加——在传统的行政主体和行政相对人的行政法律关系中,出现与行政行为有利害关系的第三人。质言之,法律对公民个体权利的保护随着行政权的扩张而同步扩大保护力度,保护标准从最初的"法定权利"演变为"合法权益"(法定权利＋法律保护的利益),并朝着"受行政行为实际影响的权益"(法定权利＋法律保护的利益＋事实利益)方向发展。

  当权利保护进入"无漏洞救济时代"②——人人均有权对抗公权力的不法侵害并享有无漏洞的权利保护,"行政行为"这一概念无法再承担行政法治国理论核心的重任,"主观公权利"概念应运而生。主观公权利是指公民依法享有的要求行政主体作为或不作为的权利,可以说,"行政行为是从权力边界视角塑造法治国,而主观公权利则是从国家与公民的权利义务视角建构法治国体系"。③ 与主观公权利概念相对的是反射利益,亦即事实利益,受世界范围内人权保障水平提升的正面影响,未来行政诉讼的发展将是主

---

① 参见苏戈:《司法的平衡性》,《人民司法》2019 年第 19 期,第 81 页。
② 行政诉讼的"无漏洞救济"理论源于德国,由德国基本法第 19 条第 4 项规定:"其权利受到公权力侵害者,得通过法律途径救济之。"
③ 参见龙非:《行政行为在德国行政诉讼中的功能变迁》,《财经法学》2020 年第 2 期,第 155—156 页。

观公权利不断扩张与反射利益不断收缩的过程。国际贸易行政诉讼作为一种特殊的行政诉讼,其发展规律与行政诉讼的发展规律具有同向性,理论上,对国际贸易行政诉讼原告权益的保护力度应当不断加强。

(二) 实然层面:法院限制解释公法的"私益保护性"

我国的法律解释体制框架由《宪法》《立法法》和1981年制定的《全国人民代表大会常务委员会关于加强法律解释工作的决议》共同构成①,全国人大常委会对法律条文的含义具有解释权,最高人民法院、最高人民检察院对应用法律条文的方法具有解释权。实践中,法官对国际贸易行政案件相关法律进行解释时往往存在摇摆不定的价值导向:一方面,从"政策性、技术性越强,司法越应谦抑"的立场来说②,法官对高度专业的国际贸易行政活动中行政主体的事实认定和法律适用结果应当给予广泛尊重,进而否定国际贸易行政诉讼原告的诉讼请求;另一方面,从"法律性、侵权性越强,司法越应积极"的立场来说,法官对高度集权的国际贸易行政主体实施的侵害国际贸易市场主体权益的行为应当进行深入审查,更多地肯定国际贸易行政诉讼原告依法享有的诉权。

通过对我国2019年1月1日至2020年9月30日全国法院审理的以海关为被告的国际贸易行政案件分析可知③,各地法院在审理国际贸易行政案件时,对国际贸易行政诉讼原告权益的保护力度不同。有的法院倾向于严格约束国际贸易行政主体职权,赋予国际贸易市场主体更多的诉权,对国际贸易行政诉讼原告资格进行扩大解释。有的法院倾向于高度认同国际贸易行政主体的行政决定,寻找理由限制国际贸易市场主体的诉权,对国际贸易行政诉讼原告资格进行限缩解释。追本溯源,法院适用法律所做裁判结果的不确定性源自对国际贸易行政诉讼原告资格的不同解读。

在2017年的刘广明诉张家港市人民政府案中,最高人民法院明确指出,《行政诉讼法》第二十五条,即"原告资格认定"条款中,要依据保护规范理论判断法律的立法目的,是否旨在保护原告权益,从而判断原告是否属于适格

---

① 参见刘志刚:《我国法律解释体制的法理分析》,《法治研究》2018年第1期,第134页。
② 参见王贵松:《论行政裁量的司法审查强度》,《法商研究》2012年第4期,第74页。
③ 笔者整理了2019年1月1日至2020年9月30日全国法院审理的以海关为被告的国际贸易行政案件共202件,并对其进行统计分析,得出本书结论。

原则。此后,学界对此举展开热烈讨论,有学者认为,最高人民法院在刘广明案中引入保护规范理论,淡化了原告资格认定的主观性,增强了可操作性。① 有学者认为,刘广明案表达的仅是保护规范理论基点,伴随法秩序转化和时代风向变迁,保护规范理论需要对其解释要素不断进行调适,原告的主观公权利因而呈现出外延的开放性特质。② 有学者认为,刘广明案中适用的保护规范理论没有带来具有稳定性的原告资格认定框架,在扩大原告资格范围的同时,增加了具有保护目的的公法规范的识别、援引的不确定性。③ 有学者认为,在刘广明案后,原告资格认定由"行政行为的直接根据规范"向"行政实体法律规范体系"的公法保护范围转变,由"立法目的解释"的主观化解释向"法律规范体系解释"的客观化解释转变,在法律规范保护目的不明确时,尽可能将"值得保护且需要保护的利益"认定为个人的公法权利。④ 整体而言,学者们对保护规范理论的讨论,梳理了我国行政诉讼原告资格认定标准的历史变更脉络,既表达了对保护规范理论促进原告资格认定精确性、实操性作用的肯定,也表达了对原告资格认定的外延无限扩张的些许担忧。

我国现阶段的行政诉讼总体上是主观诉讼模式,以保护原告权益为主要目的。然而,诉讼目的是对诉讼结果的预先设定,本质上是一种理想形态⑤,原告通过诉讼并非一定能达成所愿。为了提升行政诉讼对原告权益保障的稳定性,最高人民法院引入保护规范理论,明确了通过探寻公法的"私益保护性"可较为清晰地进行原告资格认定,而判断公法的"私益保护性"时,是当代而非颁布法律时的价值、利益观念起着决定性作用。⑥ 故此,通过保护规范理论明确原告权益的公法保护范围,演变成根据时代价值观念的

---

① 参见章剑生:《行政诉讼原告资格中"利害关系"的判断结构》,《中国法学》2019年第4期,第244、249页。
② 参见王天华:《主观公权利的观念与保护规范理论的构造》,《政法论坛》2020年第1期,第33页。
③ 参见陈无风:《我国行政诉讼中"保护规范理论"的渐变和修正》,《浙江学刊》2020年第6期,第152页。
④ 参见赵宏:《中国式保护规范理论的内核与扩展——以最高人民法院裁判为观察视角》,《当代法学》2021年第5期,第88页。
⑤ 参见马怀德:《行政诉讼原理》(第二版),法律出版社2009年版,第58页。
⑥ 参见[德]汉斯·J.沃尔夫、奥托·巴霍夫、罗尔夫·施托贝尔:《行政法》(第一卷),高家伟译,商务印书馆2002年版,第506页。

变化解释立法主旨的本质问题,其核心在于通过法律解释技术和请求权理论框架,从公法对不特定多数的公共利益保护目的中,析出公法同时旨在保护特定个体权益的内在意蕴。

在国际贸易行政案件中,法官在适用法律做出司法裁判时,应当充分利用法律解释方法,扩大解释国际贸易相关公法的"私益保护性",从而更多地肯定国际贸易市场主体的原告资格身份,将更多国际贸易行政案件纳入实体争议审理范围,而不是在刚接到国际贸易行政案件之初,就习惯性地以原告跟被诉国际贸易行政行为不具有利害关系而"一步式"裁定驳回起诉。不管是基于何种理由,一味地裁定驳回原告起诉,并不利于国际贸易行政诉讼向体系性建构理论和螺旋式累积经验的良性发展模式转化。

在当前国际贸易关系紧张、外交手段乏力、霸权国家强势推行"长臂管辖"的形势下,有必要强化我国国际贸易行政诉讼解决行政争议、保障原告权益的功能,尽可能将可以在国内解决的、可以通过法律途径化解的国际贸易行政争议在国内通过法律方式消解,法官在做出司法裁判时,要利用多种法律解释方法扩大解释公法的"私益保护性",将更多的原告诉求收进国际贸易行政诉讼的裁判锦囊中,使国际贸易行政争端止于国内的法律层面而非上升至国际的政治干预、外交斡旋层面。

二、审理阶段:国际贸易复杂性带来司法尊让过度

(一) 国际贸易行政案件特有的政治性

司法审查以一种独特的方式迫使法律和政治之间一直存在的紧张关系走向顶峰。[①] 国际贸易行政诉讼的政治性尤为明显,在国际贸易行政诉讼制度的代表性国家——美国,亦是如此。以美国国际贸易法院受理的案件为例,通过对 2016 年 1 月 1 日至 2020 年 12 月 31 日美国国际贸易法院受理的原告为中国(注册)企业[②]的 208 个案例分析可知[③],美国政府对中国的国际

---

① See Theunis Roux, *The Politico-Legal Dynamics of Judicial Review: A Comparative Analysis*, Cambridge University Press, 2018, p.296.
② 仅包括中国内地企业,不包括中国香港、澳门、台湾三个单独关税区的企业。
③ 笔者整理了 2016 年 1 月 1 日至 2020 年 12 月 31 日美国国际贸易法院审理的以中国企业为原告、美国政府为被告的案件共 208 个,并对其进行统计分析,得出本书结论。

经贸措施具有政治化倾向,具体表现在对中国国有企业进行"反向歧视"、一直否认中国的市场经济地位、滥用"不利可得事实"(Adverse Facts Available)规则、以"用尽行政救济"为由阻挠中国企业寻求美国本土司法救济等方面。① 与此同时,法院的司法审查在很大程度上尊重美国国际贸易行政主体(如美国商务部、美国国际贸易委员会)的自由裁量权,例如,法院对于商务部做出的反倾销税令行政复审,一般维持商务部的决定、调查结果和结论,除非其"被实质证据推翻"(unsupported by substantial evidence on the record)或者其"与法律规定相违背"(not in accordance with law),法院才会适用司法救济措施。美国国际贸易法院在国际贸易行政主体的行政行为没有事实及程序上的明显错误时,不对国际贸易行政主体的裁定加以司法干预,彰显美国国际贸易法院的行政性和政治性。进一步说,虽然美国强调"三权分立"和司法独立性,但是美国最高法院的终身制大法官由美国总统提名和任命的事实,说明美国的司法独立是相对的。② 基于司法独立的要求,法院在抵制立法权、行政权干预司法权的过程中,必然与不同的政治力量产生纠葛,无法真正隔绝于政治之外。③ 在美国,法官同样不能完全避免集团政治的影响,一是因为法官被赋予了对个体及社会生活产生重大影响的判决权力,二是因为法官在进行判决时或多或少存在裁量空间。④

国际贸易纠纷与普通的国内纠纷不同,在国家间的国际贸易关系中,具有政治色彩的国家角色更为突出且国际贸易纠纷往往具有经济性⑤,致使国际贸易行政争议的审判法院自然带有政治色彩。面对国际贸易行政诉讼的政治性,我国法院是怎么处理的?"2018 年适用行政诉讼法的司法解释"第二条规定,对《行政诉讼法》第十三条规定的不具有可诉性的"国家行为"进

---

① 参见罗佳:《政府规制视阈下中国企业海外维权进路探究》,《行政与法》2020 年第 1 期,第 123—124 页。
② 参见金美蓉:《中国企业在美国反垄断诉讼中的挑战与应对:基于对相关判决的质疑》,《法学家》2020 年第 2 期,第 171 页。
③ 参见张杰:《美国法院系统司法权的政治性》,《河北法学》2009 年第 8 期,第 171 页。
④ See David B. Truman, *The Covernmental Process: Polical Interests and Public Opinion*, Alfred A. Knopf, 1951, p.479.
⑤ 参见石岩、李卫华:《论美国国际贸易法院的行政性》,《山东社会科学》2014 年第 2 期,第 175—176 页。

行扩大解释,除了法定的国防、外交事务,"国家行为"还包括权力机关宣布"紧急状态"等行为,这里"紧急状态"的宣布主体并未明确,"紧急状态"适用的领域也未明确,"紧急状态"将采取的措施亦未明确。在国际法层面,《国家对国际不法行为的责任条款草案》第 25 条规定,"危急情况"下,国家暂时中止履行国际法定义务,可以不被认定为违反了国际法,这里的"危急情况"与我国的"紧急状态"有异曲同工之处。试想,如果我国行政机关在宪法和法律授权下宣布我国进出口贸易领域进入"紧急状态",为了国家安全利益而采取不违背国际法的法定义务的贸易反制措施。彼时,在国际层面,中国行政机关采取的贸易反制措施可归入 WTO"安全例外条款"而免受 WTO 审查;在国内层面,行政机关在"紧急状态"下做出的贸易反制行为不属于行政诉讼受案范围。可以说,在应然层面,被国内法授权的行政机关采取的贸易反制措施是不受外力约束的。

反观世界其他国家,在美国,不具有可诉性的"政治问题"存在特定检验标准,并非带有政治性质的案件都是"政治问题",只有不具备"可司法性"的政治争议,法院才不受理。在德国,外交行为、战争行为、预算编制、总统赦免或授予荣誉等行为具有高度政治性且不直接涉及个人基本权利,属于政治问题,德国宪法法院认为上述事项可以进入法院审理,对于具有很强政治属性的事项,采取高度宽松的审查标准。在英国,王室特权和议会主权相关的事项、外交行为被纳入"国家行为"范围并不具有可诉性。在日本,具有高度政治意义的国家行为不宜接受法院的司法审查。可见,不受法院司法审查的"政治问题"主要包括两类,一类是不具备诉讼要件的政治问题,另一类是具有高度政治性的问题。[①] 换言之,符合法律规定的行政诉讼受案范围、起诉条件、原告资格要求等诉讼条件且非高度政治性的政治问题,可以考虑纳入法院审查中,从而更好地保障国际贸易行政诉讼原告权益。

(二)国际贸易行政案件中法官的法律规避态度

法律的不确定性反映了一种传统的政治态度的不确定性[②],法院对国际

---

① 参见王玄玮:《违宪审查与政治问题——关于"政治问题不审查"原则的初步比较》,《云南大学学报》2009 年第 6 期,第 8—10 页。
② 参见[美]罗纳德·德沃金:《认真对待权利》,信春鹰、吴玉章译,中国大百科全书出版社 1998 年版,第 1 页。

贸易行政案件中存在的政治性应当发挥司法能动作用,而非一味地采取司法谦抑的态度,规避国际贸易行政案件法律适用的特殊性。在国际贸易行政案件的审判过程中,法院的法律规避态度表现为不愿多涉猎司法中的政治问题,在未进入案件实体性争议审理流程之前就寻找各种理由将案件裁定驳回起诉,抑或,虽然以"判决"的实体审理方式结案,在裁判理由部分却语焉不详。法院对国际贸易行政案件"政治问题"的消极规避态度,还表现在对中国缔结或加入的国际条约不够关注。此外,囿于我国宪法没有对国际条约在国内适用的方式、法律效力、法律解释等事项做出明确规定,在条约适用、法律解释等制度尚未成熟的环境下,我国法院通常在国际贸易行政案件中回避适用司法解释规定的一致性解释原则。①

在国际贸易行政诉讼中,一国对他国实施的具有政治色彩的政策措施可以经过法定程序上升为代表国家意志的国家层面的法律,继而成为法院做出司法裁判结果的依据。法院应当清晰地认识到自身行政审判权的政治属性,积极处理国际贸易行政案件中的政治问题,而不是全部"抛回"行政权领域,加剧国际贸易领域公权力与个体权利的失衡性。

三、裁判阶段:法官释法和自由心证的积极性欠缺

法官的职责是要在当前的法律制度下,促进已经被承认的那些观念的实现。② 自由裁量权是指"根据特定权威设定的标准而做出决定",在公权力场域中,自由裁量权包括两类,一类是行政主体享有的行政裁量权,另一类是司法主体享有的司法裁量权。德沃金将自由裁量权比喻为"面包圈中间的洞",他提出,如果没有外面一圈作为限制,将只剩下空白,故而,自由裁量权中的"自由"是一个相对的概念,需要依据一定的规则行使。③ 哈耶克(Hayek)则明确反对寻求"一般性公理术语"和"一劳永逸的方式"界定"适当"规则,他认为,日益变化的社会环境、条件会对"适当"规则做出不

---

① 参见彭岳:《一致性解释原则在国际贸易行政案件中的适用》,《法学研究》2019年第1期,第193页。
② 参见[德]菲利普·黑克:《利益法学》,傅广宇译,商务印书馆2022年版,第8页。
③ 参见[美]罗纳德·德沃金:《认真对待权利》,信春鹰、吴玉章译,中国大百科全书出版社1998年版,第52页。

同阐释。① 应当说,两位法学巨擘从不同的角度阐释了"规则"的特质:一方面,规则划定了公权力自由行使的边界;另一方面,划定权力边界的规则又是不断变化的。在公共行政盛行的今天,行政权的触角延伸至民众生活的方方面面,法律意欲对民众的合法权益实现同步法律救济,则需要赋予司法权同样外扩的权限领域。行政主体不是法律指令的"传送带",司法主体更不是法律适用的"自动售货机",法院在审理国际贸易行政案件时,需要发挥司法能动作用。国际贸易领域的域外监管往往复杂而敏感,法院不应该给行政机构一张空白支票(a blank check)。②

在我国,国际贸易行政诉讼原告胜诉率远低于一般国内行政诉讼原告胜诉率,这一结果是由国际贸易行政案件中的原告、被告、法院三个方面的因素共同造成的。就法院自身而言,法官在裁判阶段奉行法条主义,致使裁判结果呈现抽象、单一的格式化样貌。法条主义存在明显弊端,被抽象解释的法律规则很容易满足形式合法性,但是却对公共政策产生了实质性规避后果。③ 法官适用法条时习惯根据法条的规定直接得出裁判结果而省略自由心证和法官释法环节,展现出消极的司法态度。

(一) 事实认定结论方面:法官没有审慎完成自由心证要求

自由心证的过程包括若干要素,一是法官独立而冷静地进行思考,二是法官基于良知和理性进行自由心证,三是法官进行自由心证依据的材料来自当事人及常识性规则,四是法官形成内心确信从而结束自由心证。④ 法官自由心证主要适用于形成事实认定结论,包括证据取舍、证据证明力大小的判断等内容。为了尽可能提升事实认定的准确性和真实性,法官需要审慎进行证据筛选和证据证明力的评断。在国际贸易行政案件中,法官对原告

---

① 参见[英]弗里德利希·冯·哈耶克:《自由秩序原则》,邓正来译,生活·读书·新知三联书店1997年版,第27页。
② See William S. Dodge, *Chevron Deference and Extraterritorial Regulation*, 95 North Carolina Law Review 911(2017), p.973.
③ 参见[美]诺内特、塞尔兹尼克:《转变中的法律与社会》,张志铭译,中国政法大学出版社1994版,第71页。
④ 参见马贵翔:《论证据裁判主义与自由心证的衡平》,《北方法学》2017年第7期,第70页。

诉请的事由和提交的证据,往往抱着忽视的态度,对被告认定的事实给予最大程度的尊让,使国际贸易行政诉讼失去了对行政职权的监督职能,究其缘由,是法官没有谨慎对待做出公正司法裁判结果的自由心证要求。

自由心证制度是相对于法定证据制度而言,法定证据制度无法适应司法发展的需求,被法官的自由心证制度所取代。但是,自由心证应当受到特定规则的约束,而不是法官天马行空地设想。在国际贸易行政诉讼中,为审慎地完成自由心证,法官应当重视诉讼两造提交的证据,即使是国际贸易行政诉讼原告自认的事实,法官也应当依职权调查自认"事实"的真实性,因为国际贸易行政诉讼不仅仅是为了解决国际贸易行政争议、保障国际贸易当事人权益,国际贸易行政诉讼还肩负着维护国家利益和公共利益、监督行政职权的功能,一旦国际贸易行政诉讼原告自认的"事实"掩盖了国际贸易行政主体违法的行为,损害的是社会公共利益和国家利益。故此,法院在国际贸易行政案件中做出司法裁判结果之时,要审慎完成证据证明力判断的自由心证环节。《最高人民法院关于行政诉讼证据若干问题的规定》(以下简称"2002年行政诉讼证据的司法解释")第五十四条、第六十七条实际上在行政证据制度上确立了自由心证。

(二)法律解释结论方面:法官没有主动发挥法官释法作用

法官释法,是指基于法律的概括性、抽象性、普适性特点,在进行个案裁判时,法官必须进行法律解释,明确法律本身的含义。① 法官释法的作用,是克服法意模糊、法律滞后、法律冲突和法律漏洞等常见法律适用问题,澄清法条字义的本意,最终做出符合法律目的的司法裁判结果。

现阶段,我国关于国际贸易行政诉讼的专门规定并不多,且主要法律文本的法律位阶较低,在"上位法优于下位法"的法律适用规则下,大多数专门规定国际贸易行政诉讼的低位阶法律文本无法成为法官做出司法裁判结果的最终法律依据。基于我国国际贸易行政诉讼的制度不完备问题突出的现况,法官在适用法条做出裁判时,应当发挥主观能动性,运用法律解释方法,在法条字义范围和法律目的范围内尽可能澄清法律的含义,做出合乎立法

---

① 参见吴春峰、夏锦文:《法官释法:思维模式及其影响因素》,《法学》2013年第12期,第95页。

目的、维护司法公正的裁判。法官释法的缺失,将使得国际贸易领域的行政审判十分受限,司法裁量空间被挤压,司法裁判结果往往不利于保障国际贸易行政诉讼原告权益。

  需要明确的是,"法官释法"不同于"法官造法"。从法律适用范围看,法官释法,是法官从事法律解释活动,是在法律字义和法律目的范围内进行的;法官造法,是法官从事法律续造活动,是在超越了法律目的进入整体法秩序的基本原则范围内进行的。① 从法律适用权限看,法官释法是法官根据立法机关制定的法律进行裁判,法官拥有独立的审判权就可以从事法律解释活动;法官造法是法官创设新的规则填补法律漏洞或者对法律错误进行修正,是发展法律的行为,通常需要额外的权力来源。② 从法律适用方法看,法官释法的方法论体系,自萨维尼(Savigny)以来,形成的通识是文义解释、体系解释、历史解释、目的解释等。法官造法的方法论体系,目前仍然在探索之中,无公认的理论,卡多佐大法官将"法官造法"的方法细化为四类,即哲学的方法、习惯的方法、历史的方法、社会学的方法。③ 法官造法,对应着"法官不得拒绝裁判原则"。法官对已经受理的案件,不能以"法无规定"或"规定不明确"为由而拒绝做出最终判决,抑或背离司法公正而不给当事人提供正当的法律救济,谓之"法官不得拒绝裁判原则",这一原则并非要求法官做出完全满足当事人诉求的司法裁判结果,也并非要求法官按照严格的法条主义做出司法裁判结果而全然不顾当事人诉求,法官应当通过能动司法把握好法律适用的"度"。

  整体而言,我国国际贸易行政诉讼原告权益保障不足的现状,其根本性诱因在于国际贸易行政诉讼法院的补救性控制欠缺。法院在国际贸易行政案件的审判活动中,对国际贸易行政权往往表现得司法谦抑有余而司法能动不足,这种司法态度贯穿司法活动始终。在案件受理阶段,法院倾向于限缩解释国际贸易行政诉讼原告资格,认定相关当事人不属于适格原告,进而

---

① 参见[德]卡尔·拉伦茨:《法学方法论》,陈爱娥译,商务印书馆2003年版,第246页。
② 参见陈坤:《法律解释与法律续造的区分标准》,《法学研究》2021年第4期,第24—25页。
③ 参见[美]本杰明·卡多佐:《司法过程的性质》,苏力译,商务印书馆2002年版,第16页。

裁定驳回起诉,将案件阻拦在实体审查之外。在案件审查阶段,法院存在规避案件政治性的主观意识,尽量避免案件进入行政实体性争议审理,即使必须审理行政实体性争议,也主要适用国内法律而规避国际条约和他国法律在国内的适用问题。在案件裁判阶段,法院常常直接根据法条规定做出格式化的裁判结果,缺少裁判结果的法律推理论证过程,本质是缺少了法官自由心证和法官释法的环节,导致国际贸易行政诉讼原告无法准确理解法官的裁判思路,不利于原告后续进一步维权。法院在国际贸易行政诉讼中未能发挥司法能动性弥补国际贸易行政诉讼原告的权益损失,这从根本上堵住了国际贸易行政诉讼原告的法律维权之路。

本章小结

国际贸易行政诉讼原告权益保障不足主要表现在国际贸易行政诉讼原告维权依据的规范性不足、国际贸易行政诉讼被告行政行为的不当性显现、国际贸易行政诉讼法院适用法律的统一性不足三个方面。相应地,国际贸易行政诉讼原告权益保障不足的成因亦从原告、被告、法院三个方面追溯,具体包括国际贸易行政诉讼原告的规则性控制欠缺、国际贸易行政诉讼被告的自治性控制欠缺、国际贸易行政诉讼法院的补救性控制欠缺。

国际贸易行政诉讼原告的规则性控制欠缺,是指原告通过诉讼抗辩行政行为的维权法律依据规范性不足,设定原告权利的规则欠缺体系性和技术性。在我国国际贸易法律规范中,涉及国际贸易市场主体权利救济的规则存在法律漏洞、法律冲突、法律用语模糊等常见现象。具体而言,在国际法的国内适用、外国法的国内适用方面,WTO 协定在中国法律体系中的适用方式不明确,WTO 协定是否体现、如何体现在中国国内法中无从得知。再者,中国法律并未明文规定 WTO 争端解决机制的判例在中国国内的适用方式,国际贸易行政诉讼原告无法援引 WTO 协定和 WTO 争端解决机制的判例作为向国内法院提起国际贸易行政诉讼的维权依据。此外,外国公法规范在中国法律体系中的适用方式亦不明确,但外国法律体系中存在明确的不同国家法律适用方式的规定,当外国公法和中国法律发生冲突时,由于中国法律规定没有得以严格执行，外国法院判令中国籍国际贸易市场主体适用外国公法而违反中国法律，损害了中国国家利益和其他中国籍国际贸易市场主体的权益。在国内法律部门中，国际贸易法律规范冲突基于立法主体的多元化而长期存在，通过"上位法优于下位法""特别法优于一般法""新法优于旧法"的冲突化解规则只能解决形式法律冲突，实质法律冲突只能靠提请有权机关裁决的方式来处理，这种方法不仅是低效的，而且具有不稳定性，不利于维护法的安定性。在国内法律文本的国际贸易法律条款中，关涉国际贸易行政诉讼原告权利救济的法律条款长期存在法律漏洞，国际贸易法律规定的完备性不够，长期不匹配中国在世界贸易中的贸易大国地位，国际贸易行政案件司法审查范围的规定亦小于 WTO 协定要求的范围，国际贸易行政案件司法审查主体则缺乏专门管辖权的规定。诸如此类国际贸易法律规范的缺失和错位，成为国际贸易行政诉讼原告权益保障不足的源头性诱因。

  国际贸易行政诉讼被告的自治性控制欠缺，是指被告实质性违法或恣意执法的行政裁量基准制度化不足，被告行政权力过于强势而缺少行政自制，自行管理的自治能力欠缺。在我国国际贸易行政案件中，海关是最主要的国际贸易行政诉讼被告，归因于海关强势的行政权力滋生诸多不当行政行为，侵犯了行政相对人的权益。海关行政权力具有高权性而缺乏自我管理意识和自我约束机制，成为司法监督的主要对象。基于行政过程论，海关自治性控制欠缺贯穿行政执法全过程，包括行政执法依据的专业性引发权力集中、行政执法过程经济性引发权力寻租、行政执法结果封闭性引发权力滥用等内容。其中，海关行政执法依据的专业性和复杂性，使得立法机关给予海关的行政立法空间、司法机关认定海关的行政裁量范围均大于普通国内行政领域。在海关行政执法领域，立法权、行政权、司法权的运转呈现"两头小中间大"的行政权力集中形态。同时，海关行政执法过程与生俱来具有经济性，海关的通关效率关涉进出口商品流通过程的经济效益，海关采取的贸易便利化措施则能够提升企业的经济效益。但是，尽管海关行政执法过程自带经济性，海关权力行使的法律要求仍然以赋权性内容居多，程序性约束较少，为海关在国际贸易行政管理活动中采取权力寻租措施提供了自由空间。再者，海关行政执法结果具有封闭性，海关的行政管理体制具有不透明性,海关权力的运行模式具有抗干预性,海关权力的监督机制具有内部性,三重性质叠加使海关进行事实认定和法律解释的行政执法结果较少受到外力改变。概而言之,国际贸易行政诉讼被告的行政权力超乎寻常的强势而欠缺行政自制,是国际贸易行政诉讼原告权益保障不足的关键性诱因。

国际贸易行政诉讼法院的补救性控制欠缺,是指法院"形式与实质并重"审查的司法能动要求强制性不足,法院在审理国际贸易行政案件过程中对行政权的司法尊让过度,未能发挥司法能动性弥补原告权益损失。在我国审判活动中,国际贸易行政诉讼的审判进程包括案件受理阶段、案件审查阶段、案件裁判阶段,法院在这三个阶段均存在司法谦抑有余而司法能动不足的司法态度。通常,法院对国际贸易行政行为的司法审查存在三个层级的限缩:第一层级,为了规避"国际条约的国内适用"问题而限缩 WTO 规则在我国的适用范围,对于国际贸易行政案件的审判尽量只适用中国法律;第二层级,为了规避"行刑交叉"问题和国际贸易行政争议的政治性问题而限缩国际贸易行政诉讼的受案范围,尽可能将国际贸易行政案件中争议的行政行为排除在受案范围之外;第三层级,为了规避对国际贸易行政主体的行政裁量"判断余地"的判断问题而限缩国际贸易行政案件的实体争议审查,法院要么只审查案件中的诉讼要件和行政争议的程序性方面,要么对国际贸易行政主体的事实认定和法律适用持认同态度,避免审查行政裁量合理性。具体到审判活动的不同阶段中,在案件受理阶段,法官倾向于限缩国际贸易行政诉讼原告资格认定的标准,减少适格原告;在案件审查阶段,法官倾向于限缩国际贸易行政诉讼的审查范围,将带有政治性的法律问题遗留给行政机关自行解决;在案件裁判阶段,法官倾向于限缩法律推理论证内容而略过自由心证和法官释法的环节,适用法条主义径直做出单一、格式化的裁判结果。从整体上看,法院司法权对行政权的过度司法尊让,是国际贸易行政诉讼原告权益保障不足的根本性诱因。

国际贸易行政诉讼原告的规则性控制欠缺、国际贸易行政诉讼被告的自治性控制欠缺、国际贸易行政诉讼法院的补救性控制欠缺作为国际贸易行政诉讼原告权益保障不足的成因,好比一条河流的上游、中游和下游,当河流在终端形成"死水"时,既可能是因为河流上游的水源量不够(国际贸易行政诉讼原告的规则性控制欠缺),这是源头性诱因;也可能是因为河流中游的截水者太多导致水量变得更少(国际贸易行政诉讼被告的自治性控制欠缺),这是关键性诱因;还可能是因为河流下游的用水者并未采取可行的办法疏通开拓河道以使河流通畅前行,而是放任河流水量越来越少并随着河道的消失而最终断流(国际贸易行政诉讼法院的补救性控制欠缺),这是根本性诱因。欲改变国际贸易行政诉讼原告权益保障不足的现状,须从原告、被告、法院三个方面各个击破,一一解决不同方面存在的问题,对症下药,才能实现有力保障国际贸易行政诉讼原告权益的总目标。

第四章

人权价值下国际贸易行政诉讼原告维权依据的完善

> 旧有的真理倘若要对人们的理性、心智保持支配地位,则旧有的真理必须以当前的语言以及概念为依据进行重述。①
>
> ——哈耶克

权利发展的关键或前提是存在一种可靠的法律制度②,实际运作中的法律制度是一个结构(法律制度关涉的主体)、实体(法律制度的内容)和文化(人们对法律制度内容的利用程度)相互作用的复杂有机体。③ 在制度正义范畴内,行政诉讼制度的确立和施行,依托一国根据政治、历史、文化和社会需求等不同方面的情况,建立匹配本国国情的行政纠纷解决机制。④ 人权价值指引下的国际贸易行政诉讼原告权益保障,需要为利用制度维权的国际贸易行政诉讼原告提供充分的法律依据。

在国际贸易行政诉讼制度的建构过程中,需要处理好个体权益和国家利益的关系。国际贸易法律规范的制定应当遵循科学性,"充分的法律依据"不代表法律规定泛滥,粗制滥造的规则可能导向无据可循的局面,基尔

---

① 参见[英]弗里德利希·冯·哈耶克:《自由秩序原则》,邓正来译,生活·读书·新知三联书店1997年版,第1页。
② 参见夏勇:《中国民权哲学》,生活·读书·新知三联书店2004年版,第194页。
③ 参见[美]劳伦斯·M. 弗里德曼:《法律制度:从社会科学角度观察》,李琼英、林欣译,中国政法大学出版社1994年版,第18页。
④ 参见胡建淼:《世界行政法院制度研究》,中国法制出版社2013年版,第124页。

希曼用最犀利的话语指明这种现象——立法者通过对法律规定的三个更正性词语就可以让所有研究该法律规定的文献变成废纸。[1] 萨维尼也呼吁,如果尚不具备立法基础而经由立法来确定各种法律概念,其效果仅仅是表面有法律形式,司法实际上由法律形式之外、其他真正的绝对权威所调控。[2] 故而,在规范创制层面,国际贸易行政诉讼制度应当符合国家历史和现实状况。"法的素材源自民族自身内在的秉性和历史。"[3]我国国际贸易法律规范的制定需要考虑我国经济发展历史和现状,我国的"十四五"规划明确了"国内国际双循环"的顶层设计,依循的思路是立足国内而辐射国外。在扩大开放、促进发展、维护秩序的背景下,加强对我国境内从事国际贸易活动的本国籍和外国籍市场主体权益的保障,需要为国际贸易市场主体在诉讼维权过程中提供科学性、系统性的法律依据。国家的价值是由国家之内的全部个体的价值所体现的[4],唯有中国籍和外国籍国际贸易市场主体的经济利益得到法律充分保障,我国国际贸易环境才能产生"虹吸效应",持续吸引外资促进我国经济取得更大发展。

国际贸易行政诉讼原告权益保障是系统性工程,通过国际贸易行政诉讼制度加强对国际贸易市场主体权益的保障,首先需要完善国际贸易行政诉讼运转的规定。"一个致力于客观性的法律系统必须努力尊重其运转的每一个方面"[5],国际贸易行政诉讼的运转,在制度完善方面需要处理常见的法律冲突、法律漏洞、法律语言含糊等问题。本章将从加强国际贸易行政诉讼原告的规则性控制出发,阐述人权价值下完善我国国际贸易行政诉讼原告维权依据的方法。

---

[1] 参见[德]尤利乌斯·冯·基尔希曼:《作为科学的法学的无价值性——在柏林法学会的演讲》,赵阳译,商务印书馆2016年版,第32页。
[2] 参见[德]萨维尼:《论立法与法学的当代使命》,许章润译,中国法制出版社2001年版,第17—19页。
[3] 参见[德]萨维尼:《历史法学派的基本思想:1814—1840年》,郑永流译,法律出版社2009年版,第20页。
[4] 参见[英]约翰·密尔:《论自由》,许宝骙译,商务印书馆2019年版,第137页。
[5] See Tara Smith, *Judicial Review in an Objective Legal System*, Cambridge University Press, 2015, p.50.

第一节　法律体系间国际贸易法律规范的衔接

域外法在国内的适用方法,包括国际法在国内的适用方法以及外国法在国内的适用方法两部分。在公法场域中,在国际贸易领域谈及国际法的国内适用,主要是指 WTO 协定的国内适用。外国法的国内适用,一般是指外国法律在他国适用的正当情形,是基于外国与目标国的合意而适用外国法,不同于外国法律域外适用的不当情形。在外国法律不当域外适用时,可以基于对等反制原则,明确国内法的域外适用效力进行抗衡。

在国际贸易行政诉讼中,处理国际法、外国法和国内法关系的方法非常关键。国际贸易行政诉讼的标准应当有明确性规则,在法条中明示法院应当对某些情形如何进行审查,通过法条对法官的明确授权,使法官能够更从容地审理国际贸易行政案件[1],协调好保障个体权益与维护国家利益的关系。

一、确立直接效应原则协调国际法的国内适用

（一）WTO 协定在一国国内的执行机制和执行效果

国际法的执行机制和执行效果是有区别的,国际法存在执行机制,但是国际法的执行效果因执行机制的有效性不同而各异。例如,《不扩散核武器条约》的执行机制较弱,一些国家可能基于国家利益考量而退出该条约,继而不受该条约的约束。相较而言,WTO 协定的执行机制较为有效,WTO 存在专门的争端解决机构,对国家违反 WTO 协定产生的国际贸易行政争议,DSB 可以通过准司法程序较为公正地解决争议,DSB 做出的裁决或意见,WTO 成员国应当遵守。但是,因为 WTO 并未明确规定如何执行 DSB 的裁决或意见、在多久时限内执行 DSB 的裁决或意见等内容,当 DSB 的裁决或意见有损争端方利益时,争端方往往使用各种方法延迟执行 DSB 裁决或意

---

[1] 参见林晨曦:《中国反倾销行政诉讼制度问题研究》,清华大学硕士学位论文,2015 年,第 22 页。

见,最常见的方法是宣称短时间内修改法律政策会严重影响本国经济,要求长期地、有计划地、逐步地修改与 WTO 协定不一致的国内法律政策。①

实践中,各成员国因为国际贸易环境不同,出于国家利益的考量,对 WTO 协定的适用情况存在差异。国际贸易环境可以分为贸易自由主义占主流的环境和贸易保护主义占主流的环境。进入 21 世纪后,世界经济随着互联网科技的发展加快了全球一体化的步伐,各国在经济一体化、全球化的浪潮中主要采取贸易自由措施鼓励国际贸易活动,以期在全球市场中获得更多经济利益。在贸易自由主义占主流时期,违背 WTO 协定公平贸易、自由贸易精神的国家将被他国诉至 WTO 的 DSB,WTO 成员国为了减少被诉至 WTO 的概率,积极调整国内法律措施,WTO 协定在成员国国内的适用较为深入。从 2017 年开始,随着美国总统特朗普和拜登的接连上台,美国政府大肆主张"美国利益至上",实行"以邻为壑"的经济政策,甚至打算退出 WTO。美国反常的经济态度致使全球化逆流甚嚣尘上,尤其经历过全球性新冠肺炎疫情对世界经济的冲击后,各国出口管制措施加强,贸易保护主义开始占据主流位置,WTO 几乎陷入停摆边缘,在俄罗斯和乌克兰冲突的国际局势下,欧美采取的歧视性经济制裁是对 WTO 贸易自由精神的公然违抗。

(二) WTO 协定在国内的适用方式:直接效应原则

WTO 协定的作用仅限于国际责任,而不威胁国家(联盟)规则在国内的主导地位。这是一种将 WTO 协定在国外的最大效力结合起来的策略,以期促进市场准入权,同时尽可能不损害国内传统的宪法权力分配。② 应当看到,WTO 协定可能与一国国内法存在法律冲突,在这种情况下如何在国内适用 WTO 协定? 一方面,中小型贸易国家一般会主张 WTO 协定的直接效应。国内市场越小,对外国市场的依赖性越大,在国际关系中越依赖法治确保其海外市场准入权,WTO 协定的"规则导向"性质符合中小型贸易国家的

---

① 参见张文婷:《WTO 争端解决机制中司法经济原则的不当适用的救济》,海天出版社 2014 年版,第 92—93 页。
② See Thomas Cottier and Krista Nadakavukaren Schefer, *The Relationship between World Trade Organization Law, National and Regional Law*, 1 Journal of International Economic Law 83(1998), p.111.

国家利益，因而，这些国家一般主张WTO协定在国内自动执行。另一方面，世界贸易主导国家则一般会否定WTO协定的直接效应。这些国家的国内市场较大，对国际市场的依赖性较小，存在"权力导向"的国际贸易争端解决偏好，因为国内市场的全球化和监管活动向国际层面转移必然会影响国家的制度和经济，影响政府的结构和运作，这是世界贸易主导国家不乐意接受的。中国在WTO协定的适用方式上存在两难境地。中国是世界贸易大国，具有较大的国内市场，这似乎符合"否定WTO协定直接效应"的情形。但是，中国市场对全球市场的依赖性较高，"规则导向"的WTO协定能保障中国的海外市场准入权，这似乎符合"肯定WTO协定直接效应"的情形。总体看来，中国作为发展中国家，诸多领域仍然处于突破瓶颈、技术创新探索时期，需要全球市场提供资金和技术支持，国际贸易领域的"规则导向"比"权力导向"更有利于中国的发展。故而，应当由法律明确规定WTO协定在中国国内适用的直接效应原则。

直接效应(direct effect)原则是指一个国家（联盟）的个人可以根据该国在国际条约下的义务，向该国的国内法院提出索赔，并从该法院获得救济。"WTO之父"约翰·H.杰克逊(John H. Jackson)将直接效应原则分为三个组成部分：一是国际条约的自动执行，即将国际条约纳入国家法律体系；二是明确规定国际条约在国内法律体系中的规范等级，即国内法明确规定国际条约相对于国内宪法和法律的效力层级；三是个人具有诉讼资格，即个人享有在国内法院援引国际条约规定提起诉讼的权利。[1] 对中国而言，在国际贸易领域确立直接效应原则，能够为国内的国际贸易行政诉讼原告提供更多国际法层面的法律规范作为维权依据，同时减少中国因违反国际法定义务而承担国际责任和国际制裁的概率。首先，明确规定国际条约以"纳入"的方式在我国国内直接适用，能够减少将国际条约"转化"为国内法的烦琐、复杂工作，除了英联邦国家基于二元论而"转化"适用国际条约，世界上主要贸易国家往往基于一元论而"直接"适用国际条约。其次，在宪法层面规定国际条约在国内法律体系中的法律层级，当国际条约与国内法发生法律冲

---

[1] See Thomas Cottier and Krista Nadakavukaren Schefer, *The Relationship between World Trade Organization Law, National and Regional Law*, 1 Journal of International Economic Law 83(1998), p.91-94.

突时,可以通过"上位法优于下位法"的法律适用规则化解法律冲突。最后,应当明确规定国际贸易行政诉讼原告提起诉讼的法律依据包括国际条约,这一规定对于外国籍国际贸易市场主体特别重要,倘若外国籍国际贸易市场主体可以在中国境内依据国际条约起诉中国国际贸易行政主体,则外国籍国际贸易市场主体不需要再大费周章地去国际组织起诉中国政府,或者鼓动母国政府与中国政府展开"贸易战"。通过在国际贸易领域确立直接效应原则,既能更好地保障国际贸易行政诉讼原告的起诉权,又能减少中国被诉至国际组织或被他国采取贸易限制措施的概率,有利于维护国家利益。

二、确立国际礼让原则协调外国法的国内适用

外国法在国内适用的正当性,是两国基于合意进行国家利益衡量的产物。不同国家存在不同的利益,制定法对利益的保护向来不是在真空中而是在充满各种利益的世界中进行,为了保护某种利益往往需要以牺牲其他利益作为代价。① 当外国籍当事人依据外国法在东道国法院主张权利时,法院如何处理外国法的国内适用问题成为审判焦点,本质在于如何处理外国法与本国法的国际协调关系。历史上,法治主义的形成是以国家为前提的,在当代,国家主权在国际化过程中有所动摇,必然要求法治主义进行必要变革,不同于传统行政法学的纵向调整手法,新行政法关注不同国家作为平等行政主体的横向调整手法。②

(一) 外国法在国内适用的正当性:以美国法院审理中国维生素C案为例

中国河北维尔康公司抗辩美国反垄断法一案,是中国出口产品在美国遭遇的第一例反垄断案件。美国上诉法院最终支持了中国公司主张的基于国际礼让原则不适用美国反垄断法的诉请,中国公司赢得诉讼。③

案件起因于中国政府对中国出口维生素C片的行政指导行为。2002年,中国商务部发布通知,对包括维生素C片在内的30种出口产品实行"预

---

① 参见[德]菲利普·黑克:《利益法学》,傅广宇译,商务印书馆2016年版,第18页。
② 参见[日]大桥洋一:《行政法学的结构性变革》,吕艳滨译,中国人民大学出版社2008年版,第56页。
③ In re Vitamin C Antitrust Litigation, 837 F.3d 175, 184(2016).

核签章制度",要求中国出口的维生素 C 片价格不得低于中国国内"行业协商价格",避免中国企业被外国政府进行反倾销调查。2005 年,美国国内公司向美国纽约东区联邦法院起诉中国河北维尔康制药、东北制药、石药集团维生素药业等 6 家中国公司。美国籍原告诉称,中国籍被告在中国医保商会组织下形成"卡特尔",在限制维生素 C 片产量的同时提高了产品价格,从而操控出口到美国和国际市场的维生素 C 片的数量和价格。美国籍原告提出的理由是中国籍被告的价格串通行为使美国市场的维生素 C 片价格从 2001 年每公斤 2.5 美元上涨到 2002 年每公斤 7 美元,违反了美国《谢尔曼法》和《克莱顿法》等法律。中国籍被告辩称,中国医保商会是中国商务部授权管控维生素 C 片出口数量和价格的权威机构,对中国维生素 C 片出口商具有管理权限。从 2002 年 5 月开始,维生素 C 片被列为中国海关审价、中国医保商会预核签章商品,因而出口的维生素 C 片价格不得低于行业协商价格。

本案中,中国商务部第一次向美国法院提交了"法庭之友"意见书,说明中国籍被告的维生素 C 片出口价格协议是中国政府要求的,是根据中国出口法律实施的行为。在本案的一审环节,美国纽约东区联邦法院认定中国籍被告违反了美国反垄断法规定,判决中国籍被告败诉并连带承担 1.47 亿美元的赔偿金。中国籍被告中的维尔康公司不服,独自向美国的第二巡回上诉法院提出上诉。2016 年,美国第二巡回上诉法院基于"国际礼让原则",认为在中国法律与美国法律产生真正的冲突时,出于"多因素平衡标准"(multi-factor balancing test)考量,美国法院应当遵从中国政府对中国法律的解释,最终支持中国维尔康公司的抗辩,判决中国维尔康公司胜诉。①

本案中反映的法律现象是,中国的出口法律规定与美国反垄断法产生法律冲突,中国籍出口商在美国法院主张中国出口法律在美国的适用效力,美国法院基于"国际礼让原则"承认了中国法律在美国的效力,本质是承认了外国法在美国国内的效力。在国际贸易活动中,主权平等的国家间基于同一进出口行为存在不同的法律规定在所难免,通过明确不同国家间法律

---

① 参见龚柏华:《新近中美经贸法律纠纷案例评析》,上海人民出版社 2017 年版,第 115—118 页。

协调规则,有助于为在不同国家间从事国际贸易活动的市场主体提供清晰的维权法律依据。

(二) 外国法在国内适用的方法:确立国际礼让原则

在中国,当外国籍国际贸易市场主体依据外国法律规定做出的行为违反中国法律规定,被中国国际贸易行政主体实施行政处罚、行政强制措施等行政行为时,倘若外国籍国际贸易市场主体将中国国际贸易行政主体诉至法院,外国籍国际贸易市场主体主张依据外国法律自身不存在违法行为,请求中国法院撤销国际贸易行政主体的行政处罚、行政强制措施等行为时,中国法院该如何处理? 本质上,这属于外国法在中国国内的正当适用情形。笔者认为,可以确立国际礼让原则,同时建构中国的"多因素平衡标准"体系来判断是否适用国际礼让原则。

一般而言,外国法在国内的正当适用情形,主要包括以下情形。

其一,基于国际礼让原则的情形,即一个国家在其领土范围之内承认另一个国家的公权力行为的效力,并适当考虑国际法定义务和法律适用的便利性。[①] 在两种情况下,必须进行国际礼让原则的考量:一是被法院审查的外籍当事人行为在母国是合法的但违反了东道国的强行法;二是被法院审查的外籍当事人行为在母国和东道国都违反了强行法。国际礼让原则本质上反映了一国法院应该在多大程度上遵从外国国家和政府的行为。现代法院已经认识到礼让在国际体系中的重要作用,就像"把砖房黏合在一起的灰泥",基于规范性礼让的客观分析将解决许多国际关系问题,因为一个国家的主权得到了充分的保护。[②]

其二,基于外国主权豁免原则的情形,即外国政府或者作为政府代表的职能部门应该免于在其他国家法院受到起诉。但是,主权豁免原则存在例外,例如,商业例外,即在商业活动中,主权豁免原则的抗辩理由可能无法成

---

① See Stephen D. Piraino, *A Prescription for Excess: Using Prescriptive Comity to Limit the Extraterritorial Reach of the Sherman Act*, 40 Hofstra Law Review 1099 (2012), p.1112.

② See Stephen D. Piraino, *A Prescription for Excess: Using Prescriptive Comity to Limit the Extraterritorial Reach of the Sherman Act*, 40 Hofstra Law Review 1099 (2012), p.1128-1131.

立,外国政府及其职能部门可能仍然将面临东道国法院的审判。

其三,基于外国主权强制原则的情形,即外籍当事人因遵守母国强行法而违反东道国法律义务时,外籍当事人可以免责,此时,外国强行法的法律效力在东道国得到了间接认可,但是此原则实施的前提是"对等性"免责。

其四,基于国家行为原则的情形,一般适用于法院调查或质询某些特定争议事项,即本国法院不能审查外国主权国家或外国国家官员依据外国法律政策在本国领域内做出的行为,相当于间接承认了外国国家行为的效力。

其五,基于不方便管辖原则的情形,即原告选择对自己有利的法院起诉,该法院虽然有管辖权,但是不方便审理案件,无法确保司法公正,不能迅速、有效解决争议,在此情况下,如果存在另一个法院对该案件享有管辖权,则原法院可以拒绝行使管辖权,由另一个方便审理案件的法院管辖案件。①

在我国国际贸易行政诉讼中确立国际礼让原则,建构"多因素平衡标准"体系,至少需要囊括两大标准:第一,外国法在中国国内的适用,不能危害中国的社会公共秩序。社会公共秩序是国家文化背景下的道德基础,代表着社会核心价值观,衡量是否在中国适用外国法律时,应当考量适用外国法是否会危害中国社会公共秩序这一基准。第二,外国法在中国国内的适用,不能违反中国法律体系中的强行法(Jus cogens)。强行法一般是关于国家组织结构、国家权力分配等与国家主权和国家政权密切相关的强制性规则,这些强制性规则不能通过私人之间的约定而排除适用②,衡量是否在中国适用外国法律时,应当考量适用外国法是否会违反中国的强行法这一基准。

三、确立对等反制原则协调国内法的域外适用

一国国内法的域外效力,是指国内法对境外的人、财、物产生支配效力。国内法的域外适用,则是指一国国内的行政机关或司法机关对境外的人、

---

① 参见龚柏华:《新近中美经贸法律纠纷案例评析》,上海人民出版社2017年版,第45页。
② 参见姜曦:《国际强行法的形成——基于强行法规范基础的分析》,《学理论》2022年第2期,第81页。

财、物适用国内法的情形。① 法律域外适用以立法管辖权为前提和基础,即本国法律、法规、规章或法院司法判例中明确规定或记载了本国法的域外效力和域外适用。②

在中国,《对外贸易法》第六条、《个人信息保护法》第四十三条、《数据安全法》第二十六条、《出口管制法》第四十八条、《出境入境管理法》第七条、《反外国制裁法》等法律文本均规定了中国对他国实施反制措施的情形。对等反制原则适用于外国人和外国政府,在外国人或者外国政府对我国采取歧视性贸易措施、危害我国国家安全和国家利益时,我国法院可以依据我国法律对外国人采取对等反制措施。正如丹宁勋爵(Denning)所说,当国家自身遭遇危害时,个体自由只能退居第二位,甚至自然正义也要退避三舍。③

(一)"对等"法律概念的解读

"对等"一词在英语中对应"reciprocity",在以往经济全球化高度发展、国际贸易往来通畅时期,又被译为"互惠"原则,例如,WTO 规则中的关税减让措施即互惠、非歧视原则的实际载体。

"对等"是一项国际法的基本原则,亦是国际关系应当遵循的最重要准则。④ 不同于一国国内秩序和国家治理机制的纵向性权力结构——存在一个顶层的最高中央权力机构,各国形成的国际秩序和国际治理机制属于横向性权力结构——不存在一个最高权力机构。⑤ 国家主权具有独立性和平等性,在一国依据某项国际法规则向他国提出权利主张时,主张权利的该国也应当受到此项国际法规则的约束。⑥ 当一国罔顾国际法规则侵害他国家主权和利益时,他国可以采取自助、防卫性质的反制行为。

---

① 参见宋晓:《域外管辖的体系构造:立法管辖与司法管辖之界分》,《法学研究》2021 年第 3 期,第 173 页。
② 参见曹亚伟:《国内法域外适用的冲突及应对——基于国际造法的国家本位解释》,《河北法学》2020 年第 12 期,第 84 页。
③ 参见[英]丹宁勋爵:《法律的正当程序》,李克强、杨百揆、刘庸安译,法律出版社 2015 年版,第 101 页。
④ 参见王欣濛、徐树:《对等原则在国家豁免领域的适用》,《武汉大学学报》2015 年第 6 期,第 127 页。
⑤ 参见李明倩:《〈威斯特伐利亚和约〉与近代国际法》,商务印书馆 2018 年版,第 5 页。
⑥ 参见李双元:《中国国际私法通论》,法律出版社 2007 年版,第 197 页。

故此,"对等"原则包括两副面相,既具有互惠、平等、相互尊重和礼让的积极面,亦有自助、防卫、坚决反制的消极面。① 实践中,衡量国际贸易措施是否"对等"主要涉及四个标准:关税减让的平均幅度、关税减让所涵盖的国际贸易规模、可征收的税收的减少金额、预估的对国际贸易产生的影响。②

(二)"反制"法律概念的解读

反制本质上是一种私力、自助、单边行为,原则上有违 WTO"互惠互利"立法精神和《WTO 关于争端解决规则与程序的谅解》中第 23 条"多边体制的加强"的规定,第 23 条要求缔约国将贸易争端诉诸 DSU 并且不得单方、擅自采取反制措施。但是,依据 GATT1994 第二十一条(乙)项第(3)款的"安全例外条款"规定,任何缔约国在遭遇战争或者其他国际关系的紧急情形时,为了保护国家安全,可以采取其认为必须采取的行动。2019 年 4 月,WTO 专家组在"乌克兰诉俄罗斯运输限制措施案"③中就 GATT"安全例外条款"适用做出首个裁决报告,明确国家安全事项属于国家"自决权"。

在国际贸易领域,WTO 协定具有"特别法"性质,在"一般法"规定中,《维也纳条约法公约》第 60 条规定的"重大违约"、《国家对国际不法行为的责任条款草案》第 25 条规定的"危急情况"均规定,在符合特殊情形的条件下,国家部分停止履行国际条约行为,不构成国际不法行为。④ 基于 WTO 并未对"重大违约"和"危急情况"下的救济途径做出规定,在特别法规定缺失情况下,可以适用一般法,因而,可以依据《维也纳条约法公约》第 60 条以及《国家对国际不法行为的责任条款草案》第 25 条,主张反制行为的正当性。

贸易反制措施在国际法上具有一定的合法性依据,同时,为了避免反制的滥用,破坏国际社会秩序,国际法对合法情形作了严苛的规定,只有满足

---

① 参见杨金晶:《涉外行政诉讼中被忽视的对等原则——兼论我国行政诉讼法对等原则条款被虚置问题的解决》,《政治与法律》2019 年第 4 期,第 142 页。
② See Preeg, E. H. , *Traders and Diplomats: An Analysis of the Kennedy Round of Negotiations under the General Agreement on Tariffs and Trade*, Brookings Institution, 1970.
③ DS512, *Russia — Measures Concerning Traffic in Transit*, https://www.wto.org/english/tratop_e/dispu_e/cases_e/ds512_e.htm.
④ 参见杨国华:《中国贸易反制的国际法依据》,《经贸法律评论》2019 年第 1 期,第 49 页。

相关条件,采取反制措施的国家才可以免除国际责任。例如,《国家对国际不法行为的责任条款草案》在程序方面规定,采取反制措施的行为国应当提前通知目标国,并给予目标国谈判协商的机会;在实体方面规定,反制措施只能是非武力性的、不针对第三方的、临时性的、可逆性的、与行为国受到损害相称的等。①

(三) 对等反制原则的适用前提:他国法律域外适用不当

在他国法律域外适用不当并对我国国家安全和国家利益造成危害的情况下,我国可以采取对等反制原则来应对。他国法律域外适用不当情形,主要指"长臂管辖"原则下的法律域外适用。

"长臂管辖"原则发源于美国,是一种"最低限度联系"原则,被告即使并非美国籍国民、并非居住于美国法院所在地,只要被告行为与美国法院所在地存在最低限度的关联性,法院便对被告行为具有管辖权。"长臂管辖"原则作为美国打击他国的法律利器,本质上是通过司法装置实现其非法律性的政治目的,具有强烈的政治意味。对"最低限度联系"概念的解释权握在美国法院手中,相当于美国司法机关掌握了"被告行为对美国国家利益构成重大威胁或造成危害"这一"长臂管辖"原则适用标准的自由裁量权。

"长臂管辖"原则的适用,不包括对"本国国民的境外行为"及"外国国民在本国境内的行为"的管辖。② 因而,"长臂管辖"原则不同于以国籍为基础的"属人管辖原则",不同于以领域为基础的"属地管辖原则",更不同于以保护人类共同利益为目标和以国际法授权为先决条件而针对特定国际罪行的"普遍性管辖原则",从"长臂管辖"原则以保护国家重大利益为基础的表现形式来看,"长臂管辖"原则更接近于"保护管辖原则"这一国际法上的法律管辖依据类型。

"长臂管辖"原则不同于国际礼让原则。其一,在法律效力扩散的地理方向层面,"长臂管辖"原则是本国法律效力向他国扩散的过程,与此相反,国际礼让原则是他国法律效力向本国扩散的过程。其二,在法律域外适用

---

① 参见霍政欣:《〈反外国制裁法〉的国际法意涵》,《比较法研究》2021 年第 4 期,第 150 页。
② 参见史际春、吴镱俊:《论如何阻断"长臂管辖"》,《经贸法律评论》2021 年第 5 期,第 39 页。

是否基于两国合意层面,"长臂管辖"原则是未征得行为目标国同意而单方对目标国实施的法律效力"强制",与此相反,国际礼让原则是经行为目标国同意、形成双方合意而在行为目标国实行的法律效力"协调"。

在国际贸易领域,美国认为无条件最惠国待遇是"不公平的"对等原则,中国从不对等关税减让中不当得利①,真正的对等原则是"绝对对等"而非"相对对等",例如,最终贸易额完全对等而非市场准入机会对等,贸易条件的一致性对等之类的绝对对等情形,这些主张为美国实行"长臂管辖"、启动单边主义措施预留了足够的政策空间。② 对应美国法律域外适用不当行径,当前我国已从立法规制上进行有力反击,陆续出台了实施对等反制措施的法律规定,逐步形成以阻断法为核心,以具有阻断效果的法律、政治、经济等方面措施配合实施的阻断体系。成熟的阻断体系,既要制定足够的阻断法,又要配合全方位的执行措施,才能发挥有效的阻断作用。③

简言之,在法律中明文确立域外法在国内的适用方法和国内法的域外适用方法,是为了给国际贸易行政诉讼原告提供更协调、更丰富的诉讼依据。在国际贸易领域,倘若国际法的国内适用方法不明确,则国际贸易市场主体无法以 WTO 协定为依据向中国法院提起国际贸易行政诉讼。倘若外国法在中国的适用方法不明确,则外国籍国际贸易市场主体无法依据外国法作为免责依据向中国法院提起国际贸易行政诉讼。倘若国内法的域外适用方法不明确,则在外国法律侵犯中国国家安全和国际利益时,中国将缺乏采取反击措施的法律依据。权利必须通过明确的法律条款确定下来,才能得到稳定的保障。通过法律明确规定域外法在中国国内的适用方法、中国法在域外适用的方法,在中国开展国际贸易活动的市场主体能够依据更多法律规定向中国法院提起国际贸易行政诉讼,至少能够加强对国际贸易行政诉讼原告起诉权的保障。

---

① 参见李贞霏:《对等原则与最惠国待遇原则互逆共生》,《科学决策》2021 年第 7 期,第 141 页。
② 参见徐泉、郝荻:《美国互惠贸易政策:演进、逻辑与挑战》,《甘肃政法大学学报》2021 年第 4 期,第 30 页。
③ 参见黄文旭、邹璞韬:《反制国内法域外适用的工具:阻断法的经验及启示》,《时代法学》2021 年第 4 期,第 96 页。

第二节 法律部门中国际贸易法律规范的融合

在我国国际贸易行政诉讼制度中，国内法之间的冲突以《行政诉讼法》与最高人民法院出台的三大国际贸易行政案件相关司法解释的冲突为主。司法解释的某些规定往往因为法律层级低于《行政诉讼法》的法律层级而无法适用，但是，这些司法解释才是凸显国际贸易行政诉讼特殊性的规范，理论上属于最贴合国际贸易行政案件的审判规则。为了更好地适用国际贸易行政案件自身的特殊规则，实质性化解国内法律冲突，应当确立多样化的国内法之间的法律冲突化解路径。一般而言，法律冲突化解路径可以分为法律冲突预防路径、法律冲突回避路径、法律冲突消除路径。

一、确立案由规则的法律层级预防法律冲突

法律冲突预防路径，是指在创制法律时尽量避免制定存在冲突的法律规范。预防法律冲突是处理法律冲突问题的第一阶段。在法律冲突中，形式性法律冲突是表面的法律冲突，可以运用"三大规则"将冲突化解。然而，有的特殊规定属于下位法，但是特殊规定具有法律适用的必要性，若按照"上位法优于下位法"的规则，特殊规定就无法适用，而一般性规定适用于特定情形中又不贴合实际。在这种情况下，应当提升特殊规定的法律层级，使其基于"特别法优于一般法"的规则而得以适用。

（一）提升传统国际贸易领域案由规则的法律层级

《最高人民法院关于行政案件案由的暂行规定》（以下简称"2021年行政案件案由的司法解释"）中明确界定了"行政案件案由"的概念①，列举了1个一级案由，22个二级案由，140个三级案由。在国际贸易行政诉讼中，常见的法定案由类别主要包括行政处罚（声誉罚、财产罚、资格罚、自由罚）、行政

---

① "2021年行政案件案由的司法解释"中，将"行政案件案由"界定为"行政案件名称的核心组成部分"，能够使被诉对象得以明确、使案件性质得以区分、使法官得到提示而准确适用法律、使当事人得到引导而正确行使诉权。

强制(查封、扣押、冻结、划拨、拍卖、加处罚金等)、行政征缴(征缴税款)、行政许可(经认证的经营者、报关员资格许可等)、行政奖励(授予荣誉称号)、行政给付(给付抚恤金)、行政登记(税务登记)、不履行职责(不采取调查措施)等。具体而言,在国际贸易行政主体实施的行政行为中,常用的贸易壁垒手段主要分为关税壁垒和非关税壁垒,其中,经常引发国际贸易行政纠纷的非关税壁垒包括配额、进出口管制、补贴、许可证制度、自主出口限制、自主进口限制、歧视性政府采购政策、烦琐的海关手续、产品的本地成分要求及技术标准、动植物卫生检验检疫、商品包装和标签、保险、运输等方面的技术和行政规定等。① 这些事由都属于国际贸易行政诉讼的法定案由。

我国现行国际贸易法律规范在规制海关行政行为方面的内容较为丰富,并且具有实操性,但是在"两反一保"领域的法条基本一直处于"沉睡条款"状态,因为这些领域的国际贸易法律规范以行政法规、部门规章和司法解释为主,法律位阶较低,没有达致法律层级,缺乏法律权威,在"上位法优于下位法"的规则中,法律位阶较低的国际贸易法律规范容易被架空而无适用可能性。因而,应当提高我国反倾销、反补贴类国际贸易行政案件案由规则的法律层级,以全国人大及其常委会立法为主,以国务院及其部门的行政立法为辅,例如,将行政法规层级的《反倾销条例》上升为法律层级的"反倾销法",将行政法规层级的"反补贴条例"上升为法律层级的《反补贴法》,则"反倾销法"和"反补贴法"相对于《行政诉讼法》而言就是特殊法,在审理国际贸易行政案件时,应当依据"特殊法优于一般法"而优先适用"反倾销法"和"反补贴法"中的规则。

此外,与国际贸易行政案件的法律适用直接相关的三大司法解释均发布于 2002 年,距今已逾 20 年。因三大司法解释的法律层级低,且与《行政诉讼法》的诸多规定相冲突,故而,在这 20 年间几乎未予适用。应当及时将与国际贸易行政案件直接关联的三大司法解释规定的内容上升到法律层级,使其依据"特别法优于一般法"规则而得以优先适用,改变过往国际贸易行政案件被当作一般国内行政案件而适用《行政诉讼法》一般性规定的局面。国际贸易行政案件具有明显的特殊性,适用《行政诉讼法》无法贴合国际贸

---

① 参见贺平:《贸易与国际关系》,上海人民出版社 2018 年版,第 128 页。

易行政案件实质性审查的需求。

(二) 提升新兴国际贸易领域案由规则的法律层级

在新兴的数字贸易领域，数字贸易规则的话语权争夺异常激烈，致使数字贸易多边规则目前仍未达成。一方面，各国对数字贸易的内涵未形成统一认识。关于数字贸易的概念界定，主要存在两种争议：一种观点认为，数字贸易是借助互联网技术手段，以数据信息本身为标的的贸易类型，不包括实体货物交易；另一种观点认为，数字贸易包括数字产品、数字服务、基于互联网技术的传统实体货物线下交易、数字化知识和信息的线上交易等内容。① 另一方面，世界主要贸易国家对数字贸易中数字权利的规制亦未形成统一认识。数字权利是个体所享有的使用和发布数字媒体、访问计算机以及其他类型的电子设备、无线网络的人权和法律权利。② 如今，欧盟制定了以"保护个人数据"和"规范数据跨境流动"为目标的《通用数据保护条例》(General Data Protection Regulation, GDPR)，着重保障个体权利而限制数据自由流动，要求个人数据必须符合GDRP规定才能传输给第三方。美国为了维持自身数字经济优势，力推"数据存储非本地化"和"跨境数据自由流动"，通过国内法律的域外适用效力和政治施压，限制他国政府的数据保护行为。对发展中国家而言，出于保护国家安全的合法、合理目标，往往倾向于支持"数据存储本地化"、限制数据自由流动的主张。

对中国而言，从我国作为全球数字贸易大国的角度出发，主张数据跨境自由流动更有利，从我国作为发展中国家和国家安全的角度出发，主张数据中心本地化设置更有利。应对彼此不兼容而都对中国有利的主张，我国应采取平衡的方法区别对待，在中国具有优势地位的数字贸易领域主张有利于扩大优势的数据跨境自由流动，在中国不具有优势地位、危及国家安全的数字贸易领域主张数据中心本地化设置。例如，在我国具有优势的国际货物的数字贸易领域，我国通过制定法律确立"支持数据跨境自由流动"原则，在我国不具优势的国际服务的数字贸易领域，我国通过制定法律确立"限制

---

① 参见赵新泉、张相伟、林志刚：《"双循环"新发展格局下我国数字贸易发展机遇、挑战及应对措施》，《经济体制改革》2021年第4期，第23—24页。
② 参见马忠法、胡玲：《论数据使用保护的国际知识产权制度》，《电子知识产权》2021年第1期，第16页。

数据跨境自由流动"原则。在旧有国际贸易框架对新事物失去规制力,甚至为新事物不断侵蚀之际,我国国际贸易领域的法律创制应当审时度势,理顺国际贸易法律规范体系,以从容应对新环境、新挑战。在法律层面明确规定国际贸易市场主体不同国际贸易领域的数字权利,确立不同的案由规则,国际贸易市场主体因数字权利受到国际贸易行政行为侵害时,才能依法提起国际贸易行政诉讼,同时,亦有利于平衡保护个体权益和维护国家利益的关系。

二、确立行为审查的多重标准回避法律冲突

法律冲突回避路径,是指在现行法秩序下无法通过规则化解法律冲突,则通过选择性适用法律的方法避开适用存在法律冲突的规则。回避法律冲突是处理法律冲突问题的第二阶段。在法律冲突中,实质性法律冲突一般不能通过"三大规则"予以化解,主要依靠提请有权机关进行裁决来化解法律冲突。但是,提请有权机关裁决的过程较为烦琐和耗时,并且具有不稳定性。相较而言,法院在国际贸易行政案件的审判过程中,可以利用"选择适用"的方法,回避法律冲突。"选择适用"法律的方法,是指当法律冲突无法避免、客观存在的情况下,因我国法院无权决定行政规范的效力,可以选择适用某项规范,从而在个案中便利、有效地解决法律冲突的手段。①

当前,我国国际贸易行政诉讼最密切关联的法律规范可以概括为"三法、三条例、三规则、三解释"。② 这些法律规范中存在若干法律冲突,法院在适用这些法律规范时,面临的核心问题是"特别规定用不了,一般规定不好用"。"特别规定用不了"是指法律层级较低的特别规定贴合国际贸易行政案件的审理需求,但是因为其法律层级较低,在其与高位阶的一般性法律规定发生法律冲突时,法院按照法律适用规则,将适用高位阶的一般性法律规

---

① 参见林来梵:《从宪法规范到规范宪法》,商务印书馆2017年版,第360页。
② "三法"指的是法律层面的《对外贸易法》《外商投资法》《行政诉讼法》;"三条例"指的是行政法规层面的"两反一保"条例;"三规则"指的是部门规章层面的"两反一保"暂行规则;"三解释"指的是司法解释层面的"2002年审理国际贸易行政案件的司法解释""2003年审理反倾销行政案件的司法解释""2003年审理反补贴行政案件的司法解释"。

定。"一般规定不好用"是指法律层级较高的一般性法律规定,无法匹配具有特殊要求(履行国际法定义务等)的国际贸易行政案件的审理需求,导致案件审理结果可能引发中国政府被诉至国际组织的风险,甚至加剧国际贸易摩擦的紧张局势。在法律规定没有及时根据情势修改、更新而相互间存在法律冲突的情况下,法官在审理国际贸易行政案件时,可以选择适用现有的法律规定。当前,国际贸易行政诉讼法律冲突多发于审查标准的规定中,法律应当明确规定法官有权根据案件情况选择适用不同审查标准。

(一) 合法性审查和合理性审查

合法性审查具有多重解读。从政治哲学的角度说,合法性指的是公共权力或政治统治的正当性、权威性、实效性。从法学的角度来说,纯粹的合法性即形式合法性,是指某制度或行为符合现行有效的法律规范,即"合法律性"。[①] 对国际贸易行政行为的合法性审查始终是国际贸易行政诉讼的中心要务,包括"形式合法性审查"和"实质合法性审查"。其中,"形式合法性审查"是依据"硬法"进行的初次审查,主要审查国际贸易行政行为的事实要素、职权要素、依据要素和程序要素。[②] 通过"形式合法性审查"的国际贸易行政行为,才能进入复次审查的"实质合法性审查",这种类型的审查是依据"软法"审查国际贸易行政行为是否存在明显不当情形。

"合理性"是有正常理智的人一般会合乎情理地觉得是正确的东西。[③] 合理性审查存在程度区分,"一般不合理"的行政行为不属于司法审查标的,只有"严重不合理"的行政行为属于司法关注的对象。无论是1989年发布的《行政诉讼法》中的"显失公正"标准还是2015年修改后的《行政诉讼法》中的"明显不当"标准,均属于"严重不合理"的法律用语表达,而"严重"与否的断定则是以常人的常识、常理、常情[④]为参照物。相对于合法性审查而言,合理

[①] 参见韩业斌:《区域协同立法的合法性困境与出路——基于辅助性原则的视角分析》,《法学》2021年第2期,第147页。

[②] 参见程琥:《行政诉讼合法性审查原则新探》,《法律适用》2019年第19期,第75页。

[③] 参见[美]本杰明·卡多佐:《司法过程的性质》,苏力译,商务印书馆1998年版,第49页。

[④] 参见陈忠林:《"常识、常理、常情":一种法治观与法学教育观》,《太平洋学报》2007年第6期,第16页。

性审查常用于行政决策的审查之中,通常是对行政决策的"事实客观性"及其与行政决策的结论间的逻辑关系的审查。①

(二)实体审查和程序审查

对国际贸易行政行为的司法审查,包括对行为实体内容和行政程序的审查。在此,需要区辨"实体"与"实质"、"程序"与"形式"两组概念。"实质"和"形式"对应,二者是抽象层面的用法,例如,"实质"和"形式"一般是搭配"正义"用的,通常说法是"实质正义""形式正义"。"实体"和"程序"对应,二者是具体层面的用法,例如,"实体"和"程序"一般是搭配"法律"用的,通常说法是"实体法"和"程序法"。

对国际贸易行政行为的实体审查,即审查国际贸易行政主体是否具有法定职权、国际贸易行政行为是否存在事实认定和法律适用错误,国际贸易行政行为是否违反比例原则以及信赖保护原则等。

对国际贸易行政行为的程序审查,即审查国际贸易行政行为是否符合程序性规定。程序性审查的内容包括国际贸易行政主体在做出行政决定的过程中,组织证据交换的时间及内容,质证环节当事人的质疑对象和辩论意见,行政全过程的通知事项等。② 国际贸易行政主体的程序合规义务对应着国际贸易市场主体的程序性权利,这些程序性权利主要包括三类:一是国际贸易行政程序开始前的申请、建议等发起权;二是国际贸易行政程序进行中获得告知、查阅案卷等知情权,以及听证、申请回避、陈述、申辩等参与权;三是国际贸易行政过程结束后的抗议、救济等防御权。③ 相应地,国际贸易行政主体承担的程序性义务包括公开义务、告知义务、说理义务、回避义务等。理论上,可将是否影响国际贸易行政诉讼原告实体权利的实现和纯粹程序性权利的保障作为标准审查国际贸易行政程序是否违法。④

---

① 参见于立深:《行政决策变更的正当性及合理性审查》,《政法论丛》2016年第1期,第67页。
② 参见邱丹:《行政案卷排他性规则研究》,广东人民出版社2011年版,第14页。
③ 参见肖金明、李卫华:《行政程序性权利研究》,《政法论丛》2007年第6期,第5—12页。
④ 参见林鸿潮:《行政行为审慎程序的司法审查》,《政治与法律》2019年第8期,第32页。

(三) 事实审查和法律审查

行政机关实施行政行为的过程,是在特定事实之基础上适用法律的过程。① 因而,法院在审查行政行为时,要同时审查行政机关做出的事实认定结论和法律适用结果两部分内容。我国《行政诉讼法》第五条规定了"以事实为根据,以法律为准绳"的全面审查原则。在国际贸易领域,相对于法律问题审查而言,事实问题审查比较复杂。事实问题的审查,主要包括对证据的审查(证据是否被"无视""扭曲""误导")、对事实的认定(对事实认定的解释是否合理且充分)、对国内政府政策的审查。② 法官是法律问题专家,一般而言,法官对法律适用做出的解释或结论优于国际贸易行政主体具有正当性理据。然而,对于事实问题的审查,国际贸易行政主体对本领域的事实认定更符合技术性、专业性要求,法官似乎应当对国际贸易行政主体的事实认定给予高度尊让。但是,如此一来,国际贸易行政主体在证据收集、证据证明力判断等事实认定方面的行为就无法受到司法约束,而这些环节往往跟国际贸易行政诉讼原告主张的权利救济诉求息息相关,法官应当按照证据规则重新认定证据效力。

我国《行政诉讼法》追求的是"案件事实的客观性",而我国反倾销、反补贴行政案件的司法解释中规定了行政案卷排他规则,追求的是"行政程序的合法性"。行政案卷排他性规则,是指行政机关应当以行政案卷作为依据实施行为,并且,以行政案卷之外的证据作为依据实施的行为应当被撤销的程序性规则。③ 理论上,行政案卷排他性规则要求法院在案件审理过程中,仅承认行政案卷中记录的事实材料并以此为基础审查事实问题,在行政案卷中未记录的事实材料,法院不予承认其证据效力。当然,在基于行政赔偿、行政协议、行政不作为等案由引发的非复审性行政诉讼中,本身就没有行政案卷,自然无法适用行政案卷排他性规则,而是应当适用"谁主张、谁举证"原则。

---

① 参见[德]哈特穆特·毛雷尔:《行政法学总论》,高家伟译,法律出版社2000年版,第118页。
② 参见张文婷:《WTO争端解决机制中司法经济原则的不当适用的救济》,海天出版社2014年版,第65—71页。
③ 参见邱丹:《行政案卷排他性规则研究》,广东人民出版社2011年版,第21页。

本质上，行政案卷排他性规则常见于欧美国家的法律规范中，而 WTO 协定的诸多内容亦是欧美国家的国内法上升为国际法的产物，所以 WTO 协定中也存在行政案卷排他性规则的规定，我国在加入 WTO 之初为了与 WTO 协定保持一致而规定了行政案卷排他性规则。然而，该规则在我国的适用长期存在"水土不服"问题，我国司法活动一直以事实客观性为目标。并且，即使在行政处罚、行政许可等常见的行政活动中也可能不存在行政案卷，在司法过程中更不可能仅仅以行政案卷作为事实问题审查的依据。简言之，行政案卷排他性规则是与"行政程序法"配套的制度，在我国当前尚未出台"行政程序法"的状况下，不宜适用行政案卷排他性规则。在国际贸易行政管理领域，细如牛毛的行政管理事项，在没有"行政程序法"规制的前提下，行政机关更不可能事无巨细记入行政案卷，行政案卷排他性规则没有适用的基础。

三、确立强制性类案检索制度消除法律冲突

法律冲突消除路径，是指通过统一适用法律进行类案类判，做出前后一致、具有稳定性的司法裁判结果，相对消除法律冲突。消除法律冲突是处理法律冲突问题的第三阶段。意欲在法律制定环节绝对消除法律冲突是几乎不可能之事，在法院审查案件过程中选择适用不同的审查标准而回避法律冲突，也没有令法律冲突得以实质性消失，而在司法裁判阶段，通过类案类判减少司法裁判结果的冲突，能够相对减少法律冲突。当前，在我国的司法制度下，减少司法裁判结果冲突最便捷的方式是强制推行类案检索制度。

（一）我国类案检索制度的发展脉络

我国类案检索制度与案例指导制度的发展是如影随形的。案例指导制度使类案检索制度的运行更加简便、通畅，确立的典型案例或指导性案例可以给类似案件提供较有权威的裁判方法作为借鉴，从而减少"同案不同判"的情形。指导性案例具有显著特征：一是自上而下的筛选；二是法律地位低于正式的法律渊源；三是具有法律适用的不确定性。[1] 最高人民法院的文件

---

[1] See *Chinese Common Law? Guiding Cases and Judicial Reform*, 129 Harvard Law Review 2213(2016), p.2228.

对类案检索制度和案例指导制度的适用都有明文规定,但是当前二者的适用率仍然不高,应当加强推行。

实践中,我国类案检索制度和案例指导制度的确立、推行是并驾齐驱的。2005 年,《人民法院第二个五年改革纲要》规定要"建立和完善案例指导制度"。2010 年,《关于案例指导工作的规定》规定各级法院应当在类案中参照最高人民法院发布的指导性案例。2015 年,《〈关于案例指导工作的规定〉实施细则》规定法院审理类似案件参照指导性案例时应当将指导性案例作为裁判理由引述。2017 年,《司法责任制实施意见(试行)》提出法官应当全面检索类案和关联案件并制作检索报告。虽然后续 2018 年、2020 年、2021 年,最高人民法院都出台了相关文件,强制推行类案检索制度和案例指导制度,但是,当前我国司法系统对于类案检索制度和案例指导制度的适用率和积极性都不高,一定程度上归因于我国的司法活动不具有"造法"功能,类案和指导性案例都不属于正式的法律渊源,因而,无法像法律条文那样得到适用和推行。

(二) 我国类案检索制度与英美判例法的区别

权威性解释的形成,是由理论界的法学争议和成立的通说、实践中积累的判例、国民对判例和通说的支持态度等因素之间的影响和作用而共同造就的。① 整个司法活动是建立在个案裁判的基础之上的,"相同情况相同对待,不同情况不同对待"构成了整个司法裁判体系运作的基础性原理,因此,整个司法裁判的关键和难点是就相同情况和不同情况做出具体的判断。② 案例指导制度的主要目的不是澄清法律上的模糊性,而是促进"正确应用既定原则",因为它们是范例但不具有约束力,指导性案例通常避免可能侵犯人大立法特权或政党利益的权威的影响。③

我国的类案检索制度与案例指导制度与英美法系的判例法不同,主要表现在两个方面:第一,法律属性方面不同。在英美法系中,判例法是正式

---

① 参见[日]棚濑孝雄:《纠纷的解决与审判制度》,王亚新译,中国政法大学出版社 1994 年版,第 172 页。
② 参见泮伟江:《法律系统的自我反思——功能分化时代的法理学》,商务印书馆 2020 年版,第 283 页。
③ See *Chinese Common Law? Guiding Cases and Judicial Reform*, 129 Harvard Law Review 2213(2016), p.2217.

的法律渊源,即判例法本身就属于法律,通过司法案件形成的判例对后续的案件具有拘束力。我国类案检索出来的案例只是对成文法起到补充作用,特别是针对新型、疑难复杂型案件而言,具有较大的借鉴参考意义。同时,指导性案例本身不是法律渊源,指导性案例必须在成文法中有一定的基础。第二,法律效力方面不同。在英美法系的判例法中,司法判例形成后,后续的类似案件应当适用"遵循先例原则"。我国的案例指导制度没有判例法那样高的法律效力,虽然最高院要求各地法院"应当"参照指导性案例做出裁判,但是,在司法实务中,法官并未如想象的那样频繁地参照指导性案例进行裁判。有学者分析认为,或是因为指导性案例并没有英美法系判例那么多,或是因为指导性案例的宣传和传播不像英美法系的判例法那样广泛和深远。① 故此,在国际贸易行政诉讼中,应当强制推行类案类判制度,加强司法裁判一致性,减少法律冲突。

总之,在国际贸易领域,应对我国部门法中存在的不同法律冲突,可以在法律创制的时候尽量减少冲突性规定而预防法律冲突,这是化解法律冲突的第一阶段的方法。在无法避免法律创制环节的法律冲突的情况下,可以在法院审理国际贸易行政案件之时,明确规定法院有权选择适用审查标准,进而回避法律冲突,这是化解法律冲突的第二阶段的方法。法律冲突回避路径实质上并没有减少法律冲突,要通过司法过程减少法律冲突,关键在于司法裁判结果的一致性,这是化解法律冲突的第三阶段的方法,亦即要不断提升类案类判的可能性,通过强制推行类案检索制度以及关联的案例指导制度,促进类案类判目标的达成,从而相对减少法律冲突。归根到底,减少国内部门法中的法律冲突,是为了使国际贸易行政诉讼原告依据法律维权时更加顺畅,不至于面对相互矛盾的法律规范无所适从。

第三节 法律文本内国际贸易法律规范的更新

现阶段,我国国际贸易行政案件起诉"三要件"的规定并不完备,适格原

---

① See *Chinese Common Law? Guiding Cases and Judicial Reform*, 129 Harvard Law Review 2213(2016), p.2232.

告的范围没有法律具体规定,法院常常认定原告不具有起诉资格而裁定驳回起诉。适格被告的身份没有法律明确规定,仅以海关为主要的被诉对象。国际贸易行政案件的管辖缺少专属管辖权的规定,导致案件难以得到实质性审查。总体地看,国际贸易行政诉讼的起诉条款需要不断充实与更新,才能将诸多国际贸易行政纠纷纳入法律途径予以化解,为国际贸易行政诉讼原告起诉提供充分的法律依据。

一、确立"谁起诉谁受益"原则提高原告的积极性

(一) 国际贸易行政诉讼原告资格的主要规定

关于国际贸易行政诉讼的适格原告,WTO 要求成员国确立的国际贸易争端解决机制中,适格原告范围是"受国际贸易行政行为影响的任何人"。例如,《贸易便利化协定》第 4 条"上诉或审查程序"中规定,国际贸易行政案件起诉权享有人为"海关做出的行政决定所针对的任何人"。在世界海关组织发布的《全球贸易安全与便利标准框架》中,第 2.3 条规定了"经认证的经营者",不仅包括进出口贸易的直接从业人员,还包括进出口贸易的关联服务、代理人员。从 WCO 规定看,直接从事国际贸易活动的市场主体以及间接参与国际贸易活动过程的市场主体,都属于 WCO "经认证的经营者"范围。

中国是 WTO 成员国以及 WCO 的成员国,应当遵守 WTO 和 WCO 关于国际贸易行政诉讼原告资格的规定。在中国,适格原告的范围主要可以依据下列法律规定进行判断:一是《行政诉讼法》第二十五条规定的"行政行为利害关系人"及"检察院";二是《对外贸易法》第二章规定的从事货物进出口、从事技术进出口、从事国际服务贸易的经营者;三是《进出口食品安全管理办法》第七十七条规定的中国境外食品生产商、中国境外食品出口商或者代理商、中国境内食品进口商、中国境内食品生产商、中国境内食品出口商等。此外,贸易或商业协会也有资格启动司法审查程序,前提是它们代表生产商、出口商或进口商,且受到质疑的行动已影响到其行业大多数成员的利益,例如,协会无权就某出口商接受某项承诺提起诉讼,因为该决定只影响该出口商,然而,如果案件涉及征收临时或最终反倾销税,协会将能够提起

诉讼,因为此类措施将影响协会的所有或许多成员。①

综观之,当前我国国际贸易行政诉讼原告资格的规定呈现出下列特征:其一,与我国的国际贸易活动存在直接关联性,主要是不同国家的生产商和进出口商;其二,集中于产品的生产(包括生产、加工、贮存)环节和销售、消费的买卖环节,排除产品的运输、流通环节②,因而,与国际贸易行政行为有利害关系的国内消费者也是适格原告;其三,既包括私权利主体,也包括公权力主体,例如,人民检察院等。原告资格的扩大是当前国际贸易行政诉讼的发展趋势,但是,全面解除原告资格的限制,从法律所预定的法院的功能范围来看在法律上有问题,且仅从法院的案件处理能力来看就可知其在事实上不可能。③

(二) 发展方向:适用"谁起诉谁受益"原则提升当事人维权积极性

1999 年公布的《关于鼓励和督促企业参加国外反倾销案件应诉的若干规定》第二条载明,如果国外市场主体向当地法院起诉中国出口的产品侵权,中国政府鼓励中国国内的关联企业积极应诉,依据"谁应诉谁受益"原则,对于积极参加外国涉华反倾销案件的企业,由中国政府给予优惠政策;对于应当参加外国涉华反倾销案件而未参加、导致外国政府对中国出口的相关产品征收高额反倾销税的中国企业,由中国国内行政机关给予处罚。在此原则下,我国企业在国外参加国际贸易行政诉讼的积极性一直保持较高水平,以美国国际贸易法院审理的案件为例,2016 年,USCIT 受理了 121 件案件,中国企业④为原告的有 33 件,占比 27.3%;2017 年,USCIT 受理了 173 件案件,中国企业为原告的有 52 件,占比 30.1%;2018 年,USCIT 受理

---

① Mercedes De Artaza, *Argentina: A Well-Structured but Unsuccessful Judicial Review System*, in Müslüm Yilmaz, ed., Domestic Judicial Review of Trade Remedies: Experiences of the most Active WTO Members, Cambridge University Press, 2013, p.144.

② 例如,从《进出口食品安全管理办法》规定范围来看,剔除了食品运输的流通环节的从业人员,将"进出口食品生产经营者"锁定在食品进口和出口的买卖环节以及食品的生产环节。

③ 参见[日]小早川光郎:《行政诉讼的构造分析》,王天华译,中国政法大学出版社 2014 年版,第 24 页。

④ 仅包括中国大陆企业,不包括中国香港、澳门、台湾三个单独关税区的企业。

了 182 件案件,中国企业为原告的有 44 件,占比 24.2%;2019 年,USCIT 受理了 173 件案件,中国企业为原告的有 44 件,占比 25.4%;2020 年,USCIT 受理了 189 件案件,中国企业为原告的有 35 件,占比 18.5%。从统计数据可见,除了 2020 年中国因新冠肺炎疫情管控导致出国不便利,影响国内企业到美国起诉外,在往年数据中,中国企业向 USCIT 提起诉讼的比例基本占到了 USCIT 全年收案量的 1/4 以上。这一方面表明,美国政府对中国出口企业发起"两反一保"调查的频率很高,另一方面表明,中国企业向 USCIT 提起诉讼的积极性很高。[1]

实质上,USCIT 的审理结果并非完全法律性、公正性的,夹杂着政治影响和国家利益考量,"美国人倾向于将重要的政治问题转化为宪法问题"。[2] 国际贸易行政诉讼具有较强的政治属性,可以作为维护国家利益的一种司法工具,关键在于找准"保障国际贸易市场主体权益"与"维护国家利益"的平衡点,把握利益衡量的"度"。不同国际贸易市场主体针对同一时期的国际贸易政策,其利益得失状态是不同的,亦即国际贸易行政行为内容难免让部分国际贸易市场主体权益受损,国际贸易市场主体客观上具有通过司法途径维权的需求。在国际贸易行政诉讼制度建构的过程中,应当从主观上提高国际贸易市场主体通过司法途径维权的积极性。笔者认为,在国际贸易行政案件中,可以从法律层面确立"谁起诉谁受益"原则,从而激发国际贸易市场主体发起诉讼的积极性。

"谁起诉谁受益"原则中的"诉",既包括国际贸易市场主体向我国商务部积极申请"两反一保"调查,也包括国际贸易市场主体向我国法院依法起诉国际贸易行政主体的不当行政行为。"谁起诉谁受益"原则中的"益",在我国国际贸易市场主体向我国商务部提起"两反一保"调查申请的情形,可以是不违反贸易自由和公平贸易的某种形式的行政奖励;在国际贸易市场

---

[1] 《美国行政程序法》(Administrative Procedures Act,APA)第 516A 条规定,"诉讼的一方"在商业法规的相关部分中被定义为"通过书面形式提交事实信息或论证积极参与诉讼部分的任何利害关系方"。因此,诉讼的一方必须参与了行政机构的行政调查活动,才有权向法院起诉该行政机构。中国企业面对美国政府的行政调查活动,应当积极应诉,才有机会通过美国国际贸易法院对美国政府的行政调查结果提出抗议。

[2] See Ronald C. Den Otter, *Judicial Review in an Age of Moral Pluralism*, Cambridge University Press, 2009, p.318.

主体向我国法院依法起诉国际贸易行政主体的不当行政行为的情形,这里的"益"指代"起诉可以获益但不得加害"准则,主要包括两方面内容:一是作为原告的国际贸易市场主体胜诉时,有权获得因国际贸易行政主体违法行为引发原告经济损失而产生的行政赔偿;二是作为原告的国际贸易市场主体败诉时,有权免受国际贸易行政主体因被诉至法院而对原告采取行政处罚或行政强制措施等。

在法律层面确立国际贸易行政案件的"谁起诉谁受益"原则,有利于提升当事人维权的积极性。中国境内,《反倾销条例》第十三条和第十八条、《反补贴条例》第十三条和第十八条、《保障措施条例》第三条和第四条,均规定了发起"两反一保"调查的方式包括国际贸易市场主体依申请发起调查,以及商务部作为行政主体依职权发起调查两种方式。中国籍国际贸易市场主体在因外资企业的倾销或补贴等贸易措施损害自身利益时,基于"谁起诉谁受益"原则,中国籍国际贸易市场主体向国际贸易行政主体提起"两反一保"调查申请时,有机会获得合法的行政奖励,无疑将激励国际贸易市场主体积极申请"两反一保"行政调查,有利于商务部对违反中国"两反一保"法律规定的外国籍国际贸易市场主体追究法律责任,这既是维护中国企业的利益,也是维护国家利益的体现。同时,当国际贸易行政主体没有依法履行职责而侵犯中国籍国际贸易市场主体权益时,基于"谁起诉谁受益"原则,中国籍国际贸易市场主体向法院提起国际贸易行政诉讼,在胜诉的情况下能获得行政赔偿,在败诉的情况下能够避免被打击报复,无疑将鼓励国际贸易市场主体通过司法途径维权,在维护自身利益的同时,有利于发挥司法权对行政权的监督作用,提升国家行政法治水平。"制度在尊重公民个体权利之时,必须实现对公民的道德教育,使之铭记自己与国家的命运利害攸关"[①],在法律层面确立"谁起诉谁受益"原则,使其在国际贸易行政案件中得以广泛适用,将提升国际贸易市场主体通过法律途径维权的积极性,扩大国际贸易行政诉讼适格原告的范围。

---

① 参见唐宜红、张鹏杨:《后疫情时代全球贸易保护主义发展趋势及中国应对策略》,《国际贸易》2020年第11期,第62—63页。

二、确立新型可诉行政行为种类降低被告的高权性

被告适格包括两层含义：一是形式上的适格，即符合《行政诉讼法》第二十六条和第四十九条的规定，视为"有明确的被告"；二是实质上的适格，即被诉行政机关做出了被诉行政行为，且该行政机关在法定范围内有权对案涉标的进行处分，视为"有正确的被告"。① 国际贸易行政主体是我国国际贸易法律规范的主要执行者，亦是国际贸易行政诉讼的被告。

（一）我国国际贸易行政案件适格被告的身份

我国《反倾销条例》《反补贴条例》规定了国务院关税税则委员会、商务部、海关对反倾销税、反补贴税的行政管理地位。其中，国务院关税税则委员会办公室设在中华人民共和国财政部关税司中，负责制定关税法律规范、提出关税税则税率的调整方案和征税建议等。在海关系统中，海关总署是最高行政管理机关，下辖遍布全国的42个直属海关和若干个隶属海关（除港澳台地区）。②

2018年，国务院办公厅发布了《关于调整国务院关税税则委员会的通知》，其中列明，国务院关税税则委员会的组成人员包括中华人民共和国财政部、国家发展和改革委员会、中华人民共和国工业和信息化部、中华人民共和国司法部、农业农村部、中华人民共和国商务部、中华人民共和国海关总署、国家税务总局这八大国务院部委的主要负责人。中华人民共和国财政部、中华人民共和国商务部和中华人民共和国海关总署对国际贸易活动的行政监管职权前文已经提及，其他五大部委在国际贸易活动中的行政监管职权为何。从公开资料来看，国家发展和改革委员会主要负责对外开放重大问题、经济体制改革、利用外资战略等方面的行政管理事宜。国家税务总局主要负责进出口商品税收和出口退税业务办理的管理工作。农业农村部主要牵头开展农业方面的对外合作工作、参与制定涉农的进出口政策和农业国际贸易规则谈判。中华人民共和国工业和信息化部主要负责提出利

---

① 参见李广宇：《理性诉权观与实质法治主义》，法律出版社2018年版，第53页。
② 本书中，我国直属海关和隶属海关的数量统计时间截至2023年3月10日，隶属海关的数量，有23个副厅级隶属海关、615个正处级隶属海关，隶属海关的数量根据工作需要可以报申请增加。

用外资和境外投资的工业、通信业和信息化方面固定资产投资意见、开展相关领域对外合作。中华人民共和国司法部主要参与国际司法协助条约谈判、指导司法行政系统对外合作。

此外,从对外经济贸易行政管理的内容上看,国际贸易行政主体除了对外经济贸易行政主管机关外,还涉及商检、金融等行政机关的交叉管理①,涉及海关、市场监管局等行政主体。金融行业的监管部门主要是指中国人民银行、国家金融监督管理总局、中国证监会。同时,国家知识产权局负责涉外知识产权行政管理事宜,也属于国际贸易行政主体。

简言之,享有国际贸易行政管理职权的行政主体,可分为中央和地方两个层次,中央层面的国际贸易行政主体负责制定国际贸易相关政策,地方层面的国际贸易行政主体负责落实执行国际贸易相关法律政策。

(二) 扩大我国国际贸易行政案件被告行为的审查范围

对某一行政决定的审查范围可以是零到百分之百,也就是说,法院可能被完全排除在对行政决定是非曲直的审查之外,或者法院可以自由地重新决定问题而不必尊重行政机构,然而,法院的职能通常介于这些极端之间。② 法院的司法审查范围一般是随着社会法治水平的向前发展而持续扩大的。例如,美国作为司法审查制度的代表性国家,其《行政程序法》第 701 条规定了"推定可审查性"原则,即"审查为原则,不审查为例外",例外的情形主要包括法律明确规定不予进行司法审查的情形,或者特定行政行为依法属于自由裁量行为。③ 可见,美国的司法审查范围较大,对行政行为的审查以"可审查为原则、不可审查为例外"。相较而言,现阶段我国进入全面依法治国时期,"统筹推进国内法治和涉外法治"成为国家法治建设的重点工作。在涉外法治领域的国际贸易行政诉讼中,需要进一步考虑的问题是,如何通过修改法律扩大我国国际贸易行政案件被告行为的审查范围,加强对国际贸

---

① 参见范颖慧、李捷云、钟元茂:《涉外行政法概论》,中山大学出版社 1993 年版,第 46 页。
② See Ernest Gellhorn, Ronald M. Levin, *Administrative Law and Process*, West Group, 1999, p.72.
③ 参见[美]杰弗里·吕贝尔斯:《美国规章制定导论》,江澎涛译,中国法制出版社 2016 年版,第 256 页。

易行政诉讼原告权益的保障力度。

1. 通过法律规定增加对规章的司法审查

规章在我国被认定为抽象行政行为而排除在司法审查之外,然而,本质上,世界上只可能有抽象的规则,没有抽象的行为,任何行为都是具体的。① 再者,抽象行政行为也并不是绝对不可诉的。抽象行政行为主要包括行政立法和其他规范性文件的制定②,其中,行政法规的制定存在《立法法》(2023年修正)第一百一十条、第一百一十一条、第一百一十二条规定的审查监督途径,由全国人大法律委员会(2018年更名为"全国人大宪法和法律委员会")等主体对行政法规进行审查;其他规范性文件可以通过行政诉讼的附带审查方式对其进行审查;但是,规章仍然没有确定的法律审查途径。规章是国务院部门或者地方政府制定的,是各行政机关日常开展行政活动的主要法律依据之一,规章从方方面面影响着人们的日常生活,其违法侵权的可能性比国务院制定的行政法规还要高,甚至与其他规范性文件的违法侵权可能性相近,但是,规章的司法审查反而相对缺乏。③

笔者认为,应当通过法律明确规定的方式,将规章纳入司法审查范围。尤其就部门规章而言,亟须通过司法监督减损部门规章对国际贸易市场主体权益的侵害性。在国际贸易领域,中华人民共和国商务部、中华人民共和国海关总署、国家税务总局、国家发展和改革委员会等国务院各部委制定的部门规章规制国际贸易市场主体的国际贸易活动。这些国际贸易行政主体既是部门规章的制定者,也是部门规章的执行者,英国学者洛克对这种集行政立法权和行政执法权于一体的现象做出过评价——当同一批人同时拥有法律的制定权和执行权时,他们动辄要攫取权力,在制定或者执行法律之时,使法律符合他们自身的私人利益。④ 国际贸易行政主体权力高度集中,难免在权力行使过程中基于部门利益、私人利益等因素对国际贸易市场主

---

① 参见胡建淼:《论"行政处罚"概念的法律定位　兼评〈行政处罚法〉关于"行政处罚"的定义》,《中外法学》2021年第4期,第933页。
② 参见董茂云、朱淑娣、潘伟杰等:《行政法学》,上海人民出版社2005年版,第152页。
③ 参见姜明安:《法治思维与新行政法》,北京大学出版社2013年版,第319页。
④ 参见[英]洛克:《政府论(下篇)——论政府的真正起源、范围和目的》,叶启芳、瞿菊农译,商务印书馆2019年版,第91页。

体产生侵权后果,而我国现行《行政诉讼法》将部门规章排除在行政诉讼受案范围外,当国际贸易市场主体权益受到部门规章重大负面影响时,将无法通过司法途径寻求权利救济。部门规章仅是一种行政立法行为,应当跟其他行政行为一样接受司法监督。

2. 通过法律规定增加对行政终局裁决行为的司法审查

在 2019 年以前,我国行政终局裁决行为的存量本来不多,但是 2019 年后,基于国际贸易的紧张局势和他国法律域外适用不当情形增加的现实,为了维护我国国家安全和国家利益,体现国家主权和政府权威,我国出台的《外商投资法》第三十五条、《出口管制法》第四十一条、《反外国制裁法》第七条以及"2021 年商务部的阻断办法"中均规定了行政裁决的终局性内容。

虽然在国家安全领域排除当事人的行政诉权并不罕见,但是从完善我国国际贸易法律规范、为国际制裁提供良好国家范本的视角看,有必要为国际贸易市场主体提供程序性保障。包括美国在内的部分国家已经开始在国内法律机制中赋予被制裁当事人部分程序性保障和救济方式,从而增强国内制裁法律制度的合法性元素。① 我国现行的国家安全审查制度在法律上的模糊性和强制执行性,可能会对我国建立全面自由化的外国直接投资监管制度构成威胁,我国的法律制定者应该在最小化国家安全风险和避免阻碍未来外国投资二者之间取得适当的平衡。② 针对国家安全审查决定,"有限度地"为外国投资者提供司法救济,使司法审查主要存在于形式审查方面,对行政监管决定内容不进行实质性审查,这既是增加我国外资审查行政程序正当性的方式,也是对等原则的要求。欧美的最新外资安全审查立法和司法判例均有限度地认定了安全审查决定的可诉性,为了避免未来我国跟欧美等国缔结投资保护协定时处于被动地位,我国应当通过法律明确规定,对外资安全审查决定的程序合法性进行司法审查。③

---

① 参见霍政欣:《〈反外国制裁法〉的国际法意涵》,《比较法研究》2021 年第 4 期,第 155—156 页。
② See Cheng Bian, *National Security Review of Foreign Investment: A Comparative Legal Analysis of China, the United States and the European Union*, Routledge, first published 2020, p.81.
③ 参见张怀岭、邵和平:《对等视阈下外资安全审查的建构逻辑与制度实现》,《社会科学》2021 年第 3 期,第 52 页。

需要明确的是,除了缔结条约、保卫领土、赦免权等直接关系国家和民族安全的国家外交行为之外,政治属性的行政行为和对外政策均不能成为否定司法管辖权的理由,不能作为逃避司法制约的依据。① "政治"这个词不应该从字面上理解,无论是好是坏,政策在法律领域无处不在,如果政策不可审理,那么法官将被迫几乎完全退出。②

三、确立"三定方案"专属管辖突出法院的专业性

放眼全球,欧美等主要的国际贸易大国在着手完善其国际贸易行政诉讼制度时,往往从国际贸易行政案件主审法院的设置变革开始。③ 我国作为世界贸易大国,在与他国国际贸易摩擦频发的现状下,有必要深入考虑设置专门的国际贸易法院事宜。

(一) 设立专门国际贸易法院(法庭)的不同观点

法律目的是否能够持续性实现并且具有权威性,法律秩序是否具有完整性,取决于法律创制的顶层设计中是否存在能力强的法律机构。④ 在中国入世20多年后的今天,随着中国国际贸易总量不断增长,国际贸易行政纠纷不可避免地日益增加,为了加强国际贸易行政诉讼原告权益保障,维护国际贸易活动有序进行,促进中国国际贸易的可持续性发展,设立专门国际贸易法院的呼声高涨。

理论和实务工作者皆阐述了在我国建立专门国际贸易法院(法庭)的必要性和可行性,并提出了国际贸易法院组织体系设置建议。我国行政法学巨擘罗豪才认为,根据WTO协定的要求,法院应当对抽象行政行为予以审查,结合中国国情,可以考虑在最高人民法院之下设立比较独立的行政法院,从而统一行使履行国际条约法定义务的相关案件的司法审查权,对抽象

---

① 参见[法]狄骥:《公法的变迁》,郑戈译,商务印书馆2013年版,第167页。
② See Paul Daly, *A Theory of Deference in Administrative Law: Basis, Application, and Scope*, Cambridge University Press, 2012, p.268.
③ 参见黄谷:《国际贸易诉讼机构设置模式比较研究》,天津大学硕士学位论文,2015年,第41页。
④ 参见[美]诺内特、塞尔兹尼克:《转变中的法律与社会》,张志铭译,中国政法大学出版社1994年版,第87页。

行政行为和具体行政行为进行审查。① 最高人民法院王晓滨法官认为,为了实现国际贸易行政纠纷解决的专门性,保障司法统一性,推行与国际规则接轨的司法改革措施而避开国内普通法院改革的共性阻力,应当设立国际贸易法院,级别与高级人民法院平级,主要审理省部级行政主体为被告的一审案件,并根据需要设立若干分院且不受行政区划限制,分院级别相当于中级法院,主要受理市级行政主体为被告的一审案件,国际贸易法院受理分院的上诉案件,最高人民法院受理以国际贸易法院为一审法院的上诉案件。② 有代表性观点认为,对于国际贸易行政案件管辖权的归属,可以在最高人民法院下设独立的国际贸易行政法院,对与国际贸易有关的部分抽象行政行为、行政终局裁决行为、具体行政行为进行司法审查。③ 此外,有学者认为,可以直接将反补贴类案件的一审由北京市高级人民法院负责,二审由最高人民法院负责。④ 有学者认为,我国的国际贸易法院应当在北京市设立,在需要的时候可以到其他省、市审理案件,国际贸易法院的上诉法院为北京市高级人民法院。⑤ 有学者认为,我国国际贸易法院主要管辖范围是海关为被告的行政案件,以及反倾销、反补贴、保障措施类行政纠纷案件,因而,国际贸易法院建制分为中级和高级这两级法院建制较为合理,高级法院作为中级法院的上诉法院,对于海关为被告的行政案件,参考铁路法院沿着铁路路线设置、森林法院在林区设置的特点,按照"就近管辖案源"原则,将国际贸易法院的中级法院设置与我国 40 余个直属海关辖区进行对应设置,同时,在同一省份的辖区内只设立一个国际贸易法院,例如,广东省有 7 个直属海关,只设立一个国际贸易法院即可,对于以海关总署为被告的行政案件以及反倾销、反补贴、保障措施等类别的行政案件,由设在北京市的国际贸易法院的高级

---

① 参见罗豪才:《现代行政法的平衡理论》(第二辑),北京大学出版社 2003 年版,第 94 页。
② 参见王晓滨:《论国际贸易行政规章的司法审查》,《法律适用》2009 年第 8 期,第 81 页。
③ 参见朱淑娣、李晓宇:《多重视角下的国际贸易行政诉讼论》,《政治与法律》2006 年第 2 期,第 106 页。
④ 参见岳昕雯:《WTO 下我国反补贴司法审查制度的完善》,《黑龙江省政法管理干部学院学报》2011 年第 6 期,第 130 页。
⑤ 参见陈立虎:《美国国际贸易法院的设置及其启示》,《苏州城市建设环境保护学院学报》2001 年第 3 期,第 30 页。

法院受理一审案件，由最高人民法院受理二审案件。①

　　法官和学者们提出建立国际贸易法院的构想较为明确，在实践中，我国现有的各种专门法院、跨行政区划法院的设置及运行经验也给设置国际贸易法院这一专门法院奠定了实务基础。但是，为何在中国加入 WTO 整整 20 年的今天，国际贸易法院的设置仍然迟迟没有落实？笔者认为，主要存在以下原因。

　　其一，法院受理的国际贸易行政案件内涵没有梳理清楚。虽然最高人民法院早在 2002 年就发布了专门的司法解释，对国际贸易行政案件的范围进行明确，但是，司法解释中确定的各类国际贸易行政案件都仅仅是统称，没有具体明确相关类别案件包括哪些行政管理对象。在实务中，普通法院并未将国际贸易行政案件区别化对待，从而没有专门积累总结国际贸易行政案件的审判经验。

　　其二，法院组织体系层级没有梳理清楚，不能较为顺畅地嵌套进我国现有法院组织系统中。在诸多学者的国际贸易法院设置构想中，要么没有区分各地海关为被告以及国务院部委为被告的国际贸易行政案件，要么虽然对前述内容做了区分，但是在解决这种区分问题方面，提出的法院设置构想需要消耗的成本太大，例如，按照 41 个直属海关设置对应的国际贸易法院，并未有效嵌入我国当前法院组织系统。

（二）设立专门的国际贸易行政案件管辖法院的构想

　　无论在中国国内还是国外，"要真正实现海关诉讼的现代化，可能需要采取立法行动，并修订国际贸易法院的规则和程序"。② 贸易救济决定的司法审查必须由专门法院进行，并不是说这类法院应该只处理贸易救济案件，从经济性上考虑，法院可能不仅审查贸易救济决定，还审查与国际贸易有关的其他领域的政府行为，例如，海关行为、国际贸易标准认定、进出口加工制

---

① 参见詹礼愿：《建立中国特色国际贸易司法审查制度的构想——兼评美国国际贸易司法审查机制》，《对外经贸实务》2010 年第 8 期，第 8—9 页。
② See John M. Peterson and John P. Donohue, *Streamlining and Expanding the Court of International Trade's Jurisdiction: Some Modest Proposals*, 18 Journal of Civil Rights and Economic Development 75(2003), p.110.

度的实施、自由贸易区措施,甚至外国投资措施等。① 笔者认为,我国国际贸易法院的建制,可以依据最高人民法院设置六大巡回法庭所采取的"集中管辖原则",以及我国铁路运输法院、森林法院等专门法院所采取的"就近管辖案源原则",参考"三定方案"中定机构、定职能、定编制的构思进行如下设置。

1. 定机构——确立国际贸易法院的级别设置

我国国际贸易法院组织体系可以设为三级,即最高级的最高人民法院内设的国际贸易法庭,中间级的中国国际贸易法院,最低级的中国国际贸易法院第一、第二、第三、第四、第五、第六、第七分院。其中,国际贸易法院的分院数量设置参照最高人民法院六大巡回法庭设置,再加上巡回法庭从行政区划上没有覆盖的北京、天津、河北、内蒙古、山东五省市的一个分院设置。

2. 定职能——确立国际贸易法院的管辖范围

在地理位置和行政区划方面,最高人民法院内设的国际贸易法庭自然设立在北京市。中间级的中国国际贸易法院主要受理具有国际贸易行政管理职权的国务院部委作为被告的国际贸易行政案件,国务院部委所在地一般都在北京市,因而,中国国际贸易法院也设立在北京市。最低级的中国国际贸易法院第一、第二、第三、第四、第五、第六、第七分院对42个直属海关及其隶属海关的管辖参照最高人民法院巡回法庭的地域管辖权设置。②

中国国际贸易法院第一分院设立在深圳市,管辖长沙海关(湖南省)、广州/深圳/拱北/汕头/黄埔/江门/湛江7个海关(广东省)、南宁海关(广西壮族自治区)、海口海关(海南省)共计10个直属海关及其隶属海关为被告的国际贸易行政案件。

中国国际贸易法院第二分院设立在沈阳市,管辖沈阳/大连2个海关(辽

---

① See Yilmaz, Müslüm, ed., *Domestic Judicial Review of Trade Remedies: Experiences of the Most Active WTO Members*, Cambridge University Press, 2013, p. 220.
② 尚有北京市、天津市、河北省、内蒙古自治区、山东省没有设立管辖的最高人民法院巡回法庭,或许是考虑这些省市离设在北京市的最高人民法院较近,没有再单独设立巡回法院。

宁省)、长春海关(吉林省)、哈尔滨海关(黑龙江省)共计 4 个直属海关及其隶属海关为被告的国际贸易行政案件。

中国国际贸易法院第三分院设立在南京市,管辖南京海关(江苏省)、上海海关(上海市)、杭州/宁波 2 个海关(浙江省)、福州/厦门 2 个海关(福建省)、南昌海关(江西省)共计 7 个直属海关及其隶属海关为被告的国际贸易行政案件。

中国国际贸易法院第四分院设立在郑州市,管辖郑州海关(河南省)、太原海关(山西省)、武汉海关(湖北省)、合肥海关(安徽省)共计 4 个直属海关及其隶属海关为被告的国际贸易行政案件。

中国国际贸易法院第五分院设立在重庆市,管辖重庆海关(重庆市)、成都海关(四川省)、贵阳海关(贵州省)、昆明海关(云南省)、拉萨海关(西藏自治区)共计 5 个直属海关及其隶属海关为被告的国际贸易行政案件。

中国国际贸易法院第六分院设立在西安市,管辖西安海关(陕西省)、兰州海关(甘肃省)、西宁海关(青海省)、银川海关(宁夏回族自治区)、乌鲁木齐海关(新疆维吾尔自治区)共计 5 个直属海关及其隶属海关为被告的国际贸易行政案件。

中国国际贸易法院第七分院设立在北京市,管辖北京海关(北京市)、天津海关(天津市)、石家庄海关(河北省)、呼和浩特/满洲里 2 个海关(内蒙古自治区)、济南/青岛 2 个海关(山东省)共计 7 个直属海关及其隶属海关为被告的国际贸易行政案件。

在案件性质和被告身份方面,中国国际贸易法院的七大分院管辖以辖区内直属海关及其隶属海关为被告、辖区内负责出口退税等业务的税务机关为被告等的一审国际贸易行政案件。中国国际贸易法院为各分院一审案件的上诉法院,同时,受理反倾销、反补贴、保障措施、外汇管理、对外贸易政策等事项涉及的国务院部委为被告的一审国际贸易行政案件。最高人民法院内设的国际贸易法庭作为中国国际贸易法院一审案件的上诉法院,同时,负责统筹指导我国国际贸易法院体系的各项事宜。

国际贸易行政案件实行二审终审制,参照最高人民法院发布的《关于完善四级法院审级职能定位改革试点的实施办法》,中国国际贸易法院的七大分院工作重点在于查明事实,实质性化解国际贸易行政争议。中国国际贸易法院工作重点在于查明事实,有效终审、精准定纷止争。最高人民法院内设的国际贸易法庭工作重点在于有效终审,统一司法裁判尺度,指导全国国际贸易行政案件审判工作,确保国际贸易法律规范得以正确、统一的适用。

3. 定编制——确立国际贸易法院的法官选任方式

国际贸易法院的法官应当具有国际贸易(经济学)、国际法/经济法/行政法(法学)、国际关系(政治学)等相关专业知识的学习背景。在作为行政法"母国"的法国,特别强调行政法院与国家行政机关间的"天然联系",行政法院的法官需要对行政管理的合理性具有深切感悟,从而法官在适用比例原则、信赖保护原则等行政法基本原则审理行政机关的行政裁量行为时能够更加妥当和准确,法国行政法院的法官一定要从国家行政学院的高才生中遴选并派到行政机关"挂职",从而把法官训练成行政管理者,法官才能在行政审判过程中既保障原告的合法权益、控制行政权,又避免给行政机关带来不必要的桎梏。[①] 从法国的经验中,可以撷取我国国际贸易法院选任法官的相关准则——扎实的专业知识及丰富的法院、行政机关工作阅历。

概言之,扩大国际贸易行政案件适格原告的范围、厘清国际贸易行政案件适格被告的身份、设立专门的国际贸易行政案件管辖法院这三个方面的制度完善,为国际贸易行政诉讼制度的系统性完善搭建了坚实的基础,为加强国际贸易行政诉讼原告权益保障创造了前提性条件。

本章小结

人权价值下完善国际贸易行政诉讼原告维权依据,需要处理好保障个体权益和维护国家利益二者之间的关系。在制定法律保障国际贸易市场主体权益时,并非数量越多越好,一堆粗制滥造、处于"沉睡"状态的法律条文不但不能保障个体权益,还将减损国际贸易领域法律规范的权威性。同时,国际贸易法律条款的修改并非仅考虑在程度上深化对国际贸易行政诉讼原告权益的保障,亦需要明确一些法律修改方向的底线,即不能与国家组织结

[①] 参见余凌云:《法院如何发展行政法》,《中国社会科学》2008年第1期,第92页。

构、国家权力分配、社会公共秩序等与国家主权、国家政权、公共利益密切相关的现行法律规定相冲突。

完善我国国际贸易行政诉讼原告维权依据,需要从法律体系、法律部门、法律文本三个层面着手完善现行法律规定。

法律体系层面,需要完善域外法在国内适用以及国内法在域外适用的法律规定。具体而言,包括国际法的国内适用、外国法的国内适用、国内法的域外适用三个方面的法律规定的变革。首先,国际法的国内适用应当确立直接效应原则。对中国而言,在国际贸易行政诉讼中确立直接效应原则,需要明确规定国际条约以"纳入"的方式在我国直接适用,需要在宪法层面规定国际条约在中国国内法律体系中的法律层级,需要明确规定国际贸易行政诉讼原告可以依据国际条约提起诉讼。其次,外国法的国内适用应当确立国际礼让原则。国际礼让原则的适用需要配套建构符合中国国情的"多因素平衡标准"体系,这一标准体系至少应当囊括两大标准,即外国法的国内适用不能危害中国的社会公共秩序,不能违反中国法律体系中的强行法。最后,国内法的域外适用,是针对外国法律域外适用不当的情形,当外国针对我国采取贸易限制性、歧视性措施时,通过我国法律中的对等反制原则,我国可以根据实际情况对外国人或者外国政府采取相应的措施,从而保护我国国家安全和国家利益。

法律部门层面,需要完善国内部门法中法律冲突化解路径的法律规定。法律冲突化解路径包括第一阶段的法律冲突预防路径、第二阶段的法律冲突回避路径、第三阶段的法律冲突消除路径。

第一阶段的法律冲突预防路径,是指在创制法律时尽量避免制定存在冲突的法律规范。当前,我国国际贸易行政案件的法律规定存在"特别规定用不了,一般规定不好用"的尴尬。"特别规定用不了"是指法律层级较低的特别规定贴合国际贸易行政案件的审理需求,但是因为其法律层级较低,法院将适用高位阶的一般性法律规定。"一般规定不好用"是指法律层级较高的一般性法律规定,无法匹配具有特殊要求(履行国际法定义务等)的国际贸易行政案件的审理需求。故此,可以提升我国传统国际贸易领域案由规则的法律层级,使国际贸易行政案件的司法解释规定上升为法律性质,再运用"特别法优于一般法"的规则预防法律冲突。同时,在新兴的数字贸易领域，我国应当通过立法明确规定，在中国具有优势地位的数字贸易领域主张数据跨境自由流动从而扩大优势，在中国不具有优势地位、危及国家安全的数字贸易领域主张数据中心本地化设置从而减少劣势。

第二阶段的法律冲突回避路径，是指在现行法秩序下无法通过规则化解法律冲突，则通过明文规定赋予法官权限选择性地适用法律，从而避开适用存在法律冲突的规则。我国国际贸易行政诉讼最密切关联的法律规范可以概括为"三法、三条例、三规则、三解释"，在这些国际贸易法律规范中存在若干法律冲突规定，在无法预防法律冲突的情况下，法院可以通过选择不同审查标准来回避法律冲突。具体地说，国际贸易行政诉讼中规定了合法性审查和合理性审查、实体审查和程序审查、事实问题审查和法律问题审查等不同审查标准，需要法官在不同的国际贸易行政案件中选择适用合适的审查标准。此外，相较于法律问题审查，事实问题审查的争议更多，《行政诉讼法》规定了全面审查原则，追求事实客观性，最高人民法院关于反倾销、反补贴行政案件的司法解释中规定的是行政案卷排他性规则，与全面审查原则存在法律冲突。在实践中，基于我国尚未出台《行政程序法》，不宜适用高度依赖行政程序合法的行政案卷排他性规则。

第三阶段的法律冲突消除路径，是指通过统一适用法律进行类案类判，做出前后一致、具有稳定性的司法裁判结果，相对消除法律冲突。法律冲突无法全面预防，回避法律冲突亦没有实质性减少法律冲突，通过强制推行类案检索制度以及相关的案例指导制度，可以相对减少国际贸易行政案件的法律冲突。我国的类案检索制度与案例指导制度与英美法系的判例法不同，在法律属性方面，英美法系的判例法是正式的法律渊源，我国类案检索出来的案例只是对成文法起到补充作用而非法律本身。在法律效力方面，英美法系的判例法中，司法判例形成后，后续的类似案件应当适用"遵循先例原则"，我国的案例指导制度没有判例法那样高的法律效力。总体看来，法院做出统一的司法裁判结果，为国际贸易行政诉讼原告在类似案件中的维权活动提供了权威的法律指导和依据。

法律文本层面，需要完善国际贸易行政案件起诉条款的法律规定。起诉条款主要包括原告资格的法律规定、被告资格的法律规定、法院管辖权的法律规定。

为了加强对我国国际贸易行政诉讼原告权益的保障,需要增加国际贸易行政案件适格原告的数量,确立"谁起诉谁受益"原则提升当事人的维权积极性。"谁起诉谁受益"原则中的"诉",既包括国际贸易市场主体向我国商务部积极申请"两反一保"调查,也包括国际贸易市场主体向我国法院依法起诉国际贸易行政主体的不当行政行为。"谁起诉谁受益"原则中的"益",在我国国际贸易市场主体向我国商务部提起"两反一保"调查申请的情形,可以是不违反贸易自由和公平贸易的某种形式的行政奖励;在国际贸易市场主体向我国法院依法起诉国际贸易行政主体的不当行政行为的情形,这里"益"指代"起诉可以获益但不得加害"准则,主要包括两方面内容:一是作为原告的国际贸易市场主体胜诉时,有权获得因国际贸易行政主体违法行为引发原告经济损失而产生的行政赔偿;二是作为原告的国际贸易市场主体败诉时,有权免受国际贸易行政主体因被诉至法院而对原告采取行政处罚或行政强制措施等。

为了加强对我国国际贸易行政诉讼原告权益的保障,需要扩大国际贸易行政案件适格被告的范围。享有国际贸易行政管理职权的行政主体,可以分为中央和地方两个层次,中央层面的国际贸易行政主体负责制定国际贸易相关政策,主要包括中华人民共和国商务部、中华人民共和国海关总署、国家税务总局、国家发展和改革委员会、中华人民共和国工业和信息化部等。地方层面的国际贸易行政主体负责落实执行国际贸易相关法律政策,主要包括各地海关、各地税务局等。在明确了国际贸易行政案件被告的身份后,需要通过法律规定扩大对被告行为的审查范围,增加对规章尤其是国务院各部委制定的部门规章的司法审查,增加对行政终局裁决行为的程序合法性的司法审查。

为了加强对我国国际贸易行政诉讼原告权益的保障,需要设立专门的国际贸易行政案件管辖法院。我国国际贸易法院的建制,可以依据最高人民法院设置六大巡回法庭所采取的"集中管辖原则",以及我国铁路运输法院、森林法院等专门法院所采取的"就近管辖案源原则",参考"三定方案"中定机构、定职能、定编制的构思进行设置。

在定机构方面,我国国际贸易法院的级别设置可以分为三级,即最高级的最高人民法院内设的国际贸易法庭,中间级的中国国际贸易法院,最低级的中国国际贸易法院第一、第二、第三、第四、第五、第六、第七分院。其中，国际贸易法院的分院数量设置参照最高人民法院六大巡回法庭设置，再加上巡回法庭从行政区划上没有覆盖的北京、天津、河北、内蒙古、山东五省市的一个分院设置。

在定职能方面，国际贸易法院的管辖权设置中，以地理位置和行政区划为基准，最高人民法院内设的国际贸易法庭设立在北京市，中间级的中国国际贸易法院也设立在北京市，最低级的中国国际贸易法院第一、第二、第三、第四、第五、第六、第七分院对 42 个直属海关及其隶属海关的管辖参照最高人民法院巡回法庭的地域管辖权设置。以案件性质和被告身份为基准，中国国际贸易法院的七大分院管辖辖区内的一审国际贸易行政案件，中国国际贸易法院为各分院一审案件的上诉法院且同时受理涉及国务院各部委为被告的一审国际贸易行政案件，最高人民法院内设的国际贸易法庭作为中国国际贸易法院一审案件的上诉法院且同时负责统筹指导我国国际贸易法院体系的各项事宜。以审级职能为基准，中国国际贸易法院的七大分院工作重点在于查明事实和实质性化解国际贸易行政争议，中国国际贸易法院工作重点在于有效终审和精准定纷止争，最高人民法院内设的国际贸易法庭工作重点在于统一司法裁判尺度并指导全国国际贸易行政案件审判工作。

在定编制方面，确立国际贸易法院的法官人员时，既要注重法官的理论知识基础，又要考量法官的行政实务经验。国际贸易法院的法官应当具有国际贸易（经济学）、国际法/经济法/行政法（法学）、国际关系（政治学）等相关专业知识的学习背景。同时，可以从国际贸易法院遴选法官到管理国际贸易活动的行政机关里工作一段时间，使法官对国际贸易行政管理工作有深切的感触与理解，从而帮助法官在国际贸易行政诉讼中既保障国际贸易行政诉讼原告权益，又避免过度干预国际贸易行政行为的结果，真正做到个体权益和国家利益的兼顾。

第五章

效率价值下国际贸易行政诉讼被告行为审查的完善

> 所有的行政事务都变成法律事务,并受到法院制约,通过这样一种机制,现代国家才能变成所谓的法治国。①
>
> ——狄骥(Duguit)

在国际贸易活动中,国际贸易行政主体扮演着至关重要的角色。"国家竞争优势理论"指出,决定一国兴衰的根本是国家在国际竞争中是否具有优势地位,而国家的竞争优势来源于国家在创新方面的能力与机制,国家的创新性受到国内需求、支撑产业、公司结构和竞争环境等因素的影响。② 故而,国家要提高国际竞争力,必须重视国内需求,并创造公平的市场环境。产业界和国民对于政府执行法律的第一个要求就是权利保护,一般表现为法律将权利的内容加以明确化并预告即将实施的规制,同时,实际上的规制行动严格依照法律进行,存在使执行规制的机关受到法律拘束的制度。③

在行政效率要求下,国际贸易行政主体行使公权力对国际贸易市场主体产生压制性,应当受到司法监督。在国际贸易领域,国际贸易行政主体面临着行政权力充分与资源紧缺、任务紧迫的矛盾,任务和完成任务的手段间

---

① 参见[法]狄骥:《公法的变迁》,郑戈译,商务印书馆2013年版,第145页。
② 参见张二震、马野青:《国际贸易学》(第五版),南京大学出版社2015年版,第73—78页。
③ 参见[日]棚濑孝雄:《纠纷的解决与审判制度》,王亚新译,中国政法大学出版社1994年版,第145—146页。

的差距越来越大,随即产生行政压制的可能性。虽然国际贸易行政主体希望使成本和效益最优化并通过提升行政效率来解决各种监管问题,囿于行政手段匮乏和时间紧迫的双重现实,国际贸易行政主体更倾向于实施行政压制措施来控制各种社会期待,而行政压制措施的内核是公权力主体对私权利主体利益的漠不关心。[①] 当国际贸易市场主体权益受到行政压制措施损害时,司法权作为另一种公权力存在形式,可以在平等的法律地位上对行政权产生约束力。通过法官对国际贸易行政行为的合法性审查,司法权对行政权形成外部约束,促使国际贸易行政主体加强行政自制,减少不当的国际贸易行政行为。效率价值指引下的国际贸易行政诉讼原告权益保障,需要法院对可能侵害原告权益的国际贸易行政诉讼被告行为进行深入的实质合法性审查。

法院对国际贸易行政行为的实质性审查,基于行政全过程理论,是对国际贸易行政执法依据、国际贸易行政执法过程、国际贸易行政执法结果的审查,从而达成"通过司法监督促进行政自制"的目的。对国际贸易行政诉讼被告行为审查的完善,需要从国际贸易行政执法依据的规范性文件附带审查、国际贸易行政执法过程的法律程序正当性审查、国际贸易行政执法结果的行政职权合法性审查三个方面进行,通过对国际贸易行政行为的全面、深入审查,使国际贸易行政诉讼被告对于合法行为和违法行为有更加清晰的认识,推动被告加强在行政执法活动中的行政自制,提升被告进行自我管理、自我约束的自治能力。本章将从加强国际贸易行政诉讼被告的自治性控制出发,阐述效率价值下完善我国国际贸易行政诉讼被告行为审查的方法。

第一节　国际贸易行政执法依据的规范性文件附带审查

在国际贸易行政诉讼中,依据《行政诉讼法》第五十三条的规定,法院有权对国际贸易行政执法依据的规范性文件进行附带审查。规范性文件特指

[①] 参见[美]诺内特、塞尔兹尼克:《转变中的法律与社会》,张志铭译,中国政法大学出版社 1994 版,第 40 页。

规章以下的行政规范性文件,具有制定主体行政性、适用对象普遍性、文件内容规范性的特征。常见的种类主要包括《党政机关公文处理工作条例》中规定的"批复""通知""纪要""意见"等公文类型。① 附带审查是指向法院起诉国际贸易行政行为时附带请求审查行为依据的规范性文件。在具体的审查活动中,可以从行政行为依据的实体性规范、程序性规范、行政裁量基准三个方面来考察规范性文件的审查标准。② 在实体法律依据方面,考察规范性文件是否存在违反实体法律依据的情形;在程序法律依据方面,考察规范性文件是否存在严重违反法定程序的情形;在行政裁量基准方面,考察规范性文件的规定是否存在明显不当。

一、审查国际贸易行政规范性文件是否有权限

(一) 国际贸易行政规范性文件权限不足的情形

不同类型的行政执法依据对应着不同的行政执法权限,一般而言,行政执法依据的法律层级越高,行政执法权限越大,例如,依据《行政处罚法》的规定,法律可以设定各种类型的行政处罚,行政法规只能设定"人身罚"类型以外的行政处罚,这意味着国际贸易行政主体依据法律执法比依据行政法规执法,可以获得更大的执法权限。同时,法律、法规、规章等较高法律层级的行政执法依据,其制定程序有明文规定,程序较严格且烦琐耗时。然而,规章以下规范性文件很少对外公开制定程序,一般是由行政机关内部掌握制定程序,比较灵活。

规范性文件的制定程序没有统一要求,灵活性较强,国际贸易行政主体为了高效率地管理新事物层出不穷的国际贸易活动,更偏向于制定大量规范性文件并依据规范性文件开展执法工作,各式各样的规范性文件如一片汪洋大海,而正式的立法形式(如行政法规、部门规章等)只是散落在大海各处的小岛。③ 但是,规定性文件的法律层级较低,国际贸易行政主体依据规

---

① 参见何海波:《论法院对规范性文件的附带审查》,《中国法学》2021 年第 3 期,第 147 页。
② 参见何海波:《论法院对规范性文件的附带审查》,《中国法学》2021 年第 3 期,第 158 页。
③ 参见何海波:《论法院对规范性文件的附带审查》,《中国法学》2021 年第 3 期,第 139 页。

范性文件执法的情况下权限较小,这与规范性文件被使用概率较高形成强烈反差,造成的后果是诸多国际贸易行政行为超越权限执法,产生"执法权限不足"的违法情形。

理论上,行政机关的立法被限定于两种情形:一种是根据法律的委任而定立的委任性法规;另一种是为执行法律而有必要定立的细则,即执行性法规。① 相应地,国际贸易行政主体制定的规范性文件可以分为创制性规定、对上位法的执行或解释(以下简称"执行性规定")两种类型。创制性规定的权力来源是上位法授权,国际贸易行政主体依据创制性规定行使权力时应当在上位法授权范围内,故而,国际贸易行政主体依据创制性规定执法时,产生的"权限不足"情形包括"创制性规定缺乏上位法依据"以及"创制性规定超越授权范围"。执行性规定的权力来源是国际贸易行政主体自身的行政管理职权,国际贸易行政主体依据执行性规定行使权力时不能对行政相对人增设义务或减少权利,故而,国际贸易行政主体依据执行性规定执法时,产生的"权限不足"情形包括"执行性规定超越法定职权"以及"执行性规定抵触上位法"。②

在实践中,国际贸易行政规范性文件权限不足的情形时有发生。例如,由海关总署等部门 2003 年联合发布的《关于严格查禁非法运输、储存、买卖成品油的通知》(简称《通知》),第三条规定对行政相对人可以实施"没收"这种类型的行政处罚。从规范的法律层级看,该《通知》并非全国人大及其常委会制定的法律,亦非国务院制定的行政法规。从规范的名称看,该规范为"通知",并非《规章制定程序条例》中的"规定""办法"两种规章的名称,因而,该《通知》也并非规章。实际上,该《通知》仅仅是部门规范性文件,不具有设定"没收"这种行政处罚类型的权限。

(二) 国际贸易行政规范性文件的多种审查标准

规范性文件"没有权限"的情形较多,难以甄别,可以从"有权限"的情形来审查规范性文件。"有权限"包含两层意思。

---

① 参见林来梵:《从宪法规范到规范宪法》,商务印书馆 2018 年版,第 351—352 页。
② 参见戴杕:《论规范性文件实体合法性的司法审查框架》,《华东政法大学学报》2022 年第 1 期,第 142 页。规范性文件"没有权限"的法定情形,参见"2018 年适用行政诉讼法的司法解释"第一百四十八条。

一是"自带权限",即规范性文件基于较低的法律层级本身有权限,并且国际贸易行政主体基于行政职权本身有权限。例如,规范性文件规定的内容是对上位法内容的细化,国际贸易行政主体作为国际贸易活动管理方对进出口商品具有监管权限。"自带权限"要求国际贸易行政主体依据规范性文件执法时,在权力来源和权力行使两方面都要有权限。具体而言,国际贸易行政主体的创制性规定必须有上位法授权作为权力来源,国际贸易行政主体行使权力时不得违反上位法授权要求。国际贸易行政主体的执行性规定必须以相应事项的行政管理职权作为权力来源,国际贸易行政主体行使权力时的合法标准是在上位法规定的范围、条件、幅度等方面之内。

二是"权限补强",即规范性文件本身没有权限,但是通过特定措施使国际贸易行政主体依据规范性文件执法时"有权限",具体包括两个方面:其一,从权力来源方面看,通过"规定补强",将低位阶的规范性文件转化为高位阶的法律、法规、规章,从而扩大规范性文件权限。例如,"国函〔1996〕69号"和"国办发〔1993〕55号"两个文件在发布之初仅仅是规章以下的规范性文件,但是文件中均设定了"没收"这种行政处罚类型,属于"越权"情形,其后,经批准,国务院办公厅发文复函,将两个文件明确为具有行政法规效力的文件,从而使两个文件具备设定"没收"这种行政处罚类型的权限。其二,从权力行使方面看,通过"援引补强",在依据低位阶的规范性文件执法时同时援引高位阶的法律、法规、规章作为执法依据,进而扩大行为权限。例如,海关在执法过程中依据前文提到的《关于严格查禁非法运输、储存、买卖成品油的通知》做出"没收"这一行政处罚行为时,同时以《海关法》为执法依据,则海关对"没收"这一行政处罚行为当然具有权限。

政府的职责和政府用于履行职责的手段之间存在的差距,会使法律保护权利并且节制权力的功能减弱。① 在自然正义中,权限越大,行使权力受到的约束越多;权限越小,行使权力受到的约束越少。如果较大的权限匹配较小的权力行使约束,带来的后果将是权力漫无边际地扩张,恣意侵犯行政相对人权益。规范性文件权限审查的底层逻辑,是审查国际贸易行政主体

---

① 参见[美]诺内特、塞尔兹尼克:《转变中的法律与社会》,张志铭译,中国政法大学出版社 1994 版,第 43 页。

是否存在"既想拥有更大的权限,又想规避适用高层级法律规范的程序约束"的情形,高层级法律、法规、规章可以赋予国际贸易行政主体更大的权限,但同时又以严谨、法定的程序约束权力行使的恣意性。规范性文件具有"权限小"与"制定程序灵活"的特性,但因其数量众多,一般人不易察觉规范性文件的违法性,为国际贸易行政主体提供了规避程序约束的权力行使空间。法官在审查国际贸易行政规范性文件时,既可以从法律规定层面的"规范性文件不合法"的标准来审查,也可以从法律推理层面的"规范性文件有权限"的标准来审查,从而对规范性文件权限实行全方位司法监督。

二、审查国际贸易行政程序性规定是否够细致

(一)国际贸易行政程序性规定的概念阐释

程序是从事法律行为做出某种决定的过程、方式和关系。① 国际贸易行政程序性规定是关于国际贸易行政行为实施过程、方式和关系的规定。以适用与效力作用的对象作为划分标准,国际贸易行政程序性规定可以分为外部性国际贸易行政程序性规定、内部性国际贸易行政程序性规定。外部性国际贸易行政程序性规定,是指在国际贸易行政主体与国际贸易市场主体的行政法律关系中,国际贸易行政主体做出决定的过程和方式的规定。内部性国际贸易行政程序性规定,是指在国际贸易行政主体与其他国际贸易行政主体的行政法律关系中,国际贸易行政主体做出决定的过程和方式的规定。同时,以是否具有可诉性作为分类标准,国际贸易行政程序性规定可以分为可诉的规章以下国际贸易行政程序性规定、不可诉的规章及规章以上国际贸易行政程序性规定。整体来看,在我国,规章以下的外部性国际贸易行政程序性规定具有可诉性,是国际贸易行政诉讼中附带审查的对象。

在实践中,国际贸易行政程序性规定主要见于海关行政执法领域,海关是国际贸易行政程序性规定的主要执行者。海关行政程序的法律规定较为纷繁复杂,现阶段,全球主要有四个指标旨在评估和比较各国海关环境并跟踪海关改革的进展情况:一是经合组织的贸易便利化指标(the OECD's Trade Facilitation Indicators);二是世界银行的营商环境指标(Doing

---

① 参见孙笑侠:《法理学》,浙江大学出版社2011年版,第326页。

Business Indicators);三是物流绩效指数(Logistics Performance Index);四是世界经济论坛的贸易便利化指数(the World Economic Forum's Enabling Trade Index)。每个指标都根据各国的海关和边境程序、信息技术和运输基础设施的质量以及监管环境来衡量其贸易制度的自由程度或限制性程度。① 这些指标反映了国家的国际贸易"软基础设施"情况,"软基础设施"改革包括简化和协调海关和边境程序,纳入信息通信技术支持的程序,以及消除边境检查站的腐败现象。② 可见,对国际贸易行政行为的综合评价侧重于行政程序的便利性、透明度方面。

　　为了改革国际贸易行政主体的行政程序,提高便利性和透明度,不同国家和地区纷纷出台了不同法律规定。欧盟通过了一项"电子海关倡议"的立法,旨在促进欧盟成员国之间的在线报关单交换,此外,这项立法旨在加强欧盟国家之间的海关数据流动,方便进出口手续,降低与海关处理有关的行政成本。日本开发了一个处理空运和海运进出口的在线平台,称为"日本自动化货物和港口统一系统"(the Nippon Automated Cargo and Port Consolidated system,NACCS)。NACCS将海关文书工作简化为一个电子接口,从而允许进口商、出口商、海关经纪人、托运人和物流服务提供商输入、检索海关相关数据,并与其业务伙伴共享这些数据。美国正在实施自动化商业环境(the Automated Commercial Environment,ACE),这是一个单一窗口平台,于2017年全面运行,与欧盟和日本的自动化海关环境一样,ACE的主要目标是通过简化文件,消除文书工作,促进国际贸易市场主体和国际贸易行政主体之间的信息交换,提高海关程序的效率和透明度。③ 在中国,海关在通关操作流程方面的规定较为细致,一定程度上提升了行政程序透明度。例如,将办理报关手续由向海关"注册登记制"修改为向海关"备案制",申请人办理报关手续可以在"中国国际贸易'单一窗口'"网页④或"互联

---

① See Joann Peterson, *An Overview of Customs Reforms to Facilitate Trade*, 2017 Journal of International Commerce and Economics 1(2017), p.15.
② See Joann Peterson, *An Overview of Customs Reforms to Facilitate Trade*, 2017 Journal of International Commerce and Economics 1(2017), p.10.
③ See Joann Peterson, *An Overview of Customs Reforms to Facilitate Trade*, 2017 Journal of International Commerce and Economics 1(2017), p.17-18.
④ "中国国际贸易'单一窗口'"的官方网址:https://new.singlewindow.cn/。

网+海关"网页①申请网上备案，自行完成备案手续。

（二）国际贸易行政程序性规定细致程度的审查标准

"程序法保障是任何法治国家行政法制度的王冠"②，西班牙、奥地利、美国、意大利、德国、法国、日本、韩国等国家均先后颁布了《行政程序法》。在中国，中央层面目前尚未出台专门的、统一的《行政程序法》，但是，地方上存在若干专门的行政程序相关规定，有的性质是规章，有的性质是行政规范性文件。例如，2008年，湖南省首先出台了规章性质的《湖南省行政程序规定》，随后，广东省汕头市、陕西省西安市、海南省海口市等地出台了规章性质的行政程序规定；甘肃省酒泉市、吉林省白山市、河北省邢台市等地出台了规范性文件性质的行政程序规定。③ 规章性质的行政程序性规定在我国不属于行政诉讼规范性文件附带审查的对象，规章以下的行政程序性规定才能被法院审查。可见，即使同样是专门的行政程序规定，因为其法律层级和效力不同，是否能通过法院进行审查也不同，从实质正义的视角评判这一现象，无疑是需要改善的。

保障公民权利与提升行政效率是行政程序性规定所要实现的双重目的。④ 一般而言，在应然层面，行政程序的基本制度主要包括听证、回避、信息公开、说明理由、时效、审裁分离等。⑤ 国际贸易行政主体在做出行政决定时应当受到"先取证、后裁决"的程序规则制约。在实然层面，我国国际贸易行政程序性规定存在若干缺陷，一方面，公民知情权、参与权等程序性权利并未得到行政程序性规定通过明确条款予以确认和保护；另一方面，由于国际贸易行政程序性规定缺乏细致性，国际贸易行政主体存在执法"不作为""慢作为"等消极行为，降低了行政效率。

在国际贸易领域，我国法院对规章以下的行政程序性规定进行附带审

---

① "互联网+海关"的官方网址：http://online.customs.gov.cn/。
② 参见[德]汉斯·J.沃尔夫、奥托·巴霍夫、罗尔夫·施托贝尔：《行政法》（第一卷），高家伟译，商务印书馆2002年版，第415—416页。
③ 参见叶必丰：《行政决策的法律表达》，《法商研究》2016年第2期，第77—78页。
④ 参见王万华：《完善行政执法程序立法的几个问题》，《行政法学研究》2015年第4期，第68页。
⑤ 参见邱丹：《行政案卷排他性规则研究》，广东人民出版社2011年版，第33页。

查,主要审查行政程序性规定是否足够细致,主要包括下列方面。

其一,审查国际贸易行政行为操作流程类规定是否足够细致。例如,通关流程跟商检流程的实质性要求不同。通关流程对便利性、透明性要求更高,因而,通关流程的行政程序性规定应当以简化单证手续、推行担保先予放行、促进无纸化操作、单一窗口服务等方面的事项为主进行细致性规定。商检流程对技术性、安全性的要求更高,因而,商检流程的行政程序性规定应当明确国家指定标准或强制性技术规范要求,明确快速验放、后续稽查等手段只适用于低风险商品种类,明确降低单证要求和查验比例等措施只适用于已经认证的贸易商等。①

其二,审查国际贸易行政行为时限性规定是否足够细致。法治的服务功能要求行政行为符合行政效率原则,行政机关的拖延履行行为可能使行政相对人的主观权利贬值。② 例如,海关行政处罚从立案调查到做出行政处罚决定,中间的时间如何计算、最长时限是多少,应当由行政程序性规定予以明确。在此,需要明确"拖延履行"和"不履行"二者的区别:(1)概念不同。"拖延履行"是指在合理时间内不履行法定职责,例如,对当事人申请的事项不予答复;"不履行"是指以明示或暗示的方式拒绝履行法定职责,例如,拒绝颁发许可证。③ (2)行为后果不同。在"拖延履行"的情况下,国际贸易行政主体属于"未及时履行"情形,是在"法定期限"或"合理期限"外履行,结果是履行了法定义务;在"不履行"的情况下,国际贸易行政主体属于"未履行"情形,超过了"法定期限"或"合理期限"仍然未履行,结果是未履行法定义务。④ 行政程序性规定在明确"法定期限"或"合理期限"的具体数值时,应当

---

① 参见蔡福军:《贸易便利化下进出口商品检验的司法审查》,《人民司法》(应用)2019年第19期,第94页。
② 参见[德]汉斯·J.沃尔夫、奥托·巴霍夫、罗尔夫·施托贝尔:《行政法》(第一卷),高家伟译,商务印书馆2002年版,第452页。
③ 参见龚红柳:《国际贸易行政案件司法解释关联精析》,法律出版社2003年版,第105页。
④ 参见杨小军:《行政不作为问责的性质与构成要件》,《国家行政学院学报》2009年第2期,第39—40页。

结合事项的复杂程度、社会影响大小等因素进行确定。① 简言之,"拖延履行"与"不履行"本质上是并列关系而不是隶属关系②,行政程序性规定对二者的规制方式应当予以区别。法院在附带审查国际贸易行政程序性规定时,亦需要审查法律条款是否对二者做了细致性规定。

三、审查国际贸易行政裁量基准是否及时调整

行政主体在做出裁量行政行为时,进行法律要件的判断、法律效果的考虑需要遵循特定的标准,谓之行政裁量基准。③ 在国际贸易领域,国际贸易行政主体的权力具有高度集中性,国际贸易行政管理的对象具有高度分散性,在"权力集中而权利分散"的国际贸易行政活动现实下,需要有特定的行政裁量基准,在保障国际贸易行政主体高效工作的同时,保障国际贸易市场主体的权益免受恣意执法行为之侵害。行政裁量基准是国际贸易行政主体自行制定的,其法律性质没有统一规定,有的行政裁量基准属于规章,有的行政裁量基准属于规章以下行政规范性文件,为了防止国际贸易行政主体通过制定行政裁量基准为自身谋取利益,在我国国际贸易行政诉讼框架下,法院应当对属于规章以下行政规范性文件的行政裁量基准进行司法审查。

(一)国际贸易行政裁量基准的特殊性质

国际贸易行政裁量基准具有自身特殊的性质。

第一,国际贸易行政裁量基准具有行政性。国际贸易行政裁量基准是行政主体自行制定用以指导、规范、约束自身裁量权的标准。由于社会问题随情境变动而变化,不能机械化地运用专业知识,而是要运用裁量判断,自我规制的正当性就在于它能从技术层面和规范层面来提升这些判断的

---

① 参见于元祝、徐冉:《及时高效是正当行政程序的应有之义》,《人民司法》(案例)2016年第8期,第102页。
② 参见余洋:《论行政诉讼中的"拖延履行法定职责"》,《苏州大学学报》2019年第1期,第30页。
③ 参见[日]田村悦一:《自由裁量及其界限》,李哲范译,中国政法大学出版社2016年版,第40,49页。

质量。① 国际贸易行政裁量基准是国际贸易行政主体的行政自制行为,国际贸易行政主体对自身违法或不当行为予以自行发现、自行遏制、自行纠错、自主实现行政正义。② 国际贸易行政主体通过行政自制来维持国际贸易行政行为的彻底性、逻辑性、专业性以及与先前决定的一致性。③

第二,国际贸易行政裁量基准具有法律性。国际贸易行政裁量基准并非自由创制的,必须在一定的法律框架下进行,从而符合法律目的。具体而言,国际贸易行政裁量基准并非绝对自由创制的。国际贸易行政裁量基准作为国际贸易行政行为的依据应当具有合法性,应当有上位法的授权。超越授权法范围的裁量逾越、未履行法定义务的裁量怠惰、不遵守法律目的滥用权力的裁量滥用,都属于国际贸易行政裁量瑕疵。④ 国际贸易行政诉讼原告对国际贸易行政裁量行为享有无瑕疵裁量请求权,可以向法院针对有瑕疵的国际贸易行政裁量行为提起诉讼。再者,国际贸易行政裁量并非绝对自由的。在现代国家,不存在脱离法律的行政,即使是自由裁量,也是法律范围之内的自由,无论法律是否明文规定,国际贸易行政主体都应当依据法律目的和立法宗旨行使其裁量权。⑤

第三,国际贸易行政裁量基准具有约束性。国际贸易行政裁量基准创制完毕后,国际贸易行政行为必然受到国际贸易行政裁量基准的约束,不能选择性适用国际贸易行政裁量基准。法律对行政行为的约束主要存在三种情形⑥:(1)通过清晰的法律条文内容来约束行政行为,不需要进行额外的判断;(2)"不确定法律概念"无法精确约束行政行为;(3)法律只对事实要件进

---

① 参见[英]罗伯特·鲍德温、马丁·凯夫、马丁·洛奇:《牛津规制手册》,宋华琳、李鸻、安永康等译,上海三联书店 2017 年版,第 191 页。
② 参见崔卓兰:《行政自制理论的再探讨》,《当代法学》2014 年第 1 期,第 6 页。
③ See Lawrence M. Friedman and Christine H. Martinez, *Administrative Procedure Act and Judicial Review in Customs Cases at the Court of International Trade*, 28 University of Pennsylvania Journal of International Economic Law 1(2007), p.7.
④ 参见翁岳生:《行政法》,中国法制出版社 2009 年版,第 271 页。
⑤ 参见[日]田村悦一:《自由裁量及其界限》,李哲范译,中国政法大学出版社 2016 年版,第 40 页。
⑥ 参加[德]汉斯·J.沃尔夫、奥托·巴霍夫、罗尔夫·施托贝尔:《行政法》(第一卷),高家伟译,商务印书馆 2002 年版,第 348—360 页。

行明确规定,将法律后果交给行政机关裁量。第一种情形对应羁束行政行为,第二种情形和第三种情形对应裁量行政行为,但是,第二种情形和第三种情形本质上也不同。第二种情形中的"不确定法律概念"对应着行政主体较为广泛的"判断余地",一般情况下法院对此空间不应当进行审查。第三种情形中的"裁量授权"是真正的裁量行政行为,行政主体依据行政裁量基准才能更好地从事行政执法活动。国际贸易行政裁量基准是国际贸易行政行为的依据,国际贸易行政主体不能绕开国际贸易行政裁量基准进行"选择性执法"。

(二) 国际贸易行政裁量基准动态性的审查标准

任何裁量都需要综合考虑各种事实情节,并以权衡不同利益关系为基础,本质上是一个不断进行利益衡量的过程。① 行政裁量亦是一种裁量活动,关涉不同的事实情节和利益关系。随着社会经济发展,法律作为经济基础的上层建筑理应进行动态调整,行政裁量基准亦应跟随社会发展情况同步修改。尤其在国际贸易领域,互联网技术、人工智能、数字经济等新技术、新业态使国际贸易活动发生日新月异的变化,国际贸易行政裁量基准应当同步具有动态性。

法院对国际贸易行政裁量基准的审查范围是持续变化的,即使是过去曾经被称为裁量事项的事项,也可能发展为包含有法的羁束要素的事项。② 社会发展对国际贸易行政裁量基准的动态变化存在特定要求,国际贸易行政裁量基准是否能及时调整,是法院审查的重点内容,具体而言,包括两个方面。

一是在与时俱进的领域,如科技、信息领域等,国际贸易行政主体制定的裁量基准是否反映最新研究成果和认知。在吴植龙诉皇岗海关行政管理纠纷案③中,原告吴植龙在香港购买了价值 3 900 元港币的 IPAD 并携带入境,被告皇岗海关认为 IPAD 属于"计算机",要求原告纳税,原告认为在海关的征税范围宣传海报上没有出现 IPAD,且依据"海关总署公告 2010 年第 54 号"规定,进境居民携带自用的总价值 5 000 元人民币以内的电子产品免予

---

① 参见周佑勇:《裁量基准的制度定位——以行政自制为视角》,《法学家》2011 年第 4 期,第 5 页。
② 参见[日]田村悦一:《自由裁量及其界限》,李哲范译,中国政法大学出版社 2016 年版,第 47 页。
③ 参见广东省深圳市中级人民法院一审裁定书,(2019)粤 03 行初 197 号。

征税,但是,被告仍然对原告做出了征税决定。在这个案件中,法院应当根据最新的科学技术水平和认知,判断IPAD是不是"计算机"。

二是国际贸易行政裁量基准中涉及数额、新旧程度等内容的规定,是否随着我国社会经济发展水平的变化而及时调整。在潘兴翠诉贵阳海关行政强制纠纷案①中,原告潘兴翠携带从泰国购买的百香果入境,被告贵阳海关将百香果扣押,被告认为百香果属于法律规定的"新鲜水果、蔬菜"类别,禁止携带入境。原告主张,百香果在国内市场上到处可以买到,已经是中国国内市场上常见的水果类别,不属于"新鲜水果"。由于法律没有具体规定哪些水果属于"新鲜水果",法院在审理本案时,应当结合社会经济发展水平对"新鲜水果"概念进行审查。

总体而言,国际贸易行政执法依据的规范性文件附带审查,能够激励国际贸易行政主体加强行政自制,主要表现在两个方面:一是提升行政系统进行自我规制的动力。行政负责人出庭、行政诉讼败诉率纳入政府年度绩效考核等措施,将法院的司法裁判结果融入行政系统的内部管理中,对国际贸易行政主体产生刺激作用,使国际贸易行政主体加强自我管理和自我约束。二是提升行政系统行政自制的聚焦能力。行政系统内部采取的定期清理规范性文件、规范性文件备案审查等行政自制措施面临过于宽泛、聚焦不足的问题,通过法院对规范性文件的附带审查,法院可以直接向国际贸易行政主体精准指明存在争议的规范性文件条款,有助于国际贸易行政主体更加高效地解决规范性文件的争议。②

第二节 国际贸易行政执法过程的法律程序正当性审查

正当程序原则的核心思想是公平听证和避免偏私。③ 在中国,正当程序

---

① 参见贵州省贵阳市中级人民法院一审裁定书,(2019)黔01行初130号。
② 参见卢超:《规范性文件附带审查的司法困境及其枢纽功能》,《比较法研究》2020年第3期,第138页。
③ 参见王名扬:《英国行政法》,北京大学出版社2016年版,第131页。

原则于法治国家建设进程中得以广泛确立。《行政许可法》《行政处罚法》《行政强制法》等重要的行政法律文本都规定了行政行为的法定程序,例如,2019年修正的《行政许可法》第三条规定,行政许可的设置应当依照法定程序;2021年修正的《行政处罚法》第六十三条、六十四条、六十五条是关于听证程序的具体细节性规定;2021年修正的《行政强制法》规定了行政强制措施、行政强制执行的法定程序。

在国际贸易行政管理活动中,征收关税、罚款、没收、吊销许可证等国际贸易行政行为构成对国际贸易市场主体财产的剥夺,基于正当程序原则要求,法律必须对非法征收等行政行为加以规制,为私权利主体提供程序保障。① 法院对国际贸易行政程序的合法性审查,为国际贸易市场主体的程序性权利提供了法律保障路径。

一、国际贸易行政行为程序违法和程序瑕疵的差异性审查

(一)国际贸易行政程序中正当程序与法定程序关系的阐释

国际贸易行政程序是指在实施国际贸易行政行为全过程中,国际贸易行政主体遵循的"步骤、顺序、方法、方式、时限"的总和。② 国际贸易行政程序应当符合正当程序原则,当法律通过明确条款规定国际贸易行政行为的实施步骤、方式、时限等要素时,正当程序原则具体化为法定程序要求。

法定程序是行为主体遵守法定的时限、顺序,并按照法定的方式做出法律行为。正当程序是指剥夺某些个体权益时必须保障该个体享有被告知(notice)、陈述意见(state)、被倾听(hearing)的权利。法定程序与正当程序既有区别,又有联系,主要表现为下列三个方面。

第一,法定程序不一定是正当程序。例如,在美国,非正式规章制定程序适用《行政程序法》第553条的"通知-评论"程序,该程序只要求"发布拟制定规章通知""公众提交书面评论参与制定""在规章生效日期前不少于30天内,公布最终规章文本及相关说明",这是规章制定的最低程序标准,也是法

---

① See Patrick C. Reed, *Access to Judicial Review of Customs Duties: The Overlooked Constitutional Rights*, 29 Federal Circuit Bar Journal 1(2019), p.44.
② 参见罗豪才、湛中乐:《行政法学》(第四版),北京大学出版社2016年版,第315页。

定程序,但是这里并未要求规章的制定只能依据公众提交的书面评论内容而制定,跟正当程序有一定区别。但是,美国的正式规章制定则需要适用《行政程序法》第 556、第 557 条的规定,适用案卷排他原则,规章必须在行政部门听证会后根据听证记录制定,并允许行政行为利害关系人提交建议应认定的事实和结论,对行政过程中的初步决定或临时决定提出异议等,符合正当程序要求。①

第二,正当程序不一定是法定程序。正当程序的优点在于,在缺乏行政法实体规定或行政法实体规定不适应社会需要的情形下,通过听取行政相对人意见的"交涉性"程序,形成对行政权力的间接控制。② 程序的正当性标准至少包括行政权力受到程序性规定的控制、行政相对人的程序性权利得到保障、行政效率建立在合理性考量之上等内容。③ 可见,正当程序原则可以在法定程序规定不充足、不及时之时,起到补强行政程序合理性的作用。

第三,法定程序可以转化为正当程序。整体看来,法定程序的要求较低,而正当程序的要求较高,法定程序通过一定的方法可以转化为正当程序。"正当化"的重要方法是证明决定是按照社会的规范体系做出的。④ 在行政行为实施过程中,欲增加法定程序的正当性,应当注重四个方面的行为要素:一是角色分化,在做出行政决定的过程中,将行政决定的权力分解在各环节而不是集中行政决定权;二是阻隔非法因素,在行政程序中依据明确规定的步骤、方式、时限等法律因素做出行政决定;三是包含交流、说服环节的直观的公正程序,程序设置包含了互动性和公开性的考量;四是对立意见的交涉,使行政行为利害关系人有权参与程序,并能够进行陈述、辩论和说服等活动。⑤

(二) 国际贸易行政程序违法和程序瑕疵的审查情形

在理论层面,我国学界对于行政程序违法程度的争议,主要在于对"程

---

① 参见[美]杰弗里·吕贝尔斯:《美国规章制定导论》,江澎涛译,中国法制出版社 2016 年版,第 37 页。
② 参见孙笑侠:《法律对行政的控制》,光明日报出版社 2018 年版,第 116 页。
③ 参见孙笑侠:《法律对行政的控制》,光明日报出版社 2018 年版,第 207—209 页。
④ 参见[日]棚濑孝雄:《纠纷的解决与审判制度》,王亚新译,中国政法大学出版社 1994 年版,第 15 页。
⑤ 参见孙笑侠:《法理学》,浙江大学出版社 2011 年版,第 330—334 页。

序轻微违法"和狭义"程序瑕疵"的内涵存在不同见解。例如,有的学者将"计算错误、文字表述缺陷、文书送达时间超期、行政行为做出日期未载明"等情形视为"程序轻微违法"。① 有的学者则将前述内容视为狭义"程序瑕疵",并进一步扩大了狭义"程序瑕疵"的范围,主要包括:(1)步骤瑕疵,如行政人员未明示身份、未告知当事人享有的诉讼权利,行政行为的法律依据笼统而未指明具体条款等;(2)期限瑕疵,如行政行为做出时间超期,行政相对人的听证期限未届满而行政主体先行做出行政行为等;(3)方式瑕疵,如行政执法文书遗漏签名,行政人员违反回避义务等;(4)顺序瑕疵,如行政执法步骤前后颠倒等。②

在规范层面,"程序瑕疵"概念最早可追溯至 2008 年《湖南省行政程序规定》第一百六十四条第(四)款,主要是指行政执法行为在程序上仅仅存在技术性的轻微瑕疵,并且未对行政相对人的合法权益造成侵害,则应当对行政执法行为予以"补正"或者"更正"。在法律层级上,我国《行政程序法》尚未出台,《行政诉讼法》承担了替代性角色,通过司法审查检视行政程序的合法性,在法律规定存在漏洞的情形下,一般用正当程序原则来判定行政程序的合法性。2014 年修改的《行政诉讼法》明确规定了行政程序不合法的三种样态及对应的法律后果,分别是:第七十条第(三)款的"违反法定程序",判决撤销;第七十四条的"程序轻微违法",在对原告权利不产生实际影响的前提下,判决确认违法;第七十五条的"重大且明显程序违法",判决确认无效。此外,司法实践中存在狭义"程序瑕疵"类行政案件,法院通常指出行政程序的技术性瑕疵并判决驳回诉讼请求。概言之,行政程序违法和程序瑕疵分为四种情况,即"狭义'程序瑕疵'""程序轻微违法""违反法定程序""重大且明显程序违法"。其中,除了"重大且明显程序违法"情形的内涵明确规定为"不具有行政主体资格"和"没有依据",其他三类的内涵都需要进一步确定。

本质上,程序瑕疵可分为"基本程序瑕疵"和"辅助性程序瑕疵"。③ 以

---

① 参见曾哲、郑兴华:《行政法治建设中程序违法类型化探究——以行政相对人权利保障为分析视角》,《江汉学术》2020 年第 3 期,第 104 页。
② 参见梁君瑜:《行政程序瑕疵的三分法与司法审查》,《法学家》2017 年第 3 期,第 50—51 页。
③ 参见杨登峰:《行政行为程序瑕疵的指正》,《法学研究》2017 年第 1 期,第 32 页。

"告知"为例,"告知"包括的辅助性程序包括告知的时间、地点、内容、方式等,"告知"为基本程序,而告知时间的早晚、告知内容是否全面为辅助性程序。因而,"没有告知行政相对人"属于基本程序瑕疵,"过早告知""过晚告知"及"告知内容不全面、不清晰"则属于辅助性程序瑕疵。结合行政程序不同违法程度的术语来说,违反"基本程序"应当属于"违反法定程序"的情形,侵害了行政相对人知情权、陈述权、申辩权等重要的程序性权利,依法适用"判决撤销"的法律后果。而囿于《行政诉讼法》并未规定"狭义'程序瑕疵'"法概念,违反"辅助性程序"应当属于"程序轻微违法"情形,在行政行为对原告权利不产生实际影响的情况下,依法适用"判决确认违法"的法律后果,若没有必要适用"判决确认违法",可直接将行政程序的违法性忽略不计,视为合法程序,并适用"判决驳回诉讼请求"的裁判方法。①

二、作为类国际贸易行政执法程序适用参与决策标准审查

(一)作为类国际贸易行政执法程序中参与决策标准的内涵阐释

以行为方式为分类依据,国际贸易行政行为可以分为作为类国际贸易行政行为和不作为类国际贸易行政行为,相应地,国际贸易行政执法程序可以分为作为类国际贸易行政执法程序和不作为类国际贸易行政执法程序。在作为类国际贸易行政执法程序中,国际贸易市场主体的权益可能以不同的方式与国际贸易行政主体的行政监管职责相关:其一,国际贸易行政主体通过制定反映相关权利的标准并检查监督这些标准的适用,直接保护国际贸易市场主体的权益;其二,为了保障国际贸易市场主体权益而对国际贸易行政主体做出的决定施加实质性的限制,例如,阻止国际贸易行政主体采取侵犯私人财产权的行为;其三,国际贸易市场主体在国际贸易行政监管活动中有关的程序性权利的适用,以及允许受监管决策影响的国际贸易市场主

---

① 参见宁波鑫能国际贸易有限公司诉大榭海关行政处罚纠纷案,被告大榭海关在对原告做出的〔2016〕0578号《行政处罚决定书》中将第三人日本松下电器产业株式会社商标"National"的海关备案号"T2016-45698"误写成"T2013-29105",直至法院一审进行时才予以补正。

体参与决策的程度。① 可见,作为类国际贸易行政行为对国际贸易市场主体权益的影响是方方面面的,在正当程序原则的影响下,应当赋予国际贸易市场主体参与行政决策的程序性权利。

行政行为的过程或程序可称为行政决策,每个行政行为都有一个决策的过程。行政决策程序制度,在法律表达上包括公众参与制度(征求意见、行政听证、专家论证)、集体审议制度(内部分工、方案起草、意见处理、方案审议、首长决定)、人大批准和决定制度(审查和批准、讨论和决定、调查和决定)。② 换言之,公众参与制度是行政决策程序制度的重要组成部分之一,而对国际贸易市场主体而言,参与关涉自身权益的国际贸易行政决策程序,是主张、维护自身权益最直接的方法。

扩大民众的法律参与程度不仅仅是为了增进法秩序的民主性,还有利于提升行政机构的能力。③ 在国际贸易领域,行政效率的提高,除了通过国际贸易行政法律规范的赋权,使国际贸易行政主体具有行政强制权压制行为对象服从行政监管,还可以通过赋予国际贸易市场主体参与关涉自身权益的行政决策程序的权利,甚至赋予国际贸易市场主体某种程度的自主决定权,进而提高国际贸易市场主体对行政执法行为的接受程度,减少国际贸易行政执法行为的阻力,最终提升行政效率。

在作为类国际贸易行政执法程序中,国际贸易市场主体参与行政决策的正当性立基于国际贸易行政主体公权力行使的高权性。放眼全球,不同国家在国际贸易活动中设置的行政机构不同,但大多数行政机构具有高权性,在一国的行政组织体系中占据重要位置。例如,在法国,主管国际贸易事务的行政机构主要是经济部对外经济关系司,其下包括驻外的经济扩展处、地区外贸司等部门。当对外经济关系司获得财政拨款后,提供资金给各

---

① 参见[英]托尼·普罗瑟:《政府监管的新视野:英国监管机构十大样本考察》,马英娟、张浩译,译林出版社 2020 年版,第 19 页。
② 参见叶必丰:《行政决策的法律表达》,《法商研究》2016 年第 2 期,第 84—85 页。
③ 参见[美]诺内特、塞尔兹尼克:《转变中的法律与社会》,张志铭译,中国政法大学出版社 1994 版,第 110 页。

外贸机构维持正常运作。① 在美国,国际贸易活动的行政主体包括总统、国际贸易委员会、贸易代表办公室、商务部、海关与边境保护局、财政部和农业部等,皆是掌握重大行政监管职权的行政主体。在中国,中央层面的国际贸易行政主体主要是中华人民共和国商务部和海关总署,这两大行政机关都拥有高度集中的行政权力。例如,商务部在反倾销、反补贴领域的决定权是高度集中的,商务部既负责调查倾销、补贴等行为是否存在,同时负责确定产业实质损害情况,最终由商务部作为唯一的行政主体做出反倾销、反补贴决定。

(二) 法院适用参与决策标准进行审查的必要性与主要情形

在国际贸易行政诉讼中,法院适用参与决策标准审查作为类国际贸易行政执法程序是否符合正当程序原则,具有必要性。

一方面,是为了限制国际贸易行政主体的行政裁量权。限制行政裁量权的最佳方式是在规则制定过程中鼓励利益集团参与竞争,要求行政机关在合理的决策过程中考虑利害关系人的观点。② 国际贸易行政主体享有的行政裁量权高于一般国内行政领域,用"是否保障国际贸易市场主体参与决策"这一标准来审查国际贸易行政裁量权,有利于约束国际贸易行政主体的权力。在民主国家中,民主的概念隐含着对权力的约束,决策者并不能行使所有权力,而是要与社会中的其他集团分享权力。③ 即使在机构存在缺陷或不发达的国家,也经常看到国家的各级公共部门发挥政府职能作用,例如,调动资源、致力于实现明确的政策目标、透明地让私营经营者参与进来。④ 在中国,通过参与决策标准审查作为类国际贸易行政执法程序,既能限制国际贸易行政主体公权力的高度集中,亦能限制国际贸易行政主体在行政决

---

① 参见王惠:《法国完善的外贸系统及其高效运行机制》,《新财经》2006 年第 4 期,第 70—71 页。
② 参见[美]朱迪·弗里曼:《合作治理与新行政法》,毕洪海、陈标冲译,商务印书馆 2010 年版,第 30 页。
③ 参见[美]塞缪尔·P. 亨廷顿:《第三波:20 世纪后期的民主化浪潮》,欧阳景根译,中国人民大学出版社 2013 年版,第 4,7 页。
④ See Sergio G. Lazzarini, *The Right Privatization: Why Private Firms in Public Initiatives Need Capable Governments*, Cambridge University Press, 2022, p.5.

策中罔顾国际贸易市场主体权益的裁量行为。

另一方面,是为了保障国际贸易市场主体的程序性权利。当前,在国际贸易活动中,国际贸易市场主体的参与权并未能得到有效保障,尤其体现在海关对商品税则号归类的事实认定方面、海关由行政执法权转向刑事司法权方面等。例如,海关认定国际贸易市场主体"申报不实"与"归类错误"等活动中并没有保障国际贸易市场主体参与事实认定过程的权利,海关将案件由行政案件转为刑事案件也不会提前告知当事人并听取当事人的意见。

法院适用参与决策标准审查作为类国际贸易行政执法程序,主要见于下列情形。

一是进出口商品的检验环节。《进出口商品检验法》规定的进出口商品"复验"程序,没有明文规定赋予"复验"申请人参与海关"复验"程序的权利,只规定对海关"复验"的结论不服的申请人可以提起行政复议以及行政诉讼。但是,《食品安全法》中对食品"复检"程序的规定,则赋予了"复检"申请人参与"复检"的程序性权利,可以对样品真实性、抽样过程、检验方法等内容提出异议,实施抽检的市场监管部门必须做出回复和处理。[①] 同样是食品检验项目,内销和外销在本质上没有区别,既然在内销的食品检验过程中,"复检"申请人享有参与"复检"程序的权利,在外销的食品检验过程中,"复验"申请人也应当享有参与"复验"程序的权利。基于正当程序原则要求,法院适用参与决策标准审查作为类国际贸易行政执法程序,可以保障国际贸易行政诉讼原告的参与权。

二是进出口商品税率的确立环节。进出口商品的商品税则号需要根据国际通行的《商品名称及编码协调制度》定期进行修改,具有较快的更新速度。为了更好地支持本国产业发展,国务院关税税则委员会在工作中会开展商品税则调研工作,针对商品税则号匹配、进出口税率和出口退税率的确定等问题,由企业、中介机构、行业协会等主体提出调研报告,经当地海关收集,再由直属海关报送海关总署,经海关总署审核过调研报告后,报送国务院关税税则委员会进行审议修订工作。[②] 故而,国际贸易行政主体在进出口

[①] 参见王传斌:《〈食品安全法〉与〈进出口商品检验法〉衔接研究》,《海关法评论》2021年第10期,第50页。

[②] 参见王廷者、张宝:《走近海关税则调研》,《中国海关》2020年第7期,第38页。

商品税率的确立环节具有较大的行政裁量权,进出口商品税率直接关系到国际贸易市场主体的经济利益。在关涉税率调整的国际贸易行政诉讼中,法院可以用参与决策标准审查国际贸易行政程序,检视国际贸易行政主体是否保障了国际贸易市场主体的程序性权利。

三是反倾销、反补贴的调查环节。依据我国《反倾销条例》第二条、《反补贴条例》第二条的规定,商务部对外国企业采取反倾销、反补贴措施的前提是外国企业对中国的"国内产业"构成实质损害、实质损害威胁、实质阻碍。国内生产者构成"国内产业"需要达到一定的数量、占比要求,否则"国内产业"无法成形。故而,只有国内企业参与反倾销、反补贴的调查程序,使申请调查的国内生产者的数量、占比达到法定要求,商务部才能最终做出反倾销、反补贴的调查结果。如果商务部绕开国内企业参与调查这一环节,做出的反倾销、反补贴行政决定可能是没有数据支撑、不能反映国内产业真实状况的,最终将侵害国内企业的经济利益。故而,在反倾销、反补贴类国际贸易行政诉讼中,法院可以依据参与决策标准,审查商务部进行反倾销、反补贴调查时,是否保障了国际贸易市场主体的参与权。

三、不作为类国际贸易行政执法程序适用辅助性标准审查

(一) 辅助性标准的由来:辅助性原则

辅助性标准,源自通常所说的辅助性原则。辅助性原则被认为是符合新时代需要的、当今世界各项制度都特别应予适用的原则。[①] 辅助性原则(The Principle of Subsidiarity)一词最早出现于教会法中,罗马教皇列奥十三世将辅助性原则适用于社会福利事业,强调一切社会活动是为社会成员提供帮助,而非从其身上攫取利益。

从理论角度对辅助性原则进行研究始于德国。德国学者认为,辅助性原则的适用涉及国家与个体经济的关系,经济上的个体责任与协作优先于国家责任。只有当个体经济没有能力有序、高效地完成某项任务时,国家调

---

① See Joseph A. Komonchak, *Subsidiarity in the Church: the State of the Question*, 48 The Jurist 298(1988), p.298–314.

控才作为最后手段、备用力量发挥作用。① 将辅助性原则用于实践指导的重要范例是欧盟,主要解决"多层级治理体系中,下级政府、地区政府与跨国组织间的纵向权力分配问题",强调将决策权力尽可能下放到下级政府。②

(二) 辅助性标准的意旨

辅助性标准意旨的精髓与辅助性原则保持一致。辅助性原则包括消极面相和积极面相。消极面相可称为"排除干预的面相",旨在排除国家或上位组织的干预,保障个人或下位组织能够自主自决;积极面相可称为"要求干预的面相",当个人或下位组织无法自主施行某事务,国家或上位组织需要对其进行有限度的干预。③ 故而,辅助性标准亦有两个面相,其消极面相的核心意蕴是"免受过度干预",其积极面相的核心意蕴是"获得及时干预"。辅助性标准揭示了个人、市场、社会、国家四者间的层次关系,近似于耶利内克的主观公权利理论。耶利内克将个人在国家中的成员地位分为被动地位、消极地位、积极地位、主动地位四种,个人的主观公权利随着公法地位的提升形成一个"上升的阶梯"。④ 个人与国家关系的演变进阶见下图:

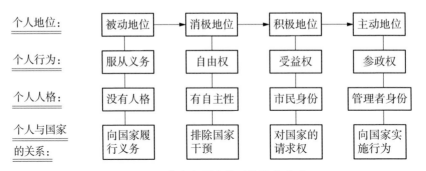

图 5-1　个人与国家关系的演变进阶

---

① 参见[德]罗尔夫·斯特博:《德国经济行政法》,苏颖霞、陈少康译,中国政法大学出版社 1999 年版,第 114 页。
② See James E. Fleming, Jacob T. Levy, *Federalism and Subsidiarity*, New York University Press, 2014, p.125-126.
③ 参见李明超:《行政许可设定的三层次分析》,《河南财经政法大学学报》2019 年第 3 期,第 85 页。
④ 参见[德]格奥格·耶利内克:《主观公法权利体系》,曾韬、赵天书译,中国政法大学出版社 2012 年版,第 78—79 页。

耶利内克描绘的个人与国家的关系图景,放在当代国家与市场的背景下,可理解为个人代表的私权利享有者——市场主体,与国家代表的公权力享有者——行政主体,二者间的关系与历史的更新换代具有同步性。从绝对主权国家时期,到夜警国家时期,到福利国家时期,再到新公共行政时期,国家治理机制强调的重心已经从行政主体直接向市场主体提供服务与福利,转向市场主体对行政主体实施"保持距离式"监督。① 市场主体的独立性日渐凸显,行业组织、中介机构等市场主体在经济活动中发挥自律、自主、自决的作用,国家在市场中的地位退居二线,当市场这只看不见的手"失灵"时,国家这只看得见的手才挺身而出。在处理国家与市场关系方面,辅助性标准有着恰到好处的诠释,划定了市场调节与政府调控的边界,"只有当个人、市场、社会三方主体均无法处理事务时,政府方能出场"。②

(三) 适用辅助性标准审查不作为类国际贸易行政执法程序的情形

个体所拥有的自由可以分为"行为自由"的积极自由和"行为不被他人干预"的消极自由。③ 国际贸易市场主体的经济自由权既包括横向的自由签订贸易合同、与其他平等民事主体开展贸易往来活动的权利,也包括纵向的参与跟自身利益紧密相关的国际贸易行政管理活动,以及免受国际贸易行政主体过度干预贸易活动的权利。从国际贸易市场主体的视角看,其经济自由权包括免受政府过度干预的消极自由权,以及参与跟自身利益相关的行政裁决过程的积极自由权。从国际贸易行政主体的视角看,国际贸易市场主体的经济自由权对应着国际贸易行政主体的"禁止越权"的消极义务,以及"依法履职"的积极义务。当经济自由权受到国际贸易行政主体的侵害时,法院运用辅助性标准审查国际贸易行政行为的实施过程是否存在"过度干预"或"没有及时、恰当干预",既是我国当前简政放权、公私合作的社会管理模式下司法审查的必然途径,亦是顺应我国优化营商环境的发展要求、有效保障国际贸易行政诉讼原告经济自由权的实践选择。

---

① 参见[英]科林·斯科特:《规制、治理与法律:前沿问题研究》,安永康译,清华大学出版社 2018 年版,第 207 页。
② 参见张杰:《辅助性原则视角下的自贸区监管模式》,《山西省政法管理干部学院学报》2017 年第 1 期,第 101—102 页。
③ 参见[英]以赛亚·伯林:《自由论》,胡传胜译,译林出版社 2003 年版,第 189 页。

在国际贸易行政诉讼中,不作为类国际贸易行政执法程序,既包括国际贸易行政主体"不该为而为之"的情形,即应然层面的不作为;也包括国际贸易行政主体"该为而不为",即实然层面的不作为。运用辅助性标准能够清晰审视国际贸易行政行为实施过程中"不该为而为之"以及"该为而不为"的情形。法院对国际贸易行政行为干预国际贸易活动的过程进行审查,遵循辅助性标准,一方面,审查国际贸易行政主体是否存在"过度干预",其审查标准是"市场主体能做的,行政主体不要干预";另一方面,审查国际贸易行政主体是否存在"没有及时、恰当干预",其审查标准是"市场主体不能做的,行政主体要及时提供帮助"。

本质上,现代公法的基本理念是,政府的首要职能是满足公众需要并回应国家的经济形势。[①] 国际贸易行政执法过程的法律程序正当性审查,是我国法治进程不断推进的必然结果。在国际贸易行政诉讼中,法院对国际贸易行政执法过程的审查,既要明晰总体性的"狭义'程序瑕疵'""程序轻微违法""违反法定程序""重大且明显程序违法"四类行政程序违法的不同审查方法,也要明晰作为类国际贸易行政执法程序适用参与决策标准审查的情形,以及不作为类国际贸易行政执法程序适用辅助性标准审查的情形。清晰的国际贸易行政执法程序正当性审查思路,是有力保障国际贸易行政诉讼原告程序性权利的基础。

第三节 国际贸易行政执法结果的行政职权合法性审查

国际贸易行政执法结果的行政职权合法性审查,是对国际贸易行政行为的实质合法性进行审查。在司法审查过程中,国际贸易活动纷繁复杂的事项和日新月异的变化,使具有滞后性的法律规则无法事无巨细地对国际贸易行政管理行为进行规制。即使法律规则对国际贸易活动进行了较为详细的规定,囿于法律语言自身概括性、抽象性、普适性的特征,在司法审查中

---

① 参见[法]狄骥:《公法的变迁》,郑戈译,商务印书馆2013年版,第118页。

仅适用法律规则无法应对实际的国际贸易法律关系调整需求。当法律语言含糊不清或模棱两可时，其效果是解除对行政权力的限制，如果一项法律可以合理地理解为几个不同事物中的任何一个，那么法定权力就是一个无定形的、不断移动的抓取袋，其边界是空想的、触角是无穷无尽的，当法律的含义事先不清楚而是从行政执法人员的特定决定中获得时，行政主体根本就没有真正适用预先存在的规则。① 法院对国际贸易行政行为的实质合法性审查，倘若欲克服法律语言的先天性不足，可以适用法律原则作为审查依据，通过法律规则与法律原则的配合适用，全方位监督国际贸易行政行为是否在法定职权范围内行使，真正实现"通过司法监督促进行政自制"的目的。

一、职权法定原则下国际贸易行政执法结果的实质审查

（一）加强国际贸易行政执法结果实质合法性审查的必要性

职权法定原则是现代国家行政法治建设的基本原则之一。一个国家法治的进步程度，与法在这个国家受尊崇的程度紧密相连。② 职权法定原则要求行政主体的一切权力来源于法律，并且行政主体应当在法定范围内行使职权。国际贸易行政主体是国际贸易行政法律规范的制定者，其制定的规章制度应当符合法律优位原则、法律保留原则等一般性原则。同时，国际贸易行政主体是国际贸易行政法律规范的执行者，其行政执法结果不能违法侵害国际贸易市场主体权益。目前来看，囿于我国国际贸易行政诉讼不够完善，对国际贸易行政执法结果的实质合法性判断，主要是靠国际贸易行政主体自身进行判断和纠偏。

在国际贸易领域，政策的实施表现为一个个具体的行动，与作为整体的国家的贸易政策相关联，因此，国际贸易行政执法结果应当始终一贯地具有连续性，整体上保持统一性。③ 实然层面，国际贸易行政主体享有集中的行

---

① See Tara Smith, *Judicial Review in an Objective Legal System*, Cambridge University Press, 2015, p.60.
② 参见何忠洲：《贵州饭店案：国家商务部一审再败》，《中国改革》2005年第3期，第54页。
③ 参见［日］南博方：行政法（第六版），杨建顺译，中国人民大学出版社2009年版，第5页。

政裁量权,做出的行政执法结果常常缺乏连贯性、一致性,而国际贸易行政主体在内部实施的行政问责制基本上是追溯性的,其他外部力量对国际贸易行政主体实施的监督是具有前瞻性的或同时进行的,当然,也有事后进行的。① 对国际贸易行政执法结果的实质合法性审查,是通过法院审查国际贸易行政执法结果,判断国际贸易行政主体是否违反职权法定原则。法院对国际贸易行政主体的司法监督,主要是事中性和事后性的。

基于我国国际贸易行政主体高度集中的行政裁量权、自我约束力不足的现实,应当加强对国际贸易行政执法结果的司法监督,对国际贸易行政执法结果进行实质合法性审查,其必要性表现如下。

其一,国际贸易领域的公私合作程度高于其他领域,行政执法结果不公的概率较高。现代政治呈现开放性、公共性特质,政府承担着公共服务职能,国家治理不再是以往单向的权力控制模式,而是走向公私合作的善治。② 善治的本质在于政府与个人对公共社会进行合作管理。③ 在监管领域,政府与个人的合作关系有利于提高监管效果,政府借用私权主体的创新成果为监管提供技术、信息等方面的支持,由此,更多与行政监管活动相关的利害关系人采取主动态度处理公私合作事宜。④ 在国际贸易领域,公法与私法的交融、政府与市场的交融更为深入。国际贸易领域的公私合作项目比较多,国际贸易行政执法结果有可能是由国际贸易市场主体联合国际贸易行政主体共同做出的。法官在审查过程中给予国际贸易行政主体的司法尊让,应当"看看谁在决定结果"。⑤ 如果是与其他国际贸易市场主体构成竞争关系

---

① See Peter Cane, *Controlling Administrative Power: An Historical Comparison*, Cambridge University Press, 2016, p.481.
② 参见叶方兴:《作为伦理实践的现代国家治理》,《复旦学报》2020年第2期,第114页。
③ 参见俞可平:《论国家治理现代化》,社会科学文献出版社2014年版,第27页。
④ 参见朱宝丽:《合作监管法律问题研究》,法律出版社2018年版,第13—14页。
⑤ 例如,在美国,《马格努森·史蒂文斯渔业保护和管理法案》(The Magnuson-Stevens Fishery Conservation and Management Act, MSFCMA)管辖美国渔业。该法令制定了广泛的目标,以保护国家渔业资源,同时也保护渔业。在这样做的过程中,MSFCMA首先向国家海洋和大气管理局(the National Oceanic and Atmospheric Administration, NOAA)授权,然后向国家海洋渔业局(the National Marine Fisheries Service, NMFS)授权,再向八个区域理事会(regional councils)(在某些情况下还包括各州)授权。最终,MSFCMA责成这些地区理事会负责实现该法案的目标。然而,根据MSFCMA,(转下页)

的国际贸易市场主体,与具有行政决定权力的国际贸易行政主体合作而做出的行政决定,法院应当慎重适用司法尊让,对行政决定结果进行实质合法性审查。

其二,在事实认定结果层面,国际贸易行政主体做出的事实认定结果在专业性、客观性方面存在局限性。在国际贸易行政执法活动中,最为重要的税收管理任务像行政治理的许多其他方面一样"被无情地推到国家机器的底部",这意味着关于纳税人和经济政策后果的信息难以被真实地、准确地传递给国家决策者,这严重限制了国家决策者制定政策以专业知识和现实状况为基础的程度。① 基于国际贸易行政权力的封闭性,至于科层制行政组织基础上的国际贸易行政执法结果,其专业程度和实质合法性有待商榷,应当深入国际贸易行政执法结果的实质合法性审查。

其三,在法律解释结果层面,法院比国际贸易行政主体更善于正确地解释法律以符合法律目的,并判断行为是否合法。实质上,税收机关工作人员对税收法律专业知识的认识有限,而相关税收条款交叉于税收法和行政法,可能涉及社会、经济、政治意义上的非收入问题。当税务机关的行政决定受到质疑时,法院应首先判断规章制度是否被授权制定规则以解决争议中的特定法律模糊性,进而实质性审查国际贸易行政执法结果合法性。② 简言

(接上页)正是受捕鱼行业影响的区域理事会做出有关渔业管理的决定,由于区域理事会执行 MSFCMA 的大部分监管行动,而 NMFS 只有最低限度的最终批准或否决权,可以说,NMFS 不是行为实体(the acting entity)。因此,在此适用"雪弗朗尊重"原则是错误的,因为受到质疑的决定只是区域理事会的建议,而不是行政机关的决定。虽然区域理事会拥有制定良好法规的技术知识,但它们缺乏问责性,容易受到行业利益的影响。MSFCMA 试图赋予 NMFS 监督权,但最终限制了它们对区域理事会的解释和计划进行有效修改的实际权力。在给予"雪弗朗尊重"之前,法院应该首先看看谁在决定结果。参见 Charles T. Jordan, *How Chevron Deference Is Inappropriate in U. S. Fishery Management and Conservation*, 9 Seattle Journal of Environmental Law 177(2019),p.237-238。

① See Wei Cui, *The Administrative Foundations of the Chinese Fiscal State*, Cambridge University Press,2022,p.17.

② See Alix Valenti and Vanessa Johnson, *The Impact of King v. Burwell on Judicial Review of Administrative Action: An Exception to Chevron, a Move from Textualism, or Something Else*,18 Houston Business and Tax Law Journal 78(2018),p.117.

之,法院对国际贸易行政执法结果不能一味地采用司法尊让而规避对国际贸易行政争议的实质性审查。

(二)法律原则在国际贸易行政执法结果实质审查中的适用

在国际贸易领域,国际贸易行政管理活动受制于特定的法律原则,法律原则是在民族历史进程中逐渐形成的,相较于法律规则而言,法律原则更加具有稳定性,故而对行政行为的规范指引作用更具有连续性、一致性。

在国际贸易行政审判活动中,实质法治主义强调国际贸易行政纠纷的实质性解决,具体包括三层意思:一是国际贸易行政案件已判决终结;二是国际贸易行政主体和国际贸易市场主体之间的矛盾真正地得以解决,实现"案结事了";三是通过国际贸易行政案件的审理,确立处理同类型案件的方法和界限,从而使国际贸易行政诉讼原告和被告能够自觉根据法院的裁判结果调整自身行为。① 法官在审理国际贸易行政案件时,受到"不得拒绝裁判"原则的约束,当法律规则的规定不明确或不符合实质正义要求时,法官可以依据法律原则审理国际贸易行政案件,而不是凭着直觉做出司法裁判。一个直觉主义的正义观只是半个正义观,应该尽可能地概括适用于优先问题的明确原则。②

质言之,在国际贸易行政诉讼中,法院适用法律原则审查国际贸易行政执法结果的实质合法性,主要见于以下情形。③

一是"法律规则空白"的明显法律漏洞情形。法律规则缺位和法律规则空白是两种状态。在法律规则缺位的情况下,可以通过类推适用的方法将个案涵摄在一条最接近的法律规则下。但是,在法律规则空白的情况下,法官只能诉诸具有关联性的法律原则。

二是"法律规则冲突"的隐藏法律漏洞情形。这种情形并非不适用法律规则,而是需要借由法律原则判断优先适用哪一法律规则。针对同一事项可能存在不同的法律规则,倘若这些法律规则存在实质性冲突,即不能依据

---

① 参见江必新:《论实质法治主义背景下的司法审查》,《法律科学》2011 年第 6 期,第 54 页。
② 参见[美]约翰·罗尔斯:《正义论》(修订版),何怀宏、何包钢、廖申白译,中国社会科学出版社 2019 年版,第 33 页。
③ 参见孙笑侠:《法理学》,浙江大学出版社 2011 年版,第 41—43 页。

"三大规则"的法律适用顺序化解法律冲突,为了避免"提请有权机关裁决"的实质性冲突化解方法的耗时、低效性,法官可以适用法律原则来解释,应当适用哪一法律规则。但是,法官应当通过裁判理由详细阐明法律原则是如何指引适用某一法律规则的,缺乏法律推理论证的裁判理由,法官的裁判结果同样面临不公正的质疑。

其三,"法律规则悖反"的隐藏法律漏洞情形。"法律规则悖反"是指,适用法律规则将导致个案产生极度不公正的结果,不适用法律规则又会威胁法的安定性和权威性。在这种情况下,法官应当根据法律原则创设现有法律规则的限制性例外,从而解决个案正义与法安定性之间的法律价值冲突。

二、负担性国际贸易行政执法结果的审查适用比例原则

(一) 负担性国际贸易行政行为的内涵

1. 负担性国际贸易行政行为的概念界定

负担性国际贸易行政行为,是指在国际贸易活动中国际贸易行政主体对国际贸易市场主体减少权益或增加义务的行为。负担性国际贸易行政行为具有3方面特征:(1)在行政法治预设方面,负担性国际贸易行政行为是对国际贸易市场主体不利的,在"法无授权即禁止"和正当程序方面的要求比较严格。负担性国际贸易行政行为的行政法治预设是实体方面的法定性和程序方面的正当性[①];(2)在法律关系权能方面,负担性国际贸易行政行为的法律关系中,国际贸易行政主体的处分权是核心权能,是指国际贸易行政主体在行政执法活动中,采取何种对国际贸易市场主体产生不利法律后果的行政措施的权能;(3)在法律规制程度方面,负担性国际贸易行政行为的法律规制程度较高,因为负担性国际贸易行政行为是减损国际贸易市场主体的权益、增加其义务的行为,对国际贸易市场主体产生不利的法律结果,故而对负担性国际贸易行政行为的法律约束更多。

2. 负担性国际贸易行政行为与国际贸易行政制裁行为的区别

国际贸易行政制裁行为是强制在国际贸易领域实施违法行为的当事人

---

① 参见侍海艳、杨登峰:《不利行政行为程序漏洞的认定标准》,《哈尔滨工业大学学报》2020年第5期,第16页。

承担不利的法律后果、具有惩戒目的的行为,主要包括外部性的行政处罚和内部性的行政处分。对国际贸易行政主体而言,影响较大的国际贸易行政制裁行为是行政处罚。2021 年实施的《行政处罚法》第一次在法律文本中对"行政处罚"的概念专门进行了界定,将行政处罚的方式概括为"减损权益"及"增加义务",实质上,这也是对当事人产生不利法律后果的方式。但是,行政处罚与负担性国际贸易行政行为不同,具体表现在下列方面。

一是行为目的不同。行政处罚具有制裁性,行政机关为了对违法者进行惩罚将施予义务之外的额外负担。行政处罚将对行政行为对象产生不利的法律后果,但是,并非任何对行政行为对象产生不利法律后果的行为都是行政处罚。负担性国际贸易行政行为虽然会产生不利的法律后果,但是负担性国际贸易行政行为不以制裁为目的,而制裁性是行政处罚最为关键的法律特征。[1]

二是行为侵益程度不同。行政行为的侵益性主要发生在两种情况:一是为实现公共利益的需求而实施行政行为并由此产生侵益性;二是为规制私主体的违法行为而实施行政行为并由此产生侵益性。[2] 负担性国际贸易行政行为主要因"公共利益的需要"而做出,例如,国际贸易行政征收行为,给当事人的合法财产造成损失的,国家将给予补偿,从而使国际贸易行政征收行为的侵益性降低。行政处罚主要针对"私人的违法行为",不用对私人的损失进行补偿,而是以给私人造成不利法律后果为目的,从而制裁私人的违法行为。

在国际贸易行政纠纷中,常见问题是负担性国际贸易行政行为与行政处罚行为边界不清晰。例如,海关"收缴"行为,到底是行政处罚行为,还是其他负担性行政行为? 如果是行政处罚行为,国际贸易市场主体依法享有听证的权利。如果是一般的负担性国际贸易行政行为,则国际贸易市场主体没有听证权。本质上,海关"收缴"行为是一种负担性的行政处理行为[3],

---

[1] 参见胡建淼:《论"行政处罚"概念的法律定位 兼评〈行政处罚法〉关于"行政处罚"的定义》,《中外法学》2021 年第 4 期,第 935 页。

[2] 参见王贵松:《论行政处罚的制裁性》,《法商研究》2020 年第 6 期,第 22 页。

[3] 参见杨解君:《行政处罚方式的定性、选择与转换——以海关"收缴"为例的分析》,《行政法学研究》2019 年第 5 期,第 49 页。

当海关实行"收缴"行为时,如果具有制裁性,应当认定为行政处罚。

(二) 适用比例原则审查超越职权的国际贸易行政执法结果

1. 用比例原则审查负担性国际贸易行政行为的一般情形

比例原则主要适用于负担性国际贸易行政行为的实质合法性审查。在司法审查视野下,国际贸易行政主体做出负担性行政行为时,采取的行政措施要符合公共利益的行政目的,在可使用的多种行政措施中要选取对国际贸易市场主体的个体利益侵害性最小的行为方式,且权衡公共利益和个体利益后所选择的行为方式与行政目的之间是均衡的。简言之,比例原则下的妥当性、必要性、均衡性三个子原则,是衡量负担性国际贸易行政行为实质合法性的标尺。例如,对外商投资者适用国家安全审查制度应遵循比例原则,国家安全审查应确保外国投资不会对东道国人民的生存和福祉至关重要的公共物品供应的可用性(availability)、可及性(accessibility)、完整性(integrity)和连续性(continuity)构成安全相关威胁,同时,国家安全审查的结果应尽可能减少对自由开展商业活动的限制,并且不应超过缓解特定外商投资引起的与安全相关的担忧所必需的程度。[①]

在国际贸易行政诉讼中,用比例原则审查的负担性国际贸易行政行为主要包括以下种类。

第一,行政处罚。2021年实施的《行政处罚法》在"处罚法定""过罚相当""处罚体制"等方面取得了新突破。[②] 其中,"行政处罚概念"强调了行政处罚的制裁性,必须让违法行为人承担"额外"的付出。[③] "处罚法定"的核心要义是法律没有明文规定禁止的情形则不属于违法情形,法律没有明文规定要处罚的情形则不用处罚。[④] "过罚相当"中的"罚"的要素包括是否罚、处

[①] See Cheng Bian, *National Security Review of Foreign Investment: A Comparative Legal Analysis of China, the United States and the European Union*, Routledge, first published 2020, p.229.

[②] 参见黄海华:《新〈行政处罚法〉制度创新的理论解析》,《行政法学研究》2021年第6期,第3页。

[③] 参见胡建淼:《论"行政处罚"概念的法律定位 兼评〈行政处罚法〉关于"行政处罚"的定义》,《中外法学》2021年第4期,第936页。

[④] 参见黄海华:《新〈行政处罚法〉制度创新的理论解析》,《行政法学研究》2021年第6期,第6页。

罚种类及幅度、单罚或者并罚,"过"的要素包括事实、性质、情节、社会危害程度,但是对这四要素是否覆盖设定、实施处罚应当考虑的全部因素,尚存在争议。在对行政处罚行为的司法审查中,主要判断实施行政处罚的国际贸易行政主体是否具有权限、设定的行政处罚种类是否符合上位法规定、实施行政处罚的幅度是否合法且合理、行政处罚过程是否满足程序正当要求等。①

第二,行政强制。理论上,行政强制包括两种情形:一种是行政强制措施,具体内容包括暂时性限制自由或控制财产等,是对行政相对人不利的法律后果,具有负担性但是不具有制裁性,目的是实现行政管理意图而不是惩戒相对人;另一种是行政强制执行,要求有一个行政决定或需要执行的行政行为在先,目的是运用国家强制力使当事人履行法定义务。在国际贸易行政诉讼中,行政强制措施受到的司法审查强度大于行政强制执行,因行政强制措施对国际贸易市场主体的人身权、财产权等权益的干预程度更深,且种类更多、情形更复杂,而行政强制执行相对于在先的行政决定而言具有依附关系,且主要是对财产权产生不利法律后果,对国际贸易市场主体的影响力更小。

第三,行政征缴。在国际贸易领域,征缴税款的过程是公有财产与私有财产分离的过程。② 从自然人享有的人权角度说,财产权是人的基本权利,"财产的让渡需以同意为前提"。③ 因而,在国际贸易行政主体代表的公共利益和国际贸易市场主体的个体利益的交往过程中,国际贸易市场主体也应当享有一定的裁量资格,即国际贸易市场主体对国际贸易行政主体实施的征税措施有参与讨论权,国际贸易行政主体做出何种决定、选择何种措施的行政过程应当吸纳国际贸易市场主体参与其中,双方依法进行协商并形成最终的裁量结果合意,从而使行政裁量结果具有可接受性。④

---

① 参见李晴:《论过罚相当的判断》,《行政法学研究》2021年第6期,第35—36页。
② 参见吕铖钢:《税务行政裁量权的理论阐释、行为纠偏与路径选择》,《北京理工大学学报》2021年第2期,第158页。
③ 参见[加拿大]詹姆斯·塔利:《论财产权:约翰·洛克和他的对手》,王涛译,商务印书馆2014年版,第15页。
④ 参见苏海雨:《论行政裁量权的交往控制》,《政治与法律》2017年第2期,第85页。

2. 用比例原则重点审查国际贸易行政执法结果是否超越职权

适用比例原则对负担性国际贸易行政行为进行司法审查时,应当重点审查国际贸易行政执法结果是否超越职权。

行政超越职权,是指行政主体在履行行政管理职能、从事行政执法活动时超越职权范围而行使不属于自身的职权的违法情形。① 在国际贸易领域,违反比例原则的超越职权情形主要见于以下方面②:一是事务越权,是指所涉事务不属于国际贸易行政主体的职权范围。例如,中国籍国际贸易市场主体在中国国内开展贸易活动存在垄断行为时,由国家市场监管总局行使监管权,商品的内销和外销属于不同领域,遵循不同的法律规范。二是级别越权,是指下级越界到上级职权范围中或上级干涉下级的职权。例如,隶属海关违法行使直属海关才拥有的行政权限,直属海关干涉隶属海关的一线工作内容等。三是地域越权,是指以行政区划作为职权的认定标准。例如,北京海关不能干预山东海关的事,山东海关也不能干预北京海关的事。四是无权限,是指国际贸易行政主体在"无权限"情况下做出的国际贸易行政行为,与法律规定国际贸易行政主体有权做出的国际贸易行政行为不属于同一种类的情形。③ 例如,海关总署在规章中设定"行政拘留""没收违法所得"等种类的行政处罚,但海关总署没有权限在规章中设定这些行政处罚种类,其法定权限范围在于设定"警告""一定数额罚款"等。

三、授益性国际贸易行政执法结果的审查适用信赖保护原则

(一) 授益性国际贸易行政行为的内涵

1. 授益性国际贸易行政行为的概念界定

授益性国际贸易行政行为,是指在国际贸易活动中国际贸易行政主体对国际贸易市场主体增加权益或减少义务的行为。授益性国际贸易行政行为具有3方面特征:(1)在行政法治预设方面,授益性国际贸易行政行为是对国际贸易市场主体有利的,保证利益分配的公平和高效实现利益是行为价

---

① 参见关保英:《论行政超越职权》,《社会科学战线》2011年第11期,第180页。
② 参见姜明安:《行政法》,北京大学出版社2014年版,第247页。
③ 参见李荣珍、王南瑛:《无效行政行为的司法认定研究》,《甘肃社会科学》2020年第6期,第124页。

值的体现。因而,授益性国际贸易行政行为的行政法治预设是实体方面的公平性和程序方面的便捷性。(2)在法律关系权能方面,在授益性国际贸易行政行为的法律关系中,国际贸易市场主体的请求权是核心权能,是指请求公权力机关从事特定行为(给付)的权能。① (3)在法律规制程度方面,授益性国际贸易行政行为的法律规制程度相对较低,给国际贸易市场主体赋权、增加国际贸易市场主体的利益或减少其义务,是对当事方国际贸易市场主体有利的,是公共服务时代的国际贸易行政主体履行行政管理职责的目的所在。

2. 国际贸易行政主体对国际贸易市场主体权益的高度裁量权

授益性国际贸易行政行为中的"益"是指"增加权利"或"减少义务",这两种"益"的前提是,国际贸易行政主体具有较大的行政权力,才能在广泛的行政权限空间内"这里加一点权利,那里减一点义务"。实际上,国际贸易行政主体确实有很大的行政权力,尤其是具有高度集中的行政裁量权。在我国,最为典型的国际贸易行政主体是海关,海关行政权力具有较大特殊性。

首先,海关既有行政执法权力,又有刑事司法权力。《海关法》第二条规定了海关的行政执法职权,第四条规定了海关的刑事司法职权。对于海关以外的其他行政机关而言,很少有行政机关能兼备行政属性和刑事属性两大门类的公权力。在海关执法活动中,海关缉私人员既有行政调查权,也有刑事侦查权,在行政调查案件转为刑事侦查案件的过程中,如何厘清海关缉私人员的行政调查权和刑事侦查权的界限,是海关执法实践中的难题。② 法律规定的行政调查权和刑事侦查权的行使方式和行使程序不同,对国际贸易市场主体的权利义务影响也不同。海关掌握从行政调查权转换为刑事侦查权的自由裁量权,使本应接受行政法正当程序原则限制的行政调查权,逃逸至刑事侦查权而免受行政执法的正当程序原则约束,使国际贸易市场主体对依据正当程序原则主张自身程序性权利的期待和信赖利益落空。

其次,海关既是行政处罚权的法定主体,亦是行政强制执行权的法定主体,并可以采取多种行政强制措施。《海关法》第六条和第六十一条、《行政处罚法》第七十二条、《行政强制法》第十三条和第三十四、《海关行政处罚实

---

① 参见徐以祥:《行政法上请求权的理论构造》,《法学研究》2010年第6期,第29页。
② 参见万曙春:《在效率与合法之间寻求平衡——从法国海关调查权及其法律控制说起》,《法学》2013年第3期,第140页。

施条例》第二条等条款共同规定了海关是多种负担行政行为的合法行为主体，对国际贸易市场主体产生不利法律后果的行政处罚和行政强制，海关都有权实施。法律对行政处罚、行政强制规定了不同的实体要求和程序要求，例如，《行政强制法》第五条仅规定了行政强制的"适当性"要求，没有规定"公正、公开"原则，而《行政处罚法》第五条规定了行政处罚应当遵循"公正、公开"原则。倘若海关在行政处罚的执行程序中采取"查封""扣押"手段，由于行政强制措施也包括"查封""扣押"，海关可以自称所采取的"查封""扣押"属于行政强制措施，进行"查封""扣押"时不遵守公正、公开原则的要求，则国际贸易市场主体对依据正当程序原则主张自身程序性权利的期待和信赖利益又将落空。

最后，海关具有监管、征税、缉私、统计四大传统职能，而一般行政机关只有行政监管职能。在海关纳税争议中，法律规定了纳税争议的行政复议前置程序，海关享有优先处置纳税争议的权力。《海关法》第六十四条、《进出口关税条例》第六十四条对海关纳税争议复议前置作了明确规定。纳税争议包括确定完税价格、商品归类编码、征税款、税率、滞纳金、计征方式等内容，几乎涵盖了海关"监管、征税、缉私、统计"四大职能的主要内容。换言之，国际贸易市场主体与海关之间发生的大部分行政争议，依法都应当先由海关自身处理，国际贸易市场主体对海关的处理结果不服，才能向法院提起诉讼。海关具有高度行政裁量权，即使做出前后不一致的行政决定，也有可能被解释为海关的行政裁量行为，国际贸易市场主体的信赖利益将得不到保障。

（二）适用信赖保护原则审查滥用职权的国际贸易行政执法结果

1. 用信赖保护原则审查授益性国际贸易行政行为的一般情形

信赖保护原则主要适用于授益性国际贸易行政行为的合法性审查。基于信赖保护原则，因法律修改或废止产生违法授益行政行为时，国际贸易行政主体依法行政的要求，与对保护国际贸易市场主体信赖利益的义务呈现冲突状态，当公共利益大于个体信赖利益时，国际贸易行政主体才可以撤销违法授益行政行为。[①] 信赖保护原则可以看作平等原则在"同等权利

---

① 参见程凌：《社会保障待遇追回中的信赖保护——以授益行政行为撤销与废止为中心》，《北京理工大学学报》（社会科学版）2021年第4期，第175页。

受到同等保护"情形的延伸。在形成持续性或长期性的行政实务或行政惯例的情形下,对于同样或同种有关特定国际贸易市场主体的案件,国际贸易行政行为受平等原则的拘束,原则上不得做出与以前不同的行政决定。授益性国际贸易行政行为是增益国际贸易市场主体权益的行为,国际贸易市场主体基于平等原则和行政惯例,其合理的信赖利益应当得到法律保障。①

在国际贸易行政诉讼中,用信赖保护原则审查的授益性国际贸易行政行为主要包括以下种类。

第一,行政许可。国际贸易领域的 AEO 认定、海关企业分类管理办法下的进出口货物收发货人、报关企业资质类型确定等事项,皆属于海关行政许可范围。在市场配置主导的自由主义经济遭遇危机后,政府宏观调控力度增加,行政许可作为一种干预行政手段,有效填补市场失灵的漏洞。在复杂的国际贸易行政监管活动中,单一的规范主义行政许可控权模式在实现法治目标时力有不逮,建构模式下功能主义的行政许可裁量基准逐步被广泛运用。当行政许可裁量基准的制定和修改违背信赖保护原则时,国际贸易市场主体可以对行政许可裁量基准提起规范性文件附带审查。

第二,行政给付。在海关缉私警察因公殉职或受伤等情形下,海关应当给相关人员发放抚恤金、治疗费、护理费、生活补助费等,这些均属于行政给付范围。此外,为支持本国产业发展,商务部、国税局、农业部等国际贸易行政主体给出口贸易产品发放补贴,亦是行政给付行为。同时,行政给付还包括依据法律规范履行法定的对行政行为利害关系人的生存照顾义务,国家对公民的生存照顾义务是行政给付的主要内容。② 国际贸易市场主体对国际贸易行政主体的行政给付行为存在信赖利益,国际贸易行政主体违背信赖保护原则中止或终结对国际贸易市场主体的行政给付,国际贸易市场主体有权向法院起诉国际贸易行政主体从而维护自身权益。

第三,行政奖励。在国际贸易领域,行政奖励是国际贸易行政主体为实

---

① 参见[日]平冈久:《行政立法与行政基准》,宇芳译,中国政法大学出版社 2014 年版,第 337—339 页。
② 参见程凌:《社会保障待遇追回中的信赖保护——以授益行政行为撤销与废止为中心》,《北京理工大学学报》(社会科学版)2021 年第 4 期,第 174 页。

现特定行政目标,依法赋予国际贸易市场主体特定形式的奖励,激励国际贸易市场主体实施符合行政目的的行为的非强制性行政行为。① 行政奖励要区别于行政允诺,依据《关于依法保护行政诉讼当事人诉权的意见》的规定,行政允诺是行政主体为实现特定行政目的,单方面向特定行政相对人做出自我课以义务的意思表示,明示行政主体将来作为或不作为的行为。行政允诺比行政奖励的灵活性更大,行政主体在职权范围内可以自行设定允诺内容,行政奖励则需依法定内容和方式进行。② 国际贸易市场主体在行政奖励和行政允诺中享有的权利义务不同,在提起国际贸易行政诉讼时,主张的权利内容相应也不同。

2. 用信赖保护原则重点审查国际贸易行政执法结果是否滥用职权

适用信赖保护原则对授益性国际贸易行政行为进行司法审查时,应当重点审查国际贸易行政执法结果是否滥用职权。

滥用职权是指行政机关在法定权限内不当行使裁量权做出行政决定③,行政机关在行政裁量过程中的意思表示违反立法目的。④ 滥用职权主要指"滥用裁量权",适用于行政裁量领域,从而与日常用语中"滥用权力""违法"等的语义相区别。⑤ 总体来看,"滥用职权"的要素主要包括:(1)属于裁量行政行为;(2)行政机关的职权是在法定范围内行使;(3)行政机关主观故意违反立法目的。

在国际贸易领域,国际贸易行政主体存在形形色色滥用职权的情况,例如,海关行政执法目的不正当、在关境执法过程中未考虑应当考虑的因素或者考虑了不应当考虑的因素、对不确定法律概念恣意做扩大解释或缩小解

---

① 参见叶赫赫、李艳斐:《行政奖励的司法审查》,《人民司法》(案例)2012 年第 14 期,第 110 页。
② 参见张鲁萍:《行政允诺的性质及其司法审查——基于对司法判决书的实证分析》,《西南政法大学学报》2016 年第 6 期,第 53 页。
③ 参见吴猛、程刚:《行政诉讼中"滥用职权"审查标准适用问题研究》,《法律适用》2021 年第 8 期,第 78 页。
④ 参见周佑勇:《司法审查中的行政行为"明显不当"标准》,《环球法律评论》2021 年第 3 期,第 30 页。
⑤ 参见施立栋:《被滥用的"滥用职权"——行政判决中滥用职权审查标准的语义扩张及其成因》,《政治与法律》2015 年第 1 期,第 101 页。

释、故意拖延或放弃行政裁量、不当授权及委托等。① 在国际贸易行政诉讼中,衡量国际贸易行政主体是否"滥用职权"的标准一般包括三个维度:一是结合国际贸易活动的本质(类别)进行判断;二是判断国际贸易行政执法结果是否符合正当目的;三是判断不同国际贸易行政执法结果是否属于合理差别。

值得一提的是,审查国际贸易行政执法结果是否滥用职权,要区别于审查国际贸易行政执法结果是否明显不当。"滥用职权"强调行政主体主观状态的故意,而"明显不当"强调的是客观结果的不合理性。整体而言,法院更偏向于适用"明显不当"标准。在合理性审查空间,适用"明显不当"这条"严重不合理"情形的审查标准,对常人都认为不合理程度超越一般可接受范围的行政行为做出否定评价,行政主体难以辩驳,且引起行政权与司法权冲突的可能性更小,比适用"滥用职权"审查标准更合时宜。

概言之,在国际贸易行政诉讼中,当法律规则的漏洞不足以支撑法院在国际贸易行政诉讼中,对国际贸易行政执法结果进行实质合法性审查时,应当适用法律原则进行审查。负担性国际贸易行政执法结果对于国际贸易市场主体而言是"减少权利"或者"增加义务"的,应当依据比例原则下的妥当性、必要性、均衡性三个子原则对负担性国际贸易行政执法结果进行实质合法性审查。授益性国际贸易行政执法结果对于国际贸易市场主体而言是"增加权利"或者"减少义务"的,国际贸易市场主体基于平等原则基础上对行政自我拘束的期待而产生信赖利益,应当适用信赖保护原则审查授益性国际贸易行政执法结果的实质合法性。最终,通过严格践行职权法定主义,通过对国际贸易行政行为全方位的审查,加强对国际贸易行政诉讼原告权益的保障。

本章小结

效率价值下完善国际贸易行政诉讼被告行为审查,需要处理好私权利

---

① 参见许丽娜:《海关通关行政自由裁量权滥用控制研究——以上海海关为例》,同济大学硕士学位论文,2007年,第22—24页。

保障合理和公权力行使合法二者之间的关系。私权利保障合理，是指国际贸易市场主体的权利依据现有法律条款的规定可能无法找到明确来源，但是，基于民族历史环境中形成的法律原则，国际贸易市场主体享有主张权利保障的请求权。同时，合理二字意味着对私权利的保障存在一定范围，并非所有自然权利都可以通过国际贸易行政诉讼进行司法保障，并非对国际贸易市场主体的权益保障得越多越好，法律的精髓在于衡量利益和把握程度，用力过猛地保护私权利可能导致司法领域的滥诉和行政领域的停摆。公权力行使合法，是指国际贸易行政主体行使公权时，其权力来源要有上位法的授权或者与上位法的规定相符合，在行使权力的过程中，在实体方面要求国际贸易行政主体在法定权限内行使职权，在程序方面要求国际贸易行政执法过程符合正当程序原则，并且，国际贸易行政主体的行政执法结果应当符合职权法定原则要求的实质合法性，负担性国际贸易行政执法结果要符合比例原则，授益性国际贸易行政执法结果要符合信赖保护原则。

完善我国国际贸易行政诉讼被告行为审查，从行政过程论的基点出发，需要在国际贸易行政执法依据方面、国际贸易行政执法过程方面、国际贸易行政执法结果方面分别加强对规范性文件的附带审查、对法律程序的正当性审查、对行政职权的实质性审查。

在国际贸易行政执法依据方面，法院需要加强对规章以下行政规范性文件的附带审查。具体而言，在实体法律依据方面，考察规范性文件是否存在违反实体法律依据的情形；在程序法律依据方面，考察规范性文件是否存在严重违反法定程序的情形；在行政裁量基准方面，考察规范性文件的规定是否存在明显不当。

首先，在国际贸易行政行为的实体法律依据审查方面，法院可以通过审查规范性文件是否"有权限"来判断合法性。"有权限"包含两层意思：一是"自带权限"，即从权力来源的角度看，规范性文件本身有权限，从权力行使的角度看，国际贸易行政主体基于行政职权本身有权限。二是"权限补强"，即规范性文件本身没有权限，但是通过特定措施使国际贸易行政主体依据规范性文件执法时"有权限"，一种方法是通过"规定补强"，将低位阶的规范性文件转化为高位阶的法律、法规、规章，直接扩大规范性文件权限；另一种方法是通过"援引补强"，在依据低位阶的规范性文件执法时同时援引高位阶的法律、法规、规章作为执法依据,间接扩大规范性文件权限。

其次,在国际贸易行政行为的程序法律依据审查方面,法院主要审查国际贸易行政程序性规定是否足够细致,包括审查国际贸易行政行为操作流程类规定是否足够细致,以及审查国际贸易行政行为时限性规定是否足够细致。在此,需要明确"拖延履行"和"不履行"二者在本体概念和行为后果方面不同。

最后,在国际贸易行政行为的行政裁量基准方面,要明确国际贸易行政裁量基准具有:(1)行政性,国际贸易行政裁量基准是行政主体自行制定用以指导、规范、约束自身裁量权的;(2)法律性,国际贸易行政裁量基准必须在一定的法律框架下进行,从而符合法律目的;(3)约束性,国际贸易行政裁量基准创制完毕后,国际贸易行政行为必然受到国际贸易行政裁量基准的约束,不能选择性适用国际贸易行政裁量基准。国际贸易行政裁量基准是否能及时调整是法院进行规范性文件附带审查的重点内容,应然层面,国际贸易行政主体制定的裁量基准应当反映最新研究成果和认知。同时,国际贸易行政裁量基准中涉及数额、新旧程度等内容的规定,应当随着我国社会经济发展水平的变化而及时调整。

在国际贸易行政执法过程方面,法院需要加强对法律程序的正当性审查。正当程序原则的核心思想是公平听证和避免偏私。正当程序不同于法定程序,正当程序是指剥夺某些个体权益时必须保障该个体享有被告知(notice)、陈述意见(state)、被倾听(hearing)的权利。法定程序是行为主体遵守法定的时限、顺序,并按照法定的方式做出法律行为。法定程序的要求较低,而正当程序的要求较高,法定程序通过一定的方法可以转化为正当程序。

整体而言,在法院对国际贸易行政执法过程进行审查时,要明晰"狭义'程序瑕疵'""程序轻微违法""违反法定程序""重大且明显程序违法"四类违法程序的不同内涵。对国际贸易市场主体而言,参与关涉自身权益的国际贸易行政决策程序,是主张、维护自身权益最直接的方法。故而,法院有必要适用参与决策标准审查作为类国际贸易行政执法程序是否符合正当程序原则。在进出口商品的检验环节,进出口商品税率的确立环节,反倾销、反补贴的调查环节,法院一般需要适用参与决策标准审查作为类国际贸易行政执法程序。对国际贸易行政主体而言，国际贸易市场主体的经济自由权对应着国际贸易行政主体的"禁止越权"的消极义务，以及"依法履职"的积极义务。国际贸易行政主体在不作为类国际贸易行政执法程序中应当适用辅助性标准。辅助性标准在消极维度意指"免受过度干预"，在积极维度意指"获得及时干预"。法院运用辅助性标准能够清晰审视国际贸易行政行为实施过程中"不该为而为之"以及"该为而不为"的情形。一方面，审查国际贸易行政主体是否存在"过度干预"，其标准是"市场主体能做的，行政主体不要干预"；另一方面，审查国际贸易行政主体是否存在"没有及时、恰当干预"，其标准是"市场主体不能做的，行政主体要及时提供帮助"。

在国际贸易行政执法结果方面，法院需要加强对行政职权的实质合法性审查。基于我国国际贸易行政主体高度集中的行政裁量权、自我约束力不足的现实，有必要利用法律原则对国际贸易行政执法结果进行实质合法性审查。首先，国际贸易领域的公私合作程度高于其他领域，行政执法结果不公的概率较高。其次，在事实认定结果层面，国际贸易行政主体做出的事实认定结果在专业性、客观性方面存在局限性。最后，在法律解释结果层面，法院比国际贸易行政主体更善于正确地解释法律以符合法律目的。

进一步说，法院对负担性国际贸易行政行为应当用比例原则进行审查，主要审查对象包括国际贸易行政主体做出的行政处罚行为、行政强制行为、行政征缴行为。同时，法院应当重点审查国际贸易行政执法结果是否存在事务越权、级别越权、地域越权、无权限等情形的超越职权行为。再者，法院对授益性国际贸易行政行为应当适用信赖保护原则进行审查，主要审查对象包括国际贸易行政主体做出的行政许可行为、行政给付行为、行政奖励行为。相应地，法院应当重点审查国际贸易行政执法结果是否滥用职权。在国际贸易行政诉讼中，衡量国际贸易行政主体是否"滥用职权"一般包括三个审查维度：一是结合国际贸易活动的本质（类别）进行判断；二是判断国际贸易行政执法结果是否符合正当目的；三是判断不同国际贸易行政执法结果是否属于合理差别。

本质上，国际贸易行政主体具有较大的行政权力，尤其是高度集中的行政裁量权。以中国典型的国际贸易行政主体海关为例，海关既有行政执法权力，又有刑事司法权力；既是行政处罚权的法定主体，亦是行政强制执行权的法定主体，并可以采取多种行政强制措施。同时，海关具有监管、征税、缉私、统计四大传统职能，而一般行政机关只有行政监管职能。公权力主体的行政权力越大，行政裁量权越集中，对私权利主体的权益侵害性越强。在国际贸易行政诉讼中，为了加强对国际贸易行政诉讼原告权益的保障，应当基于法律优位原则、法律保留原则、正当程序原则、职权法定原则等不同法律原则深入、实质审查国际贸易行政主体的行政行为全过程，实现"通过司法监督促进行政自制"的司法目的，提升国际贸易行政主体的行政效率，降低国际贸易行政执法中的交易费用，加强国际贸易领域的行政法治建设，间接保障了作为国际贸易行政诉讼原告的国际贸易市场主体的权益。

第六章

公正价值下国际贸易行政诉讼法院司法效果的完善

> 一次非正义司法审判造成的祸害比多次不公平行为更严重,因为不公平行为仅仅是使水流受到污染,而非正义司法审判是直接从源头破坏水质。①
>
> ——培根(Bacon)

法律具有历史性,法律展现于国家历史中并随着时代进步而循序渐进地全面发展;法律具有民族性,法律产生于习俗和民族信仰(popular faith),并伴随着民族的成长而成长;法律具有科学性,法律是社会整体中的一个独立的知识分支,是内在的、有机的、技术的伟力而非专断意志所造就。② 在一个仍依赖民族国家的全球体系中,各国外交政策的特点可能会有所不同。在国际贸易行政诉讼中,哪些地方需要司法能动、哪些地方对行政权力实行司法谦抑,法院应当适用不同的标准来应对外交政策的需要。③ 一国的外贸政策都是以本国、本民族的利益为基点而非全世界的福利,即便是在相互依赖不断加深的当今世界,本国的民族利益仍然高于一切。④ 但是,就外国公

---

① 参见[英]弗朗西斯·培根:《培根论说文集》,水天同译,商务印书馆1983年版,第193页。
② 参见[德]萨维尼:《论立法与法学的当代使命》,许章润译,中国法制出版社2002年版,第9—14页。
③ See Thomas Cottier and Krista Nadakavukaren Schefer, *The Relationship between World Trade Organization Law, National and Regional Law*, 1 Journal of International Economic Law 83(1998), p.114.
④ 参见张二震、马野青:《国际贸易学》(第五版),南京大学出版社2015年版,第132页。

民而言,他们所居住的那个国家的法律秩序必须给予这些外国公民最低限度的权利,否则,这些外国公民在法律上所属的母国的权利就被认为遭到了侵犯。①

国际贸易行政诉讼中存在着多元利益,既有本国籍和外国籍国际贸易市场主体的个体利益,又有本国国际贸易行政主体代表的公共利益,亦有被国际法羁束的国家利益。个体利益、公共利益和国家利益并非总是处于和谐共生的状态,而是以利益之间的冲突关系为常态。面对多元利益的冲突,法院需要发挥司法能动性,进行利益平衡,比较衡量对立的利益,在价值判断的基础上进行法律解释,适用恰当的规则、原则、方法化解利益冲突。② 公正价值指引下的国际贸易行政诉讼原告权益保障,需要法院在审理国际贸易行政案件时发挥司法能动性实现弥补原告权益损失的司法效果。

法院裁判的司法效果,对于一般国内行政案件而言,主要包括法律效果和社会效果。对于国际贸易行政案件而言,法院裁判的司法效果,除了法律效果和社会效果,还包括与外国法律、外国当事人利益相关的政治效果。整体看来,在国际贸易行政诉讼中,通过法院对国际贸易行政案件的审理欲实现的司法效果中,第一个要实现的是普遍的社会效果,第二个要实现的是特殊的政治效果,第三个要实现的是终极的法律效果。在实践中,我国法院在国际贸易行政诉讼中并未积极发挥司法能动,未能通过对法律条款的解释、司法技术的适用、案件受理和裁判的把控来加强对原告权益的保障。原告力求实现"填补受损权益"的目的往往不能达成,抽象的司法公正理念并未在具体案件中落到实处,司法的社会效果、政治效果、法律效果亦未能充分彰显。本章将从加强国际贸易行政诉讼法院的补救性控制出发,阐述公正价值下完善我国国际贸易行政诉讼法院司法效果的方法。

---

① 参见[奥]凯尔森:《法与国家的一般理论》,沈宗灵译,商务印书馆 2017 年版,第 340 页。
② 参见沈岿:《平衡论——一种行政法认知模式》,北京大学出版社 1999 年版,第 103 页。

第一节　国际贸易行政案件受理条件放宽的社会效果彰显

基于经济活动的现实性、变化性，法律应当在更大范围内回应整个社会的需求，扩大"法律因素范围"，使法律推理得以囊括对行政行为所处社会场景和社会效果的认识。① 在国际贸易行政诉讼中，法官应当放宽国际贸易行政案件的受理条件，通过扩大解释"利害关系"不确定法律概念、灵活解释"一行为一诉"原则的适用场景，限缩解释"一事不再理"原则下不予受理案件的情形，尽可能保障国际贸易行政诉讼原告的起诉权，满足国际贸易市场主体希望通过司法途径对国际贸易行政主体形成外部制约的朴素愿望，彰显以"司法为民"为核心要义的社会效果。

在关乎法的问题中，不存在精确的确定性，因为法律不是单纯的量的大小，而是关涉利益、人的命运、不同的正义观及评价。② 正是基于法律的不确定性，法官才能通过对法律解释的把控，在法律目的范围内赋予国际贸易行政诉讼原告更大范围的起诉资格。法官对不确定法律概念的确定、法律原则内涵的权衡等灵活性事项的司法裁量，应当秉持最大限度保障国际贸易行政诉讼原告起诉权、实现公平正义的理念，放宽原告起诉条件认定标准，从而加强对原告权益的保障。

一、扩大解释认定原告资格的"利害关系"法概念

在三大基本公权力形态中，立法权以民主为价值导向，行政权以效率为价值导向，司法权则是以公正为价值导向。③ 当前，立法主体为了增加法律

---

① 参见[美]诺内特、塞尔兹尼克：《转变中的法律与社会》，张志铭译，中国政法大学出版社1994年版，第81页。
② 参见[德]卡尔·拉伦茨：《论作为科学的法学的不可或缺性》，赵阳译，商务印书馆2021年版，第21页。
③ 参见王峰：《行政诉讼、民事诉讼与刑事诉讼之比较研究——从制度属性的视角》，《行政论坛》2013年第1期，第70页。

对现实生活万千事务的统摄力而愈发倾向于使用抽象的语言文字,无法对情形各异的执法活动进行细节性考究。行政主体在行政效率原则的指导下,关注执法目标的高效达成,往往会忽略对行政行为相关对象的权益保障。维护公正的重任落在司法主体上。

动态的"司法三段论"不再是简单的规则涵摄,而是经由法官将法律规范与案件事实反复比照后,将案件事实涵摄于相应的裁判规则的动态思维过程。[①] "案件事实"是经过法官对当事人"争议事实"进行去伪存真加工后的"认定事实"而非"客观事实"。裁判规则是法官将价值判断和经验融入法律解释而生成的裁判路径。法官能动性在现代司法理念下受到高度重视,"自动售货机式"的法律适用已失去正当性,法官在司法活动中应当按照特定对象适用特定价值判断指引审判活动[②],其中的首要环节,即在原告资格认定环节能动地阐述利害关系概念。

(一) 保护规范理论确定"利害关系"内涵的方法存疑

按照现行《行政诉讼法》的规定,国际贸易行政诉讼原告的判断标准是"利害关系标准",接踵而来的问题是,如何理解"利害关系"这个不确定法律概念?最高人民法院通过系列案例,阐释了"利害关系"内涵的变化:在2016年指导案例77号"罗镕荣诉吉安市物价局物价行政处理案"中,确立的"利害关系"内涵是"为维护自身利益而起诉";在2017年"刘广明诉张家港市人民政府行政复议案"中,法官运用德国保护规范理论,将"利害关系"阐释为"公法具有保护私益的目的";在2019年"联立公司诉北京市东城区政府行政复议案"中,法官再次阐述,保护规范理论是认定原告资格的一种方法,判断利害关系人是否具原告主体资格的标准多重,并呈现逐渐扩大、与时俱进的态势。

当前理论和实践中主要关注的是保护规范理论在阐释"利害关系"概念时的观点,即从旧保护规范理论的"考察立法者的意志"到新保护规范理论的"利用整个法律体系"探寻公法的私益保护目的。但是,保护规范理论在

[①] 参见吴春雷、张文婧:《司法三段论的性质与认知结构之再认识》,《河北法学》2013年第4期,第45页。

[②] 参见韩登池:《司法三段论——形式理性与价值理性的统一》,《法学评论》(双月刊) 2010年第3期,第140页。

我国的适用客观上存在两方面问题:其一,通过"探寻公法的私益保护目的"来判断原告资格,仍然是一种抽象的方法,如何通过对法律体系的解释来剖出公法的私益保护目的,仍然具有较大的不确定性。因此,有的学者认为,保护规范理论"绝非一台毫厘无差的仪器,在宽严之间不停摇摆",难以精准地将当事人受法律保护的主观公权利与不受法律保护的反射利益区分开来。① 其二,由于保护规范理论具有较高抽象性和较大灵活空间,一些法官无法正确适用甚至故意曲解适用保护规范理论,对"公法的私益保护目的"做限缩解释,使本来与行政行为有利害关系的个体无法成为行政诉讼适格原告。② 这与行政诉讼立案登记制改革、放开原告资格认定标准的法治风向是背道而驰的。故此,将"利害关系"不确定法律概念从保护规范理论的窠臼中剥离出来,重新审视"利害关系"概念的本质,进而发掘新的方法使"利害关系"这一不确定法律概念具体化,是需要再行思考的问题。

(二) 法律关系理论对"利害关系"认定方法的重塑

"利害关系"的字面意思是"有利或者有害的关系"。"与行政行为有利害关系"从字面意思阐释,是指"与行政行为的关系是有利的或有害的",亦即"行政行为对实施对象产生了有利的影响或者有害的影响"。通过对"利害关系"概念的分析可知,被诉至法院的行政行为通常是在行政法律关系中对行政行为相对人或者相关人产生有害影响的行为,"利害关系"的具体化或可从法律关系理论寻找新的突破口。

法律关系理论根源于康德的自由观哲学,使法律关系理论得以推广并成体系地发展主要归功于萨维尼。萨维尼认为,权利存在于法律关系之中,脱离法律关系谈权利没有法律意义③,法律关系理论从法律关系主体的视角看,是"权利义务关系"理论,即一方享有权利的同时,另一方负有义务,这一理论最初用于民法领域的平等关系研究,后来被行政法学者用于研究国家

---

① 参见赵宏:《保护规范理论在举报投诉人原告资格判定中的适用》,《北京航天航空大学学报》2018 年第 5 期,第 17 页。
② 相关案例参见毛培旺与兴化市民政局不履行法定职责案,(2017)苏 1202 行初字 267 号;任海超与宁波市奉化区市场监督管理局行政处罚案,(2017)浙 0213 行初 14 号。
③ 参见朱虎:《法律关系与私法体系——以萨维尼为中心的研究》,中国法制出版社 2010 年版,第 1 页、第 174 页。

和个人的行政法律关系。① 法律关系理论从法律关系内容的视角看,是"请求权"理论,请求权是一种主观权利,是指个人权利受到国家侵害时,个人向法院提起主张寻求救济的权利②,这与行政法上个体请求国家作为或者不作为的"主观公权利"观念一脉相承。

法律的观念常常被裹挟在一些理论术语中而长期难以取得突破式的进展,这是造成法律之不幸的原因之一。③ "利害关系"不确定法律概念具体化的进程崎岖不平,一定程度上归因于保护规范理论的抽象性、灵活性。相较而言,法律关系理论对所有利害关系进行整体性观察,从所有主体、全部过程的视角出发,融合法律规范和既定事实,判断利害关系人的利益是否值得法律保护,从而判定其是否具有原告资格。④ 法律关系理论更有具象性、稳定性,便于操作,符合公平正义价值下对个体权益的保障要求。哈特穆特·鲍尔(Hartmut Bauer)就此提出,主观公权利的理论研究应当从鄙陋、陈旧的保护规范理论中摆脱出来,转换到新的、更周全的"国家—个人"的法律关系理论框架之下。⑤

(三)法律解释位阶理论下穷尽对法律概念的法律解释方法

法律关系理论为"利害关系"概念的具体化提供了新的法律框架,有利于具体、确定、全面地判断"利害关系"的存在与否,这是宏观方面的思维指导。微观方面,应当如何明确权利义务关系以及特定主体的请求权,从而认定"利害关系"是否存在,还需要运用法律解释位阶理论作为方法论的实践指导。

阿列克西(Alexy)归纳了法律解释正当性的四个主要方面:一是法律具有模糊性;二是法律规范之间可能发生法律冲突;三是有些案件需要法律调

---

① 参见苏宇:《面向未来的学理革新:行政法律关系理论之省视与展望》,《行政法学研究》2019年第6期,第99页。
② 参见郑贤君:《基本权利原理》,法律出版社2010年版,第292页。
③ 参见[美]霍菲尔德:《基本法律概念》,张书友编译,中国法制出版社2009年版,第27页。
④ 参见潘婧:《多元利益下利害关系人原告资格的判断》,《延边党校学报》2021年第5期,第51页。
⑤ 参见[德]哈特穆特·鲍尔:《国家的主观公权利———针对主观公权利的探讨》,赵宏译,《财经法学》2018年第1期,第20页。

整却没有任何事先有效的规范可以适用;四是在特定案件中,司法裁判有可能背离法律规范的条文原义。① 诸多学者针对法律解释、法律漏洞填补和法律续造等法学方法论进行过详细阐释,其中,尤以卡尔·拉伦茨的法律解释位阶理论广为适用。

拉伦茨提出了"价值导向的思考方式"来指导法律解释。"价值导向"是构成法律内部体系的内在原则所承载的价值取向,"价值导向的思考方式"是既定法律体系内在原则指引的思考方式,包括类型化、具体化的标准、功能界定的概念等特殊思考形式。② 基于"价值导向的思考方式",法官可以用法律解释位阶理论来具体解释"利害关系人"的概念,增加原告适格情形。在法律解释位阶理论中,对不同的法律解释方法进行法律适用的顺位排序,排位靠前的方法优先适用,只有在先顺位的法律解释方法难以得出妥当的解释结论时,才能适用排位靠后的方法。③

二、灵活解释认定被告资格的"一行为一诉"原则

(一) 适用"一行为一诉"原则的正当性

"一行为一诉"原则的内涵,从字面含义上看,存在"有一个诉讼请求"和"有具体诉讼请求"两种解读方式。应然层面,依据《行政诉讼法》第四十九条的规定,"一行为一诉"原则是指"有具体诉讼请求",法条背后的底层逻辑是"明确的诉讼请求导向明确的被诉行政行为"。

在国际贸易领域,"一行为一诉"原则作为案件受理条件,具有一般意义上的正当性。例如,海关具有监管、征税、缉私、统计的四大职能,海关日常活动中的国际贸易行政行为种类繁多、形式各异,如果不确定"一行为一诉"原则作为案件受理条件,国际贸易市场主体可能把若干海关的行政行为放在一个诉讼里面提起诉讼。如此,法院将难以开展审判工作,面临的首个难题是,难以确定审查焦点是哪个被诉行政行为。故而,"一行为一诉"原则常

---

① 参见[德]罗伯特·阿列克西:《法律论证理论》,舒国滢译,商务印书馆2020年版,第10页。
② 参见[德]卡尔·拉伦茨:《法学方法论》,陈爱娥译,商务印书馆2003年版,第219—221页。
③ 参见[德]卡尔·拉伦茨:《法学方法论》,陈爱娥译,商务印书馆2003年版,第121页。

常被简单地理解为"有一个被诉行政行为"。

(二)"一行为一诉"原则法律解释的灵活性

"一行为一诉"原则的存在本身具有合理性,属于比较确切的、可操作性的案件受理条件认定标准,有利于法院对是否立案进行较为准确的把握。理论上,"一行为一诉"原则的内涵并未形成统一意识,有学者认为,"一行为一诉"原则是指,一般情况下,一个行政案件中不能同时将两个以上的行政行为作为被诉对象。① 有学者认为,"一行为一诉"原则是指有确切的、具体的被诉行为,并非指只有一个被诉行政行为。② 可见,对"一行为一诉"原则理解是较为灵活的。既然对"一行为一诉"原则的理解可以是多样的,法官在认定原告起诉条件之时,应当秉持增加案件受理数量的导向,根据案件情况灵活解释"一行为一诉"原则,而非以其作为否定原告起诉权的理由。

国际贸易活动纷繁复杂,国际贸易行政诉讼原告可能针对同一起行政纠纷提出若干诉讼请求。以海关执法活动为例,海关的行为往往是连续性做出的,前一行为是后一行为的基础,如果分开成为不同诉讼,海关的前一行为被判定为违法而后一行为被判定为合法,将会出现司法裁判结果矛盾的局面,不符合司法公正的要求,也不利于保障国际贸易行政诉讼原告的权益。例如,在 2019 年至 2020 年,浙江金华威远进出口有限公司诉北仑海关、宁波海关的 40 余个案件中,起因仅仅是浙江金华威远进出口有限公司向北仑海关申报出口一票钢瓶 1999 只,北仑海关发现原告钢瓶内装有氦气,而该氦气是外商向案外人采购,遂认为原告的钢瓶应与案外人的氦气合并归类申报,而非单独申报,被告北仑海关认定原告钢瓶编码申报不实,不予放行。这一起事因,使浙江金华威远进出口有限公司为了维权,不得不先后向法院提起 40 余个国际贸易行政案件,并且大多数以原告败诉为裁判结果。

法官作为法律专家,应当为国际贸易行政诉讼原告释明法条规定与法

---

① 参见朱可安:《行政诉讼中"一行为一诉"规则的证成与适用——马生忠与固原市人民政府等房屋拆迁补偿纠纷案评析》,《行政法学研究》2022 年第 5 期,第 1 页。
② 参见李纬华、易旺:《"一行为一诉"原则的适用》,《人民司法》2019 年第 32 期,第 93 页。

律适用方法,在有司法裁量空间的"一行为一诉"原则的适用上根据案件情况灵活地进行法律解释,尽可能使原告起诉符合法定条件,这种司法导向也符合我国法院实行立案登记制的精神。当然,经过法官释法后,原告不听指导的,法官应当依法裁定驳回起诉,这体现了保障原告权益与维护司法秩序的利益权衡。

三、限缩解释认定诉讼案由的"一事不再理"原则

(一)"一事不再理"原则的内涵阐释

"一事不再理"原则,是指案件的判决结果做出后,法院对该纠纷中牵涉的事项就不再审理,当事人也不能申请再审。"一事不再理"原则是以案件的既判力为基础的。既判力是指已经做出的判决应该具有法定效力。[①] "一事不再理"原则的立法原意,是为了防止当事人滥用诉权,同时避免行政机关重复做出无意义的行政行为。毕竟"权利"和"权力"的滥用,都是破坏行政法治的表现。[②]

在我国,不考虑行政公益诉讼的情况下,行政诉讼中的"一事不再理"等同于"一案不二诉"。"2018年适用行政诉讼法的司法解释"第六十九条明确规定,重复起诉的情形属于"一案二诉",对于"一案二诉"的情形,案件已经在法院立案的,法官应当裁定驳回起诉;此外,第一百零六条对"重复起诉"的概念进行了较为确切的界定,将不同案件的当事人相同、诉讼标的相同、诉讼请求相同的情形认定为"重复起诉"。

(二)国际贸易行政案件需谨慎适用"一事不再理"原则

规范的获得建立在对生活及其需要的研究之基础上,并根据利益的要求予以补充。[③] 在国际贸易行政诉讼实践中,"一事不再理"原则的适用存在"过度防止国际贸易市场主体起诉、国际贸易行政主体权力约束不足"的失重局面,"一事不再理"原则成为法院裁定驳回起诉的常用理由。例如,在大

---

① 参见田勇军:《行政判决既判力扩张问题研究——兼与民事判决既判力相关问题比较》,武汉大学博士学位论文,2011年,第21页。
② 参见王华伟:《行政法上"同一事实和理由"辨析与适用》,《陕西行政学院学报》2020年第4期,第83页。
③ 参见[德]菲利普·黑克:《利益法学》,傅广宇译,商务印书馆2022年版,第43页。

连经济技术开发区善美汽车配件有限公司诉金普海关案①中,二审法院认为,上诉人的诉讼请求为确认海关不予办理加工手册的决定违法,因该诉讼请求与先前案件诉讼请求针对的是同一个行政行为,诉讼标的已为生效时法院判决所羁束,故一审法院认定上诉人的该项诉讼请求属于重复起诉,是正确的,二审法院继而裁定驳回起诉。

在国际贸易行政诉讼中,尤其要注意区分外国籍国际贸易市场主体与中国籍国际贸易市场主体因同一诉讼标的分别提出同一诉讼请求的情形。此时,如果中国籍国际贸易市场主体起诉在先并且被法院驳回了,外国籍国际贸易市场主体再行起诉而被法院以"一事不再理"裁定驳回,这种情形容易引发国际贸易摩擦。概言之,在原告或者与行政行为有利害关系的第三人为外国籍国际贸易市场主体时,法院在适用"一事不再理"原则时,应当秉持严谨的态度,通过限缩解释限制对"一事不再理"原则的适用,尽可能使相关国际贸易行政纠纷得以通过国内司法制度解决,而不是由外国籍国际贸易市场主体向国际组织或者母国政府寻求权利救济,最终导致中国国家利益受损。中国的国家利益与国内司法安定性相比,显然,前者更具有分量。法官在审理原告或者与行政行为有利害关系的第三人为外国籍国际贸易市场主体的国际贸易行政案件时,应当限缩解释"一事不再理"原则的适用,尽量受理案件。

概言之,法官在受理国际贸易行政案件时,应当以保障国际贸易行政诉讼原告的起诉权、扩大案件受理范围为价值导向,通过不同的法律解释方法实现"司法为民"的社会效果。具体来说,法官可以在法律关系理论和法律解释位阶理论的指导下,具体化"利害关系"不确定法律概念的内涵,通过扩大解释"利害关系"概念,使更多受国际贸易行政行为影响的当事人有资格成为利害关系人,进而得以利用国际贸易行政诉讼制度维权。同时,法官可以对"一行为一诉"原则进行灵活的解读,不能习惯性以"一行为一诉"原则为理由裁定驳回起诉。再者,法官可以对"一事不再理"原则进行限缩解释,从而将更多国际贸易行政案件纳入受案范围,通过法律的途径解决带有政治性色彩的国际贸易行政纠纷。

---

① 参见辽宁省高级人民法院二审行政裁定书,(2019)辽行终 1353 号。

第二节 国际贸易行政案件审查焦点全面的政治效果彰显

在司法审查中，政治问题理论用来避免法院在某些具有政治影响的案件中做出决定，从而避免法院做出与政治冲突的决定。① 在任何涉及政治问题的案件中，表面上可以发现：(1)一个文本上明确的承诺，即该问题是由一个协调的政治部门负责的；(2)该问题缺乏司法上能够发现和管理的解决标准；(3)该问题不可能在没有明确的非司法裁量权的初步政策决定的情况下做出决定；(4)该问题在政府各部门之间不可能有适当的协调；(5)该问题是对已经做出的政治决定不加质疑地坚持的特殊需要；(6)在这同一个问题上潜在来自不同部门的尴尬。② 在我国，国际贸易行政诉讼面临诸多带有政治因素的法律问题，例如，外国籍国际贸易市场主体因为遵守母国法律而违背了中国法律，法官应该怎么审理？中国国内的法律规定偏离了WTO协定内容，外国籍国际贸易市场主体主张适用WTO协定，法官应该怎么审理？中国籍国际贸易市场主体依据中国参加的国际条约内容主张权利，法院应该怎么审理？面对政治性的法律问题，法官应当适用客观性、技术性、法律性的手段来解决，提升外国投资者和外国政府对中国法律制度的"认同感"和信任度，在国际贸易行政诉讼中彰显以"国际礼让"为核心要义的政治效果。

我国国际贸易行政诉讼遵循全面审查原则，一定程度上体现了司法审查的客观性和技术性。全面审查原则主要包括三层含义：一是对国际贸易行政案件的事实以及法律两方面问题的全面审查，而非仅审查法律问题；二是对国际贸易行政行为的合法性以及合理性的全面审查，而非仅审查合法

---

① 例如，在美国，最高法院拒绝判断一个州是否具有《美国宪法》第四条第(4)款要求的与国会治理事项、宪法修正案批准程序、外交政策相关的事项等政治问题做出裁决。
② See William J. Davey, *Has the WTO Dispute Settlement System Exceeded Its Authority? A Consideration of Deference Shown by the System to Member Government Decisions and Its Use of Issue-Avoidance Techniques*, 4 Journal of International Economic Law 79(2001), p.104.

性问题;三是上级法院对下级法院的裁判结果和被诉国际贸易行政行为的全面审查,而非仅审查原审法院的裁判结果。在全面审查原则的背景下,法院在审理国际贸易行政案件的过程中,应当坚持国际礼让原则,能动性适用专家辅助人制度查清事实问题,使证据证明力更强、事实更加清晰;能动性适用外国法查明方法,依据中国和他国共同加入的国际条约或双边签订的协议来决定如何适用外国法;能动性适用一致性解释原则,尽量使国内法院的法律解释符合国际条约的规定。最终,通过国内法对国际法、外国法的国际礼让,增强中国籍和外国籍国际贸易市场主体对中国法院司法公正的认可和信任,使外国籍国际贸易市场主体愿意利用中国的国际贸易行政诉讼制度维护自身权益,将国际贸易领域中政治性的法律问题以法律方式解决。

一、在事实认定中适用专家辅助人制度

国际贸易行政案件中的事实认定是"司法三段论"中的"小前提"。"事实"可以具有两层含义:一是国际贸易行政纠纷实际上是怎样的,谓之"客观事实"。"客观事实"是唯一的,不受人的主观价值干扰。二是国际贸易行政诉讼过程中表现出来的事实,谓之"案件事实",包括"争议事实"和"认定事实"两类。"争议事实"是指国际贸易行政诉讼当事人各自主张的事实,"认定事实"是指法官经过庭审中的举证、质证和认证环节后最终确定的事实。国际贸易行政诉讼的事实认定,关键在于法官经过推理,在当事人的"争议事实"基础上,尽可能使庭审中的"认定事实"最大化接近"客观事实"。[①] 唯有最大限度还原国际贸易行政案件的真实性、客观性,才能准确地进行司法裁判,切实保障国际贸易行政诉讼原告权益。

审理国际贸易行政案件的法官难以对国际贸易行政案件的若干类型都有知识储备和实务经验,在案件事实认定方面,遇到疑难案情或者事实难以判断的情形,可以请相关领域的专家协助认定案件事实。"2002 年行政诉讼证据的司法解释"第四十八条规定,在行政纠纷中存在专业性问题需要专业人员进行分析和答复的,诉讼参加人可以依法申请有关专业人员到庭予以说明,法庭也可以邀请专业人员到庭予以说明。此条规定可以理解为确立

---

① 参见刘峰:《行政诉讼裁判过程研究》,知识产权出版社 2013 年版,第 39 页。

了我国的专家辅助人制度。从条文内容来看,专家辅助人既可以由当事人自行聘请后参加庭审,也可以由法院邀请其参加庭审,专家辅助人制度的适用是为了更准确、客观地认定国际贸易行政案件事实。需要考虑的问题是:专家辅助人可以自行申请加入某一国际贸易行政案件的庭审吗?由专家辅助人说明的事实情况证据效力如何?

(一)专家自行申请加入国际贸易行政案件庭审的可行性

中国的专家辅助人制度,类似欧美国家的法庭之友制度。法庭之友(拉丁语为 amicus curiae,英语为 friend of the court)制度源于罗马法,其创设宗旨在于协助法官做出公正的司法裁判。法庭之友制度最早由英国引入审判程序中,通过美国的司法实践得以系统化。

《元照英美法词典》将法庭之友界定为"对案件的疑难法律问题进行说明,陈述意见,协助法庭解决问题的临时法律顾问"。[1] 在 WTO 层面,1998 年美国"禁止虾及虾制品案"是 DSB 适用法庭之友的第一案。[2] 在本案中,国际海洋法中心、国际环境法中心、世界自然基金会联名自愿向 WTO 的专家小组提交案情摘要。在美国,1821 年 Green 诉 Biddle 土地权属争议案正式确立法庭之友制度,促进法庭之友制度的系统发展。[3] 当法庭之友获得诉讼双方当事人同意且向法院提出申请并获得同意之时,或者应法庭邀请之时,法庭之友可以提交法律理由书。

我国现阶段的国际贸易行政案件,主要是海关为被告的国际贸易行政案件,关系我国进出口贸易发展和国家经济利益。在涉及国家重大利益的国际贸易行政案件中,专家辅助人出于维护公共利益考虑,主动申请加入诉讼程序,从理论上说,具有可行性,前提是法院同意专家辅助人的申请。

(二)专家辅助人说明的事实情况的效力界定

基于专家辅助人参与庭审的方式,专家辅助人是否具有"中立性"的判断不同,其说明的事实情况的真实性、客观性也不同。当事人聘请的专家辅

---

[1] 参见《元照英美法词典》,法律出版社 2003 年版,第 69 页。
[2] 参见朱家贤:《WTO 争端解决机制中法庭之友的介入》,《世界贸易组织动态与研究》2004 年第 1 期,第 41 页。
[3] 参见邱星美:《制度的借鉴与创制——"法庭之友"与专家法律意见》,《河北法学》2009 年第 8 期,第 154 页。

助人往往不具有"中立性"。法庭邀请的专家辅助人,或者与本案没有利害关系、主动提供专家意见的其他专家辅助人,理论上具有"中立性",其说明的事实情况具有一定程度的真实性、客观性,因而,证明力明显高于当事人聘请的专家辅助人出具专家意见的情形。

实践中,如何认定专家辅助人说明的事实情况的效力,需要思考系列问题。例如,专家辅助人的事实情况说明属于证据吗?如果属于,专家辅助人的事实情况说明在法律上属于何种类型的证据?在法律没有明确其证据效力之时,法官如何认定专家辅助人的事实情况说明的证据效力?如果专家辅助人的事实情况说明不属于证据,则其在庭审中的性质是什么?当事人如果花重金聘请专家辅助人出具事实情况说明,却不被法庭接受,或者被法庭接受后,因为证据效力待定而无法预判专家辅助人的意见价值,这一制度是否还有推行的必要性?专家辅助人的意见书存在的价值是否仅仅是供法官庭审参考?这些问题都是有待思考的。在一些情况下,专家辅助人说明的事实情况"不仅毫无帮助,而且毫无根据",主要包括以下情形:(1)"长期和频繁"地代表政府的专家;(2)具有"党派倾向"的专家;(3)专家的意见超出了他公认的专业知识范围。在前述三种情形中,国际贸易行政案件的主审法官可以对显然有偏见或超出专家专业知识范围的意见予以否定。[1]

二、在法条检索中适用外国法查明方法

国际贸易活动涉及大量的专业术语,国际贸易行政主体需要依据国际规则适用专业术语,例如,海关税则号的认定需要遵守《商品名称及编码协调制度的国际公约》、海关估价需要遵守 WTO《海关估价协议》、AEO 认证需要遵守中国与其他国家签订的 AEO 互认协议。一般而言,法院对外国法律进行认定和适用的结论被当作法律问题看待而非事实问题。[2] 法院在审

---

[1] See Lawrence M. Friedman and Christine H. Martinez, *The Court of International Trade's Denied Protest Jurisprudence in 2012*, 45 Georgetown Journal of International Law 123(2013), p.133-134.

[2] See Stephen D. Piraino, *A Prescription for Excess: Using Prescriptive Comity to Limit the Extraterritorial Reach of the Sherman Act*, 40 Hofstra Law Review 1099 (2012), p.1131.

理国际贸易行政案件的过程中,应当适用外国法查明方法,从而更深入地审查国际贸易行政行为。

(一)外国法查明的释义

一般认为,外国法查明是国际私法上的概念,用以描述法院在审理涉外民商事案件时,依据法院所在地国家的冲突规范应当适用外国的实体法,法院如何查明外国法的情形。① 在国际法与国内法、公法与私法交融的法律发展背景下,外国法查明不仅局限于涉外私法领域,在涉外公法领域同样需要明确外国法查明的相关事宜。一国的国际贸易行政诉讼属于涉外行政诉讼,从世界范围内看,其诉讼结构存在"民告官"②"官告民"③"官告官"④三种模式,当事人一方为外国籍国际贸易市场主体时,即需要进行外国法查明。

于我国而言,一方面,当前国际贸易态势瞬息万变,各国对外贸易法律政策可能随着国际贸易发展而动态变化。在这个过程中,当他国国际贸易法律政策对我国国际贸易市场主体产生不当影响、损害我国国家利益时,我国公权力机关应当查明实时的外国法律政策从而对等采取措施。法院在审理国际贸易行政案件时,也应当查明外国籍诉讼主体所属国对中国市场的贸易政策,依据我国《反外国制裁法》等相关规定,对涉案外国籍国际贸易市场主体的实际权益进行裁量。另一方面,依据我国现行《行政诉讼法》第九十九条规定,当外国法院对我国国际贸易市场主体的行政诉讼权利进行限制时,我国法院基于对等原则,将对该国籍的国际贸易市场主体在我国境内享有的行政诉讼权利采取限制措施,做出这种限制措施以查明外国法律对我国国际贸易市场主体的法律规制为前提。

---

① 参见韩德培:《国际私法》,高等教育出版社 2000 年版,第 135 页。
② 常见的国际贸易行政诉讼,以国际贸易市场主体作为原告的"民告官"模式为主。
③ 例如,2016 年 1 月 1 日至 2020 年 12 月 31 日,美国国际贸易法院共受理了 46 件美国政府为原告、美国本土企业或外国企业为被告的国际贸易行政案件,See United States Court of International Trade, https://www.cit.uscourts.gov/slip-opinions-year.
④ 例如,《1980 年海关法院法》明确了有资格提起国际贸易行政诉讼的人员范围,包括出口商、贸易社团、消费者集团、外国政府及其他受到行政裁决、美国国际贸易法律和关税法律的诉讼损害的人。其中,外国政府也可以作为原告提起诉讼。参见刘书剑、于佼:《美国国际贸易法院》,法律出版社 1988 年版,第 4 页、第 8 页。

（二）外国法查明的方法

基于我国行政诉讼发展脱胎于民事诉讼法的现实，当行政案件的法律规制不明确时，参照适用民事案件的法律规范，具有历史传统性。在民事审判领域，对外国法查明的法律规定由来已久。1987 年，《关于适用涉外经济合同法若干问题的解答》中规定的外国法查明途径包括四类：一是由当事人提供查明资料；二是由中国驻他国的使领馆提供查明资料；三是由他国驻中国的使领馆提供查明资料；四是由中国和他国的专家提供查明资料。1988 年，《关于贯彻执行〈中华人民共和国民法通则〉若干问题的意见（试行）》中规定，在前述四种外国法查明途径的基础上，增加一种途径——由与中国签订司法协助协定的他国中央机关提供查明资料。2007 年，《关于审理涉外民事或商事合同纠纷案件法律适用若干问题的规定》中规定，法院可依职权查明外国法，也可以要求诉讼参加人查明外国法，在法院和诉讼参加人都无法查明外国法的情形下，法院方可适用中国法律。2010 年，《涉外民事关系法律适用法》中规定，法院、仲裁机构、行政机关负责查明外国法律，当事人选择适用外国法律则应该由当事人提供外国法查明资料，外国法无法查明或者外国法没有对相关情况做出规定的，适用中国法律。2012 年，《关于适用〈中华人民共和国涉外民事关系法律适用法〉若干问题的解释（一）》中规定了"认定为不能查明外国法律"的若干情形，该司法解释于 2020 年被修改，仍然保留了前述不能查明外国法律情形的内容。此外，《民事诉讼法》（2021 年修正）中规定，我国法院可给予外国法院调查取证等诉讼行为的司法协助。

我国当前外国法查明的相关规定主要是关于外国法查明责任的，即"由谁查明外国法"。在国际贸易领域，尚且存在诸多外国法查明的其他细节性事项有待确定：其一，法官认定外国法时，需要审查的材料范围是什么？其二，查明的外国法性质是什么？其三，外国管制法和外国私法的查明是否存在区别？

第一，法官在审查外国法相关材料时，需要查明外国籍国际贸易市场主体所属国对中国实施的主要贸易法律政策和措施，从而决定是否对外国籍国际贸易市场主体对等适用相应实体措施和程序法则，如实体方面是否采取反制措施以及采取何种反制措施，程序方面赋予多少诉讼权利等。

第二，对于查明的外国法的性质，主要存在三种理论观点：（1）事实说，此种理论主要存在于英美法系国家,如英国,认为外国法属于事实范畴,需要由当事人申请查明,且应当遵守事实查明的证据规则,二审法院对外国法的查明一般不审查,除非存在明显的事实认定错误;(2)法律说,此种理论源自萨维尼的"法律关系本座说"①,主要存在于大陆法系国家,如德国,认为外国法属于法律范畴,应当平等对待国内法和外国法,对外国法的查明不适用证据规则,法官有查明的义务,且二审法院可以审查外国法查明问题;(3)司法认知说,将外国法查明作为"众所周知"的常理性认识,不适用证据规则,由法院掌控是否查明外国法的自由裁量权,而非具有查明的法定义务,美国曾采纳此观点,后来转向法律说。② 从当前我国法律规定来看,主要是法官依职权查明外国法,外国法属于法律范畴,涉及国际礼让原则的适用。

第三,外国管制法的查明应当区别于外国私法。外国管制法属于强制性规定,法官应结合外国管制法制定时的该国社会经济背景来认定,并主动查明外国有权解释该管制法的公权力主体对本法的解释结论,避免做出违背外国管制法立法主旨的司法解释。外国管制法的查明,与其说是外国法查明问题,毋宁说是一国法官给予他国管制法多大程度的国际礼让问题。③

现阶段,我国法官对外国法查明普遍抱有畏难情绪,主动查明的态度较为消极,经常以"无法查明"为由而直接适用中国法律,可能产生违反国际法的后果。令人振奋的是,我国在外国法查明的机构建制方面取得了可喜的成果,国内的武汉大学、中国政法大学、华东政法大学相继成立了专门的外国法查明研究中心,有利于提升外国法查明的便捷性。概言之,在我国,法官是外国法查明的"组织者",应当告知当事人查明外国法的权利义务,当事人不能完成外国法查明事项时,法官应当依职权主动查明外国法。为了避免法官未采取任何外国法查明途径而直接适用中国法律的情形,可通过最高人民法院下发通知的形式,强制性要求法官在司法裁判文书中说明外国

---

① 参见李建忠:《论我国外国法查明方法规定的重构》,《法律科学》2019年第1期,第134页。
② 参见甘勇:《维生素C反垄断案中的外国法查明问题及对中国的启示》,《国际法研究》2019年第4期,第114页。
③ 参见宋晓:《外国管制性法律的查明——以"维生素C反垄断诉讼案"为中心》,《法律科学》2021年第4期,第100—101页。

法查明的准备性工作、过程、诉讼参加人提供的资料、相关资料是否得到法官采纳以及事由等内容。①

三、在法律解释中适用一致性解释原则

一国的国际贸易法的微妙之处在于,既反映了国内关切,也反映了国际贸易谈判和关系的复杂性,仔细分析特定法律解释方法的发展至关重要。②

一致性解释原则(Charming Betsy Principle)源于美国的司法判例——Murray v. The Schooner Charming Betsy 案,主要内容是要求国内法院在对国会立法进行法律解释时,尽量避免与美国缔结的国际条约或其他国际法相冲突。③ 一致性解释原则有两个概念:(1)立法意图概念,即立法机关一般不希望违反国际法,这种违反行为可能会冒犯其他国家,并给国家的外交关系带来困难;(2)国际主义概念,即法院不应主要使用一致性解释原则来执行立法意图,而是应使立法机关更难违反国际法,并促进国家执行国际法。④

适用一致性解释原则,应当强调的是,即使法律文本不明确,司法部门也要"充分重视政治部门,尤其是行政部门对国际法内容的看法"。⑤ 一致性解释原则是一个有力但公认的非决定性原则。根据这一原则,面临法律解释问题的法院应该按顺序做三件事:其一,评估任何相关国际法的含义和地位;其二,如果国际法与国内法律之间的不一致可以通过合理的解释得到公平解决,法院应采用最大范围保留两者的解释;其三,如果国际法和国内法律之间的冲突不可避免且不可减少,那么法院必须诉诸至高无上的公理,如

---

① 参见刘艳娜:《得与失:外国法查明责任分配之困》,《河北法学》2018 年第 9 期,第 127—128 页。
② See Jane A. Restani and Ira Bloom, *Interpreting International Trade Statutes: Is the Charming Betsy Sinking*, 24 Fordham International Law Journal 1533(2001), p. 1547.
③ 参见张乃根:《人类命运共同体入宪的若干国际法问题》,《甘肃社会科学》2018 年第 6 期,第 87 页。
④ See Shelly Aviv Yeini and Ariel L. Bendor, *Charming Betsy and the Constitution*, 53 Cornell International Law Journal 429(2020), p. 442.
⑤ See Shelly Aviv Yeini and Ariel L. Bendor, *Charming Betsy and the Constitution*, 53 Cornell International Law Journal 429(2020), p. 440.

本国最高立法机关违反国际法立法的权力来解决冲突。① "2002 年审理国际贸易行政案件的司法解释"第九条规定了一致性解释原则的适用。但是，在实践中，法官会避开适用一致性解释原则，将目光局限于国内法律规范的适用，忽视了国际贸易行政诉讼履行国际法定义务的功能，造成了难以估量的损失。

（一）国际法在国内未适用的严重后果：以德国海乐公司诉中国政府案为例

2017 年，德国海乐公司向解决投资争端国际中心（International Centre for Settlement of Investment Disputes，ICSID）起诉中国政府案是晚近发生的案例。② 德国海乐调味品有限公司（GmbH & Co.）始创于 1906 年，总部位于德国阿伦斯堡，其生产的"海乐"（Hela）品牌香辛料畅销全球。1996 年，德国海乐公司在中国山东济南投资建厂，设立海乐·西亚泽食品有限公司，产品面向中国及其他亚洲地区。2014 年，济南市政府做出房屋征收决定，将德国海乐公司厂房所在地纳入征收范围。德国海乐公司不服该房屋征收决定，于 2016 年 5 月 3 日以济南市政府为被告向济南市中级人民法院提起诉讼。但是，法院以该房屋征收决定已经被其他原告（同属被征收人）先前起诉过，法院已经做出生效判决、本案"诉讼标的已为生效裁判所羁束"为由裁定驳回起诉。德国海乐公司不服一审裁判结果，向山东省高级人民法院上诉，被二审法院以同样的理由裁定驳回起诉。2017 年 6 月 12 日，德国海乐公司厂房所在地法院做出行政强制执行裁定书，准予济南市政府强制执行房屋征收补偿决定书。2017 年 6 月 21 日，德国海乐公司将中国诉至解决投资争端国际中心，认为中国违反了《华盛顿公约》规定的"缔约国保护其他缔约国国民（投资人）"的国际法定义务。

本案中，德国海乐公司在中国投资设厂开展国际贸易，属于与国际贸易有关的直接投资③，国际贸易争端在国际层面存在 WTO、ICSID 等国际组织

---

① See Ralph G. Steinhardt, *Recovering the Charming Betsy Principle*, 94 Proceedings of the ASIL Annual Meeting 49(2000), p.49.
② Hela Schwarz GmbH *v.* People's Republic of China (ICSID Case No. ARB/17/19).
③ 参见胡云峰：《浅谈与国际贸易有关的投资规则的确立》，《商场现代化》2010 年第 6 期，第 9 页。

和机构以及其他区域间机构作为管辖主体。中国本土法院在国际贸易行政案件的司法裁判中较少考虑国际法的国内适用问题,可能导致国内的国际贸易行政争议上升为国际层面的贸易争端,甚至引发国家之间的"贸易战"、政治敌对等。当今世界,民族国家的政府不仅仅是接受民主问责的行政机构,而是接受多种不同方式问责的各类机构组成的复合体,政府愈加多层分级,在国际贸易行政监管领域,关键决策甚至是由国际组织做出的,例如,经济合作与发展组织(Organization for Economic Co-operation and Development, OECD)、世界贸易组织。① 因而,法官在审理国际贸易行政案件时,应当有全球性、全局性思维,准确平衡维护国家利益和履行国际法定义务的关系。

(二) 一致性解释原则在我国的法律适用方式探讨

在国际贸易活动中,双边投资条约谈判的目的是通过额外的条约保护,提高外国投资者相对于东道国投资者的地位,外商投资的基础是要求公共当局尊重投资者的合法期望,而不论国内法有何规定。② 一般而言,合理的预期可能来自政府的明示或暗示承诺、保证和陈述以及投资决策周围的环境,投资者依赖许可证的发放、官方回复函和现有法律框架来支撑国际法和国内法中存在的某些期望。③ 国际贸易行政诉讼与国内一般行政诉讼最大的区别在于,法官在做出司法裁判时需要考虑国际法的国内适用问题。倘若我国法官在国内审理国际贸易行政案件时,全然不顾中国参加的国际条约、协定的规定而做出违背相关国际法的法定义务的裁判,当原告为外国籍国际贸易市场主体时,出于对中国法院司法裁判的不认同,很可能会提请母国政府向 WTO 争端解决机构起诉中国政府,或者外籍原告自身向其他国际组织起诉中国政府。

国际法的国内适用问题,跨越了国际法和国内法两个法律空间维度,既

---

① 参见[英]托尼·普罗瑟:《政府监管的新视野:英国监管机构十大样本考察》,马英娟、张浩译,译林出版社 2020 年版,第 9 页。
② See Julien Chaisse and Ruby Ng, *The Doctrine of Legitimate Expectations: International Law, Common Law and Lessons for Hong Kong*, 48 Hong Kong Law Journal 79(2018), p.103.
③ See Julien Chaisse and Ruby Ng, *The Doctrine of Legitimate Expectations: International Law, Common Law and Lessons for Hong Kong*, 48 Hong Kong Law Journal 79(2018), p.91-92.

涉及国家的国际法定义务，又关涉国家主权的独立性，并非一个线性、平面的问题。在我国，改革开放后，最早对国际条约在国内适用做出立法规制的法律是1982年的《民事诉讼法(试行)》，其中规定，国际条约在中国国内优先于民事诉讼法而适用。1985年版《涉外经济合同法》、1986年版《民法通则》、1989年版《行政诉讼法》、1991年版《外商投资企业和外国企业所得税法》、1992年版《海商法》等做出了跟1982年《民事诉讼法(试行)》类似的规定。时至今日，前述法律文本在国家法律立、改、废的修法历程中发生了诸多变化，例如，2017年版《民事诉讼法》在第二十七章"司法协助"中规定，需要中国法院予以司法协助的各项涉外司法活动，由人民法院根据中国参加的国际条约办理，或者根据互惠原则办理，改变了过去优先适用国际条约的规定。2014年修正的《行政诉讼法》中"涉外行政诉讼"一章则直接删除了国际条约在国内适用的相关规定。在国际贸易行政诉讼领域，尚有"2002年审理国际贸易行政案件的司法解释"第九条规定，国际法在国内适用时遵循一致性解释原则。

一致性解释原则的法概念是用于促进缔约国履行国际法，通过法律解释使国内法与国际法的规定保持一致，维护国际法在国内适用的体系性和融贯性，减少国际法与国内法的法律冲突。国际条约的国内适用问题原则上不是国际法而是国内法管辖的事项，是各国需要通过国内法律进行规制的。[1] 最高人民法院2002年发布的司法解释，基于国际主义的政策考量，引入一致性解释原则，其法律适用的预期效果相当于直接适用国际条约。[2] 基于直接效应原则，国际条约应当以"纳入"的方式在中国国内直接适用而非以"转化"的方式在中国国内间接适用。当然，不管是直接适用还是间接适用，都存在国际法与国内法发生法律冲突的情形，都需要适用一致性解释原则来化解法律冲突。

在直接效应原则的基础上，当国际法与中国国内法的规定存在法律冲突时，需要法官适用一致性解释原则，尽可能通过法律解释使中国国内法符合国际法的规定。例如，WTO协定要求审查任何影响国际贸易市场主体基

---

[1] 参见王铁崖:《国际法引论》，北京大学出版社1998年版，第204页。
[2] 参见彭岳:《一致性解释原则在国际贸易行政案件中的适用》，《法学研究》2019年第1期，第202页。

于协定内容享有的权益的行政行为,而中国国内的法律规定,行政指导行为不可诉。在国内,当国际贸易行政诉讼原告主张依据WTO协定审查中国国际贸易行政主体的行政指导行为时,法院不能直接基于中国国内法律规定行政指导行为不可诉就直接裁定驳回原告起诉,而是应当基于一致性解释原则,论证国际贸易行政主体的行政指导行为并未对国际贸易行政诉讼原告权益产生实质性影响,从而使国内法的规定总体上符合WTO协定中"产生影响"审查标准的规定。简言之,在我国确立直接效应原则履行国际法定义务的情形下,需要法院基于一致性解释原则的价值导向和法律方法,使国内法尽可能与国际法保持一致。法官应当尽可能详细阐释国内法是通过何种连结点与国际法保持一致的。当法官仔细解释其化解国际法与国内法的法律冲突的方案时,比起用空洞的言辞掩盖道德价值判断和争议,更容易让国际贸易行政诉讼当事人和公众理解并接受判决。[1]

整体来说,国际贸易行政案件具有特殊性。国际贸易行政行为的利害关系人包括外国籍国际贸易市场主体,而外国籍国际贸易市场主体一旦认为我国法律制度无法保障其正当权益时,外国籍国际贸易市场主体可能请求母国政府采取对抗中国的措施或者将中国政府诉至国际组织。为了彰显国际贸易行政案件司法审查过程中"国际礼让"的政治效果,法院必须通过更客观的事实认定结果、更专业的法条检索技术、更符合国际法要求的法律解释,来加强中国国际贸易行政诉讼的司法公正性,从而得到外国籍国际贸易市场主体对中国法律制度的理解、认可和遵从。

第三节　国际贸易行政案件裁判结果自洽的法律效果彰显

法律对生活发挥影响力,首先是通过法官适用法律做出判决这种方式,法官在司法判决中适用的法律才是真正的、具有生命力的法律。[2] 法官在审

---

[1] See J. H. Gerards. *Judicial Review in Equal Treatment Cases*, Koninklijke Brill NV, 2005, p.7.
[2] 参见[德]菲利普·黑克:《利益法学》,傅广宇译,商务印书馆2022年版,第21页。

理案件时无法避免个人的、主观的判断,但是法律存在着公认的社会标准、客观的价值模式,这使法律具有了特定程度的统一性、自洽性。① 法官在审理国际贸易行政案件时,为了加强对国际贸易行政诉讼原告权益的保障,应当以司法公正为价值指引,加强司法裁判结果的一致性、协调性,通过诉讼类型化彰显以"稳定预期"为核心要义的法律效果。

德国学者卢曼曾提出,为了建立具备"稳定规范性预期"功能的现代法律系统,必须从三个方面提升法律系统的内部复杂性:其一,提升法律系统内部规模。增加法律系统内部要素数量,主要指增加法院受理案件的数量。其二,提升法律系统内部多样性。强化法律系统内部要素差异性,即增强法院司法裁判方式的多样性。其三,提升法律系统内部要素之间的相互依赖性,促进类型化裁判发展。即增加司法裁判结果之间的依赖性,加强个案裁判之间的相互借鉴,实现司法裁判统一性。② 基于卢曼的理论模型,可以展开推进我国国际贸易行政诉讼司法裁判稳定性的探索。

一、增加国际贸易行政案件实体性裁判的数量

(一) 加强国际贸易行政案件实体性裁判的必要性

目前,我国典型的反倾销、反补贴类国际贸易行政案件屈指可数。通过公开途径能查到的是 2014 年俄罗斯新利佩茨克钢铁公司诉中国商务部反倾销裁定案,以及 2017 年韩国株式会社 POSCO 诉商务部反倾销裁定及行政复议决定案,且这两个案件都以撤诉方式结案了。不过,以海关为被告的国际贸易行政案件较多,通过公开途径查到了 2019 年 1 月 1 日至 2020 年 9 月 30 日全国法院审理的 202 件以海关为被告的行政案件。其中,以判决方式结案的案件,即做出实体性裁判的案件有 76 件,约占总案件数的 37.6%;以裁定方式结案的案件,即没有做出实体性裁判的案件有 126 件,约占总案件数的 62%。可见,以裁定方式结案在法院司法裁判结果中占据主要位置,而"裁定"这种结案方式几乎没有触及案件的实体争议,对于促进对国际贸易

---

① 参见[美]E. 博登海默:《法理学:法律哲学与法律方法》,邓正来译,中国政法大学出版社 2019 年版,第 166 页。
② 参见泮伟江:《法律系统的自我反思——功能分化时代的法理学》,商务印书馆 2020 年版,第 187—188 页。

行政案件的司法裁判结果的稳定预期而言并没有益处，也不利于法官通过自由心证和法官释法发展出国际贸易行政案件的专门审理思路和审判经验。

从国际层面看，自2001年12月11日中国加入WTO至2021年12月10日，整整20年中，中国在WTO作为原告发起诉讼或者作为被告被他国起诉的案件，共计69件，其中，中国作为原告的案件为22件，作为被告的案件为47件。① 整体上，截至2021年，WTO共有160多个成员国，WTO争端解决机构从2001年12月至2021年12月共受理365件国际贸易行政案件，其中，中国占69件，占到约1/5的比率。在WTO争端解决机构应诉是一项耗时间、耗资金、耗精力的任务，而且DSB的裁判结果具有不确定性，容易受外界政治因素的影响。试想一下，如果他国企业对我国政府的对外贸易政策和措施有异议，可以在我国境内通过本土的司法机构实质性地获得权利救济，那么，中国政府因为国际贸易行政争议被诉至国际组织的概率是否会相应降低？答案是肯定的。

在国际贸易行政诉讼中，法院常常使用技巧避开实体性裁判，这些技巧主要包括：(1)对可能提起诉讼的当事人的限制，例如，原告不符合起诉条件或者没有法律所保护的利益；(2)限制提起诉讼的时间，例如，将诉讼归类为太迟（没有诉的必要性）或太早（不符合成熟原则、未能用尽当地救济）；(3)将行为归类为不适合司法审查的行为，例如，国家行为、外交政策。② 为了避免抽象性、一般性"权利"概念的多义、歧义，确保权利的内涵简明、统一，应当以人的行为作为载体来界定权利，权利的概念包含着主体选择行为的自由，蕴含了社会群体赞同性的评判意见。③ 在同为东亚经济大国的韩国，其关税法规定了纳税人的诸多权利，海关负有相应的义务，包括：制定和公布纳税人权益宪章、合并调查、选定关税调查对象、禁止滥用关税调查权、

---

① 中国港澳台单独关税区另计8件，不在统计数据中。
② See William J. Davey, *Has the WTO Dispute Settlement System Exceeded Its Authority? A Consideration of Deference Shown by the System to Member Government Decisions and Its Use of Issue-Avoidance Techniques*, 4 Journal of International Economic Law 79(2001), p.110.
③ 参见张恒山：《论具体权利概念的结构》，《中国法学》2021年第6期，第119页。

纳税人诚信推定、关税调查事前通知和延期申请、关税调查结果告知、保密、纳税证明的提交与签发、信息提供、征税前合法性审查等。权益受到侵害的当事人可以提出审查或裁决申请，要求取消或变更该执法行为，或者采取必要执法行为。① 可见，韩国对本国海关设定了诸多限制权力的规定，在保障国际贸易中纳税人的合法权益方面力度较大，这也正向助力韩国国内外贸经济的快速发展，2021 年 7 月，韩国被联合国正式认定为发达国家。相较而言，我国长远的发展目标是到 2049 年"新中国成立一百年"之际成为中等发达国家，这离不开我国国际贸易行政法治水平的提升和国际贸易司法救济有效性的强化。

（二）增加国际贸易行政案件实体性裁判的数量

美国作为国际贸易行政诉讼制度的代表性国家，其国际贸易行政案件主要包括三类：其一，海关和关税征收行政案件。法院在这些案件中对行政权的干预程度高，针对事实认定问题，法院会适用"重新审查"标准进行审查。其二，司法复审类行政案件，主要包括反倾销和反补贴案件、"337 条款"相关案件。法官在这些案件中对行政权的干预程度较低，针对事实认定问题，适用"实质性证据"标准、"专横、任性、滥用裁量权"标准进行审查。其三，针对享有法定授权和广泛行政裁量权的政府行为提起的案件。这些案件往往涉及外交关系，例如，与外国政府缔结国际贸易协定、对外国政府和有关人员实施的贸易限制措施和制裁措施等。法院在这些案件中高度尊重行政权，很少干预国际贸易行政主体的行政裁量权。②

在中国，国际贸易行政案件以海关和关税征收类为主。在海关为被告的国际贸易行政案件中，下列两类案件的审理活动亟须加强实体性裁判。

1. 增加对海关为被告的行刑交叉案件的实体性裁判

海关权力具有相当程度的高权性，从行政管理体制上看，海关系统属于海关总署直管的垂直管理体制，地方政府无权管辖；从行政执法内容看，海关工作内容具有高度专业性和复杂性，立法机关赋予海关较大的行政立法

---

① 参见李九领、李宇、金旭：《韩国关税法》，上海财经大学出版社 2020 年版，第 70—76 页。
② 参见龚红柳：《国际贸易行政案件司法解释关联精析》，法律出版社 2003 年版，第 97 页。

空间,司法机关尊重海关具有较大的行政裁量空间。除此之外,海关与其他众多行政机关的不同之处在于,海关是为数不多的既享有刑事司法权,又享有行政执法权的公权力机关。海关在行使职权的过程中,交织着行政执法权与刑事司法权的转换,大量进出关境相关的法律规范都规定了"先行政处罚后刑事处罚"的内容。例如,《海关法》第九十一条规定,进出口商品涉及侵犯其他受保护的知识产权,海关将没收侵权的商品,涉嫌构成犯罪的,将由有权机关追究刑事责任。《动物防疫法》第一百零九条第二款先规定了治安管理处罚的行政责任,后又规定构成犯罪的,追究刑事责任。

基于海关同时享有行政执法权和刑事司法权,在实践中,海关选择使用行政处罚权还是刑罚权就成了其自由裁量事项,囿于何时启动刑罚权并没有法律明确规定的起始标准,海关在行使职权过程中存在规避司法审查的空间。一方面,在刑事侦查过程中,海关可以用行政调查上的"初查"替代刑事侦查手段,使用查封、扣押等行政强制措施取代刑事强制措施,规避刑事诉讼法上严格的程序控制规定和检察机关的法律监督;另一方面,在行政执法过程中,因执法行为存在实体不合法或程序瑕疵问题,海关可以把行政执法过程转化为刑事司法过程,用刑事侦查权替代行政执法权,作为刑事侦查手段的查封、扣押、冻结、刑事拘留等措施不属于行政诉讼受案范围,继而规避了被诉至法院甚至被要求给予国家赔偿的情形。[1] 海关权力的行刑交叉特质,在行政处罚法律规范不断上行靠拢刑法,以及刑法不断下行接触行政处罚法律规范的"双向奔赴"过程中,变得愈发胶着而不可析离,立法者对行政违法行为"犯罪化"的处置倾向[2],及刑法由原初的惩罚犯罪功能扩展至公平分配、福利国家建设、国家安全保障等社会民生领域[3],使行政法与刑法的交叉重叠现象愈发明显,行刑交叉产生交错、混淆、规避适用的情形,已然成为世界性难题,德国学者谓之为"令法学者绝望的问题"。[4]

---

[1] 参见张泽涛:《论公安侦查权与行政权的衔接》,《中国社会科学》2019年第10期,第162—165页。
[2] 参见赵宏:《行刑交叉案件的实体法问题》,《国家检察官学院学报》2021年第4期,第21页。
[3] 参见罗华:《行政违法行为犯罪化的完善——兼评我国刑法几次修正案的有关规定》,《河北法学》2018年第2期,第176页。
[4] 参见杜琪:《刑法与行政法关联问题研究》,中国政法大学出版社2015年版,第1页。

正是基于海关权力具有行政性质和刑事性质的双重属性,法官在审理以海关行政处罚行为作为案件焦点的国际贸易行政案件时,要么直接认定海关行为属于刑事诉讼法授权行为而裁定驳回原告起诉,要么在庭审过程中对海关收集的证据进行"二次确认",而不是重新审查证据的证明力。实质上,为了更好地保护原告权益,法院应当增加对行刑交叉案件的实体争议裁判,对海关通过行政执法手段搜集刑事侦查证据而规避非法证据排除规则的,如果行政执法的取证程序有违刑事诉讼法规定,法院应当排除通过行政执法手段获取的证据,从而更好地监督海关行使职权,为原告提供有效的司法救济。总的来看,海关行刑交叉类纠纷事由并非全都不具有可诉性,对于行政行为部分,法院应当尽职审查,而且要预防海关行政行为假借刑事措施外壳逸脱于行政行为合法性审查之外。

2. 增加对外国籍国际贸易市场主体损害中国国家利益行为的实体性裁判

为了应对个别西方国家对中国实施的出口管制、单边制裁和不当法律域外适用,维护我国国家安全利益,在国际法框架下,我国在较短时间内出台了诸多法律措施进行反制,但是这些法律规范或多或少存在些许局限性。

第一,法律文本的法律位阶较低。例如,"2021年商务部的阻断办法"只是部门规章性质,并非法律和行政法规等较高的法律位阶属性。

第二,法律规范的适用领域有限。例如,"2021年商务部的阻断办法"仅适用于经贸领域,不适用于阻断经贸领域外的法律域外适用效力情形。

第三,法律实施缺乏司法运转装置。例如,我国《对外贸易法》第七条、《外商投资法》第四十条、《反外国制裁法》第三条均规定了外国对我国公民、组织采取歧视性措施时,我国可以实施相应的反制措施的内容。虽然法律明确规定了实施反制措施的权限,但是没有明确规定反制程序如何运转,缺乏可执行性。

在政治与经济的关系范畴中,西方国家与我国截然不同。在我国,国有企业是国民经济的命脉,为了壮大民族产业、促进国有企业发展,国家会针对国有企业出台优惠政策和补给经济红利,这是一个政府给企业"输血"的过程。西方国家是以私有经济为主的资本主义国家,私营企业自负盈亏且排斥政府的干预行为,私营企业财阀跟国家的政党候选人之间往往保持密切联系,财阀具有对国家政策制定和经济发展环境的不同诉求,通过给政党候选人提供政治竞选的"政治献金",使候选人成功当选区域或国家的政治领导人后,政治领导人出台的法律政策需要满足财阀的经济诉求,这是一个企业给政府"输血"的过程。当前,西方个别国家针对我国国有企业实施"反向歧视"、针对我国大型民营企业实施单边制裁和出口管制等措施,基于西方诸国历来尊奉司法力量而反感行政力量,为了对这些国家实施有效的反制措施,需要设立固定的司法运转装置,使其成为发挥我国反制法律规范效力的"牙齿"。

参考美国国际贸易行政案件中,美国政府对企业提起诉讼的"官告民"模式,在我国现有行政诉讼法律框架下,可以利用我国的行政公益诉讼制度作为反制外资企业、进而掣肘外国政府的工具。对于违反我国反制法律规范、损害我国国家安全利益的外资企业,由我国检察机关提起行政公益诉讼,将违反我国反制法律规范的外资企业作为被告,由我国专门的国际贸易法院作为一审法院审理此类案件,对相关实体争议做出裁判,从而在推动我国国际贸易行政诉讼司法装置运转的同时,为我国反制法律规范的实施提供专门的司法装置。例如,在与贸易有关的外商直接投资案件中,可以引入"欧盟条款""美国条款"等,在判断外商是否对我国国家安全存在实质性威胁或者存在潜在性威胁时,将外国投资者与其母国政府或者特定党派之间的关系纳入法院的考量因素中,为实现我国与西方国家实质性对等的经贸法律环境创造前提条件。①

二、提升国际贸易行政案件裁判方式的多样性

(一)原告诉讼请求与法院裁判方式的"不完全诉判一致性"

WTO规定成员国必须维持或建立司法的、仲裁的、行政的法律或程序,以迅速检查和纠正与海关事项相关的行政行为。WTO规则中并不区分抽象行政行为和具体行政行为,成员国实施的海关分类、海关估价、海关商品税费征收、影响进出口货物销售、分配、运输、检验、加工等活动的法令政策

---

① 参见张怀岭、邵和平:《对等视阈下外资安全审查的建构逻辑与制度实现》,《社会科学》2021年第3期,第49页。

理论上也属于需要检查和纠正的对象。但是,我国国际贸易行政诉讼在检查和纠正国际贸易行政行为方面受到国内法律可诉性现实的限制,致使原告将国际贸易行政争议诉至法院时,往往被法院裁定驳回起诉。

原告诉讼请求,是指原告基于一定的事实和法律关系向法院申请做出特定裁判结果的请求。诉讼请求是诉的具体内容、原告的诉讼主张、法院的审理对象。特定的诉讼请求对应着适当的裁判方式。原告的诉讼请求情形越丰富,权利救济的途径也越丰富。但是,选择跟原告诉讼请求对应的裁判方式,不应当成为原告的任务。

行政诉讼的诉判关系不同于民事诉讼的诉判关系。民事诉讼一般适用"诉判一致性"原则,法院的裁判结果是针对原告的诉讼请求做出的。在行政诉讼中,法院不仅要考虑保障原告受损的权益,同时要考虑司法权对行政权的干预程度,因为被告行政机关代表的是公共利益,行政机关是社会事务的主要管理者,法院需要衡平原告的个体利益与被告代表的公共利益,在可选择的法定裁判方式内选择合适的裁判方式做出公正的裁判结果。故而,行政诉讼适用的是"不完全的诉判一致性"原则,法院应当根据原告诉讼请求的实质内容,在兼顾公共利益的情形下,选择最为合适、最大限度实现原告诉讼请求的裁判方式。

基于现行《行政诉讼法》的内容,法院裁判方式具有多样性,且主要是针对被告败诉情形做出的规定,从而实现对原告合法权益的保护目的。但是,在国际贸易行政诉讼的司法实践中,法院常常以"裁定驳回原告起诉"一种裁判方式结案,"裁定驳回原告起诉"仅仅是对案件的诉讼要件进行审查,并没有触及国际贸易行政争议的实质性纠纷。法院选择"裁定驳回原告起诉"的裁判方式,是为了尽量减少判决被告败诉、减少对国际贸易行政行为的干预、减少对国际贸易行政案件做出实体性裁判结果。为了更好地保障国际贸易行政诉讼原告权益,实质性解决行政争议,法官应当提升国际贸易行政案件裁判方式的多样性,加强对国际贸易行政争议实质性内容的裁判。

(二)国际贸易行政诉讼裁判方式的多样性探析

国际贸易行政诉讼裁判方式遵循我国《行政诉讼法》的规定,与国内一般行政诉讼存在共同的裁判方式,面临着共同的裁判疑难问题。《行政诉讼法》第六十九条至第七十八条规定了我国法院在行政案件中做出司法裁判的方式,具体分为下列情形。

其一,普适类的方式。包括"判决驳回诉讼请求""判决撤销或部分撤销""判决确认违法""判决确认无效"四类适用于大部分案件的方式。

其二,适用于特殊案件的方式。一是行政不作为类案件中的"判决被告履行法定职责"方式;二是行政给付类案件中的"判决被告履行给付义务"方式;三是行政处罚类案件和行政确认类案件中涉及款额数目的"判决变更"方式;四是行政协议类案件中的"判决被告继续履行"方式、"判决被告采取补救措施"方式、"判决被告赔偿损失"方式、"判决被告给予补偿"方式等。

其三,可同时适用类的方式。在"判决确认违法"的案件中,可同时适用"判决被告采取补救措施"方式或者同时适用"判决被告赔偿损失"方式。同样地,在"判决确认无效"的案件中,也可以同时适用前两种方式。此外,在"判决撤销或部分撤销"的案件中,可同时适用"判决被告重新做出行政行为"方式。

法官在有多种裁判方式可以适用的情况下,仍然倾向于适用"裁定驳回原告起诉"的单一裁判方式,除了归因于法官主观上存在的减少对行政权干预的思想,还归因于法官主观上存在的对多种裁判方式进行恰当适用的畏难情绪,尤其是国际贸易行政案件的复杂性、专项性较高,法官的畏难情绪更明显。故此,要提升法官在国际贸易行政案件中裁判方式的多样性,需要将一些新类型、疑难的行政案件裁判思路整理清晰,减少法官的畏难情绪,改变法官消极审判的面貌,提升法官适用专业的、恰当的裁判方式做出公正裁判结果的积极性。

1. 新类型行政案件中不同裁判方式的选择和适用

相较于1989年《行政诉讼法》,新版《行政诉讼法》在传统的"判决撤销"类裁判方式之外增加了"判决确认""判决给付""判决履行"等类别的裁判方式。在这些新增的裁判方式中,往往不存在一个具体的行政行为作为审查对象,因而,审理的对象不是行政行为,而是行政法律关系中是否存在原告合法权益遭受损失的情形。新的裁判方式对应着特别的选择和适用技巧。

第一,"判决确认"类裁判方式的选择和适用。依据《行政诉讼法》第七十四条的规定,"判决确认"类裁判方式具有"补充性"的特点,只适用于不能通过其他诉讼种类和裁判方式实现对原告权益的法律保护的情形。例如,在被告"不履行""拖延履行"的不作为类行政案件中,在"判决履行"没有任何意义的情况下,才能适用"判决确认违法",如果"判决履行"能够更好地实现原告的诉讼请求,填补原告权益遭受的损失,则没有必要选择"判决确认违法"。

第二,"判决给付"类裁判方式的选择和适用。"判决给付"类裁判方式涉及给付钱款的,应当首先明确给付钱款的数额。原告请求法院判决被告行政机关做出行政赔偿或者补偿,前提是请求赔偿或者补偿的金额、标准已经明确。在"成熟原则"的要求下,法院不宜过早介入行政权的行使过程,在行政机关尚存在"判断余地"之时,应当由行政机关在职权范围内先行判断,原告应当积极与行政机关先行协商并确定相关金额、标准等内容。原告对行政机关做出的行政给付决定不服,才能诉至法院。亦即,"判决给付"类裁判方式的适用,前提是给付的金额、标准等需要行政机关依职权确定和裁量的情形已经得以明确,否则原告不能直接请求法院判决行政机关采取特定金额、标准的给付行为。

第三,"判决履行"类裁判方式的选择和适用。原告提起"判决履行之诉",应当符合一些硬性要求:(1)原告向被诉行政机关提出过申请,要求行政机关履行职责,行政机关明确拒绝原告申请或者逾期不予答复原告的申请;(2)原告申请的事项具有请求权基础,即法律规定原告享有一定的权利,但是该权利被行政机关侵害了;(3)原告申请的事项属于被诉行政机关的法定职权范围,被诉行政机关有义务履行相应职责;(4)原告申请被诉行政机关履行的是一个具体的、特定的行政行为;(5)被诉行政机关拒绝履行的行为存在侵害原告法定权利和法律保护的利益的可能性。[①] 在被诉行政机关不履行、拖延履行的情况下,原告提起"判决履行之诉",法院可以直接判决被告履行法定职责,不需要"判决撤销"被告拒绝履行的行政决定,也不需要"判决确认"被告拖延履行的行为违法。

2. 行政行为违反法定程序情形的不同裁判方式的适用

行政行为违反法定程序,法院选择裁判方式时有待明晰的疑难问题,主要包括三个方面:(1)"重大且明显违反法定程序"情形如何甄别及裁判;

---

① 参见李广宇:《理性诉权观与实质法治主义》,法律出版社 2018 年版,第 217 页。

(2) 补正判决是否属于确认违法判决的从判决;(3) 如何避免"判决驳回诉讼请求"的过度适用。① 具体分析如下。

第一,"重大且明显违反法定程序"情形的甄别及裁判。依据《行政诉讼法》和"2018 年适用行政诉讼法的司法解释"的规定,"行政程序违法"可区分为"行政程序严重违法"与"行政程序轻微违法"两种状态。"行政程序轻微违法"包括处理期限、通知、送达等方面轻微违法的情形。"重大且明显违反法定程序"情形的甄别及裁判,需要判断如何适用"判决确认无效""判决撤销""判决确认违法"三种方式。实际上,这三种裁判方式的选择适用,是以"行政程序是否属于轻微违法"以及"行政行为是否对原告重要程序性权利产生实际影响"两个方面的排列组合结果作为判断基准进行选择的,具体分析如下:首先,在行政程序不属于轻微违法而是严重违法情形,并且行政行为对原告重要程序性权利产生实际影响时,适用"判决确认无效"这种较严重档位的裁判方式。其次,在行政程序不属于轻微违法情形而是严重违法情形,但是行政行为对原告重要程序性权利不产生实际影响时,适用"判决撤销"这种中间档位的裁判方式。再次,在行政程序属于轻微违法情形,但是行政行为对原告重要程序性权利产生实际影响时,适用"判决撤销"这种中间档位的裁判方式。最后,在行政程序属于轻微违法情形,并且行政行为对原告重要程序性权利不产生实际影响时,适用"判决确认违法"这种较轻微档位的裁判方式。故此,"重大且明显违反法定程序"意指"行政程序不属于轻微违法情形且行政行为对原告重要程序性权利产生实际影响"的情形,应当适用"判决确认无效"这种较严重档位的裁判方式。

第二,补正判决与确认违法判决的关系认定。本质上,"判决确认违法"可以理解为"判决确认程序违法"的内涵。"确认违法"意味着对于行政程序轻微违法的情形,仅指出其违法性,但维持行政行为的效力。② 故此,"确认违法判决"已经明确了行政行为的违法属性。然而,"补正"意味着对于行政程序轻微违法的情形,行政主体在补作或重作后,行政行为视为自始具有合

---

① 参见梁君瑜:《行政程序瑕疵的三分法与司法审查》,《法学家》2017 年第 3 期,第 56—57 页。
② 参见杨登峰:《行政行为程序瑕疵的指正》,《法学研究》2017 年第 1 期,第 38 页。

法效力而不用再撤销。① "补正判决"相当于确认了行政行为的合法性,是一种独立的裁判方式,不同于"确认违法判决"。

第三,避免"判决驳回诉讼请求"的过度适用的路径。在实践中,法官常以"行政程序存在轻微瑕疵、可以忽略不计"为由判决驳回原告诉讼请求,肯定被诉行政行为的合法性。此种情形适用于文字书写错误、计算数值错误等技术性的、跟行政行为依法行使无直接因果关系的行政程序瑕疵。② 因而,"驳回诉讼请求判决"可以与"行政程序存在轻微瑕疵、可以忽略不计"的情形兼容,对于"行政程序存在轻微瑕疵、可以忽略不计"的认定需要注意,在此案中属于瑕疵的情形在彼案中可能是违法的,此外,还要看程序或形式违法是否影响其他案件因素。③ 法官对"可以忽略不计"的行政程序瑕疵进行指正,确认行政行为合法性,判决驳回原告诉讼请求,这一系列操作应当受到严格的限制,避免泛化,要细化其适用前提,主要包括三个要件:(1)仅限于法律、行政法规有明确规定的情形;(2)仅限于轻微违反行政程序情形;(3)不能损害原告的实体性权利和程序性权利。④

综上,可以将行政行为违反法定程序,法院选择多样化裁判方式的路径整理如下(见图6-1)。

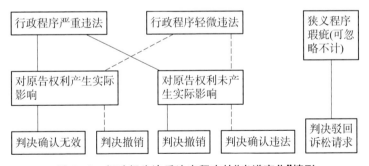

图6-1 行政行为违反法定程序的"光谱变化"情形

---

① 参见杨登峰:《程序违法行政行为的补正》,《法学研究》2009年第6期,第150页。
② 参见李烁:《行政行为程序轻微违法的司法审查》,《国家检察官学院学报》2020年第3期,第98页。
③ 参见毕可军:《我国行政行为形式瑕疵类型体系的迷失与重构》,《政法论丛》2017年第3期,第64页。
④ 参见梁君瑜:《论行政程序瑕疵的法律后果》,《华东政法大学学报》2019年第2期,第114—115页。

厘清新类型行政案件中不同裁判方式的选择和适用、行政行为违反法定程序的裁判方式的选择和适用等问题后,仍然需要关注的是,二审法院在什么情形下可以适用"发回重审"的判决方式。二审法院"判决发回重审",说明一审法院的审判结果存在严重违法情形。二审法院的设置目的,对一审法院不公正审判结果的纠正,是对一审法院未实现的、应有的原告受损权益的填补进行补救,从而加强对原告权益的保障,实现司法公正价值。但是"判决发回重审",是二审法院对一审法院裁判结果的彻底否定,可能打击一审法院公正司法的积极性。并且,二审法院频繁适用"判决发回重审"的裁判方式,亦会造成司法程序的循环反复和司法资源的浪费。因此,对于"判决发回重审"的裁判方式,二审法院宜秉持"非必要不适用"原则,仅在一审法院的判决存在严重违反司法程序规定的情形下才适用。

三、促进国际贸易行政案件裁判结果的类型化

(一) 国际贸易行政案件"类案类判"的内涵释义

阿克顿说,混乱的普通法使人们认识到,法官的独立性与一致性是人们权益的最好卫士。① 法官的独立性代表着司法权的独立,而法官的一致性则是指司法裁判的统一性,其直白的表现形式为"类案类判",这从形式正义维度体现了人们希望自己在案件中能得到与身处类似情境的他人平等的对待。行政诉讼裁判要旨在于"类似案件类似处理,不同案件区别处理",这是司法公正的本质要求,也是保障原告权益在可预期范围内得以实现的基础。

理论层面,"类案类判"是由"类案"和"类判"两部分组成的。"类判"实际上肩负着更多司法公正的法律价值和裁判统一的诉讼功能。"类案"的含义是什么?学者们对此做过不同角度的讨论:其一,"类案"必须是"同样""相同"的案件②,这属于最严格的案件重合度标准;其二,"类案"是指"基本相同"的案件,在某些要素方面相同即可③,这属于较为宽松的案件重合度要

---

① 参见[英]约翰·阿克顿:《自由与权力》,侯健、范亚峰译,译林出版社2011年版,第73页。
② 参见张志铭:《对"同案同判"的法理分析》,《法制日报》2012年第3期,第1—2页。
③ 参见凌宗亮:《法律适用统一个案实现的裁判路径》,《人民法院报》2012年9月19日。

求;其三,"类案"是"同类""类似"的案件①,这属于最宽泛的案件重合度基准。事实上,对"类案类判"不同的认知背后隐藏的是对司法裁判本质的理解不同。司法裁判具有"依法裁判"和"个案裁判"的二元性,"类案类判"仅作为形式原则的存在,是依法裁判的衍生性义务。②"类案类判"的法理基础在于,法院在一个具体案件中的判决,通过由这个判决所创造出的"个别规范的一般化",才取得对所有后续类似案件的判决都具有拘束力的"前例"性质。"前例"的实质,是通过"个别规范的一般化"的方式获得拘束力。在"个别规范一般化"的基础上,即在可以一般性适用的规范的基础上,才能确认其他案件和"前例"是"类似的",法官在这类其他的案件中必须做出跟"前例"同样的判决。③

实务层面,2020 年《关于统一法律适用加强类案检索的指导意见(试行)》中,第一条明确规定,"类案"的相似性联结点为"基本事实""争议焦点""法律适用"。"正确地分类是正确指导行为的基本条件"④,国际贸易行政案件的类型化样态明显。例如,以商务部为被告的反倾销类案件可以分为新出口商资格类案件、反倾销税率分配类案件、违反价格承诺类案件等。以海关为被告的行政案件可以分为海关商品归类案件、海关监管案件、海关缉私过程中的行政强制类案件等。每个大类下面又可以依据具体情节再细分成不同类别。国际贸易行政主体普遍具有高权性特质,司法主体对国际贸易行政主体的事实认定和法律解释普遍存在过度尊让现象,运用"类案类判"能从一定程度上缓解各地法院在审理国际贸易行政案件时的消极态度的严重性,迫使法官正面审理案件的实体争议而非直接裁定驳回原告起诉。

耶林指出,代表着法律与道德上真理性的法权感,源自历史与经验的结合,社会生活提供的素材以及社会实践的客观需求催生出法律原则、法律规

---

① 参见张骐:《论类似案件应当类似审判》,《环球法律评论》2014 年第 3 期,第 22 页。
② 参见雷磊:《同案同判:司法裁判中的衍生性义务与表征性价值》,《法律科学》2021 年第 4 期,第 48 页。
③ 参见[奥]凯尔森:《法与国家的一般理论》,沈宗灵译,商务印书馆 2017 年版,第 227 页。
④ 参见[英]赫伯特·斯宾塞:《国家权力与个人自由》,谭小勤等译,华夏出版社 2000 年版,第 7 页。

定、道德规范等内容。① 法官在司法裁判过程中应当遵循法权感,结合时代价值导向和社会生活经验等外部性要素做出裁判结果。在国际贸易行政案件中,原告将国际贸易行政争议诉至法院,作为"中立的"裁判者,法院实际上并不能完全中立,理应将法律的天平向保障原告合法权益的一方倾斜,以平衡在诉讼两造结构中被告的高权性。"一项改正的弊端等同于一项获得的利益"②,通过司法裁判约束国际贸易行政行为在法治框架下发展,能够增强司法威慑力和公正性。凯尔森言及,"法律是一种强制性秩序",司法裁判应当符合稳定性、统一性要求,才能对外发生持续性约束力。

(二)"类案类判"的必然要求:裁判理由说明 + 法律推理论证

裁判理由是法官做出司法裁判结果的理由,在法院的裁判文书中通常对应"经审理查明"以及"本院认为"的两部分内容。"经审理查明"的相关内容是法官对案件的事实认定结果,"本院认为"的相关内容是法官对案件的法律适用结果。动态地看,裁判理由体现了法官运用"司法三段论"将具体的事实涵摄入抽象的规范的过程。"司法三段论"可以分为动态和静态两种形态,动态的"司法三段论"是指裁判过程,法官在裁判过程中的逻辑推理以及价值判断通过写明裁判理由表现出来;静态的"司法三段论"是指形式逻辑,即法官书面写明的裁判理由本身。

司法过程中的法律推理一般分为演绎推理、归纳推理和类比推理,"司法三段论"是指演绎推理。③ 在传统理论中,"司法三段论"的大前提是法律规范,法官寻找大前提的过程被称为"法官找法"。"司法三段论"的小前提是"案件事实",这里的案件事实并非真正的"客观事实",也不是原告和被告双方的"争议事实",而是法官通过举证、质证和认证环节形成的"认定事实"。"司法三段论"的裁判结论是针对个案争议处理结果的规范性描述。在现代司法理念下,不再将法官看作法律适用的"自动售货机",强调发挥法官的能动性,法官在裁判文书中除了要体现形式逻辑,还要将价值判断的过

---

① 参见[德]耶林:《法权感的产生》,王洪亮译,商务印书馆 2016 年版,第 15 页。
② 参见[英]赫伯特·斯宾塞:《国家权力与个人自由》,谭小勤等译,华夏出版社 2000 年版,第 9 页。
③ 参见周舜隆:《司法三段论在法律适用中的局限性——兼论法官裁判思维》,《比较法研究》2007 年第 6 期,第 11 页。

程展现出来。① "司法三段论"的适用不再是简单、机械的规则涵摄过程,而是反映了法官推理论证逻辑和价值判断的思维过程,大前提不单单是法律规则,而是以法律规则、法律原则为基础,融入价值判断而生成的"裁判规则",小前提则是经过法官转化后的案件事实②,由此而得的结论是拉伦茨所说的价值导向式裁判结果。

法律目的的重要贡献是提高了法律推理的合理性,进而使法律探究更有经验性和系统性。③"类案类判"的司法导向所追求的终极法律价值是司法公正,是实现法安定性与个案正义的协调。这一重任落在法官肩上。艾森伯格提出,法官的重要任务之一是"对自己所做决定的根据进行充分说明"④,意指法官必须阐明法律推理的过程,说明做出司法裁判的理由并进行论证。

当前,我国最高人民法院的文件里要求法官要在裁判文书中写明裁判理由,为什么强制要求在裁判文书中写明裁判理由?因为,如果从制度上要求在判决中对规范和结论之间的逻辑做出系统而有说服力的说明,则法院的司法裁量将被限制在一般规范的解释范围内。⑤ 如此一来,法院的司法裁量权将受到约束,不同于司法裁量权对行政裁量权的他力约束,司法裁量权的约束主要依靠司法审查的制度设计实现自力约束。法官知道他们的意见会被阅读和批评,他们可能会试图用合理的论据来支持自己的判断,并有逻辑地阐述自己的观点。⑥ 为了写明裁判理由,国际贸易行政案件的主审法官或许不可避免地要进行关税法律术语的法律解释。确定关税术语的正确含

---

① 参见韩登池:《司法三段论——形式理性与价值理性的统一》,《法学评论》(双月刊)2010年第3期,第140页。
② 参见吴春雷、张文婧:《司法三段论的性质与认知结构之再认识》,《河北法学》2013年第4期,第45页。
③ 参见[美]诺内特、塞尔兹尼克:《转变中的法律与社会》,张志铭译,中国政法大学出版社1994版,第92页。
④ See Melvin Eisenberg, *Participation, Responsiveness, and the Consultative Process: An Essay for Lon Fuller*, 92 Harvard Law Review 410(1978), p.411-412.
⑤ 参见[日]棚濑孝雄:《纠纷的解决与审判制度》,王亚新译,中国政法大学出版社1994年版,第162页。
⑥ See J. H. Gerards, *Judicial Review in Equal Treatment Cases*, Koninklijke Brill NV, 2005, p.6.

义和范围完全是由法官决定的法律问题①,关税术语应根据其"普遍和商业含义"进行解释,在关税分类争议中,法院对关税术语的解释,"可能既依赖于自己对术语的理解,也依赖于词典和科学权威",例如,通用词典、技术词典、商业网站、国际法律解释(来自外国和国际司法管辖区的解释)、专家证词等。②

在国际贸易行政诉讼中,法官做出裁判结果、撰写裁判文书,需要具备基本的国际贸易专业知识。法官如果缺乏国际贸易专业知识,只能跟随国际贸易行政主体极具专业的答辩词撰写裁判文书,在裁判理由部分照搬照抄国际贸易行政主体的答辩状内容。表面上看,美其名曰"司法尊让",实则不然,"为什么法院在国际贸易行政案件中采取高度尊重的态度?最好的解释似乎是法官缺乏贸易救济方面的技术知识"。③ 缺乏国际贸易专业知识的法官,无法考虑国际贸易行政主体的工作细节是否合法,通常在裁判文书中引用完法条后就直接做出判决或者裁定的结果,没有裁判理由说明和法律推理论证的分析过程。"一个理想的司法审查制度是法官有可能审查行政裁决的细节,而不是重申立法中的内容和相关调查中所做的工作,并始终迅速发现现行政行为没有任何与立法相抵触的内容。"④应当在国际贸易行政诉讼制度的法律规定中,明确要求法官写明裁判理由和法律推理论证过程,督促法官学习国际贸易专业知识,并尽可能对国际贸易行政案件进行实质争议审查,积累审判经验,最终推动"类案类判"司法目的得以实现。

综观之,正确的判决可凭借逻辑方法从事先规定的法律规则中推导出来。⑤ 法官应当关注不同类别案件的典型性,建构上位的概念,进一步揭示

---

① See Lawrence M. Friedman and Christine H. Martinez, *The Court of International Trade's Denied Protest Jurisprudence in 2012*, 45 Georgetown Journal of International Law 123(2013), p.134.
② See Lawrence M. Friedman and Christine H. Martinez, *The Court of International Trade's Denied Protest Jurisprudence in 2012*, 45 Georgetown Journal of International Law 123(2013), p.127.
③ See Yilmaz, Müslüm, ed., *Domestic Judicial Review of Trade Remedies: Experiences of the Most Active WTO Members*, Cambridge University Press, 2013, p.219.
④ See Yilmaz, Müslüm, ed., *Domestic Judicial Review of Trade Remedies: Experiences of the Most Active WTO Members*, Cambridge University Press, 2013, p.219-220.
⑤ 参见[英]哈特:《法律的概念》,张文显、郑成良、杜景义等译,中国大百科全书出版社1996年版,第269页。

它们之间的关联,这是法学典型的系统性成就。① 如果对于侵犯国际贸易市场主体权益的每一种国家权力都有一个适当的诉讼请求和裁判方式可供利用,则通过提升判决方式的多样性可以推进诉讼类型化的发展,使法院得以根据不同原告的不同诉讼请求选择最适宜的裁判方式②,加强对原告权益的保障,促进司法公正法律价值的实现。

本章小结

公正价值下完善国际贸易行政诉讼法院司法效果,需要处理好共时性的个案正义和历时性的法安定性二者之间的关系。个案正义显现于同一时期不同案件的横向比较之中,其核心要义是"公平的正义"。法安定性显现于不同时期"类案类判"的纵向继承之中,其核心要义是"公共的正义"。"公平的正义"与"公共的正义"共同构成了法院司法公正的两个面相。

完善我国国际贸易行政诉讼法院司法效果,是从司法效果的三个维度着力的,第一个维度是普遍的"社会效果",第二个维度是特殊的"政治效果",第三个维度是终极的"法律效果"。"社会效果"对应的是国际贸易行政案件的受理阶段,法院应当通过放宽案件受理条件,实现"司法为民"的社会效果。"政治效果"对应的是国际贸易行政案件的审理阶段,法院应当通过全面审查事实问题和法律问题,实现"国际礼让"的政治效果。"法律效果"对应的是国际贸易行政案件的裁判阶段,法院应当通过司法裁判结果的圆融自洽、统一协调,实现"稳定预期"的法律效果。

在国际贸易行政案件的受理阶段,法官应当以加强国际贸易行政诉讼原告权益保障为价值导向,灵活运用法律解释的不同方法放宽国际贸易行政案件受理条件。首先,要扩大解释"利害关系"的法概念,跨越保护规范理论,运用法律关系理论分析国际贸易行政诉讼原告是否具有请求权,在"价

---

① 参见[德]尤利乌斯·冯·基尔希曼:《作为科学的法学的无价值性》,赵阳译,商务印书馆2016年版,第32页。
② 参见李广宇:《理性诉权观与实质法治主义》,法律出版社2018年版,第275页。

值导向的思考方式"下用法律解释位阶理论析出公法的"私益保护性"。其次,要灵活解释"一行为一诉"原则的多种表现形式,"有一个诉讼请求"和"有具体的诉讼请求"不是同一个概念,即使一个案件中有多个行政行为,法院也有可能会依法受理案件。在有司法裁量空间的"一行为一诉"原则的适用上,法官应当根据案件情况灵活地进行法律解释,尽可能使原告起诉符合法定条件。最后,要限缩解释"一事不再理"原则的适用,该原则的确立是为了防止当事人滥用诉权,同时避免行政机关重复做出无意义的行政行为。法官要注意区分外国籍国际贸易市场主体与中国籍国际贸易市场主体因同一诉讼标的分别提出同一诉讼请求的情形。此时,如果中国籍当事人起诉在先并被法院驳回了,外国籍国际贸易市场主体再行起诉而被法院以"一事不再理"裁定驳回,则容易引发国际贸易摩擦。故而,在外国籍国际贸易市场主体参与诉讼的国际贸易行政案件中,法官宜限制性适用"一事不再理"原则,尽可能将外国籍国际贸易市场主体所诉的行政纠纷在国内法院解决。

在国际贸易行政案件的审查阶段,法官应当以科学性、专业性、法律性的司法审查技巧,全面审查事实问题和法律问题,得出更加接近"客观事实"的"案件事实"、更加符合国际规则要求的法律解释结果,从而加强外国政府和外国籍贸易投资者对中国法律制度的"认同感"和信任度,愿意主动适用中国法律制度维护自身权益。在国际贸易行政案件的事实认定方面,可以适用专家辅助人制度,助力法官得出更贴近案件"客观事实"的"案件事实"。当然,不同诉讼主体邀请的专家辅助人,其做出的专家意见的证据效力不同。当事人邀请的专家辅助人必然是偏向当事人诉求一方的,其专家意见的证据证明力较弱。法庭邀请的专家辅助人在"显然有偏见"或"超出专家专业知识范围"的情形下做出的专家意见,其证据证明力也较弱。只有中立性、与双方当事人都没有利益关系的专家辅助人做出的意见,才具有较高的证据证明力。在国际贸易行政案件的法条检索方面,法官是外国法查明的主体,法官应当告知当事人查明外国法的权利义务,在当事人无法查明外国法的情况下,法官应当依据职权主动查明外国法。只有查明了外国法,才能知道国际贸易市场主体主张受到外国法律的规制是否属实,才能知道外国是否对中国采取了贸易歧视和贸易限制措施等。因而,法官要充分认识到外国法查明的重要性,而不是以"无法查明外国法"为由直接适用中国法,这很可能引发违反国际法定义务的行为。在国际贸易行政案件的法律解释方面,法官应当严谨对待国际法的国内适用问题。国际贸易行政诉讼与国内一般行政诉讼最大的区别在于,法官在做出司法裁判时需要考虑国际法如何适用于国内这个问题。囿于我国宪法并未明确规定相关方法,在实务中,主要依靠法院进行法律解释,使国内法尽可能与国际条约保持一致。

在国际贸易行政案件的裁判阶段,法官应当运用多种不同的裁判方式对应原告不同的诉讼请求,在裁判理由说明和法律推理论证的基础上,实现裁判结果类型化,增加国际贸易行政案件的稳定规范预期。

第一,要增加国际贸易行政案件的实体性裁判数量。一是要增加对海关为被告的行刑交叉案件的实体性裁判。海关同时享有行政执法权和刑事司法权,具有很大的裁量空间:在刑事侦查过程中,海关可以用行政强制措施取代刑事强制措施,规避刑事诉讼法上严格的程序控制规定和检察机关的法律监督;在行政执法过程中,海关可以把行政执法过程转化为刑事司法过程,从而规避成为行政诉讼的被告。为了更好地保护原告权益,法院应当增加对行刑交叉案件的实体争议裁判,对海关通过行政执法手段搜集刑事侦查证据而规避非法证据排除规则的,如果行政执法的取证程序有违刑事诉讼法规定,法院应当排除通过行政执法手段获取的证据,从而更好地监督海关行使职权,为原告提供有效的司法救济。二是要增加对外国籍国际贸易市场主体损害中国国家利益行为的实体性裁判。对于违反我国反制法律规范、损害我国国家安全利益的外资企业,由我国检察机关提起行政公益诉讼,将违反我国反制法律规范的外资企业作为被告,由我国专门的国际贸易法院作为一审法院审理此类案件,对相关实体争议做出裁判,从而在推动我国国际贸易行政诉讼司法装置运转的同时,为我国反制法律规范的实施提供专门的司法装置。

第二,要提升国际贸易行政案件裁判方式的多样性。我国法院在行政案件中做出司法裁判的方式,具体分为普适类的方式、适用于特殊案件的方式、可同时适用类的方式。法律明确规定的裁判方式可细分为14种,在有多种裁判方式可以适用的情况下,法官仍然倾向于适用"裁定驳回原告起诉"的单一裁判方式,既是因为法官主观上存在减少司法权干预行政权的思想,亦是因为法官主观上存在恰当适用多种裁判方式的畏难情绪,尤其在国际贸易行政案件中,法官的畏难情绪更明显。故此,需要将一些新类型的、疑难的行政案件裁判思路整理清晰,减少法官的畏难情绪,提升法官适用专业的、恰当的裁判方式做出公正裁判结果的积极性。其中,新类型案件包括"判决确认"类案件、"判决给付"类案件、"判决履行"类案件,分别对应着不同的裁判方式。疑难案件主要存在于行政行为违反法定程序的不同情形如何适用不同裁判方式。通过研究可知,"判决确认无效""判决撤销""判决确认违法"三种方式的选择适用,是以"行政程序是否属于轻微违法"以及"行政行为是否对原告重要程序性权利产生实际影响"两个方面的排列组合结果作为判断基准进行选择的。此外,对于"判决发回重审"的裁判方式,二审法院宜秉持"非必要不适用"原则。

　　第三,要促进国际贸易行政案件裁判结果的类型化。"类案类判"是行政诉讼实现法安定性的要求。"类案类判"要求法官在裁判结果中说明裁判理由并分析法律推理论证过程。裁判理由在法院的裁判文书中通常对应"经审理查明"(法官对案件事实的认定结果)以及"本院认为"(法官进行法律适用的结果)的两部分内容。司法过程中的法律推理一般分为演绎推理,归纳推理和类比推理,"司法三段论"即指演绎推理。现代"司法三段论"不再是简单、机械地将事实涵摄入规范内,而是以法律规则、法律原则为基础,融入价值判断而生成"裁判规则"作为大前提,将法官经过举证、质证和认证等环节而形成的"案件事实"作为小前提,得出价值导向式司法裁判结果。基于裁判理由说明和法律推理论证的重要性,我国最高人民法院的文件里要求法官要在裁判文书中写明裁判理由,法官在做出裁判结果、撰写裁判文书时,需要具备基本的国际贸易专业知识,才能避免成为国际贸易行政诉讼被告答辩词的附庸者。

结　语

> 经济立宪主义和法律立宪主义的核心都是这样一种信念:所有类型的强制性政府干预都应当遵守"法治",遵守具有普遍性的、平等性的、长期性的、透明性的原则、规则和程序。①
>
> ——彼德斯曼(Petersmann)

法律状况是好是坏取决于三个方面的因素:其一,制定的法律是否符合圆融自洽的标准从而确立法律的科学性和权威性;其二,适用法律的司法机构是否足够专业从而能够胜任司法审判项目并且有所作为;其三,司法机构在适用法律的过程中是否存在运行顺畅的程序机制。② 在中国,国际贸易行政诉讼制度的实施状况不可谓良好,国际贸易行政诉讼原告据以维权的法律规范存在明显的法律冲突、法律漏洞等不自洽现象,国际贸易行政诉讼被告行为的不当性显现却未受到有力的司法监督,国际贸易行政诉讼法院适用法律的统一性较弱而未能实现法安定性和个案正义的协调发展。

行政诉讼制度对公民权利的保护路径是由法院适用法律来发挥司法监督作用控制行政权力,亦即法律控制行政权力是为了保障公民权利。③ 公民权利受到行政权力侵害时,由公民作为原告,把公民、行政机关、法院三个主体汇集到行政诉讼的程序中,行政权与审判权的关系是行政诉讼结构中最

---

① 参见[德]E.-U.彼德斯曼:《国际经济法的宪法功能与宪法问题》,何志鹏、孙璐、王彦志译,高等教育出版社2004年版,第466页。
② 参见[德]萨维尼:《论立法与法学的当代使命》,许章润译,中国法制出版社2002年版,第83页。
③ 参见孙笑侠:《法律对行政的控制》,光明日报出版社2018年版,第18页。

重要的关系。① 国际贸易行政诉讼原告权益保障,是法律对国际贸易行政诉讼原告权益的保障,追本溯源,是国际贸易行政主体的行政行为对原告权益造成侵害而引发法律救济的必要性。因而,本质上,国际贸易行政诉讼原告权益保障是通过法律对行政的控制而得以实现的。

在国际贸易行政诉讼中,法律对行政的控制遵循"嵌套原理",表现在三个层面:第一,国际层面,国际法对国家行政权力的控制。国际法通过各种有国际影响力的国际组织而得以执行,客观上对国家权力形成较强的外部约束,例如,WTO、ICSID 等国际组织的存在增强了国际法在一国国内的执行力度。第二,国家间层面,外国法对一国国家行政权力的控制。外国法通过法律规制连结点(国际贸易市场主体、国家利益等),将一国的国家行政权力作为外国法的规制对象,例如,外国的反规避措施、对国有企业跨国投资的国家安全审查等。第三,内国层面,国内法对国家行政权力的控制。在一国国内,法律对国家行政权力的控制方式,主要包括立法主体制定法律而规范行政权力、司法主体适用法律而监督行政权力,以及行政主体经过法律授权制定行政法规、规章、规范性文件等并适用之而对行政权力进行自我控制。在三个层面中,第三个内国层面的法律对行政的控制是根本性的,因为国内法直接由国家强制力保障来控制行政权力,而外国法对一国行政权力的控制、国际法对一国行政权力的控制,都是间接性的。

同时,在国际贸易行政诉讼中,法律对行政的控制遵循"内外控制守恒定律":内部自控增强,外部控制相应减弱;内部自控减弱,外部控制相应增强。从国际视角看,当第三个内国层面的法律对行政的控制发挥强有力的作用时,第一个国际层面和第二个国家间层面中法律对行政的控制就会相应减弱,进而减少国际贸易摩擦及"贸易战";而当第三个内国层面的法律对行政的控制不足时,第一个国际层面和第二个国家间层面中法律对行政的控制就会增强,国家间相互制定有针对性的国际贸易管制制度,国际贸易摩擦频发,将造成对国际法律秩序的冲击,如迪尔凯姆(Durkheim 又译为"涂尔干")所言,"若一切权威都丧失殆尽,则剩下的只可能是强者的法律,战争

---

① 参见谭宗泽:《行政诉讼结构研究——以相对人权益保障为中心》,西南政法大学博士学位论文,2008 年,第 152—154 页。

将成为不可避免的病症"。① 从国内视角看,在第三个内国层面中,立法主体制定法律而规范行政权力、司法主体适用法律而监督行政权力都属于外力控制,行政主体经过法律授权制定行政法规、规章、规范性文件等并适用之而对行政权力进行自我控制属于内力自控。当内在的行政自制增强时,外在的立法和司法控制可以相应减弱。当内在的行政自制较弱时,应当增强外在的立法和司法控制。在我国国际贸易领域的行政权力过度膨胀、行政行为不当性显现、行政主体自治性较弱的背景下,国际贸易行政诉讼作为我国明文规定的法律制度和司法活动,应当对国际贸易行政权力形成较强的外力控制。为了减少国际贸易摩擦和"贸易战",应当加强我国国内层面法律对行政的控制,用国际贸易行政诉讼有力约束国际贸易行政权力,才能有力保障国际贸易行政诉讼原告权益。

现阶段,我国学界对国际贸易行政诉讼原告权益保障的研究,主要寄生于行政诉讼原告资格认定、司法审查强度、法院裁判方法等方面的研究之上,且多以篇幅较短的期刊论文为主。一方面,受制于文章载体特性,期刊论文主要关注行政诉讼原告权益保障的某一个点,并未从全局性、整体性视野探讨如何系统性保障国际贸易行政诉讼原告权益。另一方面,当前的研究并未全面展示国际贸易行政诉讼与一般国内行政诉讼的共性和个性之处,并未流畅地穿梭于国际公法和国内行政法二者之间,打通阻滞的环节。由此衍生的问题是,割裂了原告、被告、法院三者之间相互作用的关系,无法揭示"原告根据被告行为内容提出诉求申请法院公正裁判"这一动态过程,亦无法清晰呈现国际贸易行政诉讼原告权益保障的特殊之处,进而采取针对性的措施保障国际贸易行政诉讼原告权益。

本书旨在建构一个框架性体系,通过该体系展示国际贸易行政诉讼原告权益保障的整体过程和阶段要素,系统性阐释国际贸易行政诉讼原告权益保障的结构、功能和运转机制,塑造国际贸易行政诉讼原告权益保障的基本范式。在该框架性体系之下,得以将国际法的国内适用、法律的域外适用效力、涉外行政诉讼规则等带有国际法色彩的话题统摄到行政法论域,清除

---

① 参见[法]埃米尔·迪尔凯姆:《社会分工论》,渠东译,生活·读书·新知三联书店2000年版,第14—15页。

国际贸易行政诉讼原告权益保障适用一般国内行政诉讼规则时产生的"方法"与"问题"不适配的障碍。毕竟,国际法侧重于惩罚国家的不良行为,而国内法侧重于保护个人的权利。① 国际贸易领域的行政纠纷既受国内经济行政法的规制,又受国际层面通行的国际贸易法律规范的规制,一国需要协调好国内法与国际法的衔接,才能避免国际贸易活动秩序紊乱。

洛克林指出,能够清楚看到公法本质的理论必须具有解释性,能够将概念阐释清楚;必须具有经验性,能够指导实践;必须具有批判性,能够判断问题所在并提出解决问题的方法;必须具有历史性,能够跟随时代的变化而向前发展。② 对照检视,本书中国际贸易行政诉讼原告权益保障系统论的研究路径分为四重逻辑理路,即解释维度的学理逻辑、经验维度的实践逻辑、批判维度的价值逻辑、历史维度的发展逻辑。

一、学理逻辑:内部证成与外部证成

(一) 内部证成:如何加强我国国际贸易行政诉讼原告权益的系统性保障

本书的核心观点是:我国国际贸易行政诉讼原告权益保障不足,应当加强我国国际贸易行政诉讼原告权益的系统性保障。需要回答的3个分支问题是:(1)什么是国际贸易行政诉讼原告权益保障?(2)为什么要加强我国国际贸易行政诉讼原告权益保障?(3)怎样加强我国国际贸易行政诉讼原告权益的系统性保障?

首先,国际贸易行政诉讼原告权益保障是指在国际贸易行政诉讼中,以保障个体人权、提升行政效率、促进司法公正为价值导向,基于原告、被告、法院的"正三角"诉讼结构,从规范原告维权依据、深入被告行为审查、彰显法院司法效果三个方面对原告权益进行系统性保障。

其次,要加强我国国际贸易行政诉讼原告权益保障,一方面是因为我国国际贸易行政诉讼原告权益保障不足,另一方面是因为国际贸易行政诉讼

---

① See Julien Chaisse and Ruby Ng, *The Doctrine of Legitimate Expectations: International Law, Common Law and Lessons for Hong Kong*, 48 Hong Kong Law Journal 79(2018), p.98.

② 参见[英]马丁·洛克林:《公法与政治理论》,郑戈译,商务印书馆2003年版,第53页。

原告权益保障不足会引发严重后果。

我国国际贸易行政诉讼原告权益保障不足，主要表现在三个方面：其一，国际贸易行政诉讼原告维权依据的规范性不足。在法律体系层次，我国国际贸易法律规范中的内部行政行为不可诉偏离了WTO协定的司法终局性原则，内部性行政"红头文件"则偏离了WTO协定的透明度原则。在法律部门层次，一般性的上位法与特殊性的下位法之间存在各种法律冲突，出现"特殊性的下位法由于法律位阶低而不可用、一般性的上位法由于缺乏针对性而用不了"的两难局面。在法律文本层次，我国国际贸易法律规范存在粗疏而缺乏细节性的问题，主要表现为某一领域"完全没有规定"和"有规定但规定不全面"两种情形；同时，我国国际贸易法律规范还存在缺乏即时性和前瞻性的问题。其二，国际贸易行政诉讼被告行政行为的不当性显现。在行政执法依据方面，存在行政规范性文件"缺位"（行政程序性规定缺失）或"越位"（下位法没有授权或者超越权限）的不当行为。在行政执法过程方面，存在国际贸易领域的事实认定专断和恣意、行政程序违反正当程序原则的不当行为。在行政执法结果方面，存在国际贸易行政主体利用自身兼具的行政执法权和刑事司法权恣意裁量行刑交叉案件性质从而规避司法审查的不当行为。其三，国际贸易行政诉讼法院适用法律的统一性不足。在诉讼发起阶段法院受理国际贸易行政案件的认定标准模糊，在诉讼进行阶段法院审查焦点规避实质性争议，在诉讼结尾阶段法院裁判结果缺乏说理和论证。其中，在司法审查有限原则下，国际贸易行政诉讼法院"重形式、轻实质"地审理案件，包括"重诉讼要件审查，轻行政争议审查"和"重行政程序争议审查，轻行为实体争议审查"两个方面。"诉讼要件审查"是指对国际贸易行政诉讼的原告资格、被告资格、受案范围、起诉条件、法定时限等诉讼要素的司法审查。"行政争议审查"是指以国际贸易行政争议的行政行为内容和行政程序为对象的司法审查。"行政程序争议审查"是指对国际贸易行政争议中行政行为的行政程序进行审查。"行为实体争议审查"是指对国际贸易行政争议中行政行为的实体内容进行司法审查。当前，我国国际贸易行政案件进入审理阶段后，一般分为三种审查情形：一是"初级的"案件诉讼要件审查；二是"中级的"案件所涉国际贸易行政行为的行政程序合法性审查；三是"高级的"案件所涉国际贸易行政行为的实体内容合法性审查。在多数情况下,国际贸易行政案件的审理止步于案件诉讼要件审查或者所涉国际贸易行政行为的行政程序合法性审查,对于案件所涉国际贸易行政行为的实体内容合法性审查较少。

在我国的国际贸易行政诉讼活动中,原告权益保障不足的后果严重。就原告方面来看,外国籍国际贸易市场主体在中国难以通过司法途径寻求权利救济,转而寻求母国政府帮助对抗中国政府,或者到国际组织起诉中国政府,中国的国家利益将遭受损失。就被告方面来看,囿于缺乏有力的司法监督,国际贸易行政主体"该为而不为",导致中国对外的反倾销措施与他国涉华反倾销措施长期不对等,中国的国家利益将遭受损失。就法院方面来看,中国法院缺少严格执行中国国际贸易法律规范的记录,外国法院审理涉华国际贸易案件并适用该国法律域外效力条款时,较少考虑中国的法律规定,中国的国家利益将遭受损失。

最后,本书提出,加强我国国际贸易行政诉讼原告权益的系统性保障,应当加强我国法律对行政的控制,从国际贸易行政诉讼原告的规则性控制欠缺、国际贸易行政诉讼被告的自治性控制欠缺、国际贸易行政诉讼法院的补救性控制欠缺的现实出发,完善国际贸易行政诉讼原告权益保障的措施。具体而言,其一,国际贸易行政诉讼原告的规则性控制欠缺,是指原告通过诉讼抗辩行政行为的维权法律依据规范性不足,设定原告权利的规则欠缺体系性和技术性。其二,国际贸易行政诉讼被告的自治性控制欠缺,是指被告实质性违法或恣意执法的行政裁量基准制度化不足,被告行政权力过于强势而缺少行政自制,自行管理的自治能力欠缺。其三,国际贸易行政诉讼法院的补救性控制欠缺,是指法院"形式与实质并重"审查的司法能动要求强制性不足,法院在审理国际贸易行政案件过程中对行政权的司法尊让过度,未能发挥司法能动性弥补原告权益损失。本质上,国际贸易行政诉讼原告据以维权的国际贸易法律规范的缺失和错位,成为国际贸易行政诉讼原告权益保障不足的源头性诱因。国际贸易行政诉讼被告的行政权力超乎寻常的强势而欠缺行政自制,是国际贸易行政诉讼原告权益保障不足的关键性诱因。国际贸易行政诉讼法院的司法权对行政权的过度尊让,是国际贸易行政诉讼原告权益保障不足的根本性诱因。

对症下药,加强我国国际贸易行政诉讼原告权益保障,应当从原告、被告、法院三个主体方面分别采取措施。

其一,应当在人权价值下完善国际贸易行政诉讼原告维权依据,处理好保障个体权益和维护国家利益二者之间的关系。在制定法律保障国际贸易市场主体权益时,并非数量越多越好,并非仅考虑在程度上深化对国际贸易行政诉讼原告权益的保障,亦需要明确一些法律修改方向的底线,即不能与国家组织结构、国家权力分配、社会公共秩序等与国家主权、国家政权、公共利益密切相关的现行法律规定相冲突。

质言之,在法律体系层面,需要完善域外法在国内适用以及国内法在域外适用的法律规定,国际法的国内适用应当确立直接效应原则,外国法的国内适用应当确立国际礼让原则,国内法的域外适用应当秉持对等反制原则。在法律部门层面,需要完善国内部门法中法律冲突化解路径的法律规定,完善第一阶段的法律冲突预防路径,在创制法律时尽量避免制定存在冲突的法律规范;完善第二阶段的法律冲突回避路径,在现行法秩序下无法通过规则化解法律冲突,则通过法律明文规定赋予法官选择性适用审查标准的权限,从而避开适用存在法律冲突的规则;完善第三阶段的法律冲突消除路径,通过强制性推行类案检索制度,促进法院统一适用法律,做出前后一致、具有稳定性的司法裁判结果,相对消除法律冲突。在法律文本层面,需要完善国际贸易行政案件起诉条款的法律规定,增加国际贸易行政案件适格原告的数量,确立"谁起诉谁受益"原则提升当事人维权积极性;扩大国际贸易行政案件适格被告的范围,将部门规章、行政终局裁决行为等国际贸易行政行为的行政主体作为适格被告;设立专门的国际贸易行政案件管辖法院,依据最高人民法院设置六大巡回法庭所采取的"集中管辖原则",以及我国铁路运输法院、森林法院等专门法院所采取的"就近管辖案源原则",参考"三定方案"中定机构、定职能、定编制的构思进行设置。

其二,应当在效率价值下完善国际贸易行政诉讼被告行为审查,处理好私权利保障合理和公权力行使合法二者之间的关系。私权利保障合理,是指国际贸易市场主体的权利依据现有法律条款的规定可能无法找到明确来源,但是,基于民族历史环境中形成的法律原则,国际贸易市场主体享有主张权利救济的请求权。公权力行使合法,是指国际贸易行政主体行使公权时,其权力来源要有上位法的授权或者与上位法的规定相符合,在行使权力的过程中,在实体方面要求国际贸易行政主体在法定权限内行使职权,在程序方面要求国际贸易行政执法过程符合正当程序原则,国际贸易行政主体的行政执法结果应当符合职权法定原则要求的实质合法性。

展开来说,在国际贸易行政执法依据的审查方面,法院需要加强对规章以下行政规范性文件的附带审查,考查规范性文件是否存在违反实体法律依据的情形、是否存在严重违反法定程序的情形、是否存在规定明显不当的情形。在国际贸易行政执法过程的审查方面,要明晰"狭义'程序瑕疵'""程序轻微违法""违反法定程序""重大且明显程序违法"四类程序违法的不同内涵,适用参与决策标准审查作为类国际贸易行政执法程序,适用辅助性标准审查国际贸易行政行为实施过程中"不该为而为之"以及"该为而不为"的情形。在国际贸易行政执法结果的审查方面,对负担性国际贸易行政行为应当用比例原则进行审查,主要审查对象包括国际贸易行政主体做出的行政处罚行为、行政强制行为、行政征缴行为,法院应当重点审查国际贸易行政执法结果是否超越职权;对授益性国际贸易行政行为应当适用信赖保护原则进行审查,主要审查对象包括国际贸易行政主体做出的行政许可行为、行政给付行为、行政奖励行为,法院应当重点审查国际贸易行政执法结果是否滥用职权。

其三,应当在公正价值下完善国际贸易行政诉讼法院司法效果,处理好共时性的个案正义和历时性的法安定性二者之间的关系。个案正义显现于同一时期不同案件的横向比较之中,其核心要义是"公平的正义"。法安定性显现于不同时期"类案类判"的纵向继承之中,其核心要义是"公共的正义"。"公平的正义"与"公共的正义"共同构成了法院司法公正的两个面相。具体来说,完善我国国际贸易行政诉讼法院司法效果,是从三个维度着力的。

第一个维度是普遍的"社会效果",对应的是国际贸易行政案件的受理阶段,法院应当通过放宽案件受理条件,实现"司法为民"的社会效果。具体措施包括扩大解释"利害关系"的法概念,在"价值导向的思考方式"下用法律解释位阶理论析出公法的"私益保护性";灵活解释"一行为一诉"原则的多种表现形式,尽可能使原告起诉符合法定条件;限缩解释"一事不再理"原则的适用,尽可能将外国籍国际贸易市场主体所诉的国际贸易行政争议在国内法院解决。

第二个维度是特殊的"政治效果",对应的是国际贸易行政案件的审理阶段,法院应当通过全面审查事实问题和法律问题,加强外国政府和外国籍贸易投资者对中国法律制度的"认同感"和信任度,实现"国际礼让"的政治效果。具体措施包括在国际贸易行政案件的事实认定方面适用专家辅助人制度,并且,不同诉讼主体邀请的专家辅助人,其做出的专家意见的证据效力不同;在国际贸易行政案件的法条检索方面适用外国法查明方法,法官应当告知当事人查明外国法的权利义务,在当事人无法查明外国法的情况下,法官应当依据职权主动查明外国法;在国际贸易行政案件的法律解释方面适用一致性解释原则,法院进行法律解释应当使国内法尽可能与国际条约保持一致。

第三个维度是终极的"法律效果",对应的是国际贸易行政案件的裁判阶段,法院应当通过司法裁判结果的圆融自洽、统一协调,实现"稳定预期"的法律效果。一是要增加国际贸易行政案件的实体性裁判数量,主要是增加对海关为被告的行刑交叉案件的实体性裁判,增加对外国籍国际贸易市场主体损害中国国家利益行为的实体性裁判。二是要提升国际贸易行政案件裁判方式的多样性,在实体方面,新类型案件包括"判决确认"类案件、"判决给付"类案件、"判决履行"类案件,分别对应着不同的裁判方式;在程序方面,"判决确认无效""判决撤销""判决确认违法"三种方式的选择适用,是以"行政行为是否实际影响原告的重要程序性权利"和"行政程序是否轻微违法"这两个方面的排列组合结果作为判断基准进行选择的。三是要促进国际贸易行政案件裁判结果的类型化。"类案类判"要求法官在裁判结果中充分说明裁判理由并分析法律推理论证过程。

如博登海默(Bodenheimer)所言,法律犹如一个交错庞杂的网络,需要通过科学的方法将网络的不同头绪编织起来。① 丹宁勋爵也将法律比喻为一种编织物,他认为,虽然一个法官不可以改变法律织物的编织材料,但是法官可以,也应该把法律织物上的皱褶熨平。② 国际贸易行政诉讼原告权益

---

① 参见[美]E.博登海默:《法理学:法律哲学与法律方法》,邓正来译,中国政法大学出版社2019年版,第223页。
② 参见[英]丹宁勋爵:《法律的训诫》,杨百揆、刘庸安、丁健译,法律出版社2012年版,第16页。

保障,是法律通过赋予原告权利的方式保障个体人权,而法官则是具体适用法律保障原告权益的主体,是司法公正的舵手。在法官适用法律的过程中,关键的步骤在于发挥司法对行政的监督作用。司法对行政的有力约束,能够促进被告加强行政自制,减少行政纠纷,提升行政效率。

国际贸易行政诉讼原告权益保障是一个系统性工程①,其研究思维不是"静态的、平面的"而是"动态的、立体的",其研究视角不是单一方面的而是多侧面的,其研究对象不是横向的因果关系而是纵横交错的联结关系。在本书建构的框架性体系下,依托原告、被告、法院的"正三角"诉讼结构,原告、被告、法院三个主体在诉讼中各自囊括不同要素,在国际贸易行政诉讼中存在不同诉讼目的(功能)。国际贸易行政诉讼原告权益保障的框架性体系,如下图所示:

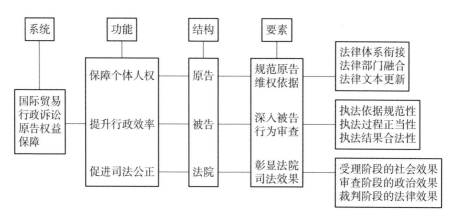

图 7-1　国际贸易行政诉讼原告权益保障的框架性体系

"如何加强我国国际贸易行政诉讼原告权益的系统性保障"问题的阐释,是"应当加强我国国际贸易行政诉讼原告权益保障"命题的内部证成过程,尚存在外部证成问题,即"在国际贸易行政诉讼中为何要特别保障原告的权益",这个问题是前提性的,只有"在国际贸易行政诉讼中要特别保障原告的权益"这一命题成立,"应当加强我国国际贸易行政诉讼原告权益保障"这一命题才有成立的基础,下一步才是论证"如何加强我国国际贸易行政诉讼原告权益的系统性保障"。

---

① 参见霍绍周:《系统论》,科学技术文献出版社 1988 年版,第 1 页、第 28 页。

（二）外部证成：为何在国际贸易行政诉讼中要特别保障原告的权益？

现代行政法的平衡理论认为，在公共利益和个体利益中，利益主体的权利义务关系在总体上是平衡的。① 在国际贸易行政诉讼中，由于国际贸易行政诉讼被告行政权力过于强势，打破了行政法律关系的平衡。被告自身的行政裁量权过多而行政自制、司法监督过少，造成原告权益容易受到国际贸易行政行为侵害的结果，因而，应当加强对国际贸易行政诉讼原告的权益保障。

一方面，行政主体行使公权力和行政相对人享有的公法权利应当保持平衡的状态。在国际贸易领域，国际贸易行政主体与国际贸易市场主体处于不平等的法律地位，国际贸易行政主体处于监管者的法律地位，国际贸易市场主体处于被监管者的法律地位，当监管者的权力过大而压缩被监管者的权利时，司法权作为不同于行政权的公权力形式，应当对行政权形成外部约束和制衡，为国际贸易市场主体提供更多的权利救济机会。故而，法院加强对我国国际贸易行政诉讼原告权益的保障，才能恢复行政法律关系中权力与权利的平衡状态。

另一方面，现代公共行政时期，个体利益受到法律保护的需求日益增强。国际贸易市场主体享有自由权、平等权、发展权等，这些权利常常因为国家不可预测的贸易政策和措施受到侵害，为了成全公共利益常常要牺牲个体利益，个体利益和公共利益的实现处于严重不平衡状态。为了促进国际贸易的可持续发展，法律通过赋予国际贸易市场主体更多的权利救济机会，使国际贸易市场主体受损的权益能够通过司法途径得到补救。故而，法院加强对我国国际贸易行政诉讼原告权益的保障，才能恢复公共利益和个体利益的平衡状态。

二、实践逻辑：从实践中来，到实践中去

本书中，"我国国际贸易行政诉讼原告权益保障不足"这个问题，是从近年来中国法院审理的 200 余个国际贸易行政案件裁判结果的统计中显现的。

---

① 参见罗豪才：《现代行政法的平衡理论》，北京大学出版社 1997 年版，第 11—12 页。

我国国际贸易行政诉讼原告的胜诉率不到 3%,而我国一般国内行政诉讼原告的胜诉率能达到 30%,并且,在国际贸易行政诉讼制度的代表性国家——美国,涉华国际贸易行政诉讼原告的胜诉率也能达到 30%。从法院裁判文书的内容看来,在我国国际贸易行政诉讼中,除了原告胜诉率低之外,法院基于专业知识受限制的"不能够"或者基于司法权力有限性的"不愿意",较少对被告行为的实质合法性进行深入审查,难以满足原告通过司法途径补救受损权益的诉求,原告权益保障明显不足。

依循本书提出的对策,即人权价值下完善国际贸易行政诉讼原告维权依据、效率价值下完善国际贸易行政诉讼被告行为审查、公正价值下完善国际贸易行政诉讼法院司法效果,可以较好地指导实践。例如,建立"结果—方式—价值"倒序的国际贸易法律规范制定机制。出于行为的交易成本、国家的国际声誉、外方的国际制裁等因素考量,通常情况下,一国会倾向于选择遵守国际条约、协定等内容并将其内化于国内法律体系的规定之中。① 但是,在特殊时期,出于国家安全等因素考量,成员国政府会尽可能将自身违背 WTO 规则的行为向 WTO 协定的例外条款靠拢,展现出对 WTO 规则持的遵守态度,从而减少被其他成员国诟病并引发国际贸易争端的概率。国际法只关注国际条约规定的义务是否在缔约国得以执行,而不追究缔约国是怎样执行国际法定义务的。② 在国际法场域中,"执行"经常跟"遵守"相联系,"执行"是实施国际法的方式,是过程的行为,"遵守"是国际法的内容最终实现,是结果的行为,"执行"的方式有多种而"遵守"的结果只有一个,理论上并未界定何种"执行"属于国际法中被认可的方式。③ 我国在制定国际贸易法律规范时,既要遵守 WTO 规则等国际法定义务,又要维护国家主权、安全和发展利益,二者在某些国际贸易领域存在特定张力。但是,遵守 WTO 规则与维护国家利益二者并非处于绝对对立的状态,可以探索一条平

---

① See Andrew T. Guzman, *A Compliance-Based Theory of International Law*, 90 California Law Review 1823(2000), p.1846.
② 参见李鸣:《应从立法上考虑条约在我国的效力问题》,《中外法学》2006 年第 3 期,第 351—352 页。
③ 参见张耀元:《WTO 贸易政策审议机制的"软约束"及其强化路径》,《法学》2021 年第 9 期,第 186 页。

衡两个目标的实现路径——从"执行"WTO规则的多样化方式着手。国际贸易法律规范作为国际贸易行政诉讼原告的维权依据,在法律创制的规范性上,要履行国际法定义务,以遵守WTO规则为行为结果,其后方可适用灵活的、差别的、动态的执行方式,实现维护国家主权、安全和发展利益的价值追求。这样一个"结果—方式—价值"倒序的国际贸易法律规范制定机制,是法律制定过程中平衡国家利益与国际法定义务的现实选择。

当前,我国国际贸易行政诉讼原告权益保障实践取得了较为可喜的进步,最高人民法院通过指导案例,明确了国际贸易行政诉讼原告权益保障的重要性。2019年12月24日,最高人民法院发布的指导案例第114号,克里斯蒂昂迪奥尔香料公司(Christian Dior,简称"迪奥公司")诉国家市场监督管理总局商标评审委员会商标申请驳回复审行政纠纷案,是近年来我国国际贸易行政诉讼原告权益得以保障的典型案例。在本案一审和二审中,法院均认定迪奥公司败诉,2017年最高人民法院提审本案,并撤销了一审、二审判决,判令被告重新做出复审决定。[①] 本案由最高人民法院副院长陶凯元大法官担任审判长,其裁判要点指出,迪奥公司作为迪奥香水商标的国际注册申请人,已经完成了《商标国际注册马德里协定》要求的国际注册程序,世界知识产权组织国际局向中国商标局转送的迪奥公司申请商标信息,应当作为中国商标局审查商标是否能在中国国内得到保护的事实依据,在迪奥公司申请商标国际注册信息仅欠缺中国法律规定的部分视图等形式要件时,中国商标局应当积极履行国际公约义务,给予迪奥公司合理的补正机会。本案中,与国际贸易有关的知识产权人得到了及时、有效的司法救济,本案将为在我国国际贸易行政诉讼中适用国际条约保障原告权益提供司法判例依据。

三、价值逻辑:人权司法保障新形态

国际贸易行政诉讼原告权益保障,是一种新型的、特别的人权司法保障形态,主要具有下列特殊的属性:其一,国际性,原告权益受到国内法和国际法的双重保障,各国政府签署的国际条约、协定和国际惯例、一国内部的经

[①] 参见最高人民法院再审行政判决书,(2018)最高法行再26号。

济行政法等国际、国内经济行政法都可以给原告维权提供法律支撑。其二，专项性，主要表现在侵犯原告权益的被告行为方面，国际贸易行政诉讼被告行为具有经济专业性和法律针对性，前者是指国际经济活动具有高度专业性从而使活动监管机关做出的国际贸易行政行为相应地具有专业性，后者是指国际贸易行政行为相关的法律规定具有特殊性。其三，涉外性，一国法院可灵活适用"用尽当地救济原则"避免国内的国际贸易行政争议直接进入WTO层面进行审查，同时，法院面临司法裁判非终局性问题，国内法院做出的司法裁决如果导致外国籍国际贸易市场主体权益损失惨重，外国籍国际贸易市场主体很可能会在国际法律层面寻求法律救济，推翻国内法院的裁判结果。

国际贸易行政诉讼原告权益保障的价值范式，是指在国际贸易行政诉讼中为实现不同法律价值而采取的调整各种利益关系的公认的模式，具体内容包括人权向度存在协调个体权益和国家利益的价值范式，效率向度存在协调私权利保障与公权力行使的价值范式，公正向度存在协调个案正义与法安定性的价值范式。质言之，其一，人权是人与生俱来的权利，人权价值下处理个体权益与国家利益的关系，本质是处理短期利益和长期利益的关系，在实现国际贸易的可持续发展的基点上，能够使个体权益与国家利益得以协调。其二，效率是指产生预期效果并在降低或维持成本的情况下提高效益，效率价值下处理私权利保障和公权力行使的关系，本质是处理个体自由与行政干预的关系，在降低国际贸易领域的交易费用的基点上，能够使私权利保障和公权力行使得以协调。其三，公正包括"公共的正义"和"公平的正义"两层含义，公正价值下处理个案正义与法安定性的关系，本质是处理个体正义和社会正义的关系，在对国际贸易行政案件的实质合法性审查的基点上，能够使个案正义与法安定性得以协调。

一言以蔽之，国际贸易行政诉讼原告权益保障的价值范式是一种目的指引，当法院的司法审判真正具有目的性时，司法审判才会实现遵循法条形式主义的完整性与适应社会环境变化的开放性的理想结合。

四、发展逻辑：国际贸易行政公益诉讼发展前瞻

新时期，西方国家的国际贸易活动呈现出"管理贸易"的发展态势。"管

理贸易"主要具有下列特点:(1)国际贸易管理方式以法律化、制度化为导向;(2)在不放弃多边协调的同时,更倾向于采用单边管理、双边协调;(3)管理措施以数量限制措施、技术性贸易壁垒、原产地规则、当地含量要求等非关税措施为主,国际贸易行政主体拥有不断增长的行政裁量权;(4)跨国公司在管理贸易中的地位日益提升。[1] 特别地,跨国公司有时甚至决定西方国家的国际贸易政策和措施的内容,西方国家主导下的国际条约往往是发达国家跨国公司的意志体现。简言之,西方国家在国际贸易领域存在明显的"私法行为公法化",跨国公司将蕴含营利性的意志通过特定途径和形式转变为国家意志,进而干预国际贸易活动,以实现自身利益最大化的目标。[2] 基于此,可以发展我国国际贸易行政公益诉讼,通过我国司法制度规制外国跨国公司,进而反制对我国采取贸易歧视性措施的西方国家。

国际贸易行政公益诉讼,是立基于我国当前已有的行政公益诉讼制度,利用行政诉讼中"官告民"模式,由我国检察院作为原告,将为了遵守域外他国法律规范而违反我国阻断法和强行法规定的外国国籍国际贸易市场主体,以及中国籍国际贸易市场主体作为被告,向我国专门的国际贸易法院提起国际贸易行政诉讼,由我国国际贸易法院依据本国国际贸易法律规范做出裁判的司法活动。

国际贸易行政公益诉讼,既是为了反击当前贸易保护主义逆流时期他国对我国的单边行政制裁措施,也是为了应对今后贸易自由主义浪潮回归时,他国法律域外适用对我国造成不利影响而确立的制度。国际贸易行政公益诉讼制度的原理,是尽可能利用法律手段解决夹杂政治因素的法律问题,以法治手段保障国际贸易市场的贸易公平和贸易自由,让"市场的归市场,政府的归政府"。

在我国现行的国际贸易法律规范体系下,我国可以基于《反外国制裁法》和"2021年商务部的阻断办法"等相关规定的法律域外适用效力,探索发展国际贸易行政公益诉讼制度。

---

[1] 参见张二震、马野青:《国际贸易学》(第五版),南京大学出版社2015年版,第156—157页。

[2] 参见马忠法:《论国际贸易领域中的"私法行为公法化"》,《政法论丛》2022年第1期,第42—46页。

一方面，我国国际贸易行政公益诉讼的运行是为了惩戒违反国际法和国际关系基本准则而侵犯我国在国外的正常经贸权益的外资企业。利用我国国际贸易行政公益诉讼制度，由检察院作为原告，以在国际贸易合作中违反国际法和国际关系基本准则而侵犯中国国家利益的外资企业为被告，向我国国际贸易法院提起诉讼。大型外资企业一般是英美资本主义国家的政治选举幕后资金支持者，美国一些经济学家认为，美国政府的整个行政机构基本是围绕跨国公司运转的，政府通过跨国公司来加强对全球资源和贸易的控制。[①] 一旦外资企业在中国被国家机关依法起诉并面临法律制裁，外资企业会向欧美政府领导层施加压力来改变对华政策，中国将掌握对外贸主动权，中国国际贸易市场巨大，外资企业无法放弃中国市场，利用法律制度设计出能钳制外资企业的司法装置，相当于控制了英美政府负责人政治竞选和执政生涯的钱柜。

另一方面，我国国际贸易行政公益诉讼的运行是为了切实约束中国籍国际贸易市场主体，使中国籍国际贸易市场主体不敢为了追求经济利益而遵守他国法律域外适用条款，损害中国的国家利益。倘若有的中国籍国际贸易市场主体为了获得海外市场利益而损害中国的国家利益，可由检察院对其提起国际贸易行政公益诉讼，追究其法律责任。再者，从美国法院的阻断法适用规则来看，如果我国公权力机关严格追究为了遵守美国法律而违反中国法律的中国籍国际贸易市场主体的法律责任，则美国法院或许会基于国际礼让原则而不再要求中国籍国际贸易市场主体遵守美国法律。在检察院提起的国际贸易行政公益诉讼中，对于中国籍国际贸易市场主体遵循美国法院命令而违反中国阻断法或强制法规定的，在符合下列三个要素时，我国国际贸易法院应当对中国籍国际贸易市场主体采取法定的惩戒措施，从而以有限的成本创建法律执行记录和惩戒历史纪录，阻断美国法律域外适用效力：其一，未来仍然可能发生类似情形的阻断法律纠纷；其二，中国籍国际贸易市场主体自身在道德上或法律上具有可归责性，应受到谴责或惩戒；其三，对中国籍国际贸易市场主体即将采取的措施主要是声誉罚和财产

---

① 参见张二震、马野青：《国际贸易学》（第五版），南京大学出版社2015年版，第71页。

罚,对中国籍国际贸易市场主体的后续财务健康不会造成过重负担。①

本质上,人们最熟悉的政治真理之一是:在社会进化的过程中,习俗出现在法律之前。法律建立起来后,如果得到官方的认可,并接受一定的形式,就成为法律。② 回首历史,我国国际贸易行政诉讼制度的发展经历了很长一段时间的蛰伏期,如今,我国涉外法治建设进入前所未有的黄金期,世界范围内的国际贸易格局面临百年未有之大变局,我国国际贸易行政诉讼制度焕发生命力的时期已然到来。本研究系统阐释了国际贸易行政诉讼制度的内涵、结构、要素、功能等内容,作为"国际经济行政法系列丛书"中的一本专著,是从区别于国际投资视角、国际金融视角的国际贸易视角阐释国际经济行政法的核心内容,旨在持续推动并完善国际经济行政法学理论框架的发展。文末,借用萨维尼在著作中抒发的对母国民族感情的话语③,笔者意欲抒发同感,"每一个生命都在急切地呼唤中国在摆脱压迫的基础上,向世界展现其自身价值"。

---

① See M. J. Hoda, *The Aérospatiale Dilemma: Why U. S. Courts Ignore Blocking Statutes and What Foreign States Can Do About It*, 106 California Law Review 231 (2018), p.251.
② 参见[英]赫伯特·斯宾塞:《国家权力与个人自由》,谭小勤等译,华夏出版社 2000 年版,第 17 页。
③ 参见[德]萨维尼:《论立法与法学的当代使命》,许章润译,中国法制出版社 2002 年版,第 2 页。

附表

中国主要的国际贸易法律规范一览表[①]

1978年,党的十一届三中全会提出改革开放政策以来,中国国际贸易法律规范与日俱增。时至今日,国际贸易法律规范不断更新,在全国范围内逐步形成了"宪法—法律—行政法规—部门规章—司法解释"的国际贸易法律规范体系,为国际贸易行政诉讼原告提供了较为丰富的维权依据。

中华人民共和国第一部宪法是1954年宪法,之后陆续通过了1975年宪法、1978年宪法和1982年宪法。我国现行宪法是1982年宪法,至今经历了1988年、1993年、1999年、2004年和2018年五次修改。其中,1978年宪法第五十五条首次规定了公民对国家机关、企业、事业单位等行政主体享有申诉权和控告权。1982年宪法第十八条第二款、第三十二条第一款首次规定了对外国人、外国企业等外国经济组织、中外合资经营企业等涉外市场主体的合法权利和利益依法进行保护。2004年宪法修正案首次将国家对人权的保障写入宪法。人权入宪,意味着更多类型的重要权利将得到宪法保障。

以下是我国国际贸易领域主要的法律、行政法规、部门规章、司法解释的法律文本信息,规制[②]对象呈现出不同特点。

[①] 统计时间截至2024年6月11日。

[②] "规制"和"监管",在英语中对应的单词都是"regulation". See Philip Selznick, "Focusing Organizational Research on Regulation," in Roger G. Noll, *Regulatory Policy and the Social Sciences*, Berkeley: University of California Press, 1985, p363. See Black, J., *Decentring Regulation: Understanding the Role of Regulation and Self-Regulation in a 'Post-Regulatory' World*, 54 Current Legal Problems 103 (2001), p.103-147.

附表　中国主要的国际贸易法律规范一览表

属性	特点	制定机关	名称	更新时间
法律	规制"物"的特别法律	全国人大常委会	《进出境动植物检疫法》	2009年修正
		全国人大常委会	《文物保护法》	2017年修正
		全国人大常委会	《国境卫生检疫法》	2018年修正
		全国人大常委会	《产品质量法》	2018年修正
		全国人大常委会	《药品管理法》	2019年修订
		全国人大常委会	《固体废物污染环境防治法》	2020年修订
		全国人大常委会	《进出口商品检验法》	2021年修正
		全国人大常委会	《食品安全法》	2021年修正
		全国人大常委会	《野生动物保护法》	2022年修订
		全国人大常委会	《关税法》	2024年公布
	规制"人"的特别法律	全国人大常委会	《出境入境管理法》	2012年公布
		全国人大常委会	《反不正当竞争法》	2019年修正
		全国人民代表大会	《外商投资法》	2019年公布
		全国人大常委会	《海关法》	2021年修正
		全国人大常委会	《反垄断法》	2022年修正
		全国人大常委会	《对外贸易法》	2022年修正
	行政活动的一般性法律	全国人大常委会	《行政强制法》	2011年公布
		全国人大常委会	《国家赔偿法》	2012年修正
		全国人大常委会	《治安管理处罚法》	2012年修正
		全国人大常委会	《行政复议法》	2023年修订
		全国人大常委会	《行政诉讼法》	2017年修正
		全国人大常委会	《行政许可法》	2019年修正
		全国人大常委会	《行政处罚法》	2021年修订
	国际贸易相关知识产权法律	全国人大常委会	《商标法》	2019年修正
		全国人大常委会	《著作权法》	2020年修正
		全国人大常委会	《专利法》	2020年修正
	数字贸易领域的法律	全国人大常委会	《网络安全法》	2016年公布
		全国人大常委会	《电子商务法》	2018年公布

续 表

属性	特点	制定机关	名称	更新时间
		全国人大常委会	《广告法》	2021年修正
		全国人大常委会	《数据安全法》	2021年公布
		全国人大常委会	《个人信息保护法》	2021年公布
	管制、反制类法律	全国人大常委会	《出口管制法》	2020年公布
		全国人大常委会	《反外国制裁法》	2021年公布
行政法规	与国际货物贸易、国际服务贸易、国际技术贸易直接相关的行政法规	国务院	《反倾销条例》	2004年修订
		国务院	《反补贴条例》	2004年修订
		国务院	《保障措施条例》	2004年修订
		国务院	《核出口管制条例》	2006年修订
		国务院	《进出口关税条例》	2017年修订
		国务院	《野生植物保护条例》	2017年修订
		国务院	《知识产权海关保护条例》	2018年修订
		国务院	《技术进出口管理条例》	2020年修订
		国务院	《放射性药品管理办法》	2022年修订
		国务院	《进出口商品检验法实施条例》	2022年修订
	对国际贸易环境和国际贸易市场主体进行行政管理的行政法规	国务院	《国家货币出入境管理办法》	1993年公布
		国务院	《外汇管理条例》	2008年修订
		国务院	《外国人入境出境管理条例》	2013年公布
		国务院	《人民币管理条例》	2018年修订
		国务院	《优化营商环境条例》	2019年公布
		国务院	《外商投资法实施条例》	2019年公布
		国务院	《市场主体登记管理条例》	2021年公布
	规制国际贸易行政主体行为的行政法规	国务院	《海关事务担保条例》	2018年修订
		国务院	《重大行政决策程序暂行条例》	2019年公布
		国务院	《政府信息公开条例》	2019年修订
		国务院	《海关行政处罚实施条例》	2022年修订

续　表

属性	特点	制定机关	名称	更新时间
部门规章	规制进出口贸易秩序的部门规章	国家商务部	《反倾销调查信息披露暂行规则》	2002年公布
			《反补贴调查实地核查暂行规则》	2002年公布
			《货物进口许可证管理办法》	2004年公布
			《货物出口许可证管理办法》	2019年修正
			《阻断外国法律与措施不当域外适用办法》	2021年公布
	规制海关工作的部门规章	国家海关总署	《海关行政赔偿办法》	2003年公布
			《海关立法工作管理规定》	2009年公布
			《海关审定进出口货物完税价格办法》	2013年公布
			《海关行政复议办法》	2014年公布
			《海关预裁定管理暂行办法》	2017年公布
			《海关关于〈知识产权海关保护条例〉的实施办法》	2018年修正
			《海关办理行政处罚案件程序规定》	2021年公布
			《海关进出口货物商品归类管理规定》	2021年公布
	规制通关事务的部门规章	国家海关总署	《进出口食品安全管理办法》	2021年公布
			《进口食品境外生产企业注册管理规定》	2021年公布
司法解释	专门性的司法解释	最高人民法院	《关于海关行政处罚案件诉讼管辖问题的解释》	2002年公布
		最高人民法院	《关于审理国际贸易行政案件若干问题的规定》	2002年公布
		最高人民法院	《关于审理反倾销行政案件应用法律若干问题的规定》	2002年公布
		最高人民法院	《关于审理反补贴行政案件应用法律若干问题的规定》	2002年公布

续 表

属性	特点	制定机关	名称	更新时间
	一般性的司法解释	最高人民法院	《关于行政诉讼证据若干问题的规定》	2002年公布
		最高人民法院	《关于行政诉讼撤诉若干问题的规定》	2008年公布
		最高人民法院	《关于审理政府信息公开行政案件若干问题的规定》	2011年公布
		最高人民法院	《关于人民法院登记立案若干问题的规定》	2015年公布
		最高人民法院	《关于适用〈中华人民共和国行政诉讼法〉的解释》	2018年公布

目前,中国已经建立了比较全面的国际贸易法律规范体系[①],国际贸易市场主体在国际贸易活动中受到国际贸易行政主体侵犯其合法权益时,可以依据中国国际贸易法律规范向人民法院提起国际贸易行政诉讼,寻求权利救济。

---

① 全国人大常委会和国务院的相关部门会定期出版《中华人民共和国法律》《中华人民共和国涉外法规汇编》等英文版或中英文对照版书籍供查阅法律文本。

参考文献

一、中文文献

(一) 中文期刊

[1] 毕可军. 我国行政行为形式瑕疵类型体系的迷失与重构[J]. 政法论丛, 2017(3).
[2] 蔡福军. 贸易便利化下进出口商品检验的司法审查[J]. 人民司法, 2019(19).
[3] 曹磊. 行政法律规范冲突化解之司法方法论[J]. 法律适用, 2019(16).
[4] 曹鎏. 管好"红头文件"建设法治政府——对推进行政规范性文件法治化的思考[J]. 紫光阁, 2018(11).
[5] 曹亚伟. 国内法域外适用的冲突及应对——基于国际造法的国家本位解释[J]. 河北法学, 2020(12).
[6] 曹艳华. 论申报不实影响出口退税管理之法律责任设定[J]. 上海海关学院学报, 2012(4).
[7] 陈剑霞. 出口企业顺利退税的核心要点探讨[J]. 海峡科学, 2010(3).
[8] 陈金钊. 体系思维的姿态及体系解释方法的运用[J]. 山东大学学报, 2018(2).
[9] 陈坤. 法律解释与法律续造的区分标准[J]. 法学研究, 2021(4).
[10] 陈立虎. 美国国际贸易法院的设置及其启示[J]. 苏州城市建设环境保护学院学报, 2001(3).
[11] 陈鹏. 行政诉讼原告资格的多层次构造[J]. 中外法学, 2017(5).
[12] 陈少华. 试论海关权力的产生[J]. 理论月刊, 2007(3).
[13] 陈无风. 我国行政诉讼中"保护规范理论"的渐变和修正[J]. 浙江学刊, 2020(6).
[14] 陈忠林. "常识、常理、常情":一种法治观与法学教育观[J]. 太平洋学报, 2007(6).
[15] 程琥. 行政诉讼合法性审查原则新探[J]. 法律适用, 2019(19).
[16] 程凌. 社会保障待遇追回中的信赖保护——以授益行政行为撤销与废止为中心[J]. 北京理工大学学报, 2021(4).
[17] 程卫东、雷京. 一项国际习惯法规则——国际贸易争端解决中的用尽当地救济规则[J]. 国际贸易, 1998(5).
[18] 崔卓兰. 行政自制理论的再探讨[J]. 当代法学, 2014(1).
[19] 崔卓兰、刘福元. 行政自制理念的实践机制:行政内部分权[J]. 法商研究, 2009(3).
[20] 戴杕. 论规范性文件实体合法性的司法审查框架[J]. 华东政法大学学报, 2022(1).
[21] 董皞、葛自丹. 对行政赔偿诉讼与涉外行政诉讼若干问题的思考——以《中华人民共

和国行政诉讼法》的修改为视角[J].行政法学研究,2012(2).
[22] 董茂云,唐建强.论行政诉讼中的人权保障[J].复旦学报,2005(1).
[23] 方世荣.对当代行政法主体双方地位平等的认知——从行政相对人的视角[J].法商研究,2002(6).
[24] 杜涛,周美华.应对美国单边经济制裁的域外经验与中国方案——从《阻断办法》到《反外国制裁法》[J].武大国际法评论,2021(4).
[25] 傅丽萍.外贸企业出口退税的管理策略探讨[J].科技广场,2016(6).
[26] 甘勇.维生素C反垄断案中的外国法查明问题及对中国的启示[J].国际法研究,2019(4).
[27] 耿宝建.主观公权利与原告主体资格——保护规范理论的中国式表述与运用[J].行政法学研究,2020(2).
[28] 龚红柳.论中美贸易战中实施"反制"的WTO合规性——以中国应对美国"301措施"为例[J].经贸法律评论,2019(1).
[29] 关保英.论行政超越职权[J].社会科学战线,2011(11).
[30] 关保英.论行政相对人权利的平等保护[J].中国法学,2002(3).
[31] 韩大元.完善人权司法保障制度[J].中国检察官,2014(13).
[32] 韩登池.司法三段论——形式理性与价值理性的统一[J].法学评论,2010(3).
[33] 韩业斌.区域协同立法的合法性困境与出路——基于辅助性原则的视角分析[J].法学,2021(2).
[34] 何海波.论法院对规范性文件的附带审查[J].中国法学,2021(3).
[35] 何志鹏,孙璐.贸易公平与国际法治:WTO多哈回合反思[J].东方法学,2011(2).
[36] 何忠洲.贵州饭店案:国家商务部一审再败[J].中国改革,2005(3).
[37] 侯连琦.涉外经济行政法中的"公共利益"问题研究[J].经济论坛,2007(17).
[38] 侯学勇.主体立场上的法律融贯与理性重构[J].浙江社会科学,2019(1).
[39] 胡建淼.论"行政处罚"概念的法律定位——兼评《行政处罚法》关于"行政处罚"的定义[J].中外法学,2021(4).
[40] 胡云峰.浅谈与国际贸易有关的投资规则的确立[J].商场现代化,2010(6).
[41] 黄海华.新《行政处罚法》制度创新的理论解析[J].行政法学研究,2021(6).
[42] 黄锴.行政诉讼中举报人原告资格的审查路径——基于指导案例77号的分析[J].政治与法律,2017(10).
[43] 黄文旭,邹璞韬.反制国内法域外适用的工具:阻断法的经验及启示[J].时代法学,2021(4).
[44] 黄学贤.行政诉讼原告资格若干问题探讨[J].法学,2006(8).
[45] 黄玉顺.论"行为正义"与"制度正义"——儒家"正义"概念辨析[J].东岳论丛,2021(4).
[46] 霍政欣.《反外国制裁法》的国际法意涵[J].比较法研究,2021(4).
[47] 江必新.关于完善人权司法保障的若干思考[J].中国法律评论,2014(2).
[48] 江必新.司法审查强度问题研究[J].法治研究,2012(10).
[49] 江必新.论实质法治主义背景下的司法审查[J].法律科学,2011(6).
[50] 姜曦.国际强行法的形成——基于强行法规范基础的分析[J].学理论,2022(2).

[51] 解志勇,闫映全. 反向行政诉讼:全域性控权与实质性解决争议的新思路[J]. 比较法研究,2018(3).
[52] 金美蓉. 中国企业在美国反垄断诉讼中的挑战与应对:基于对相关判决的质疑[J]. 法学家,2020(2).
[53] 孔祥俊. 涉及世贸组织规则的国际贸易行政案件的审理[J]. 法律适用,2002(9).
[54] 雷磊. 同案同判:司法裁判中的衍生性义务与表征性价值[J]. 法律科学,2021(4).
[55] 雷磊. 融贯性与法律体系的建构——兼论当代中国法律体系的融贯化[J]. 法学家,2012(2).
[56] 李春林. 彼德斯曼与阿尔斯通贸易与人权论战评析[J]. 北京航空航天大学学报,2014(5).
[57] 李德恩. 诉讼程序中的系统观[J]. 系统科学学报,2012(4).
[58] 李建忠. 论我国外国法查明方法规定的重构[J]. 法律科学,2019(1).
[59] 李良才. 人权型贸易制裁的法哲学考察——基于多边贸易体制的理论分析[J]. 甘肃理论学刊,2009(5).
[60] 李鸣. 应从立法上考虑条约在我国的效力问题[J]. 中外法学,2006(3).
[61] 李明超. 行政许可设定的三层次分析[J]. 河南财经政法大学学报,2019(3).
[62] 李勤昌. 反倾销滥用、报复实证及中国的对策[J]. 东北财经大学学报,2012(4).
[63] 李晴. 论过罚相当的判断[J]. 行政法学研究,2021(6).
[64] 李荣珍、王南瑛. 无效行政行为的司法认定研究[J]. 甘肃社会科学,2020(6).
[65] 李烁. 行政行为程序轻微违法的司法审查[J]. 国家检察官学院学报,2020(3).
[66] 李纬华,易旺. "一行为一诉"原则的适用[J]. 人民司法,2019(32).
[67] 李晓安,张文斐. 涉海部门规章与地方性法规冲突解决的路径分析[J]. 北京行政学院学报,2021(3).
[68] 李贞霏. 对等原则与最惠国待遇原则互逆共生[J]. 科学决策,2021(7).
[69] 梁君瑜. 论行政程序瑕疵的法律后果[J]. 华东政法大学学报,2019(2).
[70] 梁君瑜. 行政程序瑕疵的三分法与司法审查[J]. 法学家,2017(3).
[71] 梁咏. 论国际贸易体制中的安全例外再平衡[J]. 法学,2020(2).
[72] 林鸿潮. 行政行为审慎程序的司法审查[J]. 政治与法律,2019(8).
[73] 凌宗亮. 法律适用统一个案实现的裁判路径[N]. 人民法院报,2012-9-19(8).
[74] 刘才源,熊晶. 海关商品归类的几个法律问题[J]. 海关法评论,2017(0).
[75] 刘清平. 论正当、权益和人权的关联[J]. 学术界,2013(9).
[76] 刘艳娜. 得与失:外国法查明责任分配之困[J]. 河北法学,2018(9).
[77] 刘玉艳,郭德祥. 当前税务稽查执行环节存在的问题及应对思考[J]. 时代金融,2021(12).
[78] 刘志刚. 我国法律解释体制的法理分析[J]. 法治研究,2018(1).
[79] 龙非. 行政行为在德国行政诉讼中的功能变迁[J]. 财经法学,2020(2).
[80] 卢超. 规范性文件附带审查的司法困境及其枢纽功能[J]. 比较法研究,2020(3).
[81] 陆宇峰. "自创生"系统论法学:一种理解现代法律的新思路[J]. 政法论坛,2014(4).
[82] 罗国强. 论国际条约的国内适用问题[J]. 兰州学刊,2010(6).
[83] 罗豪才. 推进法治中国建设 完善人权司法保障制度[J]. 人权,2013(6).

［84］罗华.行政违法行为犯罪化的完善——兼评我国刑法几次修正案的有关规定[J].河北法学,2018(2).

［85］罗佳.贸易自由权司法救济困境及对策[J].中国外资,2021(17).

［86］罗佳.政府规制视阈下中国企业海外维权进路探究[J].行政与法,2020(1).

［87］罗佳、张翔.多边贸易体制下中国企业如何境外维权[J].中国外资,2019(21).

［88］吕铖钢.税务行政裁量权的理论阐释、行为纠偏与路径选择[J].北京理工大学学报,2021(2).

［89］马贵翔.论证据裁判主义与自由心证的衡平[J].北方法学,2017(6).

［90］马立群.论行政诉权的构成要件与审查规则——行政诉权保障的路径及发展趋势[J].南京大学法律评论,2013(1).

［91］马忠法.论国际贸易领域中的"私法行为公法化"[J].政法论丛,2022(1).

［92］马忠法、胡玲.论数据使用保护的国际知识产权制度[J].电子知识产权,2021(1).

［93］莫纪宏、李岩.人权概念的制度分析[J].法学杂志,2005(1).

［94］倪洪涛.论行政诉讼原告资格的"梯度性"结构[J].法学评论,2022(3).

［95］潘登.论创制型案例:概念、标准、类别与价值[J].东方法学,2014(6).

［96］潘婧.多元利益下利害关系人原告资格的判断[J].延边党校学报,2021(5).

［97］彭岳.一致性解释原则在国际贸易行政案件中的适用[J].法学研究,2019(1).

［98］彭岳.贸易规制视域下数据隐私保护的冲突与解决[J].比较法研究,2018(4).

［99］邱星美.制度的借鉴与创制——"法庭之友"与专家法律意见[J].河北法学,2009(8).

［100］沈铭辉.从多边规则接受者到全球贸易公共品提供者——中国入世20年的回顾与展望[J].国家行政学院学报,2021(5).

［101］沈桥林、周中瑞.WTO于平等权实现的意义[J].理论导报,2009(11).

［102］沈伟.中美贸易摩擦中的法律战——从不可靠实体清单制度到阻断办法[J].比较法研究,2021(1).

［103］施立栋.被滥用的"滥用职权"——行政判决中滥用职权审查标准的语义扩张及其成因[J].政治与法律,2015(1).

［104］石静霞.国际服务贸易规则的重构与我国服务贸易的发展[J].中国法律评论,2018(5).

［105］石岩、李卫华.论美国国际贸易法院的行政性[J].山东社会科学,2014(2).

［106］时业伟.全球疫情背景下贸易自由与人权保护互动机制的完善[J].法学杂志,2020(7).

［107］史际春、吴镱俊.论如何阻断"长臂管辖"[J].经贸法律评论,2021(5).

［108］侍海艳、杨登峰.不利行政行为程序漏洞的认定标准[J].哈尔滨工业大学学报,2020(5).

［109］宋晓.域外管辖的体系构造:立法管辖与司法管辖之界分[J].法学研究,2021(3).

［110］宋晓.外国管制性法律的查明——以"维生素C反垄断诉讼案"为中心[J].法律科学,2021(4).

［111］苏戈.司法的平衡性[J].人民司法,2019(19).

［112］苏海雨.论行政裁量权的交往控制[J].政治与法律,2017(2).

[113] 苏宇.面向未来的学理革新:行政法律关系理论之省视与展望[J].行政法学研究,2019(6).
[114] 孙光宁.法律规范的意义边缘及其解释方法——以指导性案例 6 号为例[J].法制与社会发展,2013(4).
[115] 唐宜红,张鹏杨.后疫情时代全球贸易保护主义发展趋势及中国应对策略[J].国际贸易,2020(11).
[116] 万曙春.在效率与合法之间寻求平衡——从法国海关调查权及其法律控制说起[J].法学,2013(3).
[117] 汪燕.行政合理性原则与失当行政行为[J].法学评论,2014(5).
[118] 王传斌.《食品安全法》与《进出口商品检验法》衔接研究[J].海关法评论,2021(10).
[119] 王春云.权力寻租的生态学分析[J].北方法学,2015(4).
[120] 王飞.论法律原则在行政诉讼中的适用——以"北雁云依"案为例[J].哈尔滨工业大学学报,2019(3).
[121] 王峰.行政诉讼、民事诉讼与刑事诉讼之比较研究——从制度属性的视角[J].行政论坛,2013(1).
[122] 王贵松.论行政处罚的制裁性[J].法商研究,2020(6).
[123] 王贵松.论行政裁量的司法审查强度[J].法商研究,2012(4).
[124] 王华伟.行政法上"同一事实和理由"辨析与适用[J].陕西行政学院学报,2020(4).
[125] 王惠.法国完善的外贸系统及其高效运行机制[J].新财经,2006(4).
[126] 王天华.主观公权利的观念与保护规范理论的构造[J].政法论坛,2020(1).
[127] 王廷者,张宝.走近海关税则调研[J].中国海关,2020(7).
[128] 王万华.完善行政执法程序立法的几个问题[J].行政法学研究,2015(4).
[129] 王伟.亲历中国关税改革二三事[J].中国财政,2008(23).
[130] 王潇漩.行政程序的效率原则解析及其制度体现[J].山东青年政治学院学报,2013(4).
[131] 王晓滨.论国际贸易行政规章的司法审查[J].法律适用,2009(8).
[132] 王欣濛,徐树.对等原则在国家豁免领域的适用[J].武汉大学学报,2015(6).
[133] 王旭军.论入世后我国行政诉讼的发展方向[J].法律适用,2002(2).
[134] 王玄玮.违宪审查与政治问题——关于"政治问题不审查"原则的初步比较[J].云南大学学报,2009(6).
[135] 王岩.WTO规则不能直接作为法院裁判的依据[J].人民司法,2014(2).
[136] 吴春峰,夏锦文.法官释法:思维模式及其影响因素[J].法学,2013(12).
[137] 吴春雷,张文婧.司法三段论的性质与认知结构之再认识[J].河北法学,2013(4).
[138] 吴红霞,胡刚.涉外知识产权行政诉讼原告主体资格的判断[N].中国知识产权报,2016-2(9).
[139] 吴猛,程刚.行政诉讼中"滥用职权"审查标准适用问题研究[J].法律适用,2021(8).
[140] 吴敏.论行政诉讼中的"程序轻微违法"——基于与"程序瑕疵"的区分[J].福建行政学院学报,2018(5).

[141] 夏金莱、叶必丰. 对WTO体制下国际贸易行政诉讼的思考[J]. 法学评论,2003(3).
[142] 肖金明、李卫华. 行政程序性权利研究[J]. 政法论丛,2007(6).
[143] 邢益精. 论合理的差别待遇——宪法平等权的一个课题[J]. 政治与法律,2005(4).
[144] 熊月圆. "竞争中立"视阈下的TPP国企规则评析[J]. 金融发展研究,2016(9).
[145] 徐莉. 论贸易与人权保护制度的协调[J]. 时代法学,2009(2).
[146] 徐泉、郝荻. 美国互惠贸易政策:演进、逻辑与挑战[J]. 甘肃政法大学学报,2021(4).
[147] 徐以祥. 行政法上请求权的理论构造[J]. 法学研究,2010(6).
[148] 徐雨衡. 法律原则适用的涵摄模式:基础、方法与难题[J]. 甘肃社会科学,2020(2).
[149] 闫然. 立法法修改五周年设区的市地方立法实施情况回顾与展望[J]. 中国法律评论,2020(6).
[150] 杨登峰. 程序违法行政行为的补正[J]. 法学研究,2009(6).
[151] 杨登峰. 行政行为程序瑕疵的指正[J]. 法学研究,2017(1).
[152] 杨国华. 中国贸易反制的国际法依据[J]. 经贸法律评论,2019(1).
[153] 杨解君. 行政处罚方式的定性、选择与转换——以海关"收缴"为例的分析[J]. 行政法学研究,2019(5).
[154] 杨金晶. 涉外行政诉讼中被忽视的对等原则——兼论我国行政诉讼法对等原则条款被虚置问题的解决[J]. 政治与法律,2019(4).
[155] 杨小军. 行政不作为问责的性质与构成要件[J]. 国家行政学院学报,2009(2).
[156] 叶必丰. 行政决策的法律表达[J]. 法商研究,2016(2).
[157] 叶方兴. 作为伦理实践的现代国家治理[J]. 复旦学报,2020(2).
[158] 叶喆喆、李艳斐. 行政奖励的司法审查[J]. 人民司法,2012(14).
[159] 于安. 中国对反倾销措施的司法审查[J]. 中国社会科学,2003(2).
[160] 于立深. 行政决策变更的正当性及合理性审查[J]. 政法论丛,2016(1).
[161] 于申. 海关权力的法律思考——兼论《海关法》的修改与完善[J]. 政治与法律,2000(3).
[162] 于元祝、徐冉. 及时高效是正当行政程序的应有之义[J]. 人民司法,2016(8).
[163] 余凌云. 法院如何发展行政法[J]. 中国社会科学,2008(1).
[164] 余淼杰、王吉明. 全球服务贸易发展与中国面临的机遇和挑战[J]. 长安大学学报,2021(3).
[165] 余敏友、王追林. 改革开放30年来我国对外贸易法制的建设与发展[J]. 国际贸易,2008(11).
[166] 余萍、魏守道. 基于报复角度的国际反倾销分析[J]. 国际贸易问题,2012(8).
[167] 余洋. 论行政诉讼中的"拖延履行法定职责"[J]. 苏州大学学报,2019(1).
[168] 袁勇. 论国际贸易行政诉讼[J]. 法治论丛,2007(3).
[169] 袁勇、朱淑娣. 涉外经济行政立法新论[J]. 兰州学刊,2005(3).
[170] 岳昕雯. WTO下我国反补贴司法审查制度的完善[J]. 黑龙江省政法管理干部学院学报,2011(6).
[171] 臧姗. 政府经济治理视角下营商环境优化的历程、特点及走向[J]. 中共四川省委党

校学报,2022(1).

[172] 曾令良. WTO 协议在我国的适用及我国法制建设的革命[J]. 中国法学,2000(6).

[173] 曾哲、郑兴华. 行政法治建设中程序违法类型化探究——以行政相对人权利保障为分析视角[J]. 江汉学术,2020(3).

[174] 詹礼愿. 建立中国特色国际贸易司法审查制度的构想——兼评美国国际贸易司法审查机制[J]. 对外经贸实务,2010(8).

[175] 张峰振. 论不当行政行为的司法救济——从我国《行政诉讼法》中的"明显不当行政行为"谈起[J]. 政治与法律,2016(1).

[176] 张恒山. 论具体权利概念的结构[J]. 中国法学,2021(6).

[177] 张怀岭、邵和平. 对等视阈下外资安全审查的建构逻辑与制度实现[J]. 社会科学,2021(3).

[178] 张辉、张耀元. WTO 贸易政策审议机制透明度功能的实现困境与提升路径[J]. 国际贸易,2021(3).

[179] 张杰. 辅助性原则视角下的自贸区监管模式[J]. 山西省政法管理干部学院学报,2017(1).

[180] 张杰. 美国法院系统司法权的政治性[J]. 河北法学,2009(8).

[181] 张琳、东艳. 主要发达经济体推进"竞争中立"原则的实践与比较[J]. 上海对外经贸大学学报,2015(4).

[182] 张鲁萍. 行政允诺的性质及其司法审查——基于对司法判决书的实证分析[J]. 西南政法大学学报,2016(6).

[183] 张乃根. 人类命运共同体入宪的若干国际法问题[J]. 甘肃社会科学,2018(6).

[184] 张骐. 论类似案件应当类似审判[J]. 环球法律评论,2014(3).

[185] 张淑芳. 论国际贸易行政案件审判与 WTO 规则的衔接[J]. 2008(2).

[186] 张小燕、齐树洁. 程序输入的新渠道——"法庭之友"制度及其借鉴意义[J]. 厦门大学法律评论,2006(6).

[187] 张亚斌、范子杰. 国际贸易格局分化与国际贸易秩序演变[J]. 世界经济与政治,2015(3).

[188] 张耀元. WTO 贸易政策审议机制的"软约束"及其强化路径[J]. 法学,2021(9).

[189] 张泽涛. 论公安侦查权与行政权的衔接[J]. 中国社会科学,2019(10).

[190] 张志铭. 对"同案同判"的法理分析[N]. 法制日报,2012-3(1).

[191] 章剑生. 行政诉讼原告资格中"利害关系"的判断结构[J]. 中国法学,2019(4).

[192] 章剑生. 再论对违反法定程序的司法审查——基于最高人民法院公布的判例(2009—2018)[J]. 中外法学,2019(3).

[193] 章剑生. 行政诉讼"解决行政争议"的限定及其规则——基于《行政诉讼法》第 1 条展开的分析[J]. 华东政法大学学报,2020(4).

[194] 赵宏. 行刑交叉案件的实体法问题[J]. 国家检察官学院学报,2021(4).

[195] 赵宏. 保护规范理论在举报投诉人原告资格判定中的适用[J]. 北京航天航空大学学报,2018(5).

[196] 赵宏. 中国式保护规范理论的内核与扩展——以最高人民法院裁判为观察视角[J]. 当代法学,2021(5).

[197] 赵新泉、张相伟、林志刚."双循环"新发展格局下我国数字贸易发展机遇、挑战及应对措施[J].经济体制改革,2021(4).

[198] 赵正群.行政诉权在中国大陆的生成及其面临的挑战[J].诉讼法论丛,2001(0).

[199] 郑显华.WTO"公平贸易原则的例外"对我国的影响及对策[J].广西社会科学,2009(2).

[200] 郑毅.经济行政法的外部理论谱系[J].国家检察官学院学报,2014(4).

[201] 钟昌元、毛道根.我国海关特殊监管区域的税收问题研究[J].上海海关学院学报,2013(4).

[202] 周舜隆.司法三段论在法律适用中的局限性——兼论法官裁判思维[J].比较法研究,2007(6).

[203] 周佑勇.司法审查中的行政行为"明显不当"标准[J].环球法律评论,2021(3).

[204] 周佑勇.裁量基准的制度定位——以行政自制为视角[J].法学家,2011(4).

[205] 朱国华、姚遥.试论国际贸易行政案件法律适用问题[J].山西财经大学学报,2004(3).

[206] 朱家贤.WTO争端解决机制中法庭之友的介入[J].世界贸易组织动态与研究,2004(1).

[207] 朱可安.行政诉讼中"一行为一诉"规则的证成与适用——马生忠与固原市人民政府等房屋拆迁补偿纠纷案评析[J].行政法学研究,2022(5).

[208] 朱淑娣.法律交融中的国际贸易行政诉讼[J].现代法学,2008(2).

[209] 朱淑娣.清代海关的"政治关税"特点、成因及其教训[J].法商研究,2000(4).

[210] 朱淑娣、李晓宇.多重视角下的国际贸易行政诉讼论[J].政治与法律,2006(2).

[211] 朱淑娣、罗佳.海关行政执法"不当"的界定、溯因与规制[J].云南行政学院学报,2022(2).

(二) 中文专著

[1] 巢志雄.诉权概念史[M].福建:厦门大学出版社,2021.

[2] 董茂云、朱淑娣、潘伟杰,等.行政法学[M].上海:上海人民出版社,2005.

[3] 杜琪.刑法与行政法关联问题研究[M].北京:中国政法大学出版社,2015.

[4] 范颖慧、李捷云、钟元茂.涉外行政法概论[M].广东:中山大学出版社,1993.

[5] 方颉琳.行政诉讼制度的解释学发展进路——以行政诉权为视角[M].北京:中国政法大学出版社,2017.

[6] 龚柏华.新近中美经贸法律纠纷案例评析[M].上海:上海人民出版社,2017.

[7] 龚红柳.国际贸易行政案件司法解释关联精析[M].北京:法律出版社,2003.

[8] 韩德培.国际私法[M].北京:高等教育出版社,2000.

[9] 何海波.行政诉讼法[M].北京:法律出版社,2016.

[10] 贺平.贸易与国际关系[M].上海:上海人民出版社,2018.

[11] 贺乐民.经济行政法概论[M].陕西:陕西人民出版社,1991.

[12] 侯健.表达自由的法理[M].上海:上海三联书店,2008.

[13] 胡建淼.世界行政法院制度研究[M].北京:中国法制出版社,2013.

[14] 胡建淼.行政诉讼法学[M].北京:高等教育出版社,2003.

[15] 胡亚球、章建生.起诉权论[M].福建:厦门大学出版社,2012.
[16] 霍绍周.系统论[M].北京:科学技术文献出版社,1988.
[17] 姜明安.行政法[M].北京:北京大学出版社,2014.
[18] 姜明安.法治思维与新行政法[M].北京:北京大学出版社,2013.
[19] 孔祥俊.行政行为可诉性、原告资格与司法审查[M].北京:人民法院出版社,2005.
[20] 李广宇.理性诉权观与实质法治主义[M].北京:法律出版社,2018.
[21] 李九领、李宇、金旭.韩国关税法[M].上海:上海财经大学出版社,2020.
[22] 李明倩.《威斯特伐利亚和约》与近代国际法[M].北京:商务印书馆,2018.
[23] 李双元.中国国际私法通论[M].北京:法律出版社,2007.
[24] 梁君瑜.行政诉权研究[M].北京:中国社会科学出版社,2019.
[25] 林来梵.从宪法规范到规范宪法[M].北京:商务印书馆,2018.
[26] 林莉红.行政法论丛(第5卷)[M],法律出版社,2002.
[27] 刘峰.行政诉讼裁判过程研究[M].北京:知识产权出版社,2013.
[28] 刘书剑、于侯.美国国际贸易法院[M].北京:法律出版社,1988.
[29] 刘云甫、朱最新.涉外行政法理论与实务[M].广东:华南理工大学出版社,2010.
[30] 罗豪才、湛中乐.行政法学(第四版)[M].北京:北京大学出版社,2016.
[31] 罗豪才.现代行政法的平衡理论[M].北京:北京大学出版社,1997.
[32] 罗豪才.现代行政法的平衡理论(第二辑)[M].北京:北京大学出版社,2003.
[33] 马怀德.行政诉讼法学[M].北京:北京大学出版社,2019.
[34] 马怀德.行政诉讼原理(第二版)[M].北京:法律出版社,2009.
[35] 泮伟江.法律系统的自我反思——功能分化时代的法理学[M].北京:商务印书馆,2020.
[36] 邱丹.行政案卷排他性规则研究[M].广东:广东人民出版社,2011.
[37] 沈岿.平衡论——一种行政法认知模式[M].北京:北京大学出版社,1999.
[38] 宋功德.论经济行政法的制度结构:交易费用的视角[M].北京:北京大学出版社,2003.
[39] 孙国华、朱景文.法理学[M].北京:中国人民大学出版社,2010.
[40] 孙笑侠.法律对行政的控制[M].北京:光明日报出版社,2018.
[41] 孙笑侠.法理学[M].浙江:浙江大学出版社,2011.
[42] 谭宗泽.行政诉讼结构研究——以相对人权益保障为中心[M].北京:法律出版社,2009.
[43] 王福华.民事诉讼的基本结构[M].北京:中国检察出版社,2002.
[44] 王克稳.经济行政法基本论[M].北京:北京大学出版社,2004.
[45] 王珉灿、张尚鷟.行政法概要[M].北京:法律出版社,1983.
[46] 王名扬.英国行政法[M].北京:北京大学出版社,2016.
[47] 王铁崖.国际法引论[M].北京:北京大学出版社,1998.
[48] 王晓滨.国际贸易行政案件司法审查的平等对待原则研究[M].北京:中国法制出版社,2014.
[49] 王岩.WTO体制下的我国国际贸易行政诉讼研究[M].北京:法律出版社,2018.
[50] 王勇.世界主要国家关于条约国内执行制度的比较研究[M].北京:九州出版

社,2013.
[51] 翁岳生.行政法[M].北京:中国法制出版社,2009.
[52] 夏勇.中国民权哲学[M].上海:生活·读书·新知三联书店,2004.
[53] 向忠诚.WTO与中国行政诉讼制度改革[M].湖南:湖南人民出版社,2006.
[54] 熊继宁.系统法学导论[M].北京:知识产权出版社,2006.
[55] 薛刚凌.行政诉权研究[M].北京:华文出版社,1999.
[56] 颜厥安.法与实践理性[M].北京:中国政法大学出版社,2003.
[57] 杨晨.决不妥协:中国企业国际经贸摩擦案件纪实[M].北京:中信出版社,2022.
[58] 杨仁寿.法学方法论[M].北京:中国政法大学出版社,1999.
[59] 应松年.涉外行政法[M].北京:中国政法大学出版社,1993.
[60] 俞可平.论国家治理现代化[M].北京:社会科学文献出版社,2014.
[61] 袁勇.法律规范冲突研究[M].北京:中国社会科学出版社,2016.
[62] 张二震,马野青.国际贸易学(第五版)[M].江苏:南京大学出版社,2015.
[63] 张文显.法哲学范畴研究[M].北京:中国政法大学出版社,2003.
[64] 张文婷.WTO争端解决机制中司法经济原则的不当适用的救济[M].广东:海天出版社,2014.
[65] 张燕.应战美国反倾销:美国国际贸易法院涉华反倾销案例介评[M].北京:法律出版社,2004.
[66] 章剑生.现代行政法基本理论(第二版)[M].北京:法律出版社,2014.
[67] 郑贤君.基本权利原理[M].北京:法律出版社,2010.
[68] 周佑勇.行政法基本原则研究(第二版)[M].北京:法律出版社,2019.
[69] 朱宝丽.合作监管法律问题研究[M].北京:法律出版社,2018.
[70] 朱虎.法律关系与私法体系——以萨维尼为中心的研究[M].北京:中国法制出版社,2010.
[71] 朱淑娣.国际经济行政法[M].上海:学林出版社,2008.
[72] 朱淑娣、刘峰.WTO与国际贸易行政诉讼[M].上海:学林出版社,2011.

(三) 中文译著

[1] A.J.M.米尔恩.人的权利与人的多样性[M].夏勇、张志铭,译.北京:中国大百科全书出版社,1995.
[2] 埃米尔·迪尔凯姆.社会分工论[M].渠东,译.上海:生活·读书·新知三联书店,2000.
[3] 奥托·迈耶.德国行政法[M].刘飞,译.北京:商务印书馆,2016.
[4] 邦雅曼·贡斯当.古代人的自由与现代人的自由[M].闫克文、刘满贵、李强,译.上海:上海人民出版社,2017.
[5] 本杰明·卡多佐.司法过程的性质[M].苏力,译.北京:商务印书馆,2002.
[6] 大桥洋一.行政法学的结构性变革[M].吕艳滨,译.北京:中国人民大学出版社,2009.
[7] 大沼保昭.人权、国家与文明[M].王志安,译.上海:生活·读书·新知三联书店,2003.

[8] 丹宁勋爵. 法律的正当程序[M]. 李克强、杨百揆、刘庸安,译. 北京:法律出版社,2015.
[9] 丹宁勋爵. 法律的训诫[M]. 杨百揆、刘庸安、丁健,译. 北京:法律出版社,2012.
[10] 狄骥. 公法的变迁[M]. 郑戈,译. 北京:商务印书馆,2013.
[11] E. 博登海默. 法理学:法律哲学与法律方法[M]. 邓正来,译. 北京:中国政法大学出版社,2019.
[12] E. -U. 彼德斯曼. 国际经济法的宪法功能与宪法问题[M]. 何志鹏、孙璐、王彦志,译. 北京:高等教育出版社,2004.
[13] 菲利普·黑克. 利益法学[M]. 傅广宇,译. 北京:商务印书馆,2022.
[14] 弗朗西斯·培根. 培根论说文集[M]. 水天同,译. 北京:商务印书馆,1983.
[15] 弗里德利希·冯·哈耶克. 自由秩序原则[M]. 邓正来,译. 上海:生活·读书·新知三联书店,1997.
[16] 格奥格·耶利内克. 主观公法权利体系[M]. 曾韬、赵天书,译. 北京:中国政法大学出版社,2012.
[17] 哈罗德·J. 伯尔曼. 法律与革命(第一卷:西方法律传统的形成)[M]. 贺卫方、高鸿均、张志铭,等译. 北京:法律出版社,2008.
[18] 哈特. 法律的概念[M]. 张文显、郑成良、杜景义,等译. 北京:中国大百科全书出版社,1996.
[19] 哈特穆特·鲍尔. 国家的主观公权利——针对主观公权利的探讨[J]. 赵宏,译. 财经法学,2018(1).
[20] 哈特穆特·毛雷尔. 行政法学总论[M]. 高家伟,译. 北京:法律出版社,2000.
[21] 汉斯·J. 沃尔夫、奥托·巴霍夫、罗尔夫·施托贝尔. 行政法(第一卷)[M]. 高家伟,译. 北京:商务印书馆,2002.
[22] 赫伯特·斯宾塞. 国家权力与个人自由[M]. 谭小勤,等译. 北京:华夏出版社,2000.
[23] 霍菲尔德. 基本法律概念[M]. 张书友,编译. 北京:中国法制出版社,2009.
[24] 杰弗里·吕贝尔斯. 美国规章制定导论[M]. 江澎涛,译. 北京:中国法制出版社,2016.
[25] 卡尔·拉伦茨. 法学方法论[M]. 陈爱娥,译. 北京:商务印书馆,2003.
[26] 卡尔·拉伦茨. 论作为科学的法学的不可或缺性[M]. 赵阳,译,北京:商务印书馆,2021.
[27] 卡罗尔·哈洛、理查德·罗林斯. 法律与行政[M]. 杨伟东、李凌波、石红心,等译. 北京:商务印书馆,2004.
[28] 凯尔森. 法与国家的一般理论[M]. 沈宗灵,译. 北京:商务印书馆,2017.
[29] 科林·斯科特. 规制、治理与法律:前沿问题研究[M]. 安永康,译. 北京:清华大学出版社,2018.
[30] 科斯塔斯·杜兹纳. 人权的终结[M]. 郭春发,译. 江苏:江苏人民出版社,2002.
[31] 拉德布鲁赫. 法学导论[M]. 米健,等译. 北京:中国大百科全书出版社,1997.
[32] 拉德布鲁赫. 法教义学的逻辑[J]. 白斌,译. 清华法学,2016(4).
[33] 劳伦斯·M. 弗里德曼. 法律制度:从社会科学角度观察[M]. 李琼英、林欣,译. 北京:中国政法大学出版社,1994.

[34] 理查德·B. 斯图尔特. 美国行政法的重构[M]. 沈岿,译. 北京:商务印书馆,2016.
[35] 罗伯特·阿列克西. 法律论证理论[M]. 舒国滢,译. 北京:商务印书馆,2020.
[36] 罗伯特·鲍德温、马丁·凯夫、马丁·洛奇. 牛津规制手册[M]. 宋华琳、李鸻、安永康,等译. 上海:上海三联书店,2017.
[37] 罗尔夫·施托贝尔. 经济宪法与经济行政法[M]. 谢立斌,译. 北京:商务印书馆,2008.
[38] 罗尔夫·斯特博. 德国经济行政法[M]. 苏颖霞、陈少康,译. 北京:中国政法大学出版社,1999.
[39] 罗纳德·德沃金. 法律帝国[M]. 李常青,译. 北京:中国大百科全书出版社,1996.
[40] 罗纳德·德沃金. 认真对待权利[M]. 信春鹰、吴玉章,译. 北京:中国大百科全书出版社,1998.
[41] 洛克. 政府论(下篇)[M]. 叶启芳、瞿菊农,译. 北京:商务印书馆,2019.
[42] M. A. 顾尔维奇. 诉权[M]. 康宝田、沈其昌,译. 北京:中国人民大学出版社,1958.
[43] 马丁·洛克林. 公法与政治理论[M]. 郑戈,译. 北京:商务印书馆,2003.
[44] 莫里斯·奥里乌. 法源:权力、秩序和自由[M]. 鲁仁,译. 北京:商务印书馆,2019.
[45] 南博方. 行政法(第六版)[M]. 杨建顺,译. 北京:中国人民大学出版社,2009.
[46] 诺伯特·维纳. 人有人的用处——控制论与社会[M]. 陈步,译. 北京:北京大学出版社,2010.
[47] 诺内特,塞尔兹尼克. 转变中的法律与社会[M]. 张志铭,译. 北京:中国政法大学出版社,1994.
[48] 欧几里得. 几何原本[M]. 兰纪正、朱恩宽,译. 陕西:陕西科学技术出版社,2003.
[49] 棚濑孝雄. 纠纷的解决与审判制度[M]. 王亚新,译. 北京:中国政法大学出版社,1994.
[50] 平冈久. 行政立法与行政基准[M]. 宇芳,译. 北京:中国政法大学出版社,2014.
[51] 萨维尼. 历史法学派的基本思想:1814—1840年[M]. 郑永流,译. 北京:法律出版社,2009.
[52] 萨维尼. 论立法与法学的当代使命[M]. 许章润,译. 北京:中国法制出版社,2002.
[53] 塞缪尔·P. 亨廷顿. 第三波:20世纪后期的民主化浪潮[M]. 欧阳景根,译. 北京:中国人民大学出版社,2013.
[54] 施密特·阿斯曼. 秩序理念下的行政法体系建构[M]. 林明锵,等译. 北京:北京大学出版社,2012.
[55] 苏珊·斯特兰奇. 国家与市场[M]. 杨宇光,等译. 上海:上海人民出版社,2006.
[56] 田村悦一. 自由裁量及其界限[M]. 李哲范,译. 北京:中国政法大学出版社,2016.
[57] 托马斯·库恩. 科学革命的结构[M]. 金吾伦、胡新和,译. 北京:北京大学出版社,2019.
[58] 托马斯·潘恩. 潘恩选集[M]. 马青槐,等译. 北京:商务印书馆,1981.
[59] 托尼·普罗瑟. 政府监管的新视野:英国监管机构十大样本考察[M]. 马英娟、张浩,译. 江苏:译林出版社,2020.
[60] 韦恩·C. 布斯,等. 研究是一门艺术[M]. 何卫宁,译. 北京:新华出版社,2022.
[61] 乌茨·施利斯基. 经济公法[M]. 喻文光,译. 北京:法律出版社,2006.

[62] 小早川光郎.行政诉讼的构造分析[M].王天华,译.北京:中国政法大学出版社,2014.
[63] 耶林.法权感的产生[M].王洪亮,译.北京:商务印书馆,2016.
[64] 以赛亚·伯林.自由论[M].胡传胜,译.江苏:译林出版社,2003.
[65] 尤利乌斯·冯·基尔希曼.作为科学的法学的无价值性[M].赵阳,译.北京:商务印书馆,2016.
[66] 原田尚彦.诉的利益[M].石龙潭,译.北京:中国政法大学出版社,2014.
[67] 原田尚彦.行政法要論(全訂第六版)[M].東京:学陽書房,2005.
[68] 约翰·阿克顿.自由与权力[M].侯健,范亚峰,译.江苏:译林出版社,2011.
[69] 约翰·密尔.论自由[M].许宝骙,译.北京:商务印书馆,2019.
[70] 约翰·罗尔斯.正义论(修订版)[M].何怀宏,何包钢,廖申白,译.北京:中国社会科学出版社,2019.
[71] 约瑟夫·拉兹.法律体系的概念[M].吴玉章,译.北京:中国法制出版社,2003.
[72] 詹姆斯·塔利.论财产权:约翰·洛克和他的对手[M].王涛,译.北京:商务印书馆,2014.
[73] 朱迪·弗里曼.合作治理与新行政法[M].毕洪海、陈标冲,译.北京:商务印书馆,2010.

(四)学位论文

[1] 蔡岱松.世贸组织框架下中国反倾销司法审查制度研究[D].湖南大学,2014.
[2] 黄学谷.国际贸易诉讼机构设置模式比较研究[D].天津大学,2015.
[3] 林晨曦.中国反倾销行政诉讼制度问题研究[D].清华大学,2015.
[4] 刘行.行政审判依据研究[D].中国政法大学,2009.
[5] 谭宗泽.行政诉讼结构研究——以相对人权益保障为中心[D].西南政法大学,2008.
[6] 田勇军.行政判决既判力扩张问题研究[D].武汉大学,2011.
[7] 王旭.当代中国海关行政权力制约与监督研究[D].吉林大学,2007.
[8] 许丽娜.海关通关行政自由裁量权滥用控制研究——以上海海关为例[D].同济大学,2007.
[9] 袁子期.海关行政执法监督问题与对策研究[D].大连理工大学,2003.

二、英文文献
(一)英文期刊

[1] Alix Valenti and Vanessa Johnson. The Impact of King v. Burwell on Judicial Review of Administrative Action: An Exception to Chevron, a Move from Textualism, or Something Else [J]. 18 Housing, Business & Tax Law Journal 78 (2018).
[2] Andrew T.F. Lang. Reflecting on "Linkage": Cognitive and Institutional Change in the International Trading System [J]. Modern Law Review 4(2007).
[3] Andrew T. Guzman. A Compliance-Based Theory of International Law [J].

California Law Review 90(2000).

[4] Black, J. Decentring Regulation: Understanding the Role of Regulation and Self-Regulation in a "Post-Regulatory" World [J]. Current Legal Problems 54(2001).

[5] C. K. Prahalad and G. Hamel. The Core Competences of the Firm [J]. Harvard Business Review (66)1990.

[6] Chad P. Bown. Export Controls: America's Other National Security Threat [J]. 30 Duke Journal of Comparative and International Law 283(2020).

[7] Charles T. Jordan. How Chevron Deference Is Inappropriate in U. S. Fishery Management and Conservation [J]. 9 Seattle Journal of Environmental Law 177 (2019).

[8] Chinese Common Law: Guiding Cases and Judicial Reform [J]. 129 Harvard Law Review 2213(2016).

[9] David B. Truman. The Covernmental Process: Polical Interests and Public Opinion [J]. Alfred A. Knopf, 1951.

[10] David M. Cohen. The Residual Jurisdiction of the Court of International Trade under the Customs Courts Act of 1980[J]. 26 New York Law School Law Review(1981).

[11] Edward D. Re. Litigation before the United States Court of International Trade [J]. 26 New York Law School Law Review (1981).

[12] Gregory Shaffer. Retooling Trade Agreements for Social Inclusion [J]. 2019 University of Illinois Law Review 1(2019).

[13] Gregory W. Carman. The Jurisdiction of the United States Court of International Trade: A Dilemma for Potential Litigants [J]. 22 Stetson Law Review 157(1992).

[14] H. Hamner Hill. A Functional Taxonomy of Normative Conflict [J]. Law and Philosophy 6(1987).

[15] Hamed Alavi and Tatsiana Khamichonak. EU and US Export Control Regimes for Dual Use Goods: An Overview of Existing Frameworks [J]. 17 Romanian Journal of European Affairs 59(2017).

[16] James E. Anderson and Douglas Marcouiller. Insecurity and the Pattern of Trade: An Empirical Investigation [J]. The Review of Economics and Statistics 84(2002).

[17] Jane A. Restani and Ira Bloom. Interpreting International Trade Statutes: Is the Charming Betsy Sinking [J]. 24 Fordham International Law Journal 1533(2001).

[18] Jerome Frank. Are Judges Human? [J] 80 University of Pennsylvania Law Review 17, 1931.

[19] Jisoo Yi. Preventing Disputes under Free Trade Agreements with Advance Ruling System [J]. 29 Journal of Arbitration Studies 23(2019).

[20] J. M. Balkin. Understanding Legal Understanding: The Legal Subject and the Problem of Legal Coherence [J]. Yale Law Journal 105(1993).

[21] John M. Peterson and John P. Donohue. Streamlining and Expanding the Court of International Trade's Jurisdiction: Some Modest Proposals [J]. 18 St. John's Journal of Legal Commentary 75(2003).

[22] Joann Peterson. An Overview of Customs Reforms to Facilitate Trade [J]. 2017 Journal of International Economics 1(2017).

[23] Joseph A. Komonchak. Subsidiarity in the Church: the State of the Question [J]. 48 Jurist 1988.

[24] Jud Mathews. State Action Doctrine and the Logic of Constitutional Containment [J]. 2017 University of Illinois Law Review 655(2017).

[25] Julien Chaisse and Ruby Ng. The Doctrine of Legitimate Expectations: International Law, Common Law and Lessons for Hong Kong [J]. 48 Hong Kong Law Journal 79 (2018).

[26] Kiraly Lilla. The Theoretical Approaches to the Right of Action — the Implementation of Right of Action Theories in Legal Practice [J]. 150 Studia Iuridica Auctoritate Universitatis Pecs Publicata 97(2012).

[27] Kotaro Shiojiri. Japan's Measures on Export Control to the Republic of Korea: From the Perspective of International Law [J]. 12 Journal of East Asia and International Law 337(2019).

[28] Lawrence M. Friedman and Christine H. Martinez. Administrative Procedure Act and Judicial Review in Customs Cases at the Court of International Trade [J]. 28 University of Pennsylvania Journal of International Economic Law 1(2007).

[29] Lawrence M. Friedman and Christine H. Martinez. The Court of International Trade's Denied Protest Jurisprudence in 2012 [J]. 45 Geographical and Environmental Law Journal 123(2013).

[30] Leonor Moral Soriano. A Modest Notion of Coherence in Legal Reasoning: A Model for the European Court of Justice [J]. Ratio Juris 16(2003).

[31] Martti Koskenniemi. The Politics of International Law [J]. 1 European Journal of International Law 32(1990).

[32] Maureen Irish. Canadian Tariff Classification of Parts and Entities: Statutory Interpretation and Persuasive Authority [J]. 16 Asper Review of International Business and Trade Law 45(2016).

[33] Melvin Eisenberg, Participation. Responsiveness, and the Consultative Process: An Essay for Lon Fuller [J]. Harvard Law Review 92(1978).

[34] M. J. Hoda. The Aérospatiale Dilemma: Why U. S. Courts Ignore Blocking Statutes and What Foreign States Can Do About It [J]. California Law Review 106(2018).

[35] Niklas Luhmann. Operational Closure and Structural Couple: The Differentiation of the Legal System [J]. Cardozo Law Review 13(1992).

[36] Patrick C. Reed. Access to Judicial Review of Customs Duties: The Overlooked Constitutional Rights [J]. 29 Federal Circuit Bar Journal 1(2019).

[37] Ralph G. Steinhardt. Recovering the Charming Betsy Principle [J]. 94 Proceedings of the ASIL Annual Meeting (2000).

[38] Sarah Biddulph. Through a Glass Darkly: China, Transparency and the WTO [J]. Australian Journal of Asian Law 3(2001).

［39］ Shelly Aviv Yeini and Ariel L. Bendor. Charming Betsy and the Constitution ［J］. 53 Cornell International Law Journal(2020).

［40］ Stanley J. Marcuss and Michael B. Zara. A Better Way through the Export Control Thicket ［J］. 14 Santa Clara Journal of International Law 47(2016).

［41］ Stephen D. Piraino. A Prescription for Excess: Using Prescriptive Comity to Limit the Extraterritorial Reach of the Sherman Act ［J］. 40 Hofstra Law Review 1099 (2012).

［42］ Thomas Cottier and Krista Nadakavukaren Schefer. The Relationship between World Trade Organization Law, National and Regional Law ［J］. 1 The Journal of International Economic Law 83(1998).

［43］ William S. Dodge. Chevron Deference and Extraterritorial Regulation ［J］. 95 The North Carolina Law Review 911(2017).

［44］ William J. Davey. Has the WTO Dispute Settlement System Exceeded Its Authority? A Consideration of Deference Shown by the System to Member Government Decisions and Its Use of Issue-Avoidance Techniques ［J］. 4 The Journal of International Economic Law 79(2001).

(二) 英文专著

［1］ Apisith John Sutham. Pattanan Kalawantavanich and Sakkapol Vachatimanont ［M］//Müslüm Yilmaz, ed. Domestic Judicial Review of Trade Remedies: Experiences of the most Active WTO Members. Cambridge University Press, 2013.

［2］ Aristotle. Nicomachean Ethics ［M］. H. Rackham, trans. Loeb Classical Library ed., 1934.

［3］ Bryan A. Garner, Black's Law Dictionary(8th Edition) ［M］. U.S.A Thomson business, 2004.

［4］ Cheng Bian. National Security Review of Foreign Investment: A Comparative Legal Analysis of China, the United States and the European Union ［M］. Routledge, first published 2020.

［5］ Christine Landfried. Judicial Power: How Constitutional Courts Affect Political Transformations ［M］. Cambridge University Press, 2019.

［6］ David M. Walker. The Oxford Companion to Law ［M］. Clarendon Press, 1980.

［7］ Dean R. Knight. Vigilance and Restraint in the Common Law of Judicial Review ［M］. Cambridge University Press, 2018.

［8］ Douglas E. Edlin. Judges and Unjust Laws: Common Law Constitutionalism and the Foundations of Judicial Review ［M］. The University of Michigan Press, 2010.

［9］ Ellie Palmer. Judicial Review, Socio-Economic Rights and the Human Rights Act ［M］. Hart Publishing, 2007.

［10］ Ernest Barker. Greek Political Theory: Plato and His Predecessors ［M］. 4th ed. London, 1951.

［11］ Ernest Gellhorn, Ronald M. Levin. Administrative Law and Process ［M］. West

Group, 1999.

[12] Gustav Radbruch. Legal Philosophy [M]//K. Wilk, trans. The Legal Philosophies of Lask, Radbruch and Dabin. Harvard University, 1950.

[13] Henry Gao. Judicial Review of Trade Remedy Determinations in China: An Untested Theoretical Possibility? [M]. Oxford University Press, 2011.

[14] Henry Maine. Ancient Law (London, 1861) [M]. new ed. with notes by Frederick Pollock(London, 1930).

[15] H. W. R. Wade. Administrative Law [M]. Clarendon Press, 1989.

[16] Jaemin Lee. Korea: Increasing Attention and New Challenges [M]//Müslüm Yilmaz, ed. Domestic Judicial Review of Trade Remedies: Experiences of the most Active WTO Members. Cambridge University Press, 2013.

[17] James E. Fleming, Jacob T. Levy, Federalism and Subsidiarity [M]. New York University Press, 2014.

[18] James E. Herget. Contemporary German Legal Philosophy [M]. University of Pennsylvania Press, 1996.

[19] J. H. Gerards. Judicial Review in Equal Treatment Cases [M]. Koninklijke Brill NV, 2005.

[20] John A. C. Conybeare. Trade Wars: The Theory and Practice of International Commercial Rivalry [M]. Columbia University Press, 1987.

[21] Jorge Miranda, Juan Carlos Partida. Mexico: Quasi-Judicial Review of Trade Remedy Measures by NAFTA Panels [M]//Müslüm Yilmaz, ed. Domestic Judicial Review of Trade Remedies: Experiences of the most Active WTO Members. Cambridge University Press, 2013.

[22] Mercedes De Artaza. Argentina: A Well-Structured but Unsuccessful Judicial Review System [M]//Müslüm Yilmaz, ed. Domestic Judicial Review of Trade Remedies: Experiences of the most Active WTO Members. Cambridge University Press, 2013.

[23] Michael Hill. The State, Administration and the Individual [M]. Rowman and Littlefield, 1976.

[24] Paul Daly. A Theory of Deference in Administrative Law: Basis, Application, and Scope [M]. Cambridge University Press, 2012.

[25] Peter Cane. Controlling Administrative Power: An Historical Comparison [M]. Cambridge University Press, 2016.

[26] Philip Selznick. Focusing Organizational Research on Regulation, in Roger G. Noll, Regulatory Policy and the Social Sciences [M]. University of California Press. 1985.

[27] Plato, Jowett. Dialogues of Plato [M]. U. S. A, First Pocket Books printing, May 1951.

[28] Preeg, E. H. Traders and Diplomats: An Analysis of the Kennedy Round of Negotiations under the General Agreement on Tariffs and Trade [M]. Brookings Institution, 1970.

［29］Rabih A. Nasser and Luciana B. Costa. Brazil: The Need for Enhanced Effectiveness［M］//Müslüm Yilmaz, ed. Domestic Judicial Review of Trade Remedies: Experiences of the most Active WTO Members. Cambridge University Press, 2013.

［30］Richard Gordon QC, Tim Ward. Judicial Review and the Human Rights Act［M］. Cavendish Publishing Limited, 2000.

［31］Ronald C. Den Otter. Judicial Review in an Age of Moral Puralism［M］. Cambridge University Press, 2009.

［32］Roscoe Pound. Introduction to the Philosophy of Law［M］. Revised Ed. New Haven, 1954.

［33］Sergio G. Lazzarini. The Right Privatization: Why Private Firms in Public Initiatives Need Capable Governments［M］. Cambridge University Press, 2022.

［34］Simon Halliday. Judicial Review and Compliance with Administrative Law［M］. Hart Publishing, 2004.

［35］Swatl Jhaverl, Michael Ramsden. Judicial Review of Administrative Action across the Common Law World［M］. Cambridge University Press, 2021.

［36］Tara Smith. Judicial Review in an Objective Legal System［M］. Cambridge University Press, 2015.

［37］Theunis Roux. The Politico-Legal Dynamics of Judicial Review: A Comparative Analysis［M］. Cambridge University Press, 2018.

［38］Wei Cui. The Administrative Foundations of the Chinese Fiscal State［M］. Cambridge University Press, 2022.

［39］Yilmaz, Müslüm, ed. Domestic Judicial Review of Trade Remedies: Experiences of the most Active WTO Members［M］. Cambridge University Press, 2013.

三、互联网网站文献

［1］北大法宝网, https://www.pkulaw.com/law.
［2］美国国防部官网, http://www.defense.gov.
［3］美国国际贸易法院官网, https://www.cit.uscourts.gov.
［4］美国国际贸易委员会官网, http://www.usitc.gov.
［5］世界贸易组织官网, https://www.wto.org.
［6］中国裁判文书网, https://wenshu.court.gov.cn/.
［7］中国国际贸易单一窗口官网, https://new.singlewindow.cn/.
［8］中国"互联网＋海关"官网, http://online.customs.gov.cn/.

图书在版编目(CIP)数据

国际贸易行政诉讼中的原告权益保障/朱淑娣,罗佳著.--上海:复旦大学出版社,2025.4.--(国际经济行政法系列丛书).--ISBN 978-7-309-17893-7
Ⅰ.D996.1
中国国家版本馆CIP数据核字第2025CZ4703号

国际贸易行政诉讼中的原告权益保障
朱淑娣　罗　佳　著
责任编辑/朱　枫

复旦大学出版社有限公司出版发行
上海市国权路579号　邮编:200433
网址:fupnet@fudanpress.com　http://www.fudanpress.com
门市零售:86-21-65102580　　团体订购:86-21-65104505
出版部电话:86-21-65642845
上海盛通时代印刷有限公司

开本 787 毫米×1092 毫米　1/16　印张 21　字数 323 千字
2025年4月第1版第1次印刷

ISBN 978-7-309-17893-7/D·1212
定价:84.00元

如有印装质量问题,请向复旦大学出版社有限公司出版部调换。
版权所有　　侵权必究